20世纪人类历史动荡不安的黑暗时刻,

两个伟大天才的动人故事

谨以本书献给奥利弗（Olivier）和菲利普·莫诺（Philippe Monod）、艾格尼丝·乌尔曼（Agnès Ullmann）、吉纳维夫·诺弗拉德（Geneviève Noufflard）；致以我最深切的敬意和感谢。

生命的意义在于行动,而非年岁;
在于思想,而非呼吸;
在于情感,而非表盘上的刻度。
我们应该按照心跳数计算时间。
思考最多、情感最高尚、行动最伟大的人才能将生命发挥到极致。

——菲利普·詹姆斯·贝利(Philip James Bailey)
《**法斯托**》(*Festus*)

勇敢的天才

一位科学家与一位哲学家
从法国抵抗运动到获得诺贝尔奖的冒险历程

【美】西恩·B·卡罗尔 Sean B. Carroll 著 孙璐 译

Brave Genius:
A Scientist,
a Philosopher,
and Their
Daring Adventures
from the
French Resistance
to the Nobel Prize

目录
Contents

引 言　偶然性、必然性和天才 1

第一部分　沦　陷 13
　　第一章　光之城市 15
　　第二章　计划 24
　　第三章　挪威战事 38
　　第四章　希特勒的春天 47
　　第五章　挫败的与分裂的 67

第二部分　通往自由的漫漫长路 79
　　第六章　重整旗鼓 81
　　第七章　伤风 87
　　第八章　希望时刻 95
　　第九章　等待与工作 108
　　第十章　恐怖开始 115

第十一章　鼠疫 ……… 125

第十二章　战火兄弟连 ……… 132

第十三章　双重生活 ……… 143

第十四章　准备 ……… 158

第十五章　诺曼底 ……… 168

第十六章　荣耀之日 ……… 181

第三部分　生命的奥秘 ……… 201

第十七章　国家的谈话 ……… 203

第十八章　生命的奥秘 ……… 210

第十九章　资产阶级遗传学 ……… 221

第二十章　同一条道路 ……… 233

第二十一章　新的开始 ……… 238

第二十二章　师出有名 ……… 246

第二十三章　选择立场 ……… 252

第二十四章　阁楼 ……… 260

第四部分　诺贝尔的思想与崇高的行为 ……… 269

第二十五章　匈牙利之血 ……… 271

第二十六章　镇压和反抗 ……… 285

第二十七章　理性的声音 ……… 297

第二十八章　生命的逻辑 ……… 309

第二十九章　建立联系 ……… 322

第三十章　可能性与现实 ……… 331

第三十一章　未完成 ……… 341

第三十二章　信使 ……… 350

第三十三章　合成 ……… 362

尾 声　法语课 369

　　第三十四章　穿实验服的加缪 371

　　第三十五章　偶然性与必然性：西西弗回归 383

附录：科学原理 394

鸣　谢 399

原书注释 403

原书参考文献 450

原书索引 459

引言

偶然性、必然性和天才

> 江山代有才人出，然而，携带天才禀赋的人通常对自己的特质浑然不觉，只有非同寻常事件发生，经过一番熬炼，他们的才华才能被激发出来。
>
> ——丹尼斯·狄德罗（1713—1784），《论戏剧诗》

1957年10月16日，阿尔贝·加缪正在巴黎拉丁区的桑切斯－马吕斯餐厅吃午饭的时候，一个年轻人来到他的桌边，报告说他获得了诺贝尔文学奖。

然而，摘得诺贝尔奖桂冠的加缪，却无法掩饰自己的痛苦。

这位出生在阿尔及利亚的法国作家十多年前就已经享有国际声誉。如同他的小说、戏剧和杂文，他所倡导的道德标准也为他赢得了广泛的公众赞誉。还不到44岁的加缪，是当时获得诺贝尔文学奖第二年轻的作家。不过，加缪认为，诺贝尔文学奖应该颁给其主要作品已经宣告完成的作家，而他并不希望现在就给自己的创作画上句号。他害怕获奖带来的各种烦琐应酬会分散自己工作方面的注意力。加缪获奖的消息宣布之后，接踵而至的采访和拍照要求，以及各种场合的邀请证实了他的恐惧不无道理。

加缪还担心此次获奖会招致其批评者更甚于前的鄙夷。虽然受到公众欢迎，但是加缪在左右两个政治派别中都有不少敌人：右翼认为他是个危险的激进分子；左翼人士中虽有他众多的昔日战友，但他们也因为加缪对苏维埃式共产主义的明确批评而把他排除在外。两大阵营都认为，加缪获得诺贝尔奖标志着他的才华和影响力已经达到了顶峰。

"有人想知道加缪是否在走下坡路，而且……想搞清楚瑞典皇家科学院是否把奖项颁给了一位早熟性硬化症患者。"一位评论者轻蔑地写道。

新闻界要求采访的呼声逐渐平息下去之后，加缪开始给一些对自己获奖表示良好祝愿的人回信，其中一封手写的信是发给巴黎的一位老朋友的：

亲爱的莫诺：

我已经把这些天来的喧嚣琐事放到一边，对于你温暖人心的来信，我在此特向你表示发自心底的感谢。出乎意料的获奖让我更多感到的是怀疑，而非心安理得。至少，还有友谊可以帮助我面对这一切。虽然我可以和很多人团结协作，但是我的朋友却不多，而你就是其中的一个，亲爱的莫诺，这是确定无疑的，我必须至少向你申明一次。过去，各自的工作以及忙碌的生活将我们分隔，但是，现在我们又重新团结起来，为着一项共同的冒险事业。这并不妨碍我们时时重聚，至少可以为了友谊干一杯！盼早日再见。

你的兄弟般的同志：阿尔贝·加缪

加缪与当时很多文学和艺术方面的杰出人物熟识，如让－保罗·萨特、乔治·奥威尔、安德烈·马尔罗、巴勃罗·毕加索。但是，加缪这封真挚信件的收信人却并非艺术家，而是加缪为数不多的几个多年挚友之一，他名叫雅克·莫诺，是一位生物学家。与加缪众多志同道合的熟人相比，莫诺并不出名，至少在当时尚未出名。然而，尽管已经拥有一大群才华横溢、更为杰出的同事，加缪还是宣称："我所认识的真正天才人物只有一个：雅克·莫诺。"

加缪获得诺贝尔文学奖八年后，雅克·莫诺这位天才人物自己也前往斯德哥尔摩，登上了诺贝尔生理学或医学奖的领奖台，与他的亲密同事弗朗索瓦·雅各布和安德烈·勒沃夫共同赢得这项殊荣。

诚然，这四个人的获奖是对他们非凡创造力的认可，但他们的成功都离不开伟大的机遇。加缪在信中提到的"冒险事业"始于多年以前，当时恰逢一段极为黑暗和危险的时期。实际上，以当时的危险程度，这些人都不一定能够活下来，遑论多年以后攀抵诺奖这样的高峰了。

本书讲述的就是这段冒险故事，让读者了解平凡人通过非凡事件的淬炼而蝶变为杰出人物的过程——以及当铺天盖地的逆境袭来，勇气的迸发、创造性天才的开花结果、深厚的友谊和对人类境况的深切关怀的难能可贵。

偶然性和必然性

在获得诺贝尔奖若干年后，雅克·莫诺写过一篇深受欢迎的哲学文章，探讨了现代生物学对于理解人类在宇宙中的位置的重要性。莫诺把这篇文章命名为《偶然性和必然性》，这个标题取自德谟克利特的名言——"宇宙中的每一样事物都是偶然性和必然性结出的果子"。用"偶然性和必然性"作为莫诺或者另外三人自传的标题也是十分贴切的。

在前往斯德哥尔摩收获诺奖的若干年前，1940年的春天，这四个人都住在巴黎，安静地过着各自的平凡生活。26岁的加缪，是个默默无闻但怀有抱负的年轻作家，一边为《巴黎晚报》担任版面设计师养家糊口，一边在空闲时间冥思苦想创作小说。年届三十的雅克·莫诺当时并不被人看好，他在索邦大学学习动物学，在本专业的博士生里面算是年龄比较大的。弗朗索瓦·雅各布只有19岁，是医学专业二年级生，立志成为外科医生。38岁的安德烈·勒沃夫则是当时四人中唯一有所成就的专业人士，担任巴斯德研究所微生物生理学部门的负责人。

但到了1940年5月，灾难降临。

德国军队入侵并迅速占领了法国大部分地区，整个国家陷入一片混乱之中。然而，这一惊人事件却起到了特殊的催化作用，如狄德罗所说的那样，把这些天才人物的才华激发了出来，让他们走上通往伟大人物的新征途，并且互相影响到各自的人生。

1939年秋天，德军无情地占领了波兰，为了避开德军的铁蹄，数百万法国公民逃离本国。尽管担心国家随时可能全面陷入敌手，雅各布还是决定继续尽全力抗击希特勒。他做了一个痛苦的决定，离开家庭和祖国，登上最后一批前往英国的船只，并在那里加入了"自由法国"抵抗组织。此后的四年时间里，他没有再和家人见面或者踏上法国的土地。他再次见到巴黎的时候，已是躺在救护车里，全身打着石膏，正从一次致命伤中逐渐恢复过来。斯图卡轰炸机投掷的炸弹结束了他的外科医师生涯，促使其走上科学研究之路。

莫诺、加缪和勒沃夫留在了法国，亲身体验了纳粹占领时期的艰苦生活。接下来的四年里，敌人对法国人民从占领他们的土地变为压迫和奴役，同时使用了折磨、驱逐出境甚至大规模屠杀等残忍手段。他们三人都加入了法国抵抗组织，为抗击纳粹竭尽所能，奉献才华。

加缪患有结核病，不宜进行体力运动，因此为抵抗组织的地下刊物《战斗报》工作。在德军占领期间，加缪发表了他的小说《局外人》(1942年)，以及他的长篇哲学随笔《西西弗神话》(1942年)，甚至还完成了两个剧本。他逐渐在巴黎周边的几个文学圈子中闯出了名声。但是，出于为抵抗组织保密的需要，他不能对组织内的同志透露自己的身份。他使用假名参加组织，只把自己早年在报社工作的经历告诉了他们。加缪开始时的工作是帮助《战斗报》遴选和编辑文章、排版面。后来，他成为主编。在和平年代，加缪的呼声或许只能在沙龙或者剧院中传播，现在，他找到了一个大得多的舞台，而这个舞台有能力影响战局。在他鼓舞人心的——尽管是匿名的——随笔和社论中，加缪告诫《战斗报》的读者采取行动抵抗德国侵略者及他们的法国合作者："各位法国同胞，法国抵抗组织向你们宣布它唯一的呼吁，你们需要倾听……任何不和我们一起共同作战的人，就是反对我们。从此刻开始，法国人只分为两派：始终爱国的法国人，以及那些即将被消灭的企图毁灭法国的人。"

莫诺先是参与了一些地下报纸的发放工作，接着又加入了更加直接地对抗德国侵略者的行动。他把自己的犹太人妻子以假身份安置在巴黎以外的地方，然后参加了装备最好、最激进的抵抗组织——共产主义武装"党的自由射手"(简称FTP)。他是一位精明强干的军官，而且成为法国内部抵抗军(FFI)的高级工作人员之一，该组织负责协调德国占领法国后期的抵抗活动。莫诺带人收集武器弹药，策划破坏德军的行动和给养，在盟军进军巴黎期间，帮助协调巴黎的市民暴动。

从事这些工作不但令人精神紧张，而且不乏生命危险，随时可能被盖世太保发现和逮捕。被捕则意味着要么被流放到某个集中营，要么被处决。莫诺所在的抵抗组织的好几位同志和上级都被逮捕、流放或处决了。他本人不得不将抵抗活动完全转入地下，捏造假身份并且在勒沃夫的实验室(位于巴斯德研究所的一处阁楼)里躲藏起来。勒沃夫也加入了抵抗组织：在他位于巴黎的公寓中，他收留了几位被德军打下来的盟军飞行员，等待地下网络将他们送出法国。

加缪的很多同志的身份都被暴露。为了不被活捉以至于吐露其他抵抗军成员的身份，《战斗报》的印刷员举枪自杀。少数几位知道加缪真实身份的组织成员中，有一个人在原本要和加缪见面的那天被捕，她被关进拉文斯布吕克集中营。加缪本人也被警察质询过，那时他的身上恰好带着某一期《战斗报》的版面设计稿。但警察没有发现设计稿，只得将他释放。

既然加入了抵抗组织，就不可避免地要承担这样的风险，正如加缪在《战斗报》上坚决申明的那样。对于个人来说，加入组织就是承认抵抗运动事关每一位法国公民。在抵抗运动中，一个人可以影响到其他人，并且，加缪认为："至少可以把心中的和平分享给别人，我们中间最优秀的成员将这种精神带进了监狱。"在极度的危险面前，勇气与牺牲精神是军事失败屈辱的唯一补救，而且，也许更重要的是，它们可以抹去那些通敌合作的法国人带来的羞愧，缓解法国同胞所受的战争苦难。

抵抗组织还对盟军的军事行动具有重要的战略意义。盟军最高司令艾森豪威尔将军称赞道，FFI 在很大程度上加快了盟军在诺曼底和里维埃拉登陆之后的进军速度，加速了法国的解放，减少了盟军的损失。艾森豪威尔估计，抵抗组织拥有 15 个师的有效兵力（大约 15 万常规军）。该组织在二战中的损失也是相当大的：大约 24 000 名抵抗者在法国抗击侵略的战斗中牺牲。

除了显著的人数优势之外，抵抗组织在恢复法国人的战斗士气方面的作用也是巨大的。巴黎解放前夕，加缪宣布："四年前，少数人在废墟和绝望中奋起反击，以无声的方式宣示我们并没有失败。他们认为战斗必须继续，只要付出相应的代价，正义必将战胜邪恶，为此，他们付出了足够的代价。"

直到巴黎解放之后，读者们才知道是谁写出了这些鼓舞人心的战斗篇章，并且因此喜爱上了加缪这位作家。

对加缪本人而言，他深切体会到了文字的力量和重要性。他后来承认："我冒着生命危险发表文章，尽管我的生命微不足道，这样做却足以使我从中体会到文字的真实分量。"

生活的秘密

战后，上述四个人分别回归各自的生活。雅各布则开始了新的人生。很多人的正常生活因为战争而被迫中止，他们深知自由的来之不易，所以战后的生活更有紧迫感和目的性，这四个人也不例外。

加缪把他的写作重心放在法国的道德与政治更新方面。从巴黎解放的那一刻起，《战斗报》就赢得了独特的威信。通常是报纸一印出来，就立刻售罄。用《战斗报》的一位负责人克劳德·布尔德特的话来说，这份报纸属于"影响到个体生活的因素，虽然社群受到的影响较少"。《战斗报》对加缪来说，也是一个面向全国发表观点的完美平台。在其数十篇文章中，加缪呼吁，在平等、个体自由和社会公正等原则的基础上重建法国。他的社论经常成为巴黎市民的流行话题。

读者同样也有机会接触到加缪在二战期间写作和发表的文学和哲学作品。德军占领期间的恐怖和残酷的统治、数千万人在战争中惨遭屠杀（一战的硝烟尚未散去）带来的恐惧令许多人对当时和未来的人性感到绝望，所以否认所有生活的意义或者目的的怀疑论在当时相当流行。

然而，加缪强烈反对怀疑论，他的观点与之完全不同。在《西西弗神话》中，加缪提出了他所认为最基本的哲学问题——"判断生活是否值得去过"。加缪认为，生活问题的症结在于死亡的确定性，这一确定性引发的实际问题是：一个人如何在知道死亡不可避免的前提下过有意义的生活？

加缪断言，在承认人生的有限性这一事实的基础上，人可以获得自由并尽力过好自己的生活。他认为，对于死亡的确定性，符合逻辑的反应是反抗死亡——这种反抗是热情地生活，充分地享受它："了解人的一生、人的反抗、人的自由，将其发挥到极限，这才是生活，才是极致。"

加缪认为，一个人若想将人生发挥到极致，就不能寄望于来世，要依靠勇气和理性："前者让他知道，生活不需要祈求笃信宗教，要认识和接受自己；后者让他明白自己的局限。明白自由的有限……以及人之必死，就能在有生之年活出生命的极致。"

对加缪来说，甚至包括西西弗——西西弗受到了诅咒，每天推一块巨石上山，推到山顶后巨石滚下，他又要重新推起——他是自己命运的主人。西西弗为自己的人生创造了意义，因为他认为"目标指向山顶的努力足以充实人心"，加缪这样总结这篇随笔："你必须想象西西弗是快乐的。"

他的乐观主义是建立在理性的基础之上的，这种乐观主义出现在德国占领法国的时候和二战时期，在受到二战创伤并逐渐恢复的读者中间引起了共鸣。加缪曾经写道："在内心的严冬深处，我发现了不可战胜的夏天。"这一句"不可战胜的夏天"在法国以及世界各地（加缪作品得到译介之后）的数百万读者中引起了反响。加缪提出了这一实用哲学，帮助人们在消除怀疑论或无须求助于宗教的情况下生活。在二战浩劫的余波中，加缪为大众描绘了一幅法国与世界美好未来的图景，用它来替代战争投下的长达50多年的阴影。他提出两个选项供大家选择："地狱和理性。"

他的影响力是广泛和深远的。《战斗报》的一位同事指出："加缪告诉了我生存的理由。"弗朗索瓦·雅各布后来用最为地道的"加缪主义"语言，将他的科学研究工作描述为"反抗宇宙不连贯性的最有意义的形式"。加缪的多年好友、作家和哲学家让-保罗·萨特认为加缪是"一个由人性、行动与作品组成的令人仰慕的结合体"。

在加缪强调生存的哲学理由的时候，莫诺和勒沃夫正在探索生命的生物学奥秘。1950年，雅各布也加入了他们的研究。

20世纪40年代初，科学界中充满了各种尚未弄清的生命的奥秘，例如，人们对细胞的运作知之甚少。那时候，物理和化学是主导学科。虽然人们知道有机体是由微小颗粒（分子）组成的，但是完全不清楚赋予细胞生命力的分子的特性。

1944年，著名物理学家和诺贝尔奖得主薛定谔写了一本十分有影响力的小书，叫作《什么是生命？》，该书从物理学家的视角探讨了生命的概念。薛定谔写书的时候，基因的概念已经充分建立起来，但是没有人知道基因是由什么组成的。薛定谔认为物质的奥秘隐藏在有机体之中的观点，启发了很多年轻科学家走进生物领域，其中便包括詹姆斯·杜威·沃森和弗朗西斯·克里克，十年后，他们搞清了DNA的结构。

在那个时代，人们提出了很多简单却最为基本的问题。莫诺研究的是细胞生长的奥秘。他重新发现了一种现象：给细菌两种作为能量来源的糖类，它们会先消耗其中一种糖类，再消耗另一种。莫诺提出一个简单的问题：细菌是怎么"知道"使用哪一种糖类的呢？

勒沃夫对细菌中休眠的病毒感兴趣。他发现，在特定条件下，这些休眠的病毒会重新恢复活力。雅各布加入他们的研究小组之后，他们提出了另一个问题：病毒是怎么"知道"何时恢复活力的呢？

他们开始在巴斯德研究所那局促而简陋的阁楼实验室中研究以上两个显然不具备关联性的简单问题，并因此成为现代生物学最具有创造力和影响力的科学家。尤其是莫诺和雅各布，他们发现了若干个生命的奥秘（在 DNA 之后）。他们是最先弄清基因是如何在细胞生长中开启和关闭的，并且发现了信使 RNA，这种微粒是 DNA 中的基因与其编码的蛋白质之间的介质（因此被称为"信使"）。莫诺和雅各布的前瞻性远超过他们所处的时代。生物学家们仅仅对基因是什么有一个模糊的认识，而莫诺和雅各布已经弄清了如何使用基因的法则。获得 1980 年诺贝尔化学奖的沃尔特·吉尔伯特评价说，莫诺和雅各布"让十分隐晦的事物变得非常容易理解"。

他们的发现当然配得诺贝尔奖，而且，莫诺和雅各布表现出一种非常有创造力的研究风格，用文学术语形容可谓"优雅"和"精妙"，将出色的说服力和大胆的探索融为一体。两位科学家期待和认为他们的工作对理解生物学的伟大奥秘——例如受精卵的发育——具有广泛的意义。也许需要数十年，生物学家才能深入了解这些奥秘，但是莫诺和雅各布为他们提供了研究的概念基础。另外，他们的影响超出了学术界，因为其对细菌和病毒内部机制的科学发现为 DNA 技术和基因工程的诞生和发展提供了关键工具。

反抗者

对于任何科学家而言，取得这样的成就都是令人羡慕的，而且，他们的成就和才华已经超出了实验室的范围。作为前抵抗组织成员，莫诺与极权主义的斗争因纳粹的战败而宣告胜利。在实现下一个主要目标的过程中，莫诺与阿尔贝·加缪的人生相交会，两人建立了友谊。

二战结束后不久,一场全新的战争爆发了,这场战争关乎意识形态,是资本主义和社会主义、民主主义与共产主义的对垒:美国与苏联之间的冷战拉开了序幕。在法国政坛,从极左到极右的各种势力都在为了权力和影响力明争暗斗。共产党得到了强有力的支持,特别是得到了知识分子和工人的支持,他们中的很多人都认为法国应该向苏联学习,实行社会主义。

在战争期间,为了方便加入FTP,莫诺先行加入了共产党,但是,他对共产主义不宽容政治异己观点的做法持保留意见,并且在战后低调退出了共产党,而当时许多法国人正在积极加入共产党。这或许是莫诺最后一次与共产党有关联,如果不是因为后来苏联的科学研究出现了离奇的发展趋势的话。

1948年夏天,斯大林"钦定"的农业学权威——特罗菲姆·杰尼索维奇·李森科对遗传科学展开了全面的攻击。李森科相信,针对动植物的任何改变都会迅速而且直接地对其产生影响并传给子代。他的观点和苏联的意识形态是一致的:自然和人类可以被塑造成任何形态,而且不受历史或遗传的约束。因此,尽管50多年前科学家就发现了遗传规律,但李森科下令,将古典遗传学及其支持者驱逐出苏联生物学界。

法国的共产主义报纸报道了李森科的离谱观点。莫诺在《战斗报》的头版发表文章,将它驳斥得体无完肤,他指出,李森科的基因学观点是反科学的教条主义,从中可以看出,苏联在其国内实行的是"意识形态恐怖主义"。

在公众的监督和批评下,苏联的社会主义思想在法国声名扫地。这一插曲也真正将莫诺推向公共视野并促使他"将自己的人生目标定为讨伐反科学主义和宗教玄学——无论它们来自教会还是国家"。

莫诺在《战斗报》发表社论的时候,阿尔贝·加缪也对苏联政权的邪恶行径(如"不真诚审判"和劳改营)持有相似的看法,并最终把他的这些观点发表在他的长篇哲学论文《反抗者》(1951年)中。

莫诺和加缪是在一次人权会议上经人介绍而认识的,两人一见如故,他们之间有一种深刻的互相吸引力。尽管两人在成长背景和专业方面没有任何共同点,但却惺惺相惜。弗朗西斯·克里克对莫诺的描述也符合他的新朋友加缪:"从不缺乏勇气,融合了温文尔雅的气质和顽童似的幽默感,对他认为重要的东西做出了深刻的道德承诺。"除了同是前抵抗组织成员，莫诺和加缪还发现他们有许多共同关注点。在两人友好互动的过程中，他们讨论的共同话题可以涵盖各种人道主义问题，包括苏联的局势、东欧集团国家的人权、法国的极刑等。

莫诺为加缪提供了更多深入抨击苏联的"弹药"，导致加缪的许多左翼朋友与之绝交。加缪则带领莫诺走进文学与哲学的世界。

莫诺也是一个善于将创造作品与实际行动结合的人。当加缪写作《匈牙利人的血》——这本书引起全世界对遭受苏联镇压的匈牙利革命的同情——的时候（1957年），莫诺利用他参加抵抗运动时积累的经验，组织匈牙利科学家出逃。随着莫诺科学声誉的提高，他利用自己的身份支持了许多正义的事业，包括维护人类生育权和人权。在1968年5月发生的险些推翻法国政府的骚乱中，他成为影响力很大的人物。

加缪对莫诺产生了深刻的影响，这在莫诺后来的哲学观点和生物研究方面都有体现。接受诺贝尔奖之后，莫诺开始思考现代生物学发现的意义——薛定谔的提问"什么是生命"的答案和生命的意义有何关系。他用加缪主义的语言描述了自己的激情："这是一种冲动，一种想要理解人类存在意义的苦痛、对合理化和在一定程度上解释一切的诉求，而且也是人类精神中最强有力的动机。"莫诺的思想总结，也是他最畅销的一本书——《偶然性与必然性》的开场白，和他的好友加缪的《西西弗神话》中心思想最为接近，有着异曲同工之妙。

———

这本书讲述的是上面提到的每个人是如何熬过20世纪最恐怖的时期，并且爆发出不同寻常的创造力、成为杰出的人物的。因此，本书相应地分成两大部分——第一部分阐述了世界是如何塑造这些人的；第二部分则讲述了他们是如何塑造这个世界的。两部分的分界线是巴黎的解放，因为之前的战争和侵略者的占领是锻造他们个人品质和才能的熔炉，从巴黎解放这一事件开始，他们相继走向了人生的辉煌。

这几个人之间的密切联系也让他们具有巨大的勇气和冒险精神，促使其用生命换取自由。两位女主角——吉纳维夫·诺弗拉德和艾格尼丝·乌尔曼已经允许作者在本书中讲述她们的非凡经历，有很多内容都是第一次披露。确实，本书就是建立在发现事实和接触之前没有公之于众的材料的基础之上的。这些材料包括：莫诺和加缪的信件等消息往来、别人对两人十年友谊的目击证明、记录莫诺在抵抗组织早期活动的巴黎警察档案、过去没有发表的诺弗拉德（莫诺在抵抗组织的秘书）的战时回忆录、他们参与历史事件的原始文件、莫诺与其妻子奥黛特和其他家庭成员的一些私人信件、详细记录莫诺安排乌尔曼冒险逃离匈牙利的过程的大量文件。

从反映莫诺和加缪各自的人生旅程的资料来看，它们共同讲述了一个故事，故事分为四个篇章，组成了本书的四大部分，分别是：法国的突然沦陷（第一部分——"沦陷"）；主人公反抗纳粹的行动（第二部分——"通往自由的漫漫长路"）；他们对创造工作中主要问题的探索（第三部分——"生命的奥秘"）；以及他们创造生涯的巅峰和广泛参与社会事务的情况（第四部分——"诺贝尔的思想与高尚的行为"）。

"尾声"部分（"法语课"）阐述了加缪去世后，莫诺是如何在履行公共承诺和写作方面继承朋友的部分遗志的。两人都着迷于寻找人生的意义这种不受时间限制的永恒问题。人生的经历迫使他们提出最基本的问题：什么值得你付出生命？什么值得你活下去？获得自由之后，他们又提出一个急迫的问题：值得你一生追求的目标是什么？二战、德国占领法国、冷战、匈牙利革命等事件已经成为过去，但是人类对意义的渴求没有变，他们追寻意义的方式和效果也没有变。莫诺认为，科学已经打碎了世界上的一些传统理念和我们的生活目的，因此，我们应该知道如何在一个科学昌明的世界寻找人生的意义。

第一部分
沦 陷

所有伟大的行为和伟大的思想都始于荒谬。

—— 阿尔贝·加缪《西西弗神话》

1940年巴黎灯火管制时的凯旋门（摄影：布拉塞,《小人国》杂志，1940年6月）

第一章

光之城市

艺术家……在欧洲没有家,除了巴黎。

——尼采《瞧,这个人!》

整个巴黎悄然跨入了新的一年——1940年。

虽不是新年的第一场雪,这场雪也称得上50年来最大的一次。因为大雪,往年喧闹的庆祝仪式没有在今年的新年夜举行,加之当晚来了并不常见的寒流,整个巴黎和法国的大部都遭受到低气温的侵扰。

巴黎这座"光之城市"陷入了黑暗和不安之中。这种情况已经持续了四个月。

1939年9月3日,德国入侵波兰两天后,法国及其盟友英国对德国宣战。巴黎全城实施了灯火管制,以避免成为空袭的目标。历史建筑和博物馆——卢浮宫、埃菲尔铁塔、凯旋门是灯火管制的主要对象,各条大街和广场上的路灯也被涂上一层蓝色,汽车头灯、自行车灯,甚至手电筒亦是如此。它们发出的蓝色光束给整座冰雪覆盖的城市染上了一种奇怪的暗淡色调。

咖啡馆、俱乐部、夜总会、餐馆仍然在除夕夜营业,但是,店铺外面的灯是熄灭的,门窗上面盖着东西,遮挡室内透出的光。虽说现在实行战时宵禁,当局还是破例允许新年期间的店铺营业时间延长三个小时,到凌晨两点为止。

两个多世纪以来,自启蒙时代开始,伏尔泰和狄德罗在拉丁区喝咖啡时重新定义了文明的概念之后,那里的咖啡馆就吸引了来自世界各地的大批哲学家和革新者,包括本杰明·富兰克林和托马斯·杰弗逊。过去的20年里,自一战以来,巴黎的咖啡馆和俱乐部就成了当代著名作家、艺术家和音乐家的聚会地，他们将这座城市变为欧洲的艺术与知识中心，甚至可说是世界的艺术和知识中心。

20世纪二三十年代，巴黎的文学氛围吸引了詹姆斯·乔伊斯、埃兹拉·庞德、F.司各特·菲茨杰拉德、约翰·多斯·帕索斯、格特鲁德·斯泰因、塞缪尔·贝克特等人。海明威也经常去他喜欢的丁香园咖啡馆搞创作，在咖啡馆种植着丁香树的花园里落座，将笔记本、铅笔和削笔器放在手边。他的第一本小说《太阳照常升起》的部分内容就是坐在这里的大理石面的桌子旁边写就的。

在蒙帕纳斯地区，你会发现艺术的每种形式都处于繁荣兴盛的状态。超现实主义的代表人物萨尔瓦多·达利从西班牙来到巴黎，现代主义先驱、生于俄罗斯的马克·夏加尔也来到这里。西班牙立体派艺术家毕加索经常到蒙马特尔以及蒙帕纳斯居住和工作，后来，他在鲍埃西路定居，此处距离香榭丽舍大街不远。多产画家的代表人物保罗·罗森伯格的著名画廊就坐落在毕加索的工作室隔壁。毕加索的成名离不开罗森伯格的帮助，他把毕加索的画作放在莫奈、马蒂斯、凡·高、雷诺阿和塞尚作品的旁边出售。

音乐艺术也在巴黎蓬勃发展，来自美国的音乐家有约瑟芬·贝克、科尔·波特、科尔曼·霍金斯和本尼·卡特等人。1934年，生于比利时的吉普赛吉他演奏家姜戈·莱因哈特、巴黎小提琴家斯特凡·格拉佩里以及其他三人组成了"法国五重奏杜热德俱乐部"，这是当时最具原创和最有影响力的欧洲爵士乐团。巴黎本地的传奇人物伊迪丝·琵雅芙和莫里斯·舍瓦利耶也非常受欢迎。

巴黎的创造力不仅集中体现在文艺界，在科学界也是繁荣兴盛。1939年，铀原子裂变方面的重要研究者弗雷德里克·约里奥－居里到拉丁区的法兰西学院实验室工作，他和妻子艾琳（诺贝尔奖获得者皮埃尔和玛丽·居里之女）共享了1935年的诺贝尔化学奖，获奖理由是其发现了引发能够释放大量能量的链式反应的可能性。约里奥－居里是爱因斯坦在1939年8月写给罗斯福总统的信中提到的几位关键的科学家之一，爱因斯坦提醒总统，物理学界的发现可能导致人类制造出"极为强大的新型炸弹"。

距离法兰西学院不到两英里的地方，坐落着法国生物学界的明珠、世界前沿科学机构——巴斯德研究所。研究所延续了路易·巴斯德（1822—1895）开创和推行的各项尖端研究。该机构成立的主要"催化剂"是巴斯德在开发疫苗方面所做的前瞻性努力。最初，疫苗的研究是为了对付狂犬病。1885年7月6日，一个名叫约瑟夫·梅斯特的9岁男孩被他惊慌的母亲带到巴斯德的实验室，一条患狂犬病的狗咬了约瑟夫14次，这样严重的咬伤是致命的，所以巴斯德决定在约瑟夫身上试用一种实验中的狂犬病疫苗，那时，这种药只在狗身上测试过。经过历时11天的13次注射，男孩奇迹般地活了下来。

梅斯特的病例传开后，纽瓦克、新泽西的很多小孩都被送到巴斯德那里接受治疗，他用新疫苗成功地治愈了他们。治疗成果公布后，通过国际募捐，一座研究所成立了，研究所的第一任负责人就是巴斯德，他使数千人得到了治疗。巴斯德招募了一群同事，他们都是像他一样如同修道士一般献身科学事业的科学家，这些人自称为"巴斯德主义者"。巴斯德的同事和门生致力于研究，预防和治疗白喉、疟疾、黄热病、鼠疫、斑疹伤寒、结核等传染病，诺贝尔奖设立之后的短短几十年中，这些人里面就出了四位诺贝尔奖获得者，所获奖项包括医学奖和生理学奖等。那些被巴斯德感动、拯救过的人都心怀感激。在巴斯德治愈第一位狂犬病人近55年后，63岁的约瑟夫·梅斯特来到研究所担任护工。

二战爆发后，政府立刻向民众发出高级别警报并分发防毒面具，防空警报也时常响起。人们把几千名儿童从首都转移到乡下，巴黎收藏的最珍贵的一批艺术作品也被移走。接下来的四个月中，卢浮宫几乎被搬一空。二百多辆卡车满载着装在板条箱里的画作和雕塑，其中包括《蒙娜丽莎》和《米洛的维纳斯》，将它们运出博物馆，转移到别处的城堡中保护起来。

战争的威胁促使一些艺术家和表演者结伴离开城市地区，有的离开了法国。然而莫里斯·舍瓦利耶并没有走。1939年，他录制了一首歌《巴黎将始终是巴黎》，这首歌表达了他对自己家乡——巴黎——的爱，歌词描写了灯火管制时期巴黎的剪影，歌颂了这座城市的勇敢精神和生命的韧性：

  尽管有人提出警告措施
  就贴在我们的窗棂上
  蓝色的商店门面
  蓝色的汽车轮胎

把画作从我们的博物馆搬走
香榭丽舍大街被翻了个儿
我们的雕塑之美被泥土掩盖
晚间的街灯蒙上面纱
光之城市陷入黑暗

巴黎将始终是巴黎
世上最美的城市
尽管黑暗深重
她的光泽永不会暗淡

第一次世界大战的前车之鉴——法国在一战中损失了140万生命,当时的悲剧犹在眼前——使得政治和军事领导者们与平民都不希望再出现战争。但是,希特勒在过去两年的行动让很多人觉得有可能,甚至认为有必要与德国一战。然而,即使在宣战之后,还是有希望避免全面冲突的。确实,一年前,1938年9月,法国和英国已经在与德军正面遭遇之前撤出了军队。

通向战争的道路始于1918年,希特勒无视一战后签订的停战协议,重建德国军队,后来又通过一系列军事威胁和政治策略等手段扩张了德意志帝国的版图。希特勒认为法国和英国对其实行绥靖政策,因此采取了这样的行动。他认为英法两国会不惜一切代价避免血腥冲突,即使这意味着它们放弃欧洲在中东部地区的大部分控制权,将其让给德国。希特勒在每一个回合的行动中都会测试同盟国的决心。

1938年3月,害怕被德国武装侵略的奥地利同意与德国政治合并。英法两国对此并未做出明显的反对或表态。一方面受到自己兵不血刃快速占领行动的成功鼓励,另一方面由于同盟国的沉默,希特勒将其下一个目标定为捷克斯洛伐克,这一步棋将把整个欧洲推向悬崖边缘。

希特勒的目的是首先占领苏台德区,然后征服整个捷克斯洛伐克。而如何在不激怒法国的情况下侵略捷克斯洛伐克就显得比较困难。法国与捷克斯洛伐克签订过援助协议，协议规定，如果捷克斯洛伐克受到袭击，法国应出兵救援。英国也承诺法国遭袭时进行援助。但是，希特勒认为，法国或者英国不会为了捷克斯洛伐克而甘冒把整个欧洲拖进战争旋涡的危险，因此，他制订了侵略计划。

经过几个月的军事、政治和外交斡旋，1938年9月，情势急转直下。希特勒威胁入侵捷克斯洛伐克，这将导致同盟国履行救援义务，因此英法希望找到一些办法来劝阻希特勒，以免承担各自的责任，但无论如何总归是权宜之计。一方面，英法不能表现得过于不希望宣战，否则希特勒会认为这是可以利用的懦弱信号。另一方面，它们也不能表现得过于强硬，因为这样可能使得好战的独裁者希特勒迅速将战事升级，从而引发难以想象的后果。另外还存在一个荣誉感的问题，毕竟，同盟国之间互相做出了承诺，如果承诺被打破，国与国之间的盟约就不再可靠，这同样威胁到欧洲大陆的安全。最后，还要考虑到公众舆论，随着事态的发展，公众的看法变幻莫测。政府如果无视民意，很可能有下台的风险。

1938年9月15日，英国首相张伯伦与希特勒进行了面对面的协商。张伯伦很快意识到，和平的代价便是舍弃捷克斯洛伐克，或者至少舍弃苏台德区。法国总理爱德华·达拉第支持张伯伦避免战争的做法。张伯伦和达拉第向捷克斯洛伐克领导人施压，迫使其让步于希特勒的要求，交出苏台德区以换取和平。捷克斯洛伐克拒绝了他们。法国继续对捷克斯洛伐克加压，声称如果捷克斯洛伐克拒绝他们的提议，就要为德军的行动负责，并通知捷克斯洛伐克政府，如果德国入侵捷克斯洛伐克，法国将不会采取任何行动。捷克斯洛伐克政府别无选择，只能屈从，因为它无法独自对抗德国。

9月22日，张伯伦将捷克斯洛伐克的让步决定告知希特勒。仅仅一个星期后，希特勒就拒绝了捷克斯洛伐克的妥协提议，认为这还不够，他给自己原先的要求加了码——其中包括立刻军事占领苏台德区。张伯伦先是感到震惊，随即恼怒于希特勒的出尔反尔，最后只好垂头丧气地回到了伦敦。他的内阁拒绝了希特勒的新要求，法国和捷克斯洛伐克也表示拒绝。

与此同时，捷克斯洛伐克开始调兵防御，法国随即跟进。9月24日早晨，白色海报贴遍了法国的大街小巷，宣布征兵100万人。法国武装部队也被调集到法德边境附近。

此时，在卷入此事的所有国家的大部分人看来，战争显得不可避免且迫在眉睫。

达拉第在伦敦与张伯伦商谈，决定再进行一次外交努力，尝试阻止希特勒。英法两国改变了一周前放弃捷克斯洛伐克的立场，于9月27日通知希特勒，如果德国入侵，它们将站在捷克斯洛伐克一边。

希特勒大怒，他在回复中发誓要摧毁捷克斯洛伐克，并且在一周内和英法交战。

不过，希特勒知道捷克斯洛伐克和法国正在调兵，两国的兵力是德军的两倍，而且英国也做好了战备，他短暂考虑了一下，又给张伯伦写信，说他现在准备"正式承诺保留捷克斯洛伐克的剩余部分"。

张伯伦抓住机会重新启动与希特勒的对话。一方面，每个国家的公民都在备战，很多人逃离城市地区，各处道路因此拥挤不堪。有的人则准备背水一战。张伯伦提议与希特勒会谈，并且要求意大利首相墨索里尼出席。墨索里尼同意了。希特勒也表示同意，他邀请张伯伦、达拉第和墨索里尼参加在慕尼黑召开的四国峰会（捷克斯洛伐克领导人不在邀请之列）。

接到希特勒的邀请后，一直担心开战的英国下议院爆发出了欢呼声。巴黎也松了一口气，人们又燃起了希望。各国元首怀着巩固和平的目的来到慕尼黑——代价是捷克斯洛伐克，希望这样做会令希特勒满意。四个国家很快在9月30日签订了协约。捷克斯洛伐克别无选择，如同他们的官方公报所说的那样，他们被"抛弃了"。

张伯伦和达拉第回国时受到了热烈的欢迎。达拉第告诉全国人民："我深信这份协议对欧洲的和平不可或缺，它是在互相让步和紧密合作的基础上达成的。"

巴黎报纸刊登的满是赞美和宽慰之词，法国前总理莱昂·布鲁姆在《流行》刊物上表示："任何法国人都不会拒绝这份协议，只能对张伯伦和达拉第的贡献表示感激。战争放过了我们，灾难退去了。生活可以再度回归正常。人们能继续自己的工作并且安心睡觉了，还可以悠然享受秋季的阳光。"

就个人而言，达拉第也学会了如何与希特勒打交道。"没有武力做后盾，我们无法与德国谈条件。"慕尼黑协议签订几天后,他告诉两名将军。

达拉第成为总理之后,仍然继续担任战争与国防部长的职务。慕尼黑协议签订后不久,他划拨了400亿法郎(占1939年法国税收的85%左右)作为重整军备的经费,另外还秘密动用了25亿法郎,从美国购买一千架飞机。

1939年3月,达拉第对希特勒的错信得到了证实,希特勒公然无视他六个月前在慕尼黑做出的承诺,派遣纳粹军队占领了捷克斯洛伐克全境。当英法提出抗议时,捷克斯洛伐克已经全部落入敌手。接着,波兰又在德军三面包围下宣布投降,成为希特勒的新猎物。

达拉第告诉他的内阁:"除了备战,别无他法。"为了增加常备军数量,他延长了预备役军人的服役时间。为了解决未来军费问题,他促使内阁做出承诺:"我们应该把每一分钱都花在军事目的上,而且,我们储备的美元和黄金应该全都用在购买美国飞机上……只有这样,才能打造强大的空军,才能摧毁鲁尔(德国的工业中心之一),从而迫使德国让步……这是唯一能够结束战争的办法。我看不到其他途径。"

绥靖政策的时代已经结束。军事领袖们纷纷制订了作战计划。1939年7月,马克西姆·魏刚宣布,鉴于重整军备的倡议,法国拥有了世界上装备最好的陆军,因此毫无疑问将取得胜利。1939年8月底,法国陆军人数达到了240万,可与德国陆军的规模匹敌,而且法国在坦克的数量和质量方面胜过德国,因此将军的信心继续高涨。加之马其诺防线的固若金汤,使得法国领导层坚信,德国的进攻是愚蠢的,但是,即使他们铤而走险,在法国的盟军(主要是英国)协助下,德国一定会失败,就像一战中那样。

随着希特勒对别国领土的贪婪不断升级,公众的意见摇摆不定。英法两国都曾对波兰承诺,如果该国遭袭,它们会提供援助,而8月底希特勒的枪口完全对准了波兰,这时,去年英法两国的领导人在捷克斯洛伐克危机最后一刻展现的外交英雄主义却毫无用处。希特勒下了进攻的命令,9月1日早晨,纳粹国防军和空军开始连续攻击波兰。

9月2日,达拉第对军队进行总调动。

9月之前还在政治观点和意识形态方面意见不一的各家媒体,很快变得同仇敌忾。《坚定》杂志表示:"战争逼近法国,她别无选择,唯有斗争;法国和她的盟友正在和纳粹创造的仇恨、残暴与谎言战斗。"

在《流行》刊物上，前总理莱昂·布鲁姆写道："纳粹迫使世界上最热爱和平的民族为了捍卫其自由、存在和荣誉而走上战场。"

纵观政坛，从社会主义者到保守派都不欢迎战争，但是他们认为战争是不可避免的。天主教日报《十字架》认为，它将是一场"正义之战"，目的是将"现代版本的匈奴王阿提拉"送上绞架，是"文明与野蛮的角力"。

如果上一次世界大战可以给人一定的指导作用的话，那么捍卫正义和崇尚团结的精神对于前面的战斗来说是必不可少的。

然而，此次战争中的第一个残酷局面出现时，法国的军事领袖并没有做什么去拯救波兰。直到一周之后，他们才派兵攻占德国萨尔。此举让媒体兴奋不已，一家报纸称其为"辉煌的一击"。然而，事实上，军队只在德国境内推进了5英里，所到之处的村庄早已人去屋空。

尽管在西线取得了压倒性优势——在这里法军有85个装备精良的师，而德军只有34个预备师——法国还是没有主动出击，因此丝毫没有减轻波兰的压力，也没有对德国的军事重地构成威胁。波兰在八天之内陷落。波兰的全军覆没使得法军在当月底秘密地从萨尔地区撤走。

但是，德国也没有对法国采取任何重大行动。几天、几周过去了，士兵们甚至在两军对垒的战壕中玩起了游戏。巴黎报纸头版上刊登的军事公报变得越来越短，内容也重复起来："整个前线的夜晚都很安静"或者"没有什么可报道的"或者"日常巡逻"这样的话屡见不鲜。

人们也给这场战争起了新外号，最初他们称其为"等待之战"。在英国，人们叫它"无聊之战"，后来是"假战争"。不久，《巴黎晚报》的亨利·莱莫里给它想出了新的昵称——"搞笑的战争"。

―― ～ ――

四个月过去了，新年将至，依然是什么事情都没有发生。长期的停战让人们重又燃起希望，大家变得更有耐心，再次认为或许可以通过外交手段避免战争，而在剑拔弩张的1938年，这一切看起来还是不可能的。

新年前一晚，天气寒冷，很多士兵都放了假，到巴黎的饭馆、夜总会、剧院中寻欢作乐。然而，士兵们以及和他们干杯庆祝新年的巴黎居民们都不知道，"假战争"已经过去了一半，只要再等上四个月，真的战争就要来了。他们也想不到这会是巴黎作为一个自由的城市，在近几年中的最后一个新年庆祝活动。

那天晚上，电台节目中播放了舍瓦利耶的那首歌曲，有些人也用留声机播放了它，歌词的最后一段是这样的：

> 即使大炮在远处轰鸣
> 她的衣妆却更加美丽
> 巴黎将始终是巴黎
> 任何人都无法阻止她的奢华
> 她的出色、她的优雅
> 只会让她更无价
> 巴黎将始终是巴黎

就在巴黎人都在猜想着新的一年会带给他们什么的时候，《费加罗报》向大家保证："这个夜晚，在每间屋子，每个人的心底，都在燃烧着同一个希望：'1940年将会是胜利的一年。'"

第二章

计　划

> 法国，我们人民的死敌，无情地扼住我们的咽喉，夺取我们的力量，所以，我们决不能退缩，哪怕牺牲我们的一部分，换来法国这个欧洲主人的毁灭。
>
> ——阿道夫·希特勒《我的奋斗》（1926年，该书在法国为禁书）

法德边境的另一边，柏林的新年气氛却大为不同。在一段30分钟的电台发言中，纳粹的公共启蒙和宣传部长约瑟夫·戈培尔回顾了过去的一年并展望1940年：

1939年过得太戏剧化，充满了辉煌的历史事件，记述它们的书能装满一座图书馆，根本不知道从哪里讲起……1939年，我们的人民恢复了国民生活，开始了伟大的努力，挣脱了束缚我们的铁链和奴役，让我们的国家在跌倒之后重新回到了大国的位置。

他为德军在1938年底吞并苏台德区后占领捷克斯洛伐克的剩余部分做了辩解。然后又合理化了德国对波兰的侵略，将其归咎为"伦敦的好战派"和波兰的一系列挑衅行为(如调动其常备军)迫使德国不得不动武。"元首别无选择，只能以武力回应武力。"戈培尔宣布现在的欧洲形势并非德国之过，而是英法的责任：

9月2日，伦敦和巴黎向德国发出最后通牒，不久便对德国宣战……西方大国对德战争开始……毫无疑问，伦敦和巴黎的好战派希望扼杀德意志帝国，毁灭德国人民……我国的9000万人阻碍了他们统治世界的野蛮计划……他们迫使我们为捍卫生存而战。

最后，戈培尔展望了未来：

预测新的一年会发生什么是不适当的。这都是未来的事。不过，有一件事是清楚的：这将是艰苦的一年，我们必须做好准备……我们真心感谢上帝，希望他在新的一年中保护我们。

这篇演说立刻被巴黎报纸报道和引用。《晨报》称其为"无休止的高谈阔论"。

戈培尔的演说并没有透露元首的计划，没有人知道1940年德国会做什么。德军会发动进攻吗？如果会，那么在何时何地？盟军情报部门和最高指挥部必须权衡各种方案，据此制订计划。

看起来最无可能发生的一件事就是德军会直接越过德法边境入侵法国，正面攻打马其诺防线。马其诺防线是法国的战略基石，是一条绵延整个德法边境线的防御工事。1914年，德国突然越过边境入侵法国，一战中的这次惨痛教训促使法国投入巨大的人力物力建造了马其诺防线。

在一战中，战争开始的几个月里，法国损失惨重。在短短几周内，德国陆军就抵达马恩河，距巴黎只有43英里。法国人非常担心首都会被占领。不过，法国指挥官们发现，德国的孤军深入在其防线上留下了很多空隙和弱点。英法军队实施了反击，使德军远离巴黎并采取防御，此后四年，西线战事就处于僵持的状态。200多万士兵参加了马恩河战役，双方总伤亡人数超过50万，仅法国就损失了8万人。建造马其诺防线的主要目的之一是，若德国突然入侵法国，可通过该防线长期拖住敌军，等待足够的部队前来增援，阻止敌人深入法国腹地。

法国建造马其诺防线的另一个原因是受到了1915年冬到1916年初春凡尔登战役的启发。当时，凡尔登周围有18个大型的地下堡垒，全是在19世纪末20世纪初建造的,它们拯救了法国守军。虽然受到德军三面围困,由菲利普·贝当将军领导的法军还是在大规模炮击(包括毒气弹)中生存了下来。尽管德军攻占了不少要塞,却无法继续进攻并占领凡尔登。因出色的指挥,贝当被奉为英雄——"凡尔登的拯救者"——并在战后晋升为法国元帅。

贝当守卫凡尔登要塞的经验和他德高望重的影响力使其成为建造马其诺防线的关键支持者。贝当坚信,马其诺防线具备多种战略优势。法国领导人最关心的问题之一就是如何节约人力。一战中,法国失去了27%的18到27岁的健全男子,这大大降低了人口出生率,而一战结束时法国的人口(3900万)本来就比德国(5900万)少很多。只要建造了防御工事,派少量部队防守即可,无须大型编队御敌。另外,马其诺防线不仅能阻止敌军直接进攻法国,还可以迫使他们取道比利时或瑞士,从而将大规模敌军引离法国领土。

马其诺防线绵延整个德法边境,连接瑞士到卢森堡,且深入法国境内10到15英里。防线由一系列的大型堡垒和小型要塞组成,它们的间隔是10英里左右,有利于战斗中的炮火支援。每个要塞都有地下部分,供士兵居住、膳食和储存武器,还铺设了地道和电话线,准备的给养至少够用三个月。要塞之间由成排的反坦克壕沟相连,密布着铁丝网。防线如此固若金汤,让英法两国的领导人和公众都认为法国得到了充分的保护。

然而,早在1935年的时候,有人就对马其诺防线发出反对的声音。一战中贝当将军的部下查尔斯·戴高乐上校(曾在凡尔登战役中被俘)担心,将注意力过于集中在马其诺防线的防御,会错失反攻的机会。戴高乐认为,法国需要能够快速进攻的武装部队。然而当时的国防部长粗暴地拒绝了他的提议,表示:"我们花了数十亿法郎修建了如此坚固的一条防线,怎么还用考虑进攻的问题!"

戴高乐却继续不依不饶地要求上司组建装甲机械化师,因此那时人们给他起了个外号,叫作"机械化上校"。

在法国与比利时共同防守的北部边境方面,人们却有不同的看法。几个世纪以来,德国入侵法国的惯用方式是通过比利时平原进入法国,就像1914年那样。1934年,时任法国战争部长的贝当坚持认为法军应该正面迎击侵略者,"必须进入比利时!"

法军进入比利时引起了一些敏感问题。因为比利时是个主权国家，法国不能在没有比利时国王要求或允许的情况下入境。如果等待国王批准，那么比利时很可能要么表示拒绝法国的协助，要么不愿盟军入境，就像它在一战中所做的那样。而比利时方面的任何延误都会拖住盟军作战计划的后腿，弱化法国的防守。

比利时的有些部分防守严密。马其诺防线与比利时的防御系统相连，其中防守最好的便是埃本－艾麦尔要塞，这是个位于列日和马斯特里赫特（属于荷兰）之间的堡垒，是保卫着从德国进入比利时的道路的桥头堡。德、比边境之间还有一些天然障碍，包括默兹河和位于丘陵地带的阿登森林。在1934年参议院委员会的听证会上，有人问贝当，德国通过阿登森林入侵的可能性有多大，这片森林就位于法国色当的东北面。贝当回答："如果在那里部署特殊战术的话，它是不可穿越的。我们将它视为歼敌区……敌人不敢冒险到那里去。否则，当他们一走出森林，就会被我们阻截。因此无须担心那里。"

鉴于贝当的分析，法、比边境附近只安排了稀疏的防御工事。法国的战争计划侧重于反击敌人穿过比利时平原的侵略预谋，意在让比利时军队先行拖住德军，然后英法军队进入比利时，尽量向东组建防线。

1940年1月，当盟军情报机构和战争规划者们正在分析和讨论德国种种可能的入侵方案时，德军的计划却从天而降，掉到了他们的眼前。

1月10日早晨，大雾笼罩，德军少校埃里希·荷恩曼斯驾驶他的梅塞施米特飞机送另一位少校赫尔穆特·雷恩伯格前往科隆的时候，飞机突然失去动力。认为飞机已经进入德国境内的荷恩曼斯打算紧急着陆，结果却在比利时的梅赫伦默兹河畔迫降，这里距离德国只有几英里。雷恩伯格恰好携带着德军袭击比利时和荷兰的详细计划。当两位少校意识到他们身在何处的时候，雷恩伯格试图烧掉文件。但是比利时边境守军来到了现场，从火中抢出了一些文件。

比利时情报官员们一开始认为这是德国人迷惑他们的假情报。但是，审讯了两名俘虏和检查了那些文件之后，他们觉得这些情报很可能是真的。抢救出来的文件上写明，德国计划侵略荷兰和比利时，而且将很快进行（具体日期是1月17日，但没有写出来），计划中还包括如何牵制性攻击马其诺防线。

得知飞机迫降一事之后，德国司令部非常担心计划会泄露，希特勒也大为恼怒。他不但没有推迟计划，反而下令在比利时、荷兰及其盟友做出回应之前，立刻按计划行动。

比利时把情报告知了法国、英国和荷兰，还告诉他们，进一步的情报显示，德国入侵迫在眉睫。荷兰和比利时军队进入警戒状态，法国派大批军队开往比利时边境，准备进入比利时。

然而，德国人却得到了风声，他们意识到自己失去了发动奇袭的先机。天气也开始恶化。德军参谋长阿尔弗雷德·约德尔将军告诉希特勒，为了确保袭击成功，他们需要至少八天的好天气；他建议元首把进攻推迟到春天。希特勒同意了，告诉约德尔，"为了保持机密性和出其不意，整个行动都要进行彻底改变"。

实际上，德国的进攻路线完全是法国司令部预测的那样，他们也为自己掌握了德国指挥官的想法和思路而感到十分得意。

然而，戴高乐上校却非常担心盟军的计划是否能够形成可靠的防御，因为它并未考虑到机械化战争的新特点。

1月26日，入侵比利时危机事件过去几天后，戴高乐试图再次提醒最高指挥部增强部队的机动性。他向八位高级军官寄了一份备忘录，作为一名下级军官，这种做法会被认为是不知高低的。

波兰在几天之内沦陷的教训还历历在目，戴高乐提醒道：

> "敌人会派遣非常强大的机械化部队，从空中和地面同时进攻……因此，我们的防线随时可能被攻破……如果我们自己没有实力相当的部队对抗敌人，只能去送死……法国人不能被错觉蒙蔽，认为这场战争并不要求机动性，与此相反，机械化的部队才能确保现代战争的力量、速度和行动的范围。目前的冲突完全是对机动性的考验……敌人进攻的速度将会超过任何历史先例。我们不能再愚弄自己了！此次战争将是有史以来波及最广、最复杂、最残酷的一次。"

将军们早就受够了戴高乐的唠叨,他们仍然无视他的恳求。

由于掌握了希特勒打算入侵比利时与荷兰(两大中立国)——而且还会再次尝试——的证据,1月29日,达拉第总理谨慎分析了纳粹的企图。在一篇面向法国人民的名为《纳粹的目标是奴役》的广播演说中,达拉第毫不怀疑地评价了希特勒政权的本质:

"在战争进行五个月之后,有一件事变得越来越清晰,那就是德国试图在世界上建立一个史无前例的政权。

"这个政权不仅要弱肉强食,奴役别国人民,还要系统化、彻底地摧毁那些被希特勒征服的国家,它不会和自己占领的任何一个国家谈判,只会摧毁它们,剥夺它们的政治权利和经济权利,甚至要把它们的历史和文化从地球上抹去。希特勒只把它们看成自己的殖民地,自己对其拥有绝对的支配权。

"这些国家的公民自然成为希特勒的奴隶,要么惨遭屠戮,要么被迫流亡。希特勒迫使他们为征服者们让出空间,他甚至不会把他们当作战俘对待。他会拿走他们的全部财富,为了防止暴乱,他会消灭他们的首领,并且通过科学的方式从物质上和精神上夺走他们的自由和独立。

"在这种政权的统治下,欧洲成千上万的村庄、数亿人口将生活在痛苦之中,这在几个月前还是无法想象的。奥地利、波西米亚、斯洛伐克和波兰已成为绝望之地,其国民已被剥夺了物质和精神的幸福,屈服于背信弃义的野蛮征服之下,除了被侵略者奴役,他们别无选择,而侵略者只让他们过最悲惨的生活。

"这就是纳粹制订的让这个世界充满奴隶主和奴隶的计划……

"对我们而言,除了打赢战争,还有更多的事情要做。我们应该战胜,但是我们还必须打赢一场比用武器更伟大的战争。在这个由柏林那些疯子构建的奴隶主与奴隶的世界上,我们必须保住的是自由和人类的尊严。"

法德两国的冲突大部分停留在口舌之争。寒冷的1月里（温度达到有记录以来第三低温），法德边境一直静悄悄，北欧的很多地方经历了近一个世纪以来最冷的冬天。1月中旬，巴黎、阿姆斯特丹和柏林的温度到了零度以下。2月中旬还将迎来第二次寒流。

以一般人的想法来看，极端的寒冷和冰雪会对陆上攻击造成较大的影响。不过，自宣战以后六个月来的紧张对峙却不作战消磨了法军的士气。维持部队的纪律和保持高度的警戒性对指挥官们来说越来越难，因此与家人、工作和农场分离的士兵们得到了与形势和环境不相符的更多假期。

当获得准假的士兵们来到巴黎的时候，他们发现市民们正在努力按照正常程序生活、计划未来，就像还没有打仗似的。

大学也没有关闭。29岁的动物学博士生雅克·莫诺也未被叫去服兵役，多年以前，他就因为左腿有点跛（小儿麻痹症引起）而免除了兵役，他继续一面在巴黎大学（索邦）教课，一面搞课题研究。1931年获得科学文凭（相当于学士学位）后，莫诺在若干年里都是穿梭在各个实验室之间，研究某个科学问题。他希望在1940年最终拿到博士学位。

莫诺相貌英俊，富有航海经验，在音乐方面也颇有才华，他缺少的是专注而非自信。他的父亲吕西安是个画家、雕刻家、艺术史学家、自由思想家和学者。他母亲夏洛特·托德·麦格雷戈生于美国密尔沃基，是苏格兰移民的后代。莫诺一家有热爱文学和艺术的传统，尤其是雅克和他哥哥菲利普。吕西安还非常崇拜达尔文，雅克继承了这一兴趣。莫诺一家还非常喜爱音乐，他们鼓励雅克拉大提琴和担任乐队指挥。莫诺家担心的问题并不是雅克会不会做出伟大的成就，而是他能否成为下一个贝多芬或巴斯德。

无论是成为贝多芬还是巴斯德，他都有很长的一段路要走，而且他的注意力很容易被分散。莫诺在戛纳长大，热爱海洋。1934年夏天，他有机会乘坐"为什么不"号到格陵兰参加自然－历史考察活动。1936年，他再次获得机会乘这艘船出航，这时又来了一个机会，他被选中陪同其导师之一鲍里斯·伊夫鲁西到帕萨迪纳的加利福尼亚技术学院学习一年，到托马斯·亨特·摩根的实验室研究遗传学。因其在基因本质方面的先驱性发现，摩根获得1933年的诺贝尔奖，他的实验室也成为全球基因研究的基地。

莫诺选择了到加利福尼亚学习，但是他并没有把心放在科学研究上，他组建了一个巴赫俱乐部，经常举办音乐会。他喜欢活跃的社交生活，与南加利福尼亚的精英们过从甚密，然而在科学上却毫无建树。伊夫鲁西非常失望，他认为莫诺很有天赋，却十分自由散漫。留学快要结束的时候，有人甚至给莫诺提供了一份在当地乐队担任指挥的工作。即使他没有充分利用在加利福尼亚研究科学的机会，这次的选择也是幸运的，因为"为什么不"号在冰岛遇到了飓风而沉没，一名船员失踪。

莫诺决定不留在加利福尼亚。回到法国后，他最终选定了一个科学项目，研究细菌的生长。但莫诺无论在科学或气质方面都不像巴斯德，他甚至也没有进入巴斯德研究所。莫诺所在的索邦大学尽管在历史上享有盛名，却在生物学方面远远落后于潮流，更不用说追赶巴斯德研究所的先驱们了。索邦的教授们，即使是论文导师，也很少对莫诺的研究感兴趣，所以他完全是靠自己。他不得不承担所有工作，从准备无菌培养基和玻璃器皿到做实验，都是亲力亲为。

不过，莫诺没有放弃音乐。1938年，他组建了一支巴赫乐队并担任指挥，乐队名叫"大合唱"，专事公开表演，得到了相当多的好评。他的个人生活也安定下来。同年，他追求到奥黛特·布鲁尔并与之结婚，奥黛特是个东方学家，在特罗卡迪广场花园的吉美博物馆工作，她是研究西藏绘画的专家和经验丰富的现场考古学者，在艺术和音乐方面知识渊博，热爱户外运动，与雅克的兴趣爱好形成了完美的互补。

这对新婚夫妇在婚后第二年成为一对双胞胎儿子（奥利弗和菲利普，生于1939年8月5日，恰好在宣战前四周——莫诺以为不会宣战）的父母。希特勒入侵波兰的前一天，莫诺还给父亲写信："不会有战争的，希特勒比威廉二世聪明多了，他知道打仗要投入多少人力物力。他的虚张声势已经失败了，还有所谓的'人民之父'（即斯大林，一周前他和希特勒签订了《德苏互不侵犯条约》）也是如此，他应该在没有造成太多损失之前全身而退。我唯一感到遗憾的是英国人对他太客气了。他们应该给他写封长信，告诉他滚蛋，不用再多解释什么。"

尽管怀疑战争爆发的可能性，刚做父亲的莫诺还是承担起了家庭的责任，他向父母诉说了自己对孩子们的期望：

"我要像你们养我那样把他们养大，我希望他们顺其自然、毫不费力、在不知不觉中学习，培养热爱美好的事物、独立思考、心智上的诚实三种最基本的美德。这样他们才会尊重自己的兴趣，做出出于本心的判断。这样，他们才是真正的人，不会被知识上的附庸风雅之辈和政治无赖所愚弄。他们将学会如何活在当下，同时超然于这个充斥着骂名、谎言和愚蠢的时代。我爱你们，亲爱的父母，我知道因为你们的缘故我才拥有了这些美德中的一部分，我希望我的孩子拥有它们的全部。"

第一次大规模征兵的时候，莫诺没有被叫去服役，但是法国在继续进行战备，所以他希望贡献一些力量。他不想为常规军做辅助工作，而是想直接加入常规军。所以，没有等政府动员，他就主动要求加入军官培训，为了让自己的科学专业能够找到用武之地，莫诺希望加入工程兵的行列，特别是第28工程团，因为他听说军事工程部队中只有一个排驻扎在巴黎附近的凡尔赛。如果能到那里去，他就能经常看到奥黛特和双胞胎儿子了。训练要经过七到八个月时间，要求莫诺学习电气学、莫尔斯电码、无线电、地形学等技术科目。奥黛特完全同意莫诺的计划，因为这样的工作与参加空军比起来更安全且有保障。

2月份，莫诺得知他被工程兵部队接收了，得先去报到参加培训，培训要4月中旬开始。2月底，莫诺考取了重型汽车驾照。平时喜欢骑摩托车在巴黎转悠的他，到了工程兵团就得驾驶载重4到13吨的汽车。他高超的驾驶技术给考官留下了深刻的印象，所以还获得了可以一次运送九名以上乘客的驾驶执照。他把这个好消息告诉了奥黛特，她正和母亲、儿子在布列塔尼海岸的第纳尔海滩游玩："我的技术令人炫目，又非常谨慎小心……考官说我是破纪录的（同时获得两种高难度驾照，没有先例）。如你想的一样，我现在非常骄傲。"无论对自己的驾驶技术感到如何自豪，莫诺对老本行却并不乐观。他告诉哥哥菲利普："实验室的事情暂时搁置起来了。"他读博士已经三年，八年前就获得了学士学位，马上就要年满 30 岁，而仍然不确定什么时候能拿到博士学位。

面向各行各业的征兵使得某些行业难以为继。农民去打仗了，粮食短缺不可避免。肉类实行了配给制，酒类的出售受到限制。还有一个问题是，很多行业缺少人手，因此，3 月中旬，26 岁的加缪从出生地阿尔及利亚来到巴黎，在那里找到了一个工作的机会。加缪没有像其他在阿尔及利亚的法国移民一样被征兵，因为他在 17 岁时被诊断患有结核病。

之前的两年，加缪为《阿尔及尔共和国》做过记者和编辑，这是一份新创办的左翼报纸。虽然战争似乎离阿尔及尔很遥远，但是战争的爆发结束了加缪在这份报纸的编辑生涯。

加缪的贫穷出身塑造了他的思想观念。他的父亲吕西安是个农业工人，因在马恩河战役中身体多处受伤而死，当时加缪还不到一岁。他是由母亲凯瑟琳抚养长大的，凯瑟琳是个聋子，几乎不会说话，不识字，以洗衣、清扫为生。加缪爱母亲，他和母亲、大哥、半身瘫痪的叔叔、祖母住在一座没有玻璃、也没有什么家具的公寓里。虽然贫穷，家里没有书和报纸可读，甚至连收音机也没有，但加缪在小的时候还是展现出了出色的阅读、写作和演讲能力。

上小学的时候，加缪受到老师路易·杰曼的影响，杰曼是个自由思想者，崇尚世俗、民主的原则，他灌输给学生的是诚恳与真挚的价值观，还有对足球的热爱。杰曼对于加缪就像父亲一样，每天给他多上两个小时的课，鼓励他继续读高中——而与加缪同龄的大多数孩子都选择了工作。

加缪获得了到阿尔及尔一所学校读书的奖学金，在那里，他的大部分同学都来自有权势的家庭。营养不良、苍白、衣着破旧的加缪没有丝毫自豪和尊严可言。不过，一段时间之后，他终于赢得了同学的尊重。年轻的加缪学会了如何与各个阶层的人平等相处，不过，他还是认为和自己出身一样的人都是可怜的底层阶级的人。

高中的时候，他对文学和哲学产生了浓厚的兴趣，这要特别归功于他的老师让·格雷尼尔，格雷尼尔本人就是作家和哲学家。读过尼采、马尔罗、纪德和格雷尼尔的作品之后，加缪也立志走写作的道路。也正是在高中期间，加缪确诊患有右肺结核。当时还没有发明抗生素，在阿尔及尔他居住的街区，结核经常是致命的传染病。加缪住进了医院，不断接受气胸治疗，这种治疗会损害他的肺，他的生命时常处于危险之中。不过，加缪还是康复了，漫长的恢复期给了他充分的时间思考哲学问题。

早年与死亡擦肩而过的经历导致他具有一种强烈的目的性和紧迫感。这位早熟的哲学家开始记录一些关于死亡的必然性、人类应该如何生活的问题。"人要按照生活的本来面目接受它吗？……应该接受人类境况吗？"他在本子上匆匆写道，"与此相反，我认为反抗是人类境况的组成部分。"

加缪的紧迫感也影响到他的爱情生活。不到 21 岁的时候，还是阿尔及尔大学哲学专业学生的加缪就和美丽的西蒙娜·希尔结婚了。不幸的是，西蒙娜吸食吗啡成瘾，才结婚一年两人就关系疏远，但六年后才正式离婚。对加缪来说，结婚只是个法律步骤，他后来交往过许多女人，经常一次交往好几个。

加缪决心成为作家。1936 年获得学位以后，他的最初计划是像他的人生导师们那样成为教师——公共服务领域的一员，同时在闲暇时间写作。加缪干过一系列奇怪的工作：在阿尔及尔电台为一家旅游代理公司做演员，当过家庭教师，还与人共同创办了阿尔及尔文化俱乐部。不过，他的写作一直没有停下来。1937 年，加缪出版了处女作——随笔集《反与正》，第一版只印了 350 本，再版则要等到 20 年之后。

加缪开始创作小说，但他还是得找一份收入稳定的工作，结果去阿尔及尔大学的气象学院做了一名技术人员，负责收集和整理历史气象数据。他工作干得很好，报酬也不错，还有时间写作，这让他很满意。在气象学院工作期间，加缪完成了他的第二本随笔集《婚礼》，1939 年出版。

后来加缪辞去了在气象学院的工作，因为出现了一个更好的机会——这个机会可以让他每天都发挥自己的写作才能，而且还有钱拿——在新创刊的《阿尔及尔共和国》日报做记者。最初，加缪从事的是城市记者的惯常工作：报道当地的政府新闻、法院判决、犯罪事件和车祸。不久，他就在报上开辟了文学评论栏目，讨论萨特、赫胥黎等作家的作品。

虽然有全职工作，加缪还是会抽出时间完成自己的梦想。1939 年初，他在文学记事本上列出了一些计划，包括写作三本不同形式的作品：一本小说、一部戏剧、一篇随笔，都是围绕"荒诞"这个哲学主题——人类不停地寻求意义和表面上看宇宙对人类问题的冷漠之间的矛盾。多年以来，加缪都像一些哲学家和作家那样沉浸在如何对人生的荒诞做出回应的思考之中。过去的很多思想家都选择了怀疑论，否定人生具有任何价值。加缪决定发展出一套不同的理论，从而既能接受荒诞，将其视为基本的事实，又能充分拥抱人生的价值。

二战的爆发使加缪对自己也对公众绝望。他认为战争的章节在人类历史上是不必要的、可以避免的、灾难性的，也是荒诞的，无论是不是战争的始作俑者，都要承受战争的后果甚至付出生命。他在日志中写道："他们背叛了我们，那些宣扬抵抗的人和那些讲论和平的人，他们都一样有罪。每一个人都前所未有地站在一台制造谎言的机器面前……野兽掌权的时代来临了。"

德军入侵波兰的次日，加缪在《阿尔及尔共和国》上表示："左翼激进分子有太多绝望的理由……也许这次战争之后，树木会继续开花，世界总能胜过历史，但是，我不知道会不会还有那么多人活下去以证那一天的到来。"

尽管完全反对战争，加之患有结核病，加缪还是希望入伍，甚至试过两次。他认为这是对那些随波逐流的人的反击，可以证明他的坚定。不过，两次尝试都被拒绝了。

战争对新闻业立刻产生了影响，报纸的发行量和广告收入直线下降，报纸种类减少，政府开始进行新闻审查。一张只有两页的晚报创刊，名叫《共和国晚报》，由加缪担任负责人。在加缪用各种笔名写文章与新闻审查制度周旋的时候，《阿尔及尔共和国》日报被迫关闭。就在大部分人呼吁团结的时候，他的反战观点惹怒了官员们，也使读者疏远。1940年1月10日，政府命令报社停刊，警方没收了剩余的报纸。

由于在阿尔及尔找不到好的工作，加缪希望在巴黎的报社寻得稳定的职位——虽然到前线去很危险。他决定孤身一人前往巴黎。他曾经向一位好友解释道："在工作方面，我需要思想的自由，自由。"1940年初的时候，加缪有两个情人：伊冯娜·杜卡莱尔，阿尔及尔大学毕业生；弗朗辛·伏尔，数学家，富有才华的钢琴家，住在奥兰。加缪不愿意放弃任何一个女人，也不想和任何一人结婚。在他早期的关于荒诞主题的随笔中，加缪问："为什么一个人必须通过爱几个人来爱更多人？"加缪选择了爱很多人，但这些人有时并不符合他的条件。离开奥兰到巴黎去之前，迫于弗朗辛家庭的压力，加缪答应和第一任妻子离婚后就和她结婚。

3月16日，加缪抵达巴黎，城市似乎还没有从严冬中恢复过来。塞纳河上漂浮着大块的冰块，灰色的阴沉天空与阿尔及利亚阳光明媚、愉快芬芳的天气形成了鲜明的对比。

加缪很快便在《巴黎晚报》谋得版面设计师一职，这份日报受众面广，品位比《费加罗报》和《春天》大众化。其战争报道让读者对法军的战斗力重拾信心，却罔顾事实。加缪到达巴黎那天的《巴黎晚报》刊文宣布，有五百多家实验室正在联合研制秘密武器，而德国陆军、空军和海军根本不知道有什么强大的武器在前面等着他们。

加缪不负责报道也不负责撰写文章。除了日常工作，他利用剩余时间研究哲学。他认为，令欧洲颤抖的这场战争是个彻头彻尾的灾难，对此他只能独善其身，把全部注意力投入到写作之中。在笔记本上，他写下了未来的计划："现在一切都很明确，不要在等待中浪费任何时间。至少这样做可以既保持沉默又实现文学创作。至于其他事，无论可能发生什么，都不重要……在这个全都是人的世界上，你唯一可能做出的回应就是个人主义。"

—— ∞ ——

加缪在《巴黎晚报》落脚之后，战争也进入了新篇章。变化并未发生在前线——报纸上还是那套"没有什么可以报道"的说辞——而是在政府。1939年11月30日，德军入侵芬兰，对此达拉第没有采取任何行动。芬兰人英勇抗击，但是没有任何国家帮助他们。各大报刊首先报道了芬兰人经受的严峻考验和无畏精神。有人认为英法两国应该出手对付德军，无论德国的威胁有多么大。经过三个多月的艰苦战斗，1940年3月12日，芬兰正式投降。

出于对达拉第毫无作为的不满，3月20日众议院发起了一项信任投票，达拉第败北。就在一个月前，他的支持率还是百分之百，而现在只好辞职。达拉第的内阁成员，德高望重、睿智果断的财政部长保罗·雷诺成为总理。

雷诺政府宣布，其目标是"召集和运用法国的所有资源投入战斗并赢取胜利"。

3月底，担任总理才一周的雷诺就前往伦敦与英国领导人会面商讨战争计划。他尤其希望讨论的是可以采取哪些方案阻止关键的资源——特别是瑞典的铁矿石——运送到德国。

虽然挪威是个中立国，雷诺还是建议派一支部队驻扎在挪威的重要港口纳尔维克。英国海军部长温斯顿·丘吉尔与雷诺的想法不谋而合，他曾经向首相张伯伦提出过完全相同的建议。"铁矿……也许是最有把握和最快速结束战争的办法。"丘吉尔在 1939 年底写道。其他官员也同意，如果没有铁矿石，德国在战争中坚持不到一年。

然而，张伯伦希望先取得挪威和瑞典的同意，而这两个国家都提出了拒绝。虽然失望，丘吉尔还是想尝试其他办法，他建议张伯伦在挪威领海布置水雷，从而迫使在中立国领海得到保护的德国货船进入国际公海，这时就可以派兵俘虏或者击沉它们。张伯伦同意了丘吉尔的建议，他还补充了一条：在德国的河流和运河中大量投放水雷，同时轰炸德国的鲁尔工业区。

雷诺把这些建议带回国与内阁商议。战争部长达拉第和参谋长莫里斯·甘末林拒绝了在德国的河道布置水雷和轰炸鲁尔的建议，认为这样会导致希特勒报复法国。

于是英国只能在挪威海岸的关键水域安置水雷，并称其为"威尔弗雷德行动"。行动时间定在 4 月 8 日早晨，船只则在 4 月 5 日前往挪威。

受到这一行动的鼓舞，1940 年 4 月 4 日，张伯伦在其所在的保守党会议上对战争进行了评估：

> 当我们在去年 9 月开始这场战争的时候，我感到我们一定会胜利，但是我也想到，我们可能要进行一些非常艰巨的尝试，也许要遭受十分严重的损失。这可能是一定的。不过，我现在想对你们说的是，经过七个月的战争之后，我现在对胜利的信心是战争开始时的十倍。
>
> 有这样的信心并非我一厢情愿，而这样做虽然愉快但十分危险……
>
> 战争爆发时，德国的准备远远超过了我们，在我们有时间充分防御之前，敌人也自然会利用其所有的最初优势压垮我们和法国。可是，敌人却并没有这样做，这难道不是出乎意料的一件事吗？无论原因是什么——或许希特勒不想乘人之危，要凭实力论输赢，抑或是他根本没有准备充分——有一件事是肯定的：他错过了时机。

第三章

挪威战事

空中的城堡——它们非常适合作为避难所,也很容易建造。

——易卜生(1828—1906)《建筑大师》

1940年4月3日凌晨两点,三艘假扮成运煤船的军事运输舰离开位于易北河入海口的德国布隆斯比特港,接下来的几个夜晚,陆续又有更多的运输舰沿着它们的航道出发了。4月6日夜间,14艘驱逐舰和一艘重型巡洋舰离开它们位于威悉蒙德和库克斯港的基地,次日晚间,又有数艘鱼雷艇、巡洋舰、扫雷舰和附属船舰驶离赫尔戈兰、基尔和威悉蒙德。4月8日,德国海军的大部分水上单位——共计50多艘舰船都已经出海。

征服波兰七个月后,希特勒再次调兵,开始了又一次大胆的赌博。他的舰艇没有向英国或法国进发,而是前往挪威。一千海里之外,有一处大西洋的关键港口:纳尔维克。德国派出10艘驱逐舰,企图将两千名士兵运送过去,占领纳尔维克。此次入侵行动代号"W时刻",时间定于4月9日早晨。

"威悉堡行动"在几个月前就已经策划好了,其主要目标是保护德国工业使用的瑞典铁矿石供给。德国每年都要从瑞典北部进口一千多万吨的铁矿石,大部分是先经铁路运到纳尔维克,然后装船运至德国港口。几个月来,希特勒及其幕僚们都在担心盟军是否会切断德国铁矿石的供给。

他们有充分的理由担心:因为德国舰队赶往挪威的同时,英国海军已经启动了"威尔弗雷德行动",准备在挪威沿海布置水雷。

因此,此时有两个国家的海军同时向挪威领海进发,它们都不知道对方也在路上，中立国挪威也没有想到他们要卷入到一场扩大化的战争中去。

希特勒的这次豪赌，赌注下在了他的海军上。他非常清楚，英国海军比德国海军强大得多，因此，他希望赶在英国和挪威做出反应之前，出其不意地攻占纳尔维克。

英国对此也有自己的算计。如果德国对其布置水雷的回应就是入侵挪威，那么盟军就能以德国打破了挪威的中立状态为借口，先行占领像纳尔维克这样重要的港口。

4月8日，英军如期在挪威海域布置水雷，正因如此，德国舰队接近时，英国舰艇还没有离开挪威海岸。于是，英国驱逐舰"萤火虫"号和两艘德国驱逐舰以及德国巡洋舰"新潮"号最先遭遇。虽然损伤严重，"萤火虫"号还是在沉没前撞到并重创"新潮"号。

其他德国舰艇在接近挪威海岸时也被盟军发现。一艘波兰潜艇击沉了一艘德国运兵船，德国巡洋舰"布吕歇尔"号被守卫奥斯陆港口的海岸炮台击沉。然而，德国派出的大部分士兵已经在纳尔维克、特隆赫姆、卑尔根等港口安全登陆。其伞兵也控制了各个机场。

一股人数较少的德国部队在哥本哈根登陆，控制了丹麦的机场，仅遭遇到零星抵抗。受到轰炸的威胁，丹麦政府在六个小时之内提出投降。4月9日，德国占领了他们计划中的大部分目标。虽然盟军在多处地点发现德军并与德国舰队作战，希特勒还是打得两个中立国家和盟军各国措手不及。

法国指挥部陷入了困境。雷诺刚刚听说英国人成功布置了水雷，就又接到德军舰队前往挪威的消息。他联系上了海军上将让·达尔朗，而达尔朗竟然对德国的行动一无所知。

4月9日早晨，德军成功占领多个港口的消息传来，参谋长甘末林告诉雷诺："你不应该着急，我们必须等待更完整的消息。这只是一个普通的战争事件，战争中总有很多出乎意料的新闻。"

英法两国政府向挪威担保，他们将提供全力协助。报纸也纷纷谴责德国攻击两个中立国的行为。《费加罗报》问道:"其他中立国家是否要接受这个教训呢?"

登陆成功之后,德国海军并非万事大吉。4月10日,五艘英国驱逐舰在纳尔维克堵住了德国的五艘驱逐舰,击沉其中两艘,重创另外三艘。英军的十架俯冲式轰炸机在卑尔根击沉了一艘德国巡洋舰。接着,4月13日,英国皇家军舰"沃斯派特"号在九艘驱逐舰的协助下,击沉或击伤了来纳尔维克运兵的八艘剩余的德国驱逐舰,还有一艘U型潜艇。仅在几天内,德国海军就损失了半数的驱逐舰和大部分水面舰艇。

《费加罗报》用粗体字报道了这条消息,称其为"海军在纳尔维克势不可当的胜利"。一份记录挪威事态的简报总结道:"因此,目前挪威的战局比最初有所改观。"

德国海军的损失令雷诺的信心回升。4月18日,他在参议院和政府成员就战争问题进行了秘密讨论。"把我们的全部注意力放在齐格菲防线(德国在西线的防御)上是荒唐的。"雷诺表示。他认为最好的战略是"剥夺德国的关键战争给养——来自北方(瑞典)的铁矿石和南方的石油……要做到这些只有采取远距离行动,利用我们胜过德国的优势——海军"。当然,这样的远距离行动还可以使战场远离法国本土。

雷诺将战争政策总结为"陆上防御,通过进攻阻击德军"。他告诉众议院:"希特勒不太可能有采取攻势的机会。"

大部分巴黎人也相信这一点。他们听说戈培尔在一次演说中宣称希特勒将在6月15日进入巴黎,结果,这件事被改编成了4月份巴黎城中最流行的笑话:

在波蒂特剧院里,一位喜剧演员问乐队指挥:"您去过伯利茨高等学院吗?"

指挥问:"为什么要去?"

"学习德语,这样阿道夫来这里的时候您就能和他谈话了。"

观众们哄堂大笑。

戈培尔可以放八天假了。

行军与莫尔斯码

就在来自挪威的消息表明战争进入新的拐点之际，雅克·莫诺前去部队报到。他的注意力不仅在战争上，还在意与奥黛特的分离。他的第一个驻地并不在凡尔赛，而是蒙彼利埃，那里位于遥远的南部，距巴黎近五百英里，甚至比迪纳尔还远——根本不可能回家探亲。雅克只好每天写信给奥黛特，还把他第一天在军营中的大小事情全部告诉了她："不要担心我，我想到的唯一一件事就是我们的分离不会太久，几周后我们肯定能够团聚。"雅克提醒奥黛特，重要问题不在于他马上要被派遣出去，而在于蒙彼利埃的训练结束后他将加入哪个部队。他的目标是驻扎凡尔赛的第 28 工程团的信号学院。他向奥黛特保证："除非运气太坏，否则我一定会很快被派到那里（凡尔赛）去。"

雅克把他每天的生活事无巨细都讲给奥黛特听，还有他的新战友的故事。第二天结束后，他汇报说：

> 今天的训练很辛苦。我们必须知道如何前进、转弯、敬礼，等等。我向你保证，这里的生活并不总是这么无聊，甚至可以说是有趣。有些家伙的笨样子绝对好玩。还有个人连前进都不会，他走起路来简直令人叹为观止……
>
> 幸运的是，军营里的人大都是善良之辈，有的称得上朴实，甚至还有两位牧师和一位神学院的学生。不出所料，我已经跟其中一位牧师成了好友，他的牧区在里昂。但是我有点害怕他会试图拯救我的灵魂。

雅克在信中一直保持着乐观的态度。他告诉奥黛特，食物不错，床也挺舒服，他甚至喜欢上了长途行军，虽然他的左腿有压力，但是这样有助于健身。他喜欢学习莫尔斯码，他所在的连队都要学。他越来越精通转换编码的技术。大家认为最难的是接收消息与记住点和划的声音，但是雅克发现音乐细胞和旋律感帮助了他。奥黛特寄给他一个包裹，里面有一条毯子和一些糖果，战友们羡慕不已。他在回信的结尾展示了学习莫尔斯码的成绩：

·———·—·—··—·（意思是"我爱你"）

雅克得知凡尔赛的课程将于 5 月 7 日开始，所以他最多会在蒙彼利埃待 20 天。雅克的来信和乐观的精神也让奥黛特振奋起来，她给他的父母写信，称赞了他的斗志、对所有事物的好奇，还有执行每件任务时的干劲。她告诉他们："我希望战争结束后，他不会希望留在军队里！"

三周的时间里，雅克只抱怨过两次。第一次，是因为他参军四天后竟然没有收到奥黛特的来信（因为邮路问题），为此他写信给她："我感到非常孤独，远离了你……要是你能知道我是怎么期待你的来信就好了，这四天对我来说就像四个世纪那么长。"第二次抱怨，是因为他的训练十分繁忙，而且与外界隔离，根本不知道基地外面发生了什么。他问奥黛特："亲爱的，世界上发生了什么事？我觉得我什么都不知道了，我很难看到报纸，对外界一无所知。"

局外人

而加缪能做的只有读报纸，对于战争的进展，他不像其他法国人或是《巴黎晚报》宣传的那样乐观。挪威战线开辟后，他给一位朋友写信说："事态发展如此之快，以至于唯一明智和勇敢的态度就是保持沉默，我们可以把它当成为未来而准备的一种持续的冥想。"加缪认为他唯一的选择是"等待和工作"。

他还没有完全醉心于巴黎，虽然这里的宁静是他无法抗拒的。"你不能生活在这里，只能在这里工作和体验激动的事情。"他告诉另一位作家。

当他从报社下班，回到麦迪逊旅馆（位于塞纳河左岸，圣日耳曼德佩教堂对面）的房间里时，就把世界关在门外，专注于一部小说的创作。三年多的时间里，他一直保持这种状态。这个故事的情节、角色和氛围都来自他熟知的阿尔及利亚，还有他在《阿尔及尔共和国》担任记者时的经历。说起阿尔及尔，他告诉弗朗辛："我从贫穷中看到了故事的形式和内容……平凡的人和他们无奈的冷漠。他们展现的是一个可怕的世界，没有温情可言。"故事的主要叙述者是莫尔索，居住在阿尔及尔的一名职员，他对日常生活和社会传统漠不关心。母亲死了，他没有悲伤的表现，对和女友结婚的问题也不感兴趣，杀人之后也不感到悔恨。加缪想借此表达的哲学意味是，莫尔索没有信仰，也不关心上帝，甚至连被执行死刑都无法刺激他。加缪为这部作品拟定过很多书名，有"快乐的人""自由的人""一个普通人"等，最终，他选择了《局外人》。

来到巴黎后，加缪感到这个故事的三分之一已经呼之欲出。此后，他的写作生活就像"绝望的人"一样，经常受到头疼和发烧的困扰，这些困难考验着他的毅力。他给自己提出的挑战是以小说的形式表现一种哲学思想——人生的荒诞。他是一边摸索一边进行的。通过大量阅读和写作文学评论，加缪对文学风格的观察力变得很敏锐。在一篇评论让－保罗·萨特的《恶心》的文章中，他建议："一部小说的目的是将思想变成画面，而一部好的小说，所有的思想都会自动流入画面。"

为了塑造这些画面，加缪从他在巴黎的孤独生活（作为一个"局外人"）中找灵感。抵达巴黎后，他在笔记本上写下的第一段话是：

> 这种突然苏醒的意义是什么——从这个黑暗的房间中醒来——被这个城市的声响突然吵醒？每一样东西对我来说都是陌生的……我在这里做什么，这些笑容和举止的意思是什么？……
>
> 陌生，我承认一切对我来说都是陌生的。

在写给未婚妻弗朗辛以及情人伊冯娜·杜卡莱尔的情书中，他记述了他在巴黎的生活，他还给前室友和情人克里斯蒂安·加林多写信，克里斯蒂安会帮他把手稿打出来。在给伊冯娜的信中，他宣布自己工作起来像"拉紧的绳索，有一种热情和坚定的态度"。他又告诉弗朗辛："我从未干过这么多的工作。这间屋子令人痛苦。我独自居住，疲倦困乏。但我不知道是不是因为这些我才得以写我想写的东西。不久我就能知道我的价值，决定是走这条路还是另一条。"

有时候，他感觉故事里的一切都是水到渠成。他告诉克里斯蒂安："在某些时刻，我觉得自己无比强大和清醒！"有些时候，他却陷入绝望。重新读了自己写过的东西之后，他给弗朗辛写信说："看起来我从一开始就失败了。"

战局的新变化导致的不确定因素也影响到他的努力。尽管回到房间的时候可以与外界隔绝，但在《巴黎晚报》工作时，他却不可避免地要听到各种新闻，感受到首都的紧张气氛。一封写给伊冯娜的信是这样开头的："我从报社办公室给你写信,被一种歇斯底里的气氛包围,都是这里发生的事情闹的。可能要死好几千人,所以大家都很激动。"实际上,他可能会成为那些死去的士兵之一,因为5月份他要参加征兵考试。他向伊冯娜保证:"我不在乎是否通过。我必须做的事情,既可以在战场上做,也可以在巴黎完成。"接着,他用莫尔索的口吻补充了一句:"至于死亡的危险,那一点都不重要。"

5月1日,他完成了《局外人》的草稿,于是立即给弗朗辛写信:

> 我在晚上给你写信。我刚刚完成了我的小说,我太兴奋了,以至于不想睡觉。毫无疑问,我的工作还没有结束。我还有要做的事情,还有需要添加和重写的地方。但是,事实上,我已经完成了它,我写上了最后一句。为什么我要立刻找你呢?草稿就摆在我面前,它耗费了我多少努力和意志力——需要我投入多少精力——牺牲了其他的想法和愿望,就为了沉浸在它的氛围里……我要把手稿放到抽屉里,开始写作我的随笔,两周之内,我会把小说的手稿拿出来,从头开始修订。

失策

失去了驱逐舰的保护,还有在必要时刻撤军的能力,留在挪威的相对较少的德国军队变得非常脆弱。希特勒非常担心此事,以至于他的将军们不得不说服他放弃纳尔维克。

盟军决定发动反击,夺回某些港口。最初的计划是集中兵力攻打纳尔维克。然而挪威国王哈康四世希望也把特隆赫姆收回。英国遵从了国王的意见,分兵进攻两个港口。

第一股兵力同时在特隆赫姆的北部和南部登陆,欲从侧翼攻击。结果,士兵们没有抵达城镇地区便被拥有绝对制空权的德军包抄。英军被迫撤退,一周之后,又奉命撤回。特隆赫姆反击战中,不仅寸土未收,英方反而损失了1500多人。

第二股兵力在纳尔维克附近登陆,由于分兵特隆赫姆而显得人数不足,于是决定推迟反攻,等待大部队前来会合。然而,直到5月初都没有大部队的动静。

随着挪威危机的解除，希特勒把注意力转向了其他计划。

伦敦和巴黎一直在密切注意挪威战区的情况变化。夺回特隆赫姆的失败和袭击纳尔维克的延迟可能会导致恶劣的政治反响。无论首相在5月7日的下议院演讲中为大家描绘了一幅如何乐观的前景，以及声称英国军队的"每个人都比敌军优秀"，张伯伦指挥下的第一次重大行动还是砸了锅。

下议院的反对者们先是嘲笑他对挪威战局的看法——"希特勒错过了时机"，提醒张伯伦不要忘记他在一个月前说下的大话。接着，很多人纷纷发言提出他们对张伯伦领导能力的怀疑。

一直耐心等待发言机会的列奥·埃默里是张伯伦的朋友，两人同属保守党，他进行了一个多小时的长篇大论："我承认，从首相今天下午的发言中，我没有看出政府事先预见到了德国的意图，或者在适当的时候弄清楚德国做了什么，或者在这次令人惋惜的事件中做出过什么迅速的反应。"埃默里继续说："我们失去的是战争中无法失而复得的机会。如果我们能够夺回并守住特隆赫姆……那么我们或许就能让挪威对希特勒起到西班牙对拿破仑起到的作用。"

埃默里敦促道："我们无法按照现状继续下去。必须有个变化……这是战争，不是和平时期……就像我们在和平时期的政策无法在战时发挥作用那样，和平时代上位的政治家也不适合领导战局……我们必须想办法让能够与敌人的领袖具有同等的战斗精神、勇气、决断和对胜利非常渴望的人来领导我们的政府。"埃默里直接看向张伯伦，他引用了奥利弗·克伦威尔的话："你在这个位置上已经坐了太久了。离开吧，我要说，让我们给你送别。以上帝的名义，走吧！"

争论一直延续到晚上和第二天。一战时期的英国首相大卫·劳合乔治继续提出反对的声音，他表示："除了他（张伯伦）辞职之外，没有能够给这场战争的胜利做出更大贡献的事情了。"

次日（5月9日），不受任何一方欢迎的张伯伦用了一整天的时间征求顾问们的意见——他在继续担任首相和辞职之间仍然摇摆不定。

英吉利海峡对面，法国总理雷诺被甘末林将军激怒了。自挪威危机发生后，他听到的都是为没有预料到德军进攻挪威、没有派兵布防、没有及时攻击德军而寻找的借口。甘末林把行动失败的所有过错推到英国身上。雷诺告诉他的助手们："我已经受够了。要是我还让那个没有胆量的人、那个纸上谈兵的家伙担任法国陆军的最高领导，我就是个罪犯了！"

5月9日，雷诺召集内阁，提出撤销甘末林的职务，他表示，如果甘末林继续掌权，法国"一定会输掉战争"。然而，他的内阁却不这样想。达拉第为甘末林辩护，并且激烈反对撤他的职。雷诺失望地说："因为我无法得到大家的赞同，所以我决定不再担任政府首脑职务。"接着他请与会者为自己的辞职保密，直到新的政府组建完成为止。

已经是工程师的莫诺，和其他法国人一样，对政府高层的风暴一无所知。他到达凡尔赛，搬进了军营，在那里，作为第126分队最年长的成员，他有幸成为分队的队长，负责士兵的安置。然而雅克最想做的是尽快见到他的妻子。5月9日，他给迪尔纳的奥黛特写了一封信，告诉她11日（星期六）中午之后到12日（星期天）晚上休假。他对妻子说："我现在能想的只有一件事：我会在星期六还是星期天见到你？"

在这个周末，希特勒也有他的计划。5月9日下午5点之后，就在英法两国的首脑考虑是否辞职的时候，他从柏林郊外的芬肯克鲁格火车站出发，登上了元首专用的特殊装甲列车。陪同人员有他的秘书以及数名亲信，包括约德尔将军。将近晚上九点的时候，列车停在汉诺威附近，以便希特勒获知次日的天气预报。确定第二天会是晴天后，他用暗语向西线的全部德军发出了一条代码命令："但泽。"

第四章

希特勒的春天

> 我们已经确保了我们所有近邻国家的领土完整性，这不是空话，而是我们的神圣意愿……苏台德区是我不得不索要的最后一块欧洲领土。
>
> ——阿道夫·希特勒，1938 年 9 月 26 日

当德军的九个师（12 000 名士兵）侵略并占领挪威和丹麦的时候，136 个师的 200 多万士兵已经涌出德国边境，进入卢森堡、比利时、荷兰和法国。

已经有人注意到了他们的行动。荷兰已经取消了军人的假期，所有作战人员严阵以待。政府还要求平民减少乘坐火车的次数，以便军队调动。所有的公共建筑和设施都有武装人员站岗。作为中立国的荷兰正在集结有史以来最大规模的军队。

5月9日，星期五，午夜刚过，法军指挥部就开始响起了电话铃声。凌晨一点钟，甘末林将军被来自敌后的一名间谍的消息叫醒："纵队向西推进。"雷诺总理接到了从布鲁塞尔传来的紧急消息：比利时和荷兰军队注意到德军在其边境的活动愈加频繁。

破晓时分，德军向荷兰、比利时和卢森堡长达 175 英里的战线发起进攻。首先是炮火轰击，然后是投放炸弹，接着武装纵队和骑兵侵入了这几个低地国家。德军的伞兵占领了荷兰的要塞和机场。

早晨六点过后不久，比利时与荷兰正式要求盟军救援。数分钟内，甘末林就接到了求援通知，英法军队奉命进入比利时并加速北上赶往荷兰——这个计

划早已有之，目的是在比利时与荷兰之间建立一条连续防线。

雷诺不得不收回辞呈，放下他与甘末林的分歧。因为希特勒会利用盟军领导人的变动大做文章。

在指挥部里踱来踱去的甘末林听到德军进攻的方向之后甚至还面带微笑。对这场冲突他早有准备。盟军部队的数量与敌军大致相当，共有152个师：法国104个师、英国15个师、比利时22个师，还有荷兰的11个师。法军的坦克数量比德军稍多一些。然而，盟军的飞机没有德国多，大约是一架对两架，而防空炮的数量比例大约是一比三。

据一位在现场的下士回忆，甘末林当天上午"对胜利拥有绝对的自信"，向军队发布了当天的命令：

> 我们10月份预测的进攻在今天早晨发生了，德国企图与我们决一死战。
>
> 今天给法国及所有盟军的命令是：勇气，力量，自信。

巴黎人在一个美丽晴朗的早晨醒来，然而，虽有鸟儿鸣唱，为其伴奏的却是空袭警报。有几架飞机飞临城市上空，但没有人知道它们是法国飞机还是德国飞机。出于几个月来的习惯，很少有人到防空工事中躲避。

广播中报道了德军袭击低地国家的消息，法国人的普遍反应是："终于这样做了！"八个月后，战争总算来了。平民和士兵们看起来竟像松了一口气，紧张的氛围被打破，他们盼望战斗。"德国兵要遇到对手了！"《纽约客》驻巴黎记者A.J.利布林在街上听到这样的话。"他们会看到我们可不是波兰人或者挪威人。"很多人表示。一位下士写道："最猛烈的战争要开始了！那就更好了！就像脓肿爆裂一样！"利布林的朋友绍莱上尉当天上午给利布林打电话说他正返回前线。"战争终于开始了，这是好事。我们可以打败德国兵，在秋天之前结束这一切。"上校补充道。

《巴黎晚报》的办公室里，一位军事专家告诉工作人员："就是这样，希特勒做了错事。"

当晚，雷诺总理向全国发表了广播讲话：

昨天晚上，三个自由国家，荷兰、比利时和卢森堡遭到德国的侵略。

他们要求盟军部队援助。

今天早晨七点到八点之间，我们的士兵，自由的战士们，越过了边境。

走上我们熟悉的已有数百年历史的弗兰德斯战场！

我们对面正在大声叫骂的人，是数百年前就曾侵略法国的敌人。

世界的每一个地方，每个自由的男人和女人都屏住呼吸，面对这场即将开幕的戏剧……

法国陆军拔剑迎敌，法国人民团结在一起。

官方发布的当天战情报告说，有44架敌机在法国境内坠毁，荷兰宣布他们击落了70架德国飞机，炸毁四节装甲列车，比利时宣布已经全面遏制了德军的进攻。位于海牙的荷兰陆军指挥部对其"能够控制形势感到满意"。盟军的损失没有报道。

然而，在这个重要的日子里，张伯伦是受害者之一——他辞职了，温斯顿·丘吉尔成为英国首相。

莫诺试图和奥黛特联系。他一直没有收到奥黛特给他5月9日信件的回信，他希望奥黛特没有离开迪纳尔前来和他团聚。他在病床上（当时他正在生病康复过程中，注射了伤寒／破伤风／白喉疫苗）用颤抖的手在一张电报纸上迅速写了一封短信："如果我明天上午之前没有收到你的消息，我会认为你没有离开迪纳尔，这样我就放心了。无论如何，我亲爱的天使，如果这封信及时送到你那里，我求你推迟动身的时间，直到事态明朗化一些。我求你不要冒险离开孩子们，在现在的局势下出远门。"

尽管有德军的袭击，奥黛特还是离开了迪纳尔前往巴黎。当天上午，她在迪纳尔遇到一个朋友，对方也要去巴黎，并答应与她结伴而行。晚上八点，她抵达雅克的军营，等待了一阵后终于高兴地见到了丈夫。尽管外面有空袭警报，而且战事在一直进行，他还是获得允许第二天和奥黛特在家中度过，而且他弟弟费罗也会过来。雅克给他们讲了自己在信号学院的生活——调动、练习、物理和无线电课程，以及作为分队长的责任。除了报纸上讲的，他对战争的真实情况一无所知。

5月11日的报纸热情地呼吁大家发扬爱国主义精神和团结精神。弗拉基米尔·德奥姆松在《费加罗报》上长篇大论地抨击敌人的"暗杀"行为，并且声称："我们对军队领导人拥有无限的信心。让我们在后方为他们做些有用的贡献。"让·法布里在《晨报》上表示："我们要对我们的士兵和指挥官有信心。"

而他们口中的指挥官们正在应付一些发生在战役最初几小时的出其不意的情况和挫折。在防守阿尔伯特运河的几座关键桥梁的大型工事埃本－艾麦尔要塞，德国滑翔机降落在没有任何防御的屋顶。受过特殊训练的德国部队迅速使要塞的很多大型枪械失效。次日，整个要塞的守军宣布投降。德军以只损失六个人的代价俘虏了一千多法军。

法国人原指望要塞和运河能在盟军部队调动就位的时候拖住德军。在一次行动中，德军清除了比利时防御系统的一处关键据点，保住了运河上的桥梁，他们开始涌入比利时。虽然要塞的迅速陷落是一个挫折，但是，德军是按照甘末林及其指挥官预期的路线推进的。

法国军事指挥部声明、各家报纸转述：5月11日，盟军部队前进迅速，击落6架敌机；5月12日，盟军部队在比利时与荷兰就位，击落30架敌机，英国皇家空军的成功行动减轻了荷兰的压力；5月13日，一支英法联军甚至在挪威登陆，最终收回纳尔维克北部的比耶科维克。这是二战中的首次两栖登陆战。

一切看起来——至少按照报道的说法——都在控制之中。《泰晤士报》表示，盟军进入比利时与荷兰的行动"从准备到执行都十分出色"。

遗憾的是，盟军部队恰好中了德军的圈套。

交锋

5月12日，法国军事指挥部也提到，敌人正在比利时境内的阿登地区进行重要活动。贝当认为地势崎岖、道路狭窄蜿蜒的阿登森林是"不能通过的"；至少，想要通过它的人都是傻瓜。

甲坚炮利的德军可并不同意他的观点，他们的七个装甲车分队——共有 1200 多辆坦克和 134 000 名士兵，正在穿越阿登森林，其先头部队已经于 5 月 12 日来到该地区的重要天然屏障——默兹河，河对面就是法国东北部。该地区防御薄弱，守军大部分是二线队伍——由召集来做预备军的年纪较大的士兵组成，上司可没打算让他们迎接德军猛烈的攻势。

自荷恩曼斯和雷恩伯格少校（连同德国入侵比利时与荷兰的计划也被缴获）1 月在比利时被俘后，德国人就改变了计划，原因是希特勒和德军指挥部担心原来的作战计划泄露。另外，希特勒担心在盟军的密集防御下，进攻会停滞。而解决方案就是到没有那么密集防守的地方去，让盟军措手不及。

希特勒及其手下制订了一个两部分组成的计划。首先，为了让盟军进入圈套，他们会按照对方预料的路线入侵比利时与荷兰，从而将盟军部队引到北方去。然后，发动第二次进攻，从阿登森林南部切入，越过默兹河，绕过色当，向西切断北部盟军的供给线和援军来路，再将其歼灭。这个大胆的计划像"镰刀收割"一样横扫法国北部直到海岸的地区，依靠的是压倒性的兵力和前所未有的速度。

从 5 月 13 日早晨开始，默兹河的法国守军就遭到密集的飞机轰炸。八个小时里，一千多架飞机如海浪般涌来，投下的炸弹击溃了法军的神经，将他们压制在防空洞中。接着，德军突击队从多处渡过默兹河，控制了关键的高地。

忙于在更远的北方布防（盟军在这方面做得很不错）的甘末林和其他指挥官根本没有察觉到来自阿登森林的威胁。盟军只派出很少的飞机轰炸德国的装甲纵队或者阻截德军的俯冲式轰炸机。越过色当的德军恰好位于两股法军的连接处，顺势穿过了盟军防线。

先后接到默兹河防线被突破的消息后，盟军各国的指挥部陷入震惊、迷惑和忧虑之中。加斯顿·比洛特将军意识到了危险，下令炸毁德军铺设的桥梁，击退入侵。比洛特告诉空军："成败系于那些桥梁。"阿方斯·乔治将军的指挥部则是一片恐慌，当他宣布"我们在色当的战线被敌人突破"之后，竟然和部下一起放声痛哭起来。

德国入侵情况。开放箭头是1940年5月10日德军入侵法国、比利时与荷兰的方向。封闭箭头是德军以"镰刀收割"方式进入法国,切断法军防线,向北击退比利时的路线(地图绘制:利亚·奥德斯)

然而炸毁桥梁也无济于事。更糟的是，盟军已经在空军方面处于极大的劣势，损失惨重。单是英国皇家空军就损失了 71 架轰炸机中的 30 架。地面反击战也屡屡推迟，德军则继续挺进。在强敌面前，一些部队惊惶逃窜。

大部分公众对迫在眉睫的危机毫不知情。法军指挥部含糊其词地向人民保证"反击战相当有效""敌人屡败屡战"，等等。军方对媒体进行严格审查，大部分负面报道因此被阻止。尽管加缪就在《巴黎晚报》办公室里，他所掌握的真实情况也是少之又少。为了维持公众的信心，报纸刊登了一些鼓励性的声明和简洁精练的口号。加缪负责的版面就报道说，德国一天之内损失了一百架飞机，而且"法国手中有很多王牌，无须虚张声势"。

更危险的是，政府对此也不知情。早在默兹河战役期间，军方就向雷诺总理保证说威胁已经得到处理。结果，到了 5 月 14 日晚上，甘末林本人亲口向雷诺承认陆军陷入了麻烦。雷诺不敢怠慢，他向丘吉尔发出紧急通知，要求增援更多的战机："赢得这场战役对整个战争具有决定作用，请务必再派遣十个飞行中队。"

丘吉尔和英军指挥部正为皇家空军的损失烦恼，如果希特勒继续进军，他们还必须考虑如何防御英国本土的问题，而且，当晚还有更令人震惊的消息——荷兰军队投降了。

没等丘吉尔答复雷诺，次日（5 月 15 日，星期三）早晨七点半，雷诺就直接给他打来电话。"我们失败了，"他脱口说出了英语，"我们被打败了；我们输掉了战争。"

"你确定有这么快？"丘吉尔问。

"色当附近的前线被突破；大批德军、坦克和装甲车冲了进来。"雷诺解释道。

丘吉尔表示他要飞到法国与雷诺见面。当他 16 日来到法国时，德军已经越过色当，深入其后的腹地 60 英里，那里距离巴黎只有 70 英里左右。有人告诉丘吉尔，德军可能会在几天内攻入巴黎。在奥赛码头的一个小房间里，丘吉尔与雷诺、达拉第和甘末林见了面，他发现对方每个人的表情都是"彻底的沮丧"。甘末林打开战情图，指出德军深入的程度。丘吉尔在一战中就经历过这样的危急时刻。1914 年，德军一直打到马恩河地区，结果最终在盟军的反击战阻截下被赶回了老家。因此他希望平息大家的惊慌。

"战略储备在哪里？"丘吉尔先用英语问甘末林，接着又用法语问了一遍。

甘末林转过身来，摇头耸肩地说："没有。"

丘吉尔目瞪口呆。法国人组建了长达五百英里的防线，却没有想到防线如果被突破了该怎么办。他朝窗外看去，院子里冒出阵阵烟雾，军官们正把大批文件从桶子里倒出来烧毁。

丘吉尔必须让法国领导人的精神振奋起来。他给伦敦打电报，要求派遣雷诺需要的十个飞行中队。尽管担心英国本土的防御，内阁还是同意了这个要求。从历史角度来看，可以说英国都尽量在一定的程度上满足了法国的要求。

法国指挥部对外还是一副含糊其词的态度。星期三（15日）晚上，据其报告说，法军已经在色当地区"派遣坦克和轰炸机发动了反击战"。

第二天的《费加罗报》报道了战场的真实情况：

> 目前，主要战役正在默兹河渡口展开……我们担心的是敌人突破位于默兹河转弯处的洛林盟军（南侧）和比利时军队（北侧）之间的连接地带。尽管前有敌人的可怕冲击，我们已经采取了所有可能的措施，他们的计划只实现了一部分。敌人的突袭和密集的进攻没有吓倒我们的守军，除了勇气，他们还有接连不断的援军的帮助……
>
> 毫无疑问，这场战役的结果需要若干天后才会进一步明朗。

16日早晨，法军指挥部宣布："为了确保行动顺利起见，我们将不提供确切的战情进展信息。"

这样做也是为了稳定民心。德军已经前往海岸地区，企图切断北方的盟军。法国的形势岌岌可危。

奥黛特留在了巴黎，希望多陪伴雅克一阵，但是他和战友们不得不待在军营里。两人每次见面的时间都很短，据奥黛特说，他们只能在作为接待室的一间"黑暗的小屋"里见面。奥黛特决定返回迪纳尔，和双胞胎儿子还有她的家人在一起。这是一次艰难的分别。雅克不忍看到奥黛特离开，而且她要孤身踏上这段危险的旅程。奥黛特也不知道什么时候能再见到雅克，因为战争发展得太快了。

听说奥黛特安全抵达迪纳尔之后，雅克如释重负，他告诉妻子，如果听说有空袭，不要害怕，因为他是安全的。而且，他补充道："无论如何，我都不相信，都无法相信，情况会像某些人想的那样糟。1914年的时候比现在要糟糕得多。"两天后，他写道："我觉得，第一轮震惊过去之后，大家都恢复了力量和希望。至少这里是这样，但是我们能获得的外部消息太少了……亲爱的，我还抱有希望，我相信这场噩梦会过去的，我们还会是自由人，我们能够重聚，变得更加相爱，如果可能的话。"在第二天信件的末尾，他建议道："跟我学学，不要听太多广播，像我思念你一样思念我，别放弃希望。这是必要的，也是一种责任。"

祈祷

德军西进意味着他们会绕过巴黎，至少暂时看来是这样。这使得法国政府在某种程度上松了一口气，他们劝慰公众，德军的战线越长，就说明他们的防御越薄弱。

"机械化上校"戴高乐奉命指挥一支装甲分队，在战役打响的时候，他们还没有配备坦克。戴高乐的任务是在位于巴黎东北75英里左右的拉昂阻截敌军。对于部队的疲态，戴高乐心中十分清楚。5月16日，在侦察的时候，他遇到了大批逃跑的比利时人，甚至还有很多丢了武器并与所在部队失去联系的士兵。"看到那些惊慌失措的人，还有一败涂地的士兵……我突然怒不可遏。啊！实在太蠢了！战争的开局简直糟得不能再糟了。"

他下定决心："所以，战争必须继续。世界很大，有的是战场。只要我活着，就会战斗下去，只要有战斗的必要。直到打败敌人，洗净民族的耻辱为止。"

上司派给戴高乐几个营的坦克，大约有150辆，他把自己手下的所有兵力集中到一起，在5月17日发动了进攻。尽管前有斯图卡式俯冲轰炸机，而且己方完全没有空中支援，戴高乐的分队还是重创了敌人。19日，他再次向更西面的敌军进击，直到遇上顽固的抵抗为止。

此时，雷诺总理正在考虑如果他能找人代替甘末林担任总司令会不会改善现状。若是领导层需要调整，他会首先让甘末林的主要支持者达拉第离开国防部。5月18日，他将达拉第调到外交部并亲自担任国防部长。另外，为了提振军队萎靡的士气，当日，他请法国最伟大的一战英雄、84岁的贝当元帅担任副总理。

媒体对此纷纷表示欢迎，贝当元帅是法国的骄傲与荣誉的代表，他在战斗中"总是在任何地方"都表现出色，他将证明其在这个危急时刻的价值，就像一战的时候那样。

5月19日，星期天，雷诺及其内阁成员和副手，还有参议员们参加了在巴黎圣母院举行的特殊弥撒。这座八百年历史的大教堂外面人山人海，为了预防空袭，教堂周围堆放着沙袋，彩色玻璃窗也被移走。教堂内部，罗杰·博萨特主教念诵了一段大胆创新的祈祷词："我们向上帝求什么？胜利……我们求他赐予胜利，因为我们正在打一场战争，目的不是为了金钱和世俗的权力，而是为了捍卫我们的精神价值，它们是人类生存的理由……我们的敌人是野蛮残忍的，史无前例……我们对最后的胜利心怀不可磨灭的信念。法兰西的圣徒们，请保卫我们，将胜利赐予法国和盟军。"

人群齐声唱道：

> 佑护巴黎的圣母，我们信靠你！
> 圣马可，在战斗中保护我们！
> 圣丹尼斯，保卫法兰西！
> 圣路易，保护我们的掌权者！
> 圣女贞德，与我们的士兵共同作战，引导我们走向胜利！
> 法兰西的圣徒们，我们信靠你们！

最后的祝祷结束后，风琴演奏了《马赛曲》，不少显要人物都流下了眼泪。

然而，他们的祈祷没有得到回应。在这场战争中，并未出现马恩河的奇迹。凡尔登的拯救者没有拯救任何人。

德军绕过巴黎的时候,全城上下紧张不已。加缪给弗朗辛写信说:"随着时间一天天过去,危险越来越清晰,巴黎成为一片苦海。"有人收拾行装离开,但很多人为了家人、工作或者学校留了下来。

《巴黎晚报》的一些员工去了南特,而加缪留了下来,他告诉伊冯娜:"报社几乎没剩下什么人,我承担了双份的责任。"他继续写道:"巴黎是一座死城,危机四伏。我们回家等待警报和一切可能发生的事情。我经常会在大街上被人拦下核对身份:城中的气氛相当迷人。"

随着战情每况愈下,加缪再次考虑参军的事情。他给陆军写信主动要求入伍,还向未婚妻解释自己为什么要冒这个险:"这场荒唐的战争没有停止,当游戏变得致命时,你是无法离开的……如果我被批准入伍,我会在战斗的间隙工作,我敢肯定,就像我在巴黎的寂静和孤独中那样工作。"

莫诺通过广播收听了雷诺在5月21日对参议院的讲话。雷诺一上来便开门见山地说:"祖国处于危险之中。"接着,他讲述了某些部队遇到的"灾难"。雅克花了好几天的时间挖战壕,他得意地向奥黛特汇报:"作为一名土方工程承包商,我想我错过了度假。"现在到了面对现实的时候了。听完雷诺的演讲后,他给奥黛特写信:

我亲爱的天使:

　　我刚从食堂回来,在那里我听到了雷诺在参议院的演讲。他的坦率和直截了当让我觉得还有挽回的机会。不过,就算是不相信最坏的情况会出现,我们也必须为孩子们着想,想想如果灾难来临我们应该怎么做。我们无须想得太远,我只看到一个解决方案。如果丧失了一切希望,你必须设法到英国去,一旦到了那里,可以投奔格伦和马什一家(莫诺的远亲)。

告诉奥黛特他的亲戚的地址后,雅克继续写道:

我亲爱的，我冷静地写信告诉你这一切，我不相信它们是真的……我请求你把它们看作是不得不办的事情，一定要完成它们。我对你和你的勇气绝对有信心，我亲爱的。我知道你会不惜一切确保孩子们能够自由地生活。依我所见，我永远不会相信那些人会得胜，即使完全有这种可能。相信我，我亲爱的，如果在这里没有别的事可做，我会想办法与你重聚。

话已至此，亲爱的，我应该加上一句，我不相信会出现上面任何一种情况。我的勇气和我的信任都放在你的身上。你时时刻刻与我同在，我亲爱的。拥抱你，我亲爱的。我爱你胜过世界上的一切。

撤退

甘末林将军最终被解职。他的接替者是另外一位一战英雄人物，功勋卓著、73 岁的马克西姆·魏刚将军。然而，要挽回法军的败局为时已晚。对被孤立的北部军队而言，生存下来的唯一希望就是撤出法国，渡过海峡前往英国。

此次撤退行动是英国提出来的。英国远征军（BEF）司令戈特勋爵已经提醒伦敦方面，届时盟军可能不得不撤退。英国海军部认为他们最多可以撤出 45 000 名左右的士兵，这样做还可能让大批 BEF 士兵和所有法国陆军陷入困境。

5 月 27 日，英国人对于撤退的必要性的怀疑全部被打消。比利时国王利奥波德在没有通知英法两国，甚至没有告诉其大臣的情况下，请求德国停战并提出无条件投降，这把正在撤退的英军的一个侧翼完全暴露给了敌人；德国人会从现在撤掉防御的比利时领土直接抵达海岸。

为了保卫敦刻尔克，法国第一陆军在里尔驻扎，并且受命死战到底，尽量拖延德军抵达桥头堡的时间。在德国空军持续轰炸的情况下，一支由各种型号的船只组成的舰队将多达 338 226 人的部队（其中包括 198 229 名英国人）在九天的时间里撤出了法国。二百多艘船只被击沉，英国皇家空军损失了 474 架飞机，伤亡惨重，士兵们不得不丢弃所有的辎重。尽管如此，此次大撤退的规模仍是巨大的，尤其在英国方面看来，简直是一个奇迹。

法国当局依然不愿意把行动的真相透露出去。即使在撤退过程中，他们还是告诉民众,盟军部队正在"精力充沛地作战,整齐有序,按照指挥部的命令行动"。

丘吉尔却提醒如释重负的英国议会:"我们必须非常谨慎小心,不要把这次的逃脱看成是一次胜利,战争不是靠撤退打赢的。"

最后一战

荷兰与比利时先后投降、敦刻尔克大撤退结束后,法国陷入孤军奋战,仅凭 60 个师对抗两倍多的德军,而且敌人的武器装备和机动性要先进得多。由于英国将皇家空军撤走用于部署本国的防卫,德国掌握了完全的制空权。

德军的"镰刀收割"在法国北部划出一条线,德国控制了这条线北面的所有地区。90% 的法国领土,包括巴黎,仍然在法国控制之下,法军的防线长四百英里,从英吉利海峡直达瑞士。然而,法国领导人可以选择的余地很小。他们要么只能以少敌多,将更多的部队撤到英国或者非洲殖民地,然后继续在海外作战,要么请求停战。

雷诺决心战斗下去。他告诉将军们:"我相信任何和平和停战的要求都不会被接受,军队必须战斗到底,政府必须做好准备,如有必要,离开法国领土。"

失败主义的论调在雷诺的内阁蔓延开来,甚至连贝当元帅也不例外。从进入政府开始,贝当就相信这场战争法方必败,因此法国应该求和。而且,他相信自己作为一名杰出的士兵,有能力向敌人提出更好的求和条件。

为了解决内讧,雷诺再次清理了内阁。6 月 5 日,他解除了达拉第的职务,让夏尔·戴高乐担任国防部长,戴高乐两周前刚被晋升为准将。戴高乐的提升激怒了魏刚和贝当,两人都憎恨这位 49 岁的老下属,认为他是个傲慢自负的后来者。

戴高乐对雷诺的态度十分坦诚。"我们的军队和德军之间的差距相当大,以至于除非奇迹出现,我们没有机会在法国的任何城市取胜,甚至连守城也守不住,"他告诉总理,"即使 1940 年的战事失败了,我们还可以东山再起。只要不放弃作战,我们必须继续在更大的战场和德国较量下去。"

雷诺同意戴高乐的看法,并派他到伦敦"说服英国我们会抵抗到底,无论发生什么，如果有必要，我们可以在海外作战。你会见到丘吉尔先生……内阁重新洗牌和你的晋升是我们的解决方案"。

6月5日，德国对法国战线发动新一轮进攻。魏刚将军在当天的命令中宣布："法兰西之战开始了。我的命令是坚守位置，不得撤退……我们国家的命运、对自由的捍卫、我们孩子的未来都仰赖于你们的不屈不挠。"

法军的确进行了一番苦战。有些部队，例如年轻将军让·德拉特尔·塔西格尼领导的法国第十四步兵团，作战十分英勇。在6月初那些艰苦的日子里，即使政府和指挥部都知道法兰西战役毫无取胜的希望，在法国军队的坚持下，德军每天仍然会有近五千人的伤亡，几乎是战争最开始三周伤亡人数的两倍。

然而，随着时间的推移，法军节节败退。6月9日，德军已经距巴黎40英里，雷诺政府的内讧也随着战斗日趋激烈。魏刚告诉雷诺："我们已经走投无路了。"他建议总理最好将政府撤出首都。

贝当向雷诺施压，他宣读了一份正式文件："如果具备停战的条件，则有必要请求停战，国家的出路和未来要求我们拿出勇气来这样做。"

雷诺断然拒绝了贝当的提议，他坚持认为"和希特勒达成有尊严的停战"是不可能的。

当天早晨，魏刚再次向军队发出呼吁：

国家的安危不仅需要你们拿出勇气，还有坚持不懈、主动运用我所知道的你们具有的战斗精神。

敌人已经遭受重创，他们很快就将达到极限。

我们到了最关键的时刻。坚持住。

次日，内阁决定离开巴黎迁往波尔多。对于政府成员来说，6月10日将是漫长的、具有历史意义的一天，用戴高乐的话来说，是"痛苦的一天"。

流亡

各处的法国军队都在撤退。政府准备迁出巴黎。平民离开了城镇、村庄甚至他们的首都。从法国撤到挪威的盟军部队准备从纳尔维克强行撤走。6月10日早晨,挪威正式投降。

每日汇报的时候,雷诺问魏刚德军还有多长时间攻入巴黎。"24小时之内,如果德国知道我们有多脆弱的话,"魏刚回答,"但是很可能时间会长一些,因为他们不会直接进来,而是先绕着巴黎转一圈。"

当天下午,就在德军将巴黎三面包围,再次逼近这座城市,迫使达官显要们弃城逃窜的时候,墨索里尼又给法国火上浇油——意大利对法兰西宣战。雷诺当晚向全国做了广播讲话:

> 现在已经是历史上最伟大的战役的第六天。
>
> 过去的六天五夜里,我们的士兵、飞行员、皇家空军面对的是数量和装备都在我们之上的强敌。在这场战争中,我们已经不是在前线作战,而是在国家的腹地抗敌,我们的军队已经处于撤退状态。
>
> 他们是在给敌人造成损失之后才撤退的。敌人占据的每一平方公里土地都布满了摧毁的坦克和击落的飞机……
>
> 等待我们的考验是严峻的。我们做好了准备。我们的头颅不会低下。
>
> 此时此刻,法兰西虽然受创,却不失英勇,仍然没有倒下,仍然在抵抗德国的进攻,为全体人民的独立而战,也为她自己而战。就在这时,墨索里尼先生选择了向我们宣战。如何评判他的行动呢?法兰西无话可说。让全世界来评判吧。
>
> 在她漫长而辉煌的历史上,法兰西已是久经磨难。
>
> 在试炼中,她会令世界震惊。法兰西不死。

离开巴黎之前,雷诺给罗斯福总统发去电报。尽管知道罗斯福因受到美国国会的限制而不会给盟军带来多大的帮助,雷诺还是觉得美国的参与会增加未来的希望,为作战争取时间,况且事已至此,不妨尝试一下。

亲爱的总统：

我首先希望向您给予我们的空军和装备方面的慷慨援助表示感谢。

我们的部队奋战了六天六夜，没有一刻休息，敌人的数量和武器远远超过了我们。

今天，敌军几乎兵临巴黎城下。

我们应该在巴黎前方和后方作战；我们应该在法国的各省作战，如果我们被赶出法国，那么就应该在北非继续作战，如果有必要，还应该在我们的美洲属地作战。

法国政府的一部分已经迁离了巴黎。我也做好了离去的准备。如果不这样做，军队的损失会更加惨重。

我想请求您，总统先生，向您的人民解释这一切，告诉美国的全体公民，我们决定为了所有的自由人在这场战争中牺牲自己。

就在这个时刻，还有一个独裁政权在法国的背后刺了一刀。我们的另一前线受到了危险，一场海战在所难免。

您已经慷慨地答应了我几天前跨越大西洋的求助。今天，1940年6月10日，我责无旁贷地请求您给予更大的帮助。

在您向美国人民解释法国情况的同时，我恳求您公开宣布美国将给予盟军各方面的援助和物资支持，"供应一支远征军"。我恳求您尽快这样做，否则就来不及了。我知道这样做的重要性，正因为其重要，不宜太迟。

1937年10月5日，您曾经对我们说："我们都不得不向前看。90%世界人口的和平、自由和安全受到了另外10%的威胁，他们妄图打破所有的国际条约和法律。"

历史证明，这90%渴望和平生活、遵守法律与道德标准的人能够也必将找到实现愿望的方式。

他们的机会到来了。

保罗·雷诺

午夜时分，雷诺和戴高乐乘上一辆汽车，向南方的奥尔良驶去。

雷诺离开之前没有解决的问题之一是是否在巴黎设防。魏刚已经告知他巴黎当日将是一座不设防的城市，而且他不打算派人守城。遗憾的是，这个决定没有传达到巴黎军事司令部或公众那里。相反地，法国的广播却宣布："如果德军抵达巴黎，我们应该保卫每块石头、每个土块、每盏路灯、每座建筑，因为我们宁愿城市倒塌也不愿她落入敌人手中。"

当政府迁走后，大众也开始离开巴黎，大批难民如洪流一般。而广播和传单却在呼吁："公民们！拿起武器！"传言说巴黎会遭受轰炸，市民志愿者们布置了最后的守城工事。战争开始一个月后，大约有三分之一的市民——近三百万人离开了巴黎，后来的几天里，又走掉了三分之一。总体来看，共有70%的战前人口（此前巴黎共有500万人）离开了巴黎，加入了来自荷兰、比利时、法国北部和东部的难民大军，还有赶赴前线或从前线下来的士兵。法国飞行员《小王子》的作者安东尼·德·圣艾修伯曾经描写过那些成批的难民，仿佛"在法国北部的某个地方，有人踢倒了一座蚂蚁山，蚂蚁们列队出逃"。

政府离开，危险迫近的时候，报社也纷纷关闭或迁址。6月10日到11日，几乎所有报纸都停止了发行。《巴黎晚报》的所有者让·普罗沃斯更是消息灵通，因为他还是雷诺的情报部长。他早已做好准备，将报社搬到法国南部。6月9日，他命令剩余的工作人员离开巴黎，前往230英里之外的克莱蒙费朗，有一位出版商将在那里为报社提供印刷设备，这位出版商就是法国前总理皮埃尔·赖伐尔。

加缪奉命开车送报社的一位主管到克莱蒙费朗去，在另一位同事的陪同下，他们开了一整夜的车，时常被难民和废弃的汽车卡在路上。主管不断和加缪聊天以使他保持清醒。当他们抵达克莱蒙费朗市中心的时候，汽车的油、水均已耗尽。就在散热器冒烟的时候，加缪突然意识到在匆忙离开的时候，他可能把一些手稿留在了巴黎的房间里。他跳下车，掀开后备厢，发现《局外人》的全稿就在他的旅行袋里，悬着的心才终于放下。

被遗弃的都城

6月11日，太阳没有升起。

巴黎人在阴沉、诡异的天色中醒来，天空根本不像他们平时见到的那个样子。厚重的烟尘充斥在空气中，挡住了晨光。整个城市笼罩在一团细密的煤烟中。在这个谣言四起——其中两条最乐观的传言是法军已经开始反击德军，美国参战——的都市中，有人认为这些黑雾是德军施放的烟幕弹引起的，有的则将其视为世界末日的征兆。

烟雾的真正成因是法军临走时毁掉了巴黎郊区的油库，以免敌人得到这些资源。寻常的巴黎百姓当然不知情，也没有报纸进行报道。

在阴暗的天空下，人们继续匆匆离开城市。那些留下来的巴黎人透过门廊和窗户看着同胞们离去。只见一列列似乎没有尽头的超载的汽车和卡车，塞满了乘客和家具，还有堆放着家庭财物的手推车、马车、自行车，以及徒步的行人。

没有出租车和公共汽车。除了里昂和奥斯特利茨两个火车站之外，所有的火车站都已关闭。奥斯特利茨火车站人潮汹涌，聚集着各个国家的旅客——比利时、德国、英国，当然还有法国——他们不顾一切地想要逃离德军的魔爪。在混乱中，很多儿童和父母分离，有的是偶然失散，有的则是父母决定将他们送到仅有的几列还在运转的车厢中的少数空余座位上，把逃走的机会留给孩子。到了中午，黑雾被风吹散，天气放晴，炎热异常，更给那些滞留在车站或坐在火车上的人增添了悲伤之感。

经过了几天的不知所措，莫诺的部队终于接到了离开的命令。直到那时，他们还不清楚是要撤退还是留下来守卫巴黎。命令下来的时候，他正在凡尔赛宫周围挖战壕。午夜时分，他们登上了南下的列车，虽然远离德军，但前路难定。莫诺试图让奥黛特掌握他的行踪。离开之前，他写道："我不知道我们要去哪儿，怎么去……照顾好自己和我们的孩子。你是我活下去的唯一原因。我爱你。愿上帝帮助你。"第二天，他在巴黎以南180英里克勒兹河畔的阿尔让通火车站的一辆牛车上给奥黛特写信。他乘坐的火车并没有被炮火摧毁，却在前往阿让西南75英里的佩里格（位于多尔多涅省）的路上出了轨。6月13日，莫诺到达佩里格这座古老的城镇。

急于联系奥黛特的莫诺往迪纳尔打电报，却没有收到回复。他担心布列塔尼的邮路被德军切断，奥黛特加入难民的队伍。于是，他给戛纳的父母写信，请求他们若是听到奥黛特的消息就联系他。他告诉父母："当前的灾难中，唯一重要的就是奥黛特、孩子们、你们、费罗……在威胁我们的可怕悲剧面前，我们必须审视内心深处，寻找最后一股希望和力量。"因为戛纳距离意大利只有40英里，所以他也为父母担心。他补充道："我认为你们旁边住着的那群混蛋不会骚扰你们。报纸似乎是这么说的。我爱你们，亲爱的父母，但是我没有勇气再写更多了。"

6月12日，星期三，很多本来打算留下的巴黎人也离开了。因为没有顾客、工人和供应商，商店和饭馆都关门了。没有客人，旅馆也歇业了。有的商店直接被店主遗弃，甚至连门都没有上锁。很多街区空无一人。

天空中安静得古怪，这是开战以来的第一次：头顶上没有盟军或者德军的飞机，但是可以听到远方的隆隆炮声。

晚上12点15分，魏刚将军最终通知军事长官皮埃尔·赫林将军，宣布巴黎将不设防。城内外均不安排防御措施。次日城中就张贴了通知，提醒公众"避免采取任何敌对行为……在此等环境下，保持尊严和沉着"。

到6月13日晚间，巴黎几乎成了一座空城。没有街灯，任何灯光都没有。协和广场和香榭丽舍大街空无一人，寂静得出奇，甚至能听到零星行人的脚步声。

6月14日清晨，两队摩托车咆哮着开上了香榭丽舍大街，后面跟着两辆指挥车，车上飘着"卐"字旗。上午八点，一支机动化部队进入巴黎，开赴市政厅。一拨又一拨的卡车、坦克和摩托车陆续抵达，与之同行的还有身着灰色军服的士兵。侵略者在城中散开，用纳粹的"卐"字旗取代了法国的三色旗，在历史建筑和宏伟大街上设岗放哨。凯旋门旁站立着肩扛冲锋枪的哨兵，周围的大街上排列着炮口向上的大炮。两位德国将军向无名战士墓致敬后，队伍开始了一天的游行。

旁观的巴黎人——如果他们忍心看得下去的话——脸上都挂着难以置信和畏惧的表情。

1940年6月14日，德国军队在香榭丽舍大街凯旋门前列队行进（美联社图片）

第五章

挫败的与分裂的

分裂之家不能持久。

——亚伯拉罕·林肯,1858 年 6 月 16 日

对巴黎人来说,城市被占领带来的另一个灾难来自广播通知,它建议所有 18 岁到 50 岁的男性马上离开巴黎。因为他们担心这些人会被德军强征入伍,或者至少被关押起来。

当消息确定德军不久就要进入巴黎的时候,19 岁的医学专业学生弗朗索瓦·雅各布正在参加大二的考试。就在侵略者入城的几天前,他和三名同学弄到一辆黑色雪铁龙 11 型汽车,一路向南开去。

雅各布和他的同学们用了好几天才来到 250 英里之外的维希,因为难民太多而堵塞了道路——他们"就像一条痛苦和恐惧的河流"一样涌向南方。有六百万到八百万的难民离开了他们的家园和农场,将沿途的每个城市和村庄塞得水泄不通。尽管疲劳不堪,但他们根本找不到睡觉的地方,食物很少,饮水也缺乏。雅各布和朋友们亲眼见到了衣冠不整的军队和战败的士兵一路同行。

雅各布的爷爷是法国历史上第一位犹太人四星上将,他从小接受的教条是"国家体系是坚不可摧的"。结果,在路上的短短几天内,雅各布目睹了"整个国家的分崩离析"。透过车窗,他安静地凝视着发生在自己身边的灾难,想到那个曾经看上去安全的世界,"国家、共和政体,还有它的法律、军队、公正,都在转瞬之间崩塌"。

雅各布在维希停下来,去看他的父亲西蒙,父亲和他的两个奶奶在那里避

难。不过他和朋友们决定继续向西南进发，他们认为离侵略者越远、走得越快越好。6月17日是雅各布的20岁生日，这一天他也满足了参军的资格。当天早晨，他向父亲告别，父亲一边向儿子缓缓挥手道别，一边流着眼泪，因为不知道什么时候或者能不能再见到儿子。

和汽车、卡车、自行车和手推车一起滞留在路上的时候，雅各布对国家的瞬息巨变感慨不已："我所相信的一切，我认为我会相信一辈子的东西，看起来是生活中必不可少的东西，为我们提供保护的中枢，似乎是组成了我们的世界观的所有元素——这些都在一瞬间崩溃了。国家轰然倒塌，不管它有多么伟大的国民，多么了不起的学校，多少将军、机构、教师和议员，不管是躯体还是灵魂，统统化为乌有。"

他和朋友们在车里讨论这场灾难应归咎于谁，结论首先是疯子希特勒，他"口沫横飞地叫嚣咒骂，冷酷地决定将世界推入血与火的煎熬"。不过，雅各布想："那些愚蠢的政府成员也难辞其咎，他们被堕落腐败操纵，不知道如何阻止希特勒，或者根本就不在乎。"

法国政府率先跑到了图尔，接着，就在德国人即将接管巴黎的时候，政府又迅速搬到波尔多，这座港口城市坐落于法国西南部加伦河畔。这个政府的愚蠢和对民众的操纵尚未达到它的高点。

是战是降？

前往图尔的路上花了漫长的三天时间，总理雷诺的内阁和军事指挥官们一路上为了两个选择争论不已——是在海外战场继续作战还是请求停战。魏刚将军和贝当元帅主张停战，而雷诺和戴高乐希望利用一切可能的方式继续作战。雷诺得到了丘吉尔的支持，丘吉尔专程飞来与法国领导人见面，他希望法国人不惜一切代价坚持抵抗，因为这样可以给英国更多准备的时间，还有可能削弱希特勒进攻英国时的实力。3月，法国已经向英国保证，不会与德国单方面签订和约；雷诺重申了这一保证。

然而，政府内部的分歧越来越大，随着战事恶化，投降派不断向雷诺施压。会议室窗外就是康热城堡，大批难民从那里经过，见此情景，魏刚将军催促道："如果不立即请求停战，军队也会像民间一样混乱。"

雷诺仍然不同意。魏刚又想出别的办法，他提出，政府如果到海外去，其权威就不会被外界认可，无法重新获得已经失去的东西。

贝当元帅支持魏刚，他表示："无论发生了什么，政府有责任留在本国，否则便不会被认可。"他总结道："我认为，停战是保住法国的必要条件。"

抵达波尔多之后，戴高乐想方设法支持雷诺的决定。他告诉雷诺："过去的三天，政府迅速向投降派倾斜……我本人反对提出停战要求。如果您还留在这里，势必被他们拉下水。您必须立刻到阿尔及利亚去。您愿意去吗？"

"愿意！"雷诺宣布。

"这样的话，"戴高乐说，"我明天去伦敦，请英国人派船帮助我们。等我回来要到哪里找您呢？"

"到阿尔及利亚去。"雷诺回答。

雷诺请内阁考虑将政府迁到北非的建议。内政部长乔治·曼德尔支持他的提议。他提醒内阁，雷诺已经向罗斯福总统保证，如有必要，法国将继续在北非抗击德军。贝当和魏刚却仍然反对将政府迁到海外。

6月15日和16日两天，雷诺和魏刚等人的僵持仍在继续。参议院和众议院的首脑已经同意将政府迁到北非。16日下午将要召开一次讨论此事的关键内阁会议，会上部长们将做出最终决定——停战还是去国外。会议开始前，戴高乐从伦敦给雷诺打电话报告一个重大进展：英国政府建议与法国组成联盟，英方拟定的组建联盟的宣言相当令人振奋：

在这个现代历史上事关人类命运的时刻，联合王国政府和法兰西共和国宣布结成不可分割的联盟，决不向敌人退缩，共同捍卫公正与自由……

两国政府宣布，法国和大不列颠不再是两个国家，而是法兰西-不列颠联盟。

联盟的宪法将由双方的国防、外交、财政和经济政策共同组成。

每一位法兰西公民将即刻取得大不列颠公民身份；每一位不列颠臣民亦将成为法兰西公民。

得知此事，雷诺感到既惊讶又兴奋，他没能得到美国的具体承诺，而现在海峡对岸的盟友却做出了一个勇敢的历史性举动。起先是法国外交官用了两天时间向英国提出这个建议，经过戴高乐的私人说服，丘吉尔最后表示同意。

消息来得正巧，当时雷诺的部长们差点就要全部支持停战了，雷诺相信英方的建议会力挽狂澜。

然而，他被出卖了。在雷诺宣布这个消息之前，有人就把它泄露给了内阁。魏刚等人反对这个主意。当雷诺告诉内阁他打算次日与丘吉尔见面宣布结盟的事情时，回应他的是沉默。接着，很多反对他的人开始抨击这个主意，他们愤怒地表示，这样"会把法国变成英国的属国"。

这些部长们显然没有认真考虑与德国休战意味着什么。曼德尔警告他们："你们以为投降之后就可以安稳地睡觉，过上正常而舒适的生活，但是，战争还会在你们头顶上继续……我们的土地上还会发生战争……你们以为投降可以换来休息和安宁，岂不知这样只会招致全世界的鄙视，最终你们自己也会看不起自己。"他总结说，出席这次会议的人可分为两类，"一类是勇敢者，一类是懦夫"，或者"一类人希望打仗，一类不想打"。

一些官员相信英国很快就会被德国打败，因此没有必要和一个注定失败的伙伴结盟。雷诺非常沮丧，他后来将当时形容为"我一生中最失望的时刻"。会议讨论的结果是请求停战。

疲惫绝望的雷诺担心内阁会逼他提出停战，他认为自己做不到这一点，便告诉总统阿尔贝·勒布伦，如果总统希望找人完成这件事，应该"去问贝当元帅"。雷诺补充说："我听说他的口袋里就装着拟定好的他的内阁名单。"

勒布伦也反对停战，他试图劝阻雷诺辞职，但未能成功。在大部分希望停战的内阁成员施加的压力下，勒布伦只好请贝当组建新政府。贝当元帅立刻打开他的手提箱，拿出一份名单。"这就是我的政府。"他告诉勒布伦。

通常，新总理需要三到四天的时间组建内阁。而这份已经拟定好的名单说明贝当及其支持者早有预谋，想要自行建立政权。新内阁包括很多施压要求停战的人，把那些发誓继续作战者排除在外。魏刚被任命为国防部长。曼德尔和戴高乐则被踢出内阁。

6月17日午夜过后的短短两小时内，新内阁召开了会议，他们全体一致同意向德国政府请求停战,并委托一位西班牙中间人转交请求。

等待德方回复期间,贝当元帅在17日中午12点30分向全国发表了广播演说:

> 法国同胞们!在共和国总统的要求下,我今天接受了法国政府的管理职务。
>
> 我本人与我们伟大的军队史无前例地发扬了法兰西辉煌的军事传统,对抗了人数和武器数量都超过我方的敌军,我们深知如何向盟友履行我们的责任。
>
> 我很荣幸能够再次指挥过去在军中服役的老兵,我依赖他们的帮助,也对全国人民有信心,我将自己奉献给法兰西,在她的危难时刻提供帮助。
>
> 在这痛苦的时刻,我忧心的是那些不幸的难民以及他们的苦难。我向他们表示同情和慰问。
>
> 怀着沉重的心情,我宣布我们必须停止战争。我已经向我们的对手提议,看他是否做好准备,以军人和荣誉的名义与我们签订停战协议,这是结束敌对的一种方式。
>
> 所有的法国同胞,请团结在我所主持的这个非常时期的政府周围,在决定我们国家命运的时刻再次展现出你们的信念。

弗朗索瓦·雅各布和他的朋友们在奥弗涅的一个村庄停下来吃午饭。透过敞开的窗户,他们听到了贝当元帅"颤抖的声音"。他们再次上路向海岸进发的时候,大家在车厢里展开了热烈的讨论。雅各布最好的朋友罗杰·德雷福斯先是嘲笑了贝当、军队的失误和不称职的政府,并且咒骂了那些导致国家毁灭的"叛徒、骗子、形形色色的肮脏的混蛋"。接着他鼓动朋友们说:"即使这样,我们也不能上当受骗。我们不能坐等纳粹过来做他们的奴隶。当他们过来的时候,一切都完了。那个老态龙钟的蠢货贝当无法阻止德国人做他们想做的事情。你是无法和纳粹谈条件的,只能狠狠地揍他们。我们能做的事只有一件:继续战斗。为了战斗,就得离开法国,到你能去的任何地方去。"

雅各布同意德雷福斯的看法。他在军人世家长大，他那显赫的祖父、父亲、叔叔都是军人，雅各布认为现在到了他参军的时候。"在前所未有的威胁面前，我们不做缩头乌龟，"他对同伴们说，"不能和希特勒谈判。要么消灭他，要么被他消灭。我也支持离开法国，在我们能去的地方战斗。"

准备离开法国并如此尝试之前，雅各布希望征得家人的同意。一行人抵达大西洋岸边的阿卡雄（波尔多以西），雅各布在那儿找到了两天前到达的叔叔亨利。经历了一路上的混乱和紧张，见到叔叔令他感到十分宽慰。

他们在黄昏之后到海边散步。亨利叔叔是曾经三次担任法国总理、目前是众议院首领的爱德华·赫里欧的私人医生。亨利知道法国军政界围绕法国命运明争暗斗的一切内幕。

他告诉雅各布内阁在战争和投降之间的两难选择与斗争，然后说："如果你能，最好是去英国，不要去非洲。"

再见，法兰西

雅各布和他的同志们是成千上万名需要选择未来何去何从的法国人之一，如果他们选择离开法国，那么到哪里去呢？

夏尔·戴高乐已经做出了他的决定。政府换届后，他知道法国很快就会投降，这是他无法接受的。因为担心遭到魏刚的干涉或逮捕，6月17日早晨，他悄悄离开了波尔多，登上一架英国飞机。飞机在伦敦郊外一座机场降落的时候，贝当刚刚发出了停战命令。

戴高乐去见丘吉尔，请求使用广播电台，以向法国人民发表演说。第二天，他在BBC广播室发表了讲话，据说，他的讲话听起来就像"把他所有的力量都集中在这个时刻"一样。戴高乐以一种威严的语调大声宣布：

> 一些过去领导法国军队多年的人，现在成立了一个新的政府。
>
> 他们宣称我们的军队已经失败，而这个新政府已经和敌人展开了和谈，试图停止敌对行动。实际上，我们仍然陷于敌军的机械化部队的威胁之中，包括来自地面和空中的……
>
> 但是，这是我们最后的决定吗？难道我们必须放弃所有希望吗？

我们的失败是不可挽回的吗？对于这些问题，我的回答是——不！

鉴于我对一切真相的掌握，请大家相信我，法国还没有失败。正是那些可能导致我们失败的因素在未来将会引导我们走向胜利。

因为，请记住，法兰西并不孤独，也没有被隔绝！她的背后是一个广大的帝国，她可以和英国结成同盟，英国掌握着制海权，而且正在继续斗争。像英国一样，法兰西可以从美国那里获取巨大的工业资源帮助。

战争不仅限于我们自己的国土。法兰西之战不能决定最终的胜负。这场战争是世界大战。错误已经犯下，时间已经拖延，苦难也落在人们身上，但是，事实是我们仍然拥有一切足以在将来挫败敌人的条件……而现在全世界的命运岌岌可危。

我，戴高乐将军，现在身在伦敦，呼吁所有现在英国或将来会到英国来的法国军官和男人，无论你们有没有武器……请与我联系。

无论如何，法兰西的抵抗之焰一定不会、也不应该熄灭。

由于法国大多数地区断电，加之大批人民在外逃难，因此只有少数人听到了最初的演讲。但戴高乐的呼吁被一些报纸转载，因此在世界各国传开。

加缪也没有听到这次广播，那时他正在去波尔多的路上，卡在难民和撤退的士兵们中间。当德国人接近克莱蒙费朗时，让·普罗沃斯下令报社员工跟随政府搬到波尔多。来到波尔多之后，加缪考虑过出国参战，但他错过了最后一班从波尔多出发的船，被困在了法国。

为躲避战乱，在法国西部或南部有亲戚的很多巴黎人或北方的其他公民纷纷来到西南部投亲靠友，可现在他们不得不决定要不要一起逃离法国。这是个痛苦的过程，因为大部分家庭至少有一位成员在军中服役，他们的命运（被俘、伤亡或是逃走）尚未可知，离开意味着完全切断与这些亲人的联系。奥黛特就处于这种两难的境地之下。

雅克从凡尔赛的驻地撤到佩里格的时候，奥黛特和两个儿子都留在迪纳尔，此外还有她的母亲和三个姐妹，以及姐妹的孩子。然而，6月17日，随着德军的靠近，迪纳尔的人们开始逃走，奥黛特全家打算逃到南部的比亚里茨去，那里位于海滨，距离西班牙边境只有 11 英里。奥黛特和她的姐妹们——苏珊妮、玛德琳和丽兹——收拾行李准备开车上路，她母亲鲁赫则照看着那对双胞胎。鲁赫不小心把她的安眠药放在双胞胎之一奥利弗旁边。她离开房间后，十个月大的奥利弗吞下了药片。奥黛特和姐妹们惊慌失措，冲到满是难民的街上找医生。找到医生后，又得知需要半天时间来治疗奥利弗。于是全家放弃了避难计划。第二天，随着炮火声的临近，苏珊妮、玛德琳和她们的孩子们去了圣马洛，他们成功地在一艘军用拖船和一艘货船上找到了空位并去了英国。奥黛特和她两个儿子还有母亲、丽兹留在了迪纳尔。

德军的装甲部队迅速接近，雅各布和德雷福斯决定尽快找一条船离开；雪铁龙汽车上的另外两名乘客则临阵退缩，决定留在法国。雅各布和德雷福斯先是在波尔多附近找船，没有找到。后来，在巴约纳，他们看到英国领事馆的门上贴着一张通知："所有关乎法国军情事宜，请至圣让德吕兹咨询。"于是他们来到圣让德吕兹这座位于西班牙边境北面几英里处的度假小镇。

此地正在进行被称为"空中行动"的人员撤离。像敦刻尔克大撤退一样，由英军将盟军士兵运出德军势力范围。英国军舰为运兵船护航，这些运兵船包括波兰的班轮"巴特利"号和"索别斯基"号，两船全部满员。波兰的两个师加入了法兰西保卫战。他们的总指挥、流亡政府首脑瓦迪斯瓦夫·西科尔斯基将军拒绝向德国投降。丘吉尔承诺将所有登船的波兰军队撤走。

雅各布和德雷福斯在圣让德吕兹四处寻找交通工具。一位法国骑兵中尉让他们五点左右到港口去。当时的战事应该基本结束，中尉叮嘱他们说："不要把自己弄得太显眼了。"

到达港口的时候，几艘渔船正在将最后一批波兰士兵运到大船上去。法国警察拉了一道警戒线，阻止法国平民登船。雅各布身边的一个平民想要上船，当警察拦阻他的时候，他假装不懂法语，并且含糊地嘟囔了一句："斯瓦斯提卡。"这是他能想出来的读音最接近波兰语的词。结果警察让他通过了。雅各布利用警察注意力分散的机会溜到一艘小船上，小船载着他们离开了。

很快他们就登上了"巴特利"号。没有人知道这艘船要到英国还是北非去。

刚才那位蒙混过关的法国人问雅各布："听说过戴高乐吗？他是个将军，我在广播上听到过他的讲话。他说他要继续作战，在英国。他说，我们早晚要打败他们。"

复仇。这是在未知道路上支撑雅各布前进的唯一动机——他盼望着或许有一天能够回到法国。6月21日，当他乘坐的大船在夜幕掩护下驶向英国的时候，雅各布根本不知道何时才能再次见到法兰西。

分裂

很多面临留在国内还是出国艰难选择的政府成员，已经快没有时间选择了。鉴于停战条件尚未确定，而且停战要求很有可能被德国拒绝，参众两院催促贝当接受政府一分为二的建议。6月18日，贝当同意他和数位部长留在法国，而总统勒布伦、议会首脑们以及那些愿意去北非的议员离开法国。内阁也表示同意，定于6月19日和20日执行计划。

19日，戴高乐再次通过BBC广播发表讲话，重申他对继续抗战的呼吁：

> 所有拥有武器的法国人有责任继续斗争。因为，如果他们放下武器，放弃守卫具有重要军事意义的据点，或者同意将法国领土的任何部分交给敌人，无论这些领土多么微不足道，都是对国家犯下罪行。我所指的主要是法属北非——要保证法属北非的完整性……
>
> 法兰西的士兵们，无论你们身在何处，起来斗争！

魏刚和赖伐尔企图阻止政府成员前往北非。6月21日，赖代尔对勒布伦总统说："你们不要走，你们不能走……一旦人们知道你们离开了，整个国家都会一蹶不振，大家会认为领导人抛弃了他们……甚至指控你们叛国。"尽管数天前就已同意勒布伦等人离开的计划，贝当却突然宣布，如果勒布伦坚持离开，他就要逮捕他。

同日，"马西利亚"号载着27名议会成员前往北非。当晚，法国停战代表团来到贡比涅森林，这里是1918年胜利的盟军与战败的德军签署停战协议的地方，德国人甚至从博物馆里把当年签订协议的火车车厢拖了出来。次日早晨，希特勒短暂地出现了一下，宣示他的胜利。

内阁给法国代表团的命令是，如果德国要求接管法国的海军舰队、任何海外领地或者想要占领法国全境，就立刻中断和谈。德国人提出的 24 条停战条件尽管苛刻，却没有触及这三点。舰队是个复杂而且敏感的问题。法国已经承诺英美两国，其海军不会落到德国手中。法国必须与德国周旋，争取不让德国遣散法国舰队或者解除他们的武装，并且使德国承诺不会"企图"使用法国舰队为自己做事。对于这种承诺，丘吉尔不屑一顾："这有什么价值？至少有五六个国家都不相信他们的承诺。"

五分之三的法国领土，包括大西洋沿岸地区、巴黎，以及北方都被德国占领，而南部和东南（"自由区"）将由法国政府管辖。德法的协议还禁止法国人以其他国家的名义反抗德军，违反者将被视为"游击队员"，一旦抓获立即枪毙——意在警告在英国和北非的希望继续战斗的法国人。除此之外就没有什么好商议的了。法国在 6 月 22 日签订了协议。

当戴高乐得知停战协议的具体内容后，他再次发表广播讲话：

> 要求停战后，法国政府获悉了敌人单方面提出的条件。
>
> 这些条件会全面拆散法国的领土、领海、空军、武器并且导致德军完全占领法国全境。
>
> 此次停战不仅是投降，而且将一个国家变为他人的奴隶……
>
> 我呼吁所有希望保留自由之身的法国人听从我的劝告，跟随我。

丘吉尔也在广播中表达了谴责，他宣称，英国政府认为"这些条款并不是一个自由、独立和具有宪法主权的国家的政府提出的"，而且，他表示，"英国的胜利是恢复伟大法兰西和法国人民的自由的唯一希望"。接着，他呼吁道："所有法国人，无论他们在哪儿，都应该为解放法国尽到全部力量。"

贝当听后十分愤怒，他也在广播上回应丘吉尔："法国政府和人民昨天在悲伤和诧异中倾听了丘吉尔先生的发言……法国人无须外国的首相来教训他们……我们可以自己拯救自己，丘吉尔先生应该知道这一点……他应该知道，与进行徒劳的斗争和无谓的努力相比，承认失败只会使法国更加伟大。"

法国的新政权也开始对其敌对者施加压力。魏刚将军命令戴高乐立刻回国，宣布撤销了他的军衔和职务，并决定对他实行军事审判。戴高乐没有被吓住，他继续从伦敦发表广播演说。6月26日，在驳斥贝当元帅认为法国政府"仍然是自由的"的演说中，戴高乐与他的老上级针锋相对：

> 元帅阁下，在这个国家的屈辱时刻，必须有人来回应您。今晚，这个人是我……
>
> 有人想让您相信，元帅阁下，这份停战协议，是您这样的伟大战士和另外一群战士签订的，因此会维护法国的尊严。我认为您现在知道自己的立场。这次停战并不光彩。我们三分之二的领土被拱手送给敌人——而对方又是怎样的敌人！——他们摧毁了我们的整个军队，我们的军官和士兵们现在身陷囹圄。你们亲手把我们的海军、飞机、坦克、陆军全部交给敌人，敌人可能会使用它们对付我们自己的盟军。你们让我们的国家和政府受人奴役。唉呀，元帅阁下，随便什么人就能搞出一份这样的奴役协议，对您这位凡尔登战役的英雄来说实在没有必要。

法国从踌躇满志到投降仅仅用了六周时间，而且，除了战败，整个国家还处于分裂状态：少数人希望继续作战，其余的人接受停战。她被过去的亲密盟友疏远，不仅无法接受英国的援助，而且可能还会因自身的投降行为导致盟友的失败。一部分法国人不得不在敌占区生活，剩下的人则被一个分裂的政府管理，其领导者各怀居心：一位是年迈的昔日英雄，他认为英国很快将被德国打败，欧洲将建立法西斯主导的新秩序；另一位是爱耍无赖的流亡将军，他认为战争刚刚开始，如果法国不解放，斗争就不会结束。

6月的最后几天，这个国家和全世界都在努力理解法国究竟发生了什么，她的未来让人难以琢磨。她会像贝当政府保证的那样"翻过黑暗的历史一页"，继续以"自由国家"的姿态存在，还是像戴高乐预言的，被"德国人的铁血政策"奴役？

然而，对于生活一片混乱，既希望和家人留在自己的国家，同时又渴望自由的平民来说，最基本的问题就是如何安排未来。他们怎样才能重获自由？应该追随谁？是相信贝当元帅——他承诺恢复国家的秩序，并且只有依靠"沉着的心态和劳动"才能重振法国，还是应当投奔那位尽管手中没有军队，却发誓夺回失地的将军？

有些人，比如雅各布，已经选择了他们的道路。随着时间的推移，莫诺和加缪也会做出他们的决定。不过，有的人却看不到未来。约瑟夫·梅斯特——路易·巴斯德的第一位病人、一战马恩河战役中的老兵、巴斯德研究所的护工——就回到他的公寓里，关上窗户，打开了炉子上的煤气。

第二部分

通往自由的漫漫长路

> 高贵的灵魂,会从灰尘、热度和灾难中崛起,打败比自己更强的东西。
>
> ——亨利·沃兹沃思·朗费罗《彼得的筛子》

第六章

重整旗鼓

> 面对危机,有志者依靠自己,他会对自己的行动负责,通过自己的努力达成目的。
>
> ——夏尔·戴高乐

法兰西全国被战乱冲散的"蚂蚁"们都试图回到自己的巢穴。停战协议签订后,有六百多万提前逃走的难民——大部分去了南部和西部地区——现在需要重返家园。在混乱和不确定之中,大多数人首先想到的是找到并和亲人团聚。因为当时急于逃出德军的势力范围,加上所有公共服务的停摆,大部分家庭根本不知道他们在军队中的亲人的下落。法国在六周内损失了9万名士兵,20万士兵受伤,180万人被德军俘虏。剩下的既未被俘也未受伤的士兵里面,有很多人——比如雅克·莫诺——则根本不知道自己家人的下落。

雅克没有留在佩里格。虽然得知停战的消息,他的部队仍继续南下。雅克驾驶的公共汽车上乘坐有25名士兵。经过中央高原的花岗石高地边缘的时候,他一直沿着二级公路前行。经过24小时的奔波,他们来到图卢兹北面圣叙尔皮斯的一座废弃的神学院。部队决定驻扎在这里,等候下一步的命令。

雅克有两周多没有听到奥黛特的消息——上一次还是他在凡尔赛的时候。他知道德国人一定到了迪纳尔,而且那里已经成了敌占区的一部分。他十分想知道妻子是否安全,但是却连她在哪里都不清楚。为了联系到她,并且让他的家人知道自己在哪儿,6月26日,雅克从圣叙尔皮斯发出三封信——分别寄往迪纳尔、巴黎的公寓(前两封收件人都是奥黛特),以及他在戛纳的父母。

在第一封信里,他写道:

> 我的爱:
>
> 在这种情况下,我不敢奢望能够联系上你。但是我想每种办法都试试。没有什么比找到你更重要。只有找到了你我才能继续活下去。我没有勇气在这封信中多写些什么,这只是一次试探。
>
> 我爱你。

给父母的信中,他写道:

> 亲爱的父母:
>
> 这封信会送到你们手中吗?希望如此。如果你们收到了,亲爱的你们,请给我打电报,还要立刻给我写信。我对奥黛特、你们还有费罗的情况一无所知,对我来说,最重要的是找到你们、我的孩子们和我的妻子。除此之外思考其他事情是不可能的。我爱你们。

一周后,他欣慰地收到了来自父母的电报和信件,信中表示他们很好,还附有一百法郎,因为两周多来他身无分文。然而,直到7月3日,他还是没有收到奥黛特的回信。他给父母写信说,因为不知道家人在哪里,他感到"极为痛苦"。他打算在敌占区的所有报纸上登消息寻找奥黛特。

7月7日,母亲给雅克发了一封电报——奥黛特平安地待在迪纳尔!奥黛特在4日收到了雅克的"试探",但是没能立刻发出电报,因为电报局还没有恢复工作。于是她迅速给雅克及其父母各写了一封信,不过给他父母的信是先送到的。经过一番犹豫和挣扎,她决定留在迪纳尔,而不是加入难民大军。

奥黛特的信终于寄到雅克手中,他立刻将宽慰之情诉诸笔端:

> 我亲爱的天使:
>
> 这么说这是真的,你确实在那里。我又找到你了,虽然妈妈给我又写信又打电报,但我不相信你在那儿。见到你4日和6日的两封信,

我才终于相信自己又能呼吸，又能活下去了。现在，我希望能有一个上帝让我去感谢……你没有离开迪纳尔，这是绝对正确的。我最担心的就是你离开那里，现在我放心了。如果当时你走了，那么只有上帝知道你现在在哪儿了。

向奥黛特讲述了自己的经历后，他再次提出当他被遣散后将在哪里与她见面的问题。停战协议的第四条宣布："法国的地面、海洋和空中的武装部队，将在未来预定之日期内遣散。"雅克希望这个日子尽早到来，然而现在一切都不确定。他们可能还要等待、继续分离，直到事态明朗，这也许要到几周之后。他告诉奥黛特："拥抱我的小可爱们。我亲爱的，他们是我们的所有希望之源，这是多么令人高兴啊。"

维希

加缪是被迫成为居无定所的难民的几百万法国人之一。在波尔多加入难民行列后，他设法回到了克莱蒙费朗，这不是敌占区。他认为巴黎晚报的工作人员会到巴黎去，在德军占领状态下继续出报纸。然而，他的老板普罗沃斯却被贝当新政府（暂驻克莱蒙，后来在 30 英里外的温泉城镇维希长驻）任命为宣传事务高级专员，所以加缪也与新政权的阴谋策划扯上了联系。

法国的战败和不得不向德国卑躬屈膝的耻辱很容易被人在政治上利用，因此，那些希望国家重获自由的人的痛苦又增加了一些复杂的成分。

新维希政府的主要构建者是皮埃尔·赖伐尔，他就是那个向巴黎晚报提供他在克莱蒙的印刷设备的出版商。赖伐尔曾经两次担任总理，但自 1936 年后就被排挤出权力核心，因此心怀怨恨。贝当在凡尔登战役成名的时候，赖伐尔在一战期间一直坚持绥靖主义，这个立场令其在"乙类名单"（潜在的颠覆政权者）上获得一席之地，人称"远离前线的皮埃尔"。赖伐尔是个老烟枪，打着标志性的白领结，他在一战和二战中间赚得了大量的财富，但是收获的尊敬却不多。人们普遍认为他是个阴谋家，动机可疑。他想要回到政府，认为国家危难之际是他重返政坛的机会。他的策略是为贝当效力并操纵他，赖伐尔认为贝当只是个傀儡——"壁炉架上的花瓶"。他计划的第一步是在 6 月底设法当上代总理。

赖伐尔相信,只有效法德国和意大利的独裁政体,才能和两国保持长久的和平。因此,他试图瓦解议会,让贝当独揽大权。他协助起草了一份在法国史无前例的大胆措施,要国民议会在短期内通过。原文如下:

> 国民议会将所有权力赋予共和国政府,议会主席贝当元帅有权宣布法国新宪法的一条或多条法案。
>
> 新宪法将保证公民的工作与家庭以及国家的权利,制订完成后将由国民议会批准。

为了达到目的,赖伐尔利用了贝当的虚荣心及其在议会中享有的英雄声誉。反对他们的人则包括那些希望继续在国外作战者,滞留在北非而无力反对赖伐尔操纵政府行为的积极分子除外。

令加缪厌恶的是,《巴黎晚报》也同流合污,将贝当奉为法国的拯救者,刊文声称85岁的贝当拥有"40岁的身体"。加缪见证了维希政府的作为,他写信给伊冯娜哀叹说:"我周围全部是胆小鬼。我们即将经历的是难以想象的,我相信,作为自由人,只能面对这样的未来:流亡或反抗。目前,存在的唯一道德价值便是勇气,勇敢站出来指控那些傀儡和喋喋不休假装以人民的名义说话的人。"加缪想逃到阿尔及利亚去,那是"法国最后一片自由的土地(没有可耻地被敌人占领)",然而,没有可用的交通工具,至少从当时来讲,他被困在了法国。

7月初,赖伐尔控制了贝当,开始说服议会成员。他无须过度地操纵贝当,因为元帅本人就认为法国的陷落是英国、议会甚至法国教育系统的责任。贝当认为学校教师们不爱国,没有培养年轻人的责任感。他希望英国在几周内就陷落,以至完全被德国毁灭。他相信法国在他的领导下会保持相对的完整,尽管目前法国跟德国的一个行省差不多。他的新政口号是"劳动、家庭和祖国"。

赖伐尔哄骗和催促众议院接受他建立独裁政权的建议,并警告某些众议员,如果他们反对,就会招致军事报复,他还向某些议员许以未来政府的职位,以买通他们。他表示:"议会民主制输掉了战争,所以它必须让位给新政权：一个大胆的专制社会国家。"更为大胆的是，他宣布："我们只有一条路可走，就是忠诚地与德国和意大利合作。我们必须用荣誉和尊严来实践它。我可以毫不尴尬地这样说。我建议在和平时期尽快这样做。"

屈辱的战败要蜕变成"忠诚的合作"？这样的说法令加缪恶心。"怯懦与衰老，这就是政府给予我们的东西。"他给在奥兰的弗朗辛写道。停战两周后，在国民议会成立之前，加缪就清楚地认识到新政权的本质。他预言了法国的未来：

> 会制订亲德政策和支持独裁的宪法，极端惧怕并不会发生的革命，用这一切为口中满是甜言蜜语却即将以各种方式摧毁我们的敌人辩护，并维护其特权不受威胁。未来会出现可怕的饥荒和大范围的失业，人民对政府的仇恨加深，一个老头子的演说是无法改变这一切的……我们还必须警惕反英宣传，其背后隐藏着最坏的动机……我不需要告诉你我们已经输掉了战争，那些领导我们的人甚至通过战败取得了更大的权力。

贝当政府成员包括达尔朗海军上将和魏刚将军，两人都是议会主席，他们一直是坚定的共和主义者，却滔滔不绝地赞美贝当，支持赖伐尔的建议。议长爱德华·赫里欧说："元帅周围被尊敬和赞美环绕，而我们的国家却沉浸在痛苦之中。让我们不要打破在他的权威之下建立起来的和谐。"7月9日，众议院和参议院分别以395∶3和229∶1的投票结果确定宪法需要修改。次日，国民议会以560∶80的投票结果决定解散它自己，实际上就是把国家大权交给贝当和赖伐尔。

圣叙尔皮斯，莫诺几周来主要以打桥牌、下象棋来消磨时间，同时盼着奥黛特再次来信和军队遣散的命令。信件寄送速度很慢，而且不定时，需要七到十天才能抵达目的地，因此，他们虽然约定了重聚时间，却由于寄送的迟延，等到双方都收到信后，约定的时间已经过去了。不过，还是有好消息：费罗从部队遣散，得以回到戛纳的家，奥黛特的姐妹苏珊妮和玛德琳安全抵达英国。

雅克和奥黛特刚松了一口气，便得知奥黛特的兄弟埃蒂安和她的妹夫艾多被抓进监牢。奥黛特家只有其母和妹妹丽兹留在法国，于是雅克和双胞胎儿子就成了她生活的重心。

雅克希望奥黛特尽快离开迪纳尔，因为海岸一带的德军做好了对战英国皇家空军的准备，但他不知道自己什么时候能走。7月29日，他终于被正式遣散；8月，一家人在巴黎团聚。他们回到了索邦大学附近位于亲王街的家，试图回归旧日生活。雅克在圣叙尔皮斯时就联系了索邦的院长，他非常希望重新开始细菌生长方面的研究工作并完成博士学业。他在一家堆放了许多猴子填充玩具的画廊里搭建了一个非常破旧的实验室，在这个实验室，他再次启动了自己的研究工作。

第七章

伤 风

我今天正式开始合作的道路。

——贝当元帅，1940年10月30日

与回到巴黎或法国北部其他地方的人一样，莫诺面临的新挑战是，在外敌的统治下，不仅要和家人团聚，还要继续养家糊口。而巴黎的巨变使填饱肚子变得很是艰难。

整座巴黎城中，几乎每一扇窗户上都插着纳粹旗。德国人占据了大部分政府建筑，并征用了很多高级旅馆和私人住宅作为办公室和住处。"雄伟酒店"成为德军总部，丽兹酒店变成空军指挥部，而众议院大楼被改造成大巴黎区军事指挥部。需要办理许可或者要和德国人打交道的巴黎人就得到指挥部大楼去，歌剧院广场上的白色大字指示着大楼的方向。所有官方机构都有武装到牙齿的守卫站岗。

每个十字路口都有岗哨，用哥特式字体写着德文。路上没有法国车，街上的所有汽车都是德军的，或者是巴黎地区政府工作人员的外表光滑的黑色公用车。

城中还有军队。当莫诺夫妇推着双胞胎出去散步的时候，难免遇到德军士兵。到处是蓝灰相间和黑绿相间的制服——咖啡馆、大街和博物馆。有的饭馆甚至被改成士兵餐厅。

在德国官员的威权及其官僚主义作风不断膨胀的时候，德军士兵也在享受着巴黎的风景，由法国为他们的胜利买单。停战协议第18条讲得很清楚："法国政府将承担德国占领军在法国领土上的一切费用。"8月，这些费用达到每天 2000 万马克，而法国政府须从 6 月份即开始付起。1 马克竟可以兑换 20 法郎，马克溢价至少 50%。法国每天要支付的 40 000 万法郎，这相当于国家收入的 60%，足可提供 1800 万人军队的给养。在巴黎的德国人由此拥有了极大的购买力，他们很快便买空了商店货架上的各种商品——香水、珠宝、衣服、红酒、巧克力——这些东西在德国已经很多年都买不到了。

如加缪预测的一样，饥饿迅速成为战败的代价之一。"假战争"开始的时候，法国就开始部分实行配给制，庄稼的受损导致食物更加短缺，法国从其海外属地进口的粮食也有所减少，从事农业种植和商业买卖的人口由于征兵而大幅减少，而且德国人还在征用法国的粮食。9 月份，巴黎开始实行更严格的配给制，到 10 月 1 日扩展到全国。人们不得不在各地政府门前排起长队，领取配给卡。政府根据年龄和职业分给不同数量的食品。21 岁以上、70 岁以下的成年人每天的定量是 350 克面包，每周 350 克肉类，每月 500 克糖、300 克咖啡和 140 克奶酪。婴儿得到的面包数量更少，但可以分到牛奶，而老年人没有牛奶。除了婴儿，人们每天摄入的热量严重不足。为了避免饥饿现象，政府让人们吃萝卜和大头菜，而这些过去都是喂牛的。他们还利用烤粮食和菊苣制作咖啡的替代品，喝的时候不加牛奶或糖。奥黛特不得不长时间排队领取配给，还要想方设法给双胞胎找吃的。

然而，这一切很快就被更大的担忧所取代。

新秩序

在大部分难民重返家园之前，维希政府就迅速攫取权力，带领国家走上了一条不同的道路。政府在短短几天内就组建完毕，并马上开始发布各种"不受欢迎的"效仿德国独裁统治的法律。它的外交政策极端亲德，疏远了之前的亲密盟友大不列颠。为了让人民团结在新政权周围，维希政府发起反对戴高乐、"自由法国"运动和继续作战的英国的宣传活动。

维希政府大权独揽之后几天内就通过了一系列奉行排外的民族主义和压迫犹太人的法令。7 月 12 日，政府下令，只有父亲是法国人的公民才能成为内阁成员。几天后，这条规定又扩展到公务员和教师行业，接着扩展到牙医、医生、药剂师和律师等职业。7月22日，政府宣布他们正在审核1927年以来入籍的法国公民的身份，该举措会影响到大批犹太人。8月13日，秘密社团被禁止，这是针对共济会的，政府认为他们是"犹太－布尔什维克阴谋集团"的一部分。公务员必须发誓他们不属于任何一个类似团体。

在纳粹政策和本国反犹太主义的驱使下，政府采取了一系列激进措施剥夺了犹太人的各种权利。8月17日，逃到法国南部的犹太人被禁止跨入德军占领区。8月27日，政府废除了禁止在出版物中引用种族仇恨言论的法令。所以，与德国合作的报纸可以自由发表反对犹太人的讥讽言论。《颈手枷》刊物就在8月份登载了一系列以"犹太人要么为战争负责，要么去死"为主题的文章。

9月27日，德国人下令对占领区进行人口普查，以便获得全部犹太人口的确切数据。犹太人必须到当局报到，男人和女人分别随身携带写有"Julif"和"Juive"字样的身份证，犹太人开办的企业必须竖立一个标语牌，上面写明业主的身份是犹太人。《巴黎晨报》的头版解释了出台该法令的原因："因为有些时候，回到巴黎或者其他大城市的犹太人表现得特别自大。他们似乎根本不觉得自己应该对法国的惨败负起沉重的责任……这条法令……是为了控制他们的行为。"

这些行动是一条全国性法律《犹太法规》在10月3日推出的前奏，法规定义了什么人可被视为犹太人（任何有三名或以上犹太祖父母的人，或者与犹太人结婚并且有两名或以上犹太祖父母的人），禁止法国犹太人从事一些职业，包括公务员、教师、军官、报纸和杂志等期刊（科学刊物除外）的编辑或管理人员、电影导演、制片人或发行人，或者戏剧发行和广播工作等。

新规定对莫诺一家影响很大。奥黛特虽然是个无神论者，但根据该法律完全称得上犹太人。实际上，她母亲伯特·布纳·扎多克－卡恩的父亲扎多克·卡恩是法国的首席拉比。虽然双胞胎的父系一支属于新教谱系，可以不把他们列为犹太人，但德国下令进行的人口普查把奥黛特及其留在法国的家人定性为犹太人。10月20日，根据副省长的命令，他们到所在区域登记，上报家庭住址、国籍、出生日期和地点、婚姻状况、职业，以及在法国生活了多长时间。

大巴黎区的近150 000人参加了登记，其中约有90%的人被定为犹太人，半数以上是土生土长的法国公民。奥黛特的母亲和妹妹丽兹也去当局登了记。

雅克甚至必须作为犹太人的配偶被登记在册。

反犹太措施愈演愈烈。10月初，政府授权省长们逮捕和拘禁"任何属于犹太民族的外国人"。阿尔及利亚的犹太人被剥夺自1870年开始获得的法国公民身份。为了进一步去除犹太人（以及英国人）对法国文化的影响，德国宣传部编纂了一份名单，列出842名作者的两千多部作品，命令法国出版机构清除它们，出版商们十分配合，立刻撤下了弗洛伊德、爱因斯坦、布莱希特、曼、马尔罗、阿拉贡甚至莎士比亚的作品。

所有的这些行动是法国在战前反对德国迫害其国内犹太人态度的戏剧性逆转。法国曾经欢迎因纳粹迫害而来避难的犹太人，允许他们自由地生活和工作。但是，现在却无人敢抗议德国的行为。当然，德军和维希政府对公众聚集活动采取高压政策，即使有人发起公开示威也不会得到批准，而且犹太人在法国总人口中占比不到1%。鉴于法国战败后大多数公民陷入的困境，大部分人不会太多关注反犹太主义问题，有些人甚至十分赞同迫害犹太人。

然而，加缪对此却十分愤怒。他给弗朗辛写信说："所有犹太人都被赶出我们的办公室，甚至那些参加完战争回来的犹太人也包括在内。"他感到新闻工作的神圣性受到了侮辱，因为报社大肆宣扬新法令的必要性。他宣布："所以，我准备选择另外一种职业。"他请弗朗辛帮他在阿尔及利亚物色一块建农场的土地。

这种有害的环境影响到他本人的写作。此间他虽然重新拾起《西西弗神话》的写作，但却找不到自己所需的灵感。"我一点都不快乐，甚至写作时也不会。"他告诉一位朋友。在目前的情况下，他的杂文、小说和戏剧能够出版的可能性很渺茫。"我不打算在将来的多少年内在法国出版任何东西，"他说，接着挖苦地补充道，"当然我会给家人看看。"

加缪只能私下里对他的犹太同事表示支持。他给一位大学时代的犹太朋友写信，这位朋友曾经介绍加缪和弗朗辛认识，这位朋友在这次事件中被剥夺了教职。加缪还给另一位犹太朋友艾琳·德简写信："所有这些都是极为不公平和卑鄙的行为，但是我希望你知道，那些没有受到直接影响的人并非对此漠不关心。换言之，这是一个任何群体都休戚与共的时代……因此，在必要的时候，我都会说：让风吹过去，但它无法持久，如果我们每个人都认为这股风气非常难闻,那么它就不会持久。"

叛徒?

在出台一个接一个歧视法案的同时,维希政府还针对戴高乐及其自由法国运动,还有他的英国支持者发动了一场宣传大战。维希政府迅速对戴高乐加以诋毁。8月3日,克莱蒙费朗设立的军事法庭缺席审判戴高乐在战时犯有叛国罪和擅离职守罪,撤销其军衔并判处死刑。照此逻辑,那些加入戴高乐的人跟随的不仅是个开小差的将军,还是个天杀的叛徒。

就英国方面来看,维希政府的目的是通过把法国的不幸归咎于别国来重振国内的团结。而且它这样做的前提是对英国很快就会败给德国的预测,它也认为疏远前盟友会获得德国的好感。实际上,赖伐尔就公开表示"热切希望英国被击败",并且肯定地说"法国经常被英国的欺诈和伪善所坑害"。

赖伐尔、贝当和维希政府的其他部长们决定利用近期的一些负面事件挑起反英情绪。例如,他们将敦刻尔克大撤退描述为英国抛弃法国并且导致法国战败的行为。而且,人们对英军在阿尔及利亚米尔斯克比尔海港袭击法国舰队的事情仍然记忆犹新,谴责这是极端的背叛行为。赖伐尔宣称:"法国从未有过也不会再有一个如同大不列颠一般残忍的敌人。我们的全部历史都可以做证。"

维希政府将英国与戴高乐在达喀尔的联合行动以及自由法国组织形容为英国"背信弃义"的进一步证据,声称戴高乐——报纸称其为"前法国人"和"前将军、叛徒"——领导的是进攻法国领土的行动,而英国的直接参与是"可怕的厚颜无耻"之举。

丘吉尔支持达喀尔行动——代号为"威慑行动",因为英国希望俘获或收编一部分法国海军力量,以减少其对本国海军的威胁。达喀尔是法属主要海港之一,停泊着维希政府的众多船只。戴高乐认为他可以说服在法属西非的维希政府军队加入他的自由法国军,尤其是在强大的盟军力量面前更容易做到这一点。但是,如果戴高乐无法说服达喀尔的军队加入自由法国,只能以武力实现计划。

行动没有像戴高乐希望的那样进行,盟军在城镇中投放传单并派出一支先头登陆部队打着白旗上岸,然而当地的高级专员和维希政府军没有被戴高乐说动。先头部队遭到攻击,于是盟军舰船与维希的巡洋舰、潜艇和海岸炮台开始互相发射炮弹和鱼雷。不想要法国人自相残杀的戴高乐(其部下的很多人认识维希海军中的人甚至有亲戚在对方阵营)建议发起突击登陆,让英国负责剩余的行动。在三天的时间里,英国舰船与维希舰队和海岸炮台对战,各方都有损伤,两艘维希潜艇沉没。后来盟军部队没有攻下海港便撤走了。

戴高乐和丘吉尔认为这次行动是一次令人尴尬的挫折,然而它却是维希政府宣传活动的绝妙素材。他们以此证明戴高乐不受欢迎且软弱无能,而维希政府有能力击退法国前盟友的进攻。另外,为了报复,维希政府策划了两次针对英属直布罗陀的轰炸行动。

贝当公开向达喀尔的高级事务专员道贺:

> 您对巴黎叛徒和不列颠侵犯的还击成为法国的榜样,增添了我们的信心。在您的领导下,达喀尔成为勇气与忠诚的表率。
> 所有法国人都为您的态度和您的部队的决心而自豪。

法国广播则讥讽戴高乐和英国:"出于叛徒戴高乐的意愿,我们的水手和士兵血洒达喀尔。让我们不要忘记!"

通过达喀尔一战,维希政府与法国昔日盟友更加疏远,其行为看起来更像是纳粹的盟友,贝当于10月10日的一次广播演说更加证实了这一倾向,他描绘了"新秩序"的基本要素和他希望带给法国的"国家革命"。贝当将法国战败的责任归咎为军事方面和前政权的懦弱。而新政权,贝当认为,"必须从传统的友谊和敌对关系中自我解放出来"。他宣布,法国已做好准备"与各个邻国"在各个方面进行"国际合作"。关于德国,他特别指出:"她深知,无论欧洲和世界的政治版图如何变化,法兰西-德意志的关系从过去开始就纠缠不清,这种融合将继续决定她的命运。"贝当认为,德国胜利后,有权在"传统的威压之下的和平"与"合作基础上的新和平"之间做出选择。

如果说当时人们对贝当路线有所困惑和怀疑的话,那么不久他们的疑惑便会解开。10月底,希特勒罕见地进行了一次外交访问,专程会见了西班牙元首弗朗哥和意大利首相墨索里尼,此行的目的之一是确保他们之间签订的在战争中进一步孤立英国的协议得到执行。希特勒在西班牙、意大利和法属非洲的领土方面拥有一些筹码，而且他还对英国一旦战败后的海外属地瓜分问题感兴趣。而最近的达喀尔一战证明，法国在希特勒的计划中可以起到潜在的作用。

因此，10月22日，希特勒在图尔附近的蒙特利（这时他正在前往西班牙边境的路上）召见了赖伐尔。赖伐尔宣称法国对德宣战是犯罪行为，而且明确建议两国合作。为了进一步探讨合作的可能性，他建议贝当在希特勒10月24日返回时与其见面。贝当早就在寻找和希特勒会晤的机会，于是他来到蒙特利。媒体事先没有提到这次会见。

两人在希特勒停靠在蒙特利车站的专列前见面，然后在希特勒的车厢里交谈了一个半小时。据报道，希特勒告诉贝当："我知道您个人不希望打仗，对于在这种情况下与您见面，我感到遗憾。"贝当谴责了英国对奥兰和达喀尔的袭击，并指出后者是由一位背弃了祖国的将军领导的，他表示法国在非洲的属地是两国合作的潜在领域之一。回顾了总体战局之后，希特勒表示他希望尽快结束战争，建立反对英国的欧洲新联盟，还说他已经邀请贝当和赖伐尔参加一次会议，以表明法国对参与反对欧洲新联盟和同德国合作的决心。

蒙特利会见六天后，贝当在简短的广播演说中解释了他和希特勒会晤的目的：

法国同胞们：

上个星期四我会见了德意志帝国的元首……这是胜利者和失败者的首次见面，标志着我们的国家开始受到公正的对待。

此次会见是在元首的邀请下，我出于自愿进行的，并没有受到来自他的任何"强迫"或压力。我们两国之间出现了合作的前景。我原则上接受了合作，具体方案将在以后讨论……

为了在处于建设之中的欧洲新秩序下维护法国的团结——这种团结持续了十个世纪，我今天荣幸地选择了合作之路……

合作必须是真诚的，必须排除所有挑衅行为，必须投入耐心和自信的努力。

接着元帅预见性地补充说:"这项政策完全出于我,部长们只须对我负责。历史只需对我做出评判。"

在历史的评判中,一项关键的旁白便是下面这张照片,贝当在蒙特利与希特勒握手。

1940年10月24日,贝当与希特勒在法国蒙特利会晤。六天后,贝当宣布他选择"合作的道路"(美联社图片)

第八章

希望时刻

唯有希望才能拯救不幸者。

——莎士比亚《一报还一报》

维希政府的宣传活动大获成功,甚至令贝当的声望盖过了人们对他的怀疑。然而,维希政府的更大目标——实现国家团结,让法国属地服从其领导,加深反英情绪,破坏戴高乐的自由法国运动——在1940年秋天被三支部队粉碎。

第一支部队是英国皇家空军。从7月到10月,在不列颠保卫战中,英国空军成功地(尽管是小范围内)防御了德国空军的进攻,守住了英国的城市。与贝当的预测相反,法国陷落四个月后,英国仍然是自由国家,希特勒却遭受重创。

第二支部队是戴高乐领导的自由法国军。他成功地说服了多个法国属地的军队加入自由法国军。8月底,乍得、喀麦隆、刚果、乌班吉沙立和法属赤道非洲都加入了自由法国一方,9月,法属波利尼西亚和喀里多尼亚也表示参加。

第三支部队也许是与维希政府和德国宣传部作对的最强大的队伍——英国广播公司(BBC)。自从6月18日戴高乐首次发表广播讲话以来,BBC就针对维希政府控制的法国国家广播电台和德国控制的巴黎广播电台发起了空中电波的战役,它还要与严格审查之下的亲德合作派报纸作战。自7月开始,每天晚上8点15分,将收音机调到"伦敦无线广播电台"的法国公民都能收听到英国和非洲地区的战情进展——好消息和坏消息无一漏掉——而这些消息是他们从维希政府和德国控制的新闻机构得不到的。

BBC每天拿出半小时专门对法国广播，白天还会提供各种新闻简报。1940年7月18日，乘坐"巴特利"号逃到英国的法国人莫里斯·舒曼在BBC的晚间广播栏目《荣誉和祖国》正式开播。从9月6日起，一组记者制作的节目《法国人对法国人说》也开始播出，戴高乐经常在里面出现，号召大家拿起武器，攻击贝当政府的合法性和政策，把自由法国组织不断壮大的情况告诉法国同胞。

听众们不仅了解到戴高乐在法属殖民地成功地招募到了部队，而且得知英国没有输掉战争，甚至还占据了主动出击的有利地位。亲德合作派的巴黎报纸却在热情地报道伦敦每天遭到轰炸的新闻，配上各处目标着火的图片。他们对8月中旬战事的变化无动于衷，BBC却没有。在空战最激烈的时刻，《德国公报》报告说，143架英国飞机被击落，而只有32架德国飞机"没有回到基地"，而实际上是59架英国飞机和120架德国飞机被击落；10月中，德国的飞机损失数量几乎每天都超过了英国。

维希和德国控制的新闻机构深知他们的报道与伦敦的报道存在矛盾，便试图反击英方的新闻机构。8月17日，德国空军的损失达到最大的两天后，《巴黎晨报》被迫发出社论，呼吁"法国人应该恢复其常识"，文章写道：

> 德国和英国的战争进入了决定性阶段，结果是毫无疑问的。然而，有的法国人竟然严肃地预测说英国会打赢德国！他们肯定没有考虑到法国的利益在哪一方……
>
> 是英国将我们引向灾难。而现在法国还有人相信或者因被人迷惑而相信英国的胜利会对我们国家有利？
>
> 他们需要恢复作为一个法国人所应有的常识。

所谓"常识"的说法也是为了阻止人们对戴高乐表达同情。达喀尔战役的时候，《巴黎晨报》认为他们必须劝告那些写信来宣布真正的法国人应该对英国有信心，以及在信中高呼"戴高乐万岁"的读者：

叛国者戴高乐为英国效力,他已被判处死刑……可现在法国仍然有人鲁莽地在来信中写着"戴高乐万岁"!

这些同胞显然缺乏常识。

那些理解英国的法国人同样会打开 BBC 国内频道,感受英国的抵抗和自信的情绪。在空军行动指挥室亲自见证了英国对德国的一次决定性空战的丘吉尔也被这种情绪感染,他告诉众议院:

我们不仅增强了自信,也捍卫了领土……人民有权利知道,我们的信心不是没有根据的。我们有充分的理由相信自己的能力,就像我在两个月前那段极为黑暗的时刻所说的,"即使孤立无援,即使需要多年时间",也要继续作战。

很明显,如果不遭受重创,希特勒先生不会承认他对不列颠的空袭已经失败。如果在他向全世界耸人听闻地吹嘘和发出恐怖的威胁之后,大部分德国空军被我们从天上打了下来,他就无法宣称自己的损失很小……如果德军猛烈的空中屠杀逐渐减弱以至消失,人们就会怀疑元首的信誉……

我们相信,我们有能力将这场空中搏斗坚持下去,只要敌人愿意,我们奉陪到底……

英国本土和不列颠帝国的每个家庭,甚至全世界都感谢英国空军飞行员,他们没有被强敌吓倒,没有被挑战拖垮,他们凭借牺牲精神勇敢地扭转了世界大战的局势。人类战争史上从未出现过这样以少胜多的奇迹。

德国的损失其实非常大。到 10 月 31 日,他们已经无法继续发动空袭了,但对外宣传的却不是这样。希特勒冷静地做出了应对——放弃了侵略英国的计划。

法国并没有多少人听到丘吉尔激情洋溢的演讲,他们只能从国内的有限资源了解信息。尽管前有敦刻尔克大撤退、米尔斯克比尔和达喀尔事件,然而英国赢得了越来越多听到BBC广播的法国人的爱戴。10月21日,丘吉尔在伦敦以流利的法语向法国发表了广播演说,这打消了人们对他的亲法动机的疑虑。这次演说是在德军对伦敦进行空袭时发表的,时长14分钟,开场白如下:

法国人民!

我是丘吉尔,现在对你们讲话。30多年来,无论战争还是和平时期,我都与你们一同前进,现在,我仍然和你们走在同一条道路上。今夜,我对炉边的你们讲话,无论你们身在何方,无论你们的命运如何,我都要重复金路易(一种法国金币)上的祈祷文:"上帝保佑法兰西。"

接着,丘吉尔警告法国人希特勒的终极目的:"我告诉你们,你们必须相信我,这个邪恶的人,只有把法国从地图上抹去才能平息他的滔天仇恨……如果让他得逞,整个欧洲都会不复存在。"

他呼吁法国人,"在太迟之前重新武装你们的精神","拥有希望和信念,因为一切都会重归正轨"。然后他提出一个要求:"此时此刻,在我们努力争取两国共同的胜利的时候,我们希望你们做到的是,即使你们无法帮助我们,至少可以不去拦阻我们。现在,你们应该有能力找到适合于你们作战的武器,而且你们有责任这样做。"他发誓说,英国"永远不会停止、厌倦和放弃",直到"将纳粹的瘟疫从欧洲清理出去,把世界从新的黑暗时代拯救出来"为止。

当然,不是每个法国家庭都有收音机,也不是所有拥有收音机的人都能听到BBC广播。为此,法国各地开始出现一种仪式般的活动,城市和乡村的人们聚在一起——在家中、街上、咖啡馆周围——收听每晚8点15分的BBC广播。

当局注意到了这些情况并且采取了对策:首先,德国人企图干扰广播信号,但是效果不佳,因为BBC广播使用的是七个不同的频段;接着,德国人下令,占领区的公民只能收听被德军控制的地区——波兰、法国、荷兰、比利时、挪威和德国本土——的广播;再接着,10月28日,维希政府也推出一项法令,宣布在公共场所收听BBC和所有"敌对国广播"是非法的。这些措施的效果之一是导致更多的人对伦敦的广播产生兴趣。

对那些反对停战的人，在敌占区受苦的人，遭到新的排外法案恐吓的人，以及惊惧于维西政权和侵略者的密切关系的人来说，来自伦敦的新闻是唯一的精神支柱和希望。对少数人来说，这些消息更是启发他们行动的灵感。

停战纪念日

里昂－莫里斯·诺德曼就是十分渴望反击纳粹的人之一。他是个年轻的成功律师，是左翼社会主义党派中的活跃分子，诺德曼反对慕尼黑协定和绥靖政策。法国宣战后，他要求参军，结果因为视力问题被拒绝，这让他非常失望，但后来军队安排他负责气象服务工作。在他位于巴黎乔治五世旅馆的豪华办公室中，诺德曼非常沮丧，为自己在离家很近而且如此舒适的环境中工作而其他人都去打仗而感到愧疚。

停战遣散后，诺德曼一直在寻找与自己想法类似的朋友，为抵抗侵略者出一份力。诺德曼人缘很好，也很健谈，总是面带微笑，所以有很多非常开朗的朋友，包括律师安德烈·韦尔－居里叶和同是音乐爱好者的雅克·莫诺。

韦尔－居里叶在战时担任过英法之间的联络官，在敦刻尔克大撤退时受了伤。停战后滞留在英国的他立刻加入了戴高乐的自由法国组织。夏末的时候，他被派回法国收集巴黎方面的情报，同时宣传自由法国组织。一回到巴黎，韦尔－居里叶立刻找到诺德曼。他们和另一位律师阿尔贝·朱比诺成立了一个小组，叫作"社会主义律师团"。与巴黎的知识分子们在德国占领初期成立的组织的目标一样，他们的主要目标是收集和散布发生在法国国内外的准确新闻。他们希望建立一个秘密组织，可以招募朋友和同事们，并且与其他组织建立联系。

1940年10月，莫诺加入了诺德曼的小组。

11月初，贝当和希特勒会晤的新闻公布后，韦尔－居里叶和诺德曼想知道如何号召巴黎人表达他们对此事的不满。就其能力而言，他们只能想办法组织一些公众行动对抗当局。11月11日是停战纪念日，意在纪念第一次世界大战中牺牲和战斗过的人，这个日子为他们激发大家的爱国主义提供了理想的机会。

11 日当天，各种社会组织以多种形式表达了他们的诉求。巴黎刚成立的共产主义组织散发了传单，呼吁学生们纪念他们牺牲在一战中的父辈和兄长。他们还在巴黎各大高校散发传单，召集学生们在下午五点半到星型广场聚会。警察局局长事先得知了他们的计划。11 月 10 日，报纸上登出一条官方通知："巴黎的公共机构和私人企业以及塞纳河地区的政府部门 11 月 11 日正常上班，不会进行庆祝活动。不允许举办任何形式的公众纪念活动。"

伦敦广播的举动却恰恰相反。莫里斯·舒曼当天没有照常播出节目，而是号召所有法国同胞："在你们的烈士的墓旁，重温为法国而生、为法国而死的誓言。"另一位电台时事评论员则鼓励老兵们保持希望，到无名战士墓等纪念建筑物去致敬："在 11 月 11 日，面对那些镇压者和胆小鬼，你们都要说'不'！"

与此同时，诺德曼、韦尔-居里叶及其友人订购了一个巨大的花环，还有一张三英尺长的名片，用红白蓝三色绶带缠绕。名片上印着"戴高乐将军"字样。11 月 11 日拂晓之前，他们就把这些东西放到一辆雪铁龙卡车上，开着它沿着空旷的街道来到协和广场，然后沿香榭丽舍大街抵达乔治·克里孟梭雕像，克里孟梭是 1918 年领导法国取得一战胜利的首相。早晨五点半，他们迅速把花环和名片放到雕像脚下，然后匆匆离开。

在警察巡逻队把名片搬走之前，很多巴黎人看到了它，消息迅速在巴黎传开。一整天中都有市民到克里孟梭雕像、无名战士墓、杜乐丽花园附近的圣女贞德雕像，以及圣母院附近的纪念一战中牺牲英军的匾额处献花。对此，法国警察普遍比较宽容，允许市民在这些地方放置花束。

然而到了傍晚时分，随着学生放学，气氛有了变化。学生和教师们排队走过香榭丽舍大街，有人戴着洛林十字架形状的花环，有人披着红白蓝相间的绶带。有人开始唱当局禁止的"马赛曲"，有人高呼"法兰西万岁"和"贝当下台"，游行队伍慢慢发展为数千人，并开始向凯旋门汇集。

德国人十分吃惊——竟有人敢公然违反他们的命令。下午六点左右，全副武装的士兵乘坐摩托车、卡车或步行来到现场，开始用棍棒驱散人群。有些学生被打。军队朝天鸣枪，德国人封锁了街道，将游行者从所有历史建筑附近赶走。一百多人被逮捕，有的被关进谢尔什-米迪和桑代监狱。大部分人在接下来的几周中获得释放。

德方怒不可遏,将游行视为"有损于德国军队的尊严"。他们关闭了大学,要求每名学生到警察局登记,并将索邦大学校长撤职。

抵抗!

诺德曼和韦尔-居里叶对此次行动的威力感到振奋不已。他们立即寻求其他可行的办法进行反抗活动。社会主义律师团和其他组织也有联系,朱比诺的童年好友雷内·克莱斯顿就是另一个秘密组织(位于人类博物馆附近)的成员,该组织的创始人是语言学家鲍里斯·维尔德、人类学家阿纳托利·里维特斯基和图书管理员伊冯娜·奥顿,宗旨是帮助法国和英国士兵从德占区逃往英国、收集信息以及反抗德国和维希政府的宣传。克莱斯顿是律师组织和学者组织的牵线人,在其协调下,两个组织迅速决定共同行动。

学者组织后来吸收了一个叫作"阿兰·富尼耶之友"的社团,这是个文学俱乐部,希望成立一个秘密出版社,从而在敌占区传播新闻和印发宣传册。其成员包括阿格尼·亨伯特——艺术和民间传统博物馆的艺术史学家,现代艺术博物馆的让·卡索,教育家马塞尔·亚伯拉罕,作家克劳德·艾弗林,出版商阿尔贝和罗伯特·埃米尔-保罗,让·杜瓦尔和柯莱特·杜瓦尔——两人分别是教师和作家,还有莫诺在亲王街30号的邻居们。

卡索将担任秘密出版社的主编。不过,他们需要想些办法来大量印刷和散发各种宣传品。德国人控制了纸张和油墨的供给,所有出版商也在其监视之下。卡索联系了人类博物馆的负责人保罗·里维特,里维特允许他们使用博物馆地下室里的一台罗尼欧格拉夫复印机,还把卡索介绍给奥顿和维尔德,卡索又把亨伯特介绍给里维特。他们决定让亨伯特担任两个组织的联络员。

维尔德提醒亨伯特,如果秘密组织暴露,后果不堪设想。"我们中的很多人会被枪毙,"他说,"我们全都得蹲监狱。"亨伯特笑了,但他知道维尔德也许是对的。许多组织成员的生活已经发生了变化:10月,卡索和亨伯特被解职,官方对此没有任何解释,11月11日的游行事件发生后,里维特也被索邦大学和博物馆先后开除。

两个组织决定合作创办一份报纸,将来自BBC的真实战况——以及戴高乐在法国及其海外战场斗争的情况——转发出去，他们自称"公共安全国家委员会"，经过讨论，决定给报纸命名《抵抗》，头版内容由维尔德、奥顿等人编写，其余三版由艾弗林、卡索和亚伯拉罕负责。亨伯特是打字员，里维特斯基、诺德曼、莫诺等人自愿承担分发工作。

1940年12月5日，第一期报纸面世了，头版的社论如下：

抵抗！这是国难之下每个人的心声，这是每个希望尽到匹夫之责的人的愿望。但是，你也会感到孤独无助，缺少武器……《抵抗》将对你的心灵说话，告诉你该做什么。

抵抗的意思是要采取积极、合理和有效的行动……方法？在你的家中和你认识的人的家中，把你和他们组织起来，选出你们的领袖。他们将找到其他组织，大家的目标是一致的……找到有决心的人，审慎地招募他们。安慰和鼓励那些有疑虑和不敢再抱希望的人。找出和监视那些放弃和背叛我们国家的人。每天聚会，向你们的领袖报告有用的信息……当心那些貌似无关紧要的人、多嘴多舌者和叛徒。决不吹嘘、决不暴露你自己。正视当下。我们将告诉你如何去做。

如果你愿意接受我们的责任心，把它当作你的领导，我们承诺牺牲一切、坚定忠诚地完成我们的任务……我们只有一个心愿：让一个纯净自由的法国重生。

希望时刻

戴高乐想要利用停战纪念日游行的士气和人们对现状日益增加的不满。为了进一步加强抵抗组织的团结，鼓励更多的人反对侵略者，他提议新年当天在法国发起全国性的针对当局的沉默抗议活动。12月23日，他的发言人莫里斯·舒曼在伦敦广播中宣布了戴高乐的提议：

1月1日，所有法国人都有机会表达他们的团结一致、悲伤之情和希望。

大多数法国同胞直接或间接地受到敌人压迫，所以，他们的抗议只能采取沉默的形式。但是,沉默的方式只会让我们的抗议更有效。

1月1日,非敌占区从两点到三点,敌占区从三点到四点,所有法国人将待在家中或当地避难所里。所有法国人将留在室内,要么独自一人,要么和家人朋友一起。在这沉默的一小时,每个人都会想着解放,这将会是希望的一小时。

大家要小心地、坚决地完成这一切,以保证此次沉默抗议在全国大范围内取得成功。

12月30日,《抵抗》第二期刊出,以六个版面总结了数月来的进展:法属殖民地团结在自由法国组织周围、北非战事、德军轰炸英国、罗斯福再次当选为美国总统、德国掠夺法国的经济收入、反犹太主义等等。报纸再次号召大家响应戴高乐的提议,在1月1日留在家中。

新年夜,戴高乐本人也重复了他的建议,语气更有力量也更加乐观:

在1月1日的"希望一小时"抗议期间,真正的法国人不会出现在室外。到了那一天,我们要以行动表明:

我们的省份属于我们自己!我们的土地是我们的!士兵是我们的!那些抢走我们的省份、吃掉我们田里的粮食、抓走我们的战士的人,是我们的敌人!

法兰西不要敌人的任何东西,除了一个要求:他们必须离开!打败他们,赶走他们!敌人凭武力进入我们的国家。有朝一日,我们的军队会在自己的土地上追击他们。笑到最后的人笑得最好!

这是所有参加"希望一小时"抗议活动的法国人希望告诉敌人的话。

新年当天,BBC一直重复播出戴高乐的呼吁,直到下午2点45分为止。法国当局企图用糖和土豆吸引人们上街买东西——不用配给券就能买到——以此阻碍抗议活动,但遭到无视。当天下午,巴黎、里昂、马赛——以至全国——的多数街道上都是空无一人。

危险的游戏

不过,对诺德曼来说,与抵抗活动有关的一些失误却导致他身份暴露,受到当局的通缉。

前段日子,诺德曼和欧贝维利耶(巴黎东北部郊区)一家航空俱乐部的一些年轻飞行员见过面,他们希望设法到英国去,加入自由法国组织,其中的一名飞行员过去曾经见过诺德曼,所以他把诺德曼介绍给了同伴们。诺德曼告诉他们,到英国去的路暂时不通,于是他们讨论了一些如何通过宣传活动帮助戴高乐的办法。

一天晚上,三名飞行员来到诺德曼位于阿拉格大街的家,他给他们很多《抵抗》第一期的报纸用于分发。飞行员们表示,他们可以自己加印一些并散发出去。由于第一期报纸的数量只有几百份,诺德曼觉得他们的提议很有吸引力。他去了一趟航空俱乐部,确认他们有足够的设备完成印刷。于是,他把一份名单交给俱乐部的成员之一、19岁的阿尔贝·孔巴,让他照着名单上写着的20多个人的姓名和地址将报纸分发出去。

12月29日,星期日,晚上,他们加印出四百份报纸,不幸的是,他们不够谨慎,没有把行动掩盖好,罗尼欧格拉夫复印机的噪声还有飞行员们在俱乐部中走来走去的声音惊动了一名邻居,他家恰好可以俯瞰俱乐部的院子。看到他们在做什么之后,他表示想要几份报纸,大家认为他是抵抗活动的同情者,就给了他两份。

谁知那位邻居立刻到警察局告了密,并得到一些汽油作为奖赏。警察决定周一搜查航空俱乐部。他们很快发现了用薄板作遮挡的罗尼欧格拉夫复印机,上面还有黑色的墨迹,还发现了俱乐部成员的姓名和地址清单,于是径直到孔巴家中搜查,在那里找到一个手提箱,里面有13个信封,每个信封装着大约20份《抵抗》。他们跟踪了工作中的孔巴并逮捕了他,也立刻找到并逮捕了其他飞行员。在严加讯问下,犯人们供认他们印刷报纸的联系人是诺德曼和韦尔-居里叶。

孔巴想方设法减少此事的负面后果。警察没有找到放在他钱包里的那份名单,因为他把钱包藏在了家里。在审讯间隙,他说服一名看守到他家去找到名单并销毁了它。还有一位被捕的飞行员也说服守卫给诺德曼打电话,警告他俱乐部已经暴露。守卫确实给诺德曼打了电话,但当他到孔巴家拿走钱包的时候,没有销毁那张名单。审讯恢复之后,孔巴在压力下被迫承认钱包在守卫那里,接着守卫便交出了装有名单的钱包。

名单上有 22 个名字,大部分附有地址,还有接收的报纸数量(从五份到一百份都有)。名单上的人包括律师和医生,第十五条写着:

> 雅克·莫诺,索邦大学动物学实验室,送交时间:14 点到 15 点……20 份

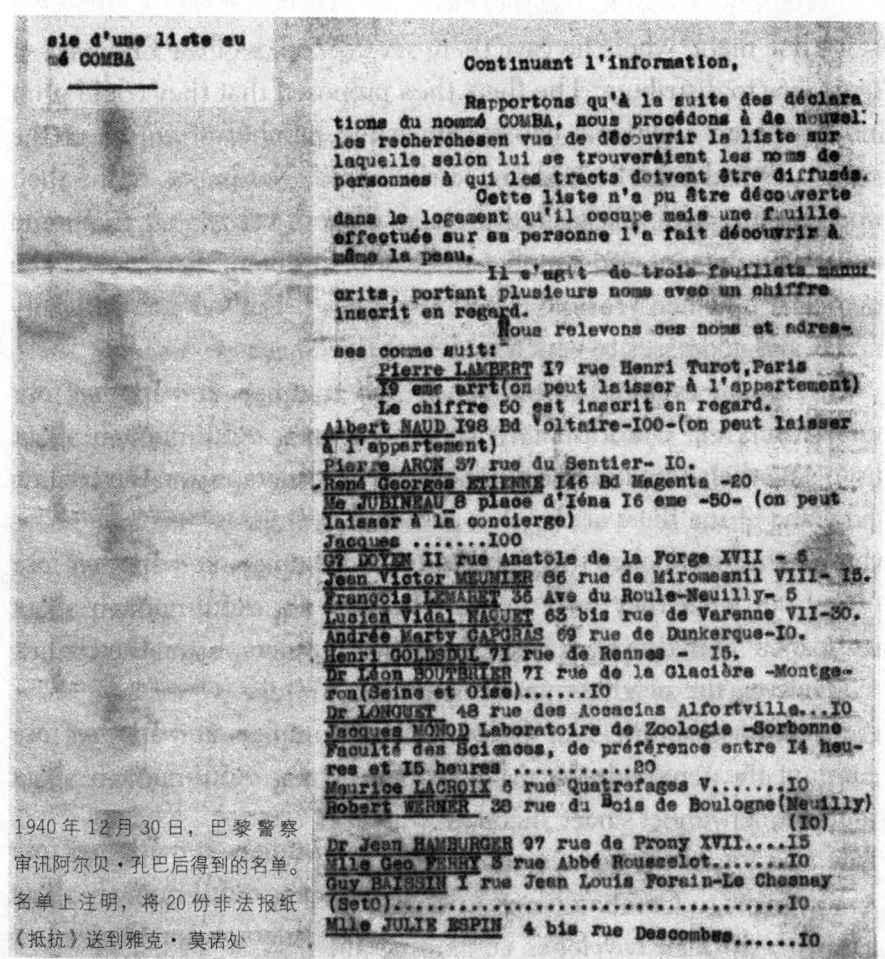

1940 年 12 月 30 日,巴黎警察审讯阿尔贝·孔巴后得到的名单。名单上注明,将 20 份非法报纸《抵抗》送到雅克·莫诺处

次日正值新年前夜，警察计划搜查名单上的每一个地址。他们联系了索邦大学，得知莫诺住在亲王街 26 号。三名巡官先来到莫诺的公寓大楼，门房让他们到 15 层去。雅克和奥黛特都不在家，是管家开的门。三个人进屋搜查非法报纸和其他可疑材料，结果并未发现任何《抵抗》报纸之类的材料，于是向上级报告，没有发现"莫诺先生参与任何政治活动的证据"。

巡官们接着到索邦大学三楼莫诺的实验室去，想将搜查一事通知他，并让他对相关事件表态。但莫诺也不在实验室，别人也不知道他何时回来。

对名单上其他人的搜索也大都一无所获，一两个已经收到报纸的人除外，但他们要么把报纸送了回去，要么没有打开它们。有两个人甚至还收到紧急通知，告诉他们销毁报纸。

调查的第一阶段结束，飞行员们锒铛入狱，当局下令逮捕诺德曼和韦尔－居里叶，1 月 6 日，警察会把调查结果转交给德国人。

诺德曼吓坏了。他让维尔德帮忙寻找藏身之处和逃出巴黎的路线。维尔德请组织的另一位成员——富有、漂亮的伯爵夫人伊丽莎白·德·拉·伯顿奈耶（朋友们都叫她德克夏）——先收留诺德曼，他好为诺德曼安排逃跑的事宜。德克夏马上同意了，甚至没有问诺德曼的名字就在她巴黎的家中为诺德曼准备了一间卧室，还给他送饭。诺德曼知道伯爵夫人收留他的风险，对其十分感激。德克夏也明白收留通缉犯的后果，所以她十分警觉。第二天，她发现有德国警察来到院子里，便立刻通知诺德曼，他从前门溜了出去，直到天黑才回来。

考虑到诺德曼会连累德克夏，维尔德安排诺德曼和另一位组织成员阿尔贝·加沃到非敌占区去。1 月 13 日，加沃和诺德曼来到蒙帕纳斯车站，登上去杜瓦讷的列车，那里有另一处安全藏身的地方。在凡尔赛车站，穿便衣的德国秘密警察上了火车，这时加沃恰好在厕所里，结果警察抓住了诺德曼，加沃则侥幸逃脱。

他们把诺德曼带上一辆汽车要开回巴黎。汽车到了一处交叉路口减速时，诺德曼跳出车厢，试图逃跑，一名警察开火打中他的腿，诺德曼倒在地上，又被抓回去绑上绷带，关进了桑代监狱。

后来大家发现，加沃实际上是为德国人工作的。诺德曼身上带着韦尔－居里叶给他的同情抵抗组织者的名单，于是盖世太保掌握了学者组织中大部分成员的名字。

一天清晨,索邦大学的实验室里,莫诺正在准备一次细菌实验,盖世太保冲进大楼,堵住了楼梯间,冲到楼上去找他。

德国人开始询问他的时候,莫诺发现他们不喜欢待在实验室里。后来他回忆道:"警察机构——包括盖世太保——痛恨实验室……他们害怕辐射、微生物、病毒,他们讨厌在这里工作。"他们的恐惧帮了莫诺的忙,因为他们没有足够仔细地搜查他的实验室,没有发现莫诺的实验笔记和试管后面藏着一些非法材料。受到进一步的盘问之后,莫诺被释放了。

学者组织的其他人就没有这么幸运。2月8日,阿尔贝·朱比诺被德国警察逮捕。2月10日,里维特斯基和奥顿在他们的公寓里被盖世太保逮捕;另一位成员爱丽丝·西蒙奈特则和丈夫在一家餐馆被抓。2月11日,雷内·克莱斯顿在德国探员到人类博物馆找他和其他同事的时候主动投降。维尔德和德克夏一个月后被捕;阿格尼·亨伯特两个月后入狱。卡索和艾弗林逃到法国南部;里维特逃到南美。学者组织共有17名成员被捕。敌占区出现的第一个主要的抵抗网络在短短几个月内被粉碎。

对莫诺来说,学者组织的覆灭、朋友诺德曼的被捕以及当局对他的搜查是个重大教训:抵抗活动十分危险,要加倍做好保密和安全工作。

第九章

等待与工作

> 只有天才才能从他的工作中找到乐趣,无论身处天堂还是地狱,他都能坚持下去。
>
> ——司汤达《海顿的生活》

1941年初,戴高乐和丘吉尔许诺的解放和胜利对法国人来说还是个遥远的梦想。自由法国组织已经吸收或收复了一些领土,英国成功地进行了本土保卫战,但盟军(包括加拿大、澳大利亚和新西兰)没有足够的人手或物力帮助解放法国本土。美国继续实行官方的不干涉政策,1939年之前他们就通过了《中立法案》。苏联也没有打破《苏德互不侵犯条约》。

因此,需要经过漫长的等待之后,盟军才可能积聚足够的力量赶走德军,迎来法国的解放。对加缪来说,解放后他可以继续写作并找到谋生的活计。而莫诺则可以完成博士学业,也许还会做出有价值的科学发现。

适应

尽管有诺德曼的前车之鉴和盖世太保的干扰,莫诺还是一直在尝试将实验进行下去并取得学位。1940年秋天,莫诺在笔记本上记录了当他给细菌喂各种糖类的时候它们的生长情况。他在索邦大学实验室中日复一日地做研究工作,先在培养基中加入不同数量的不同糖类,然后用长颈瓶加入细菌,测量不同时间点的细菌密度,在蓝色方格纸上绘制细菌生长曲线图。实验乏味而重复,细菌也不会总是合作。在笔记本的一页上,他写道,在培养基中发现大团的细菌而不是细小的菌群，莫诺表示："绝对有必要找到产生这个麻烦的原因。"

当有一种糖类如葡萄糖作为能量来源的时候，细菌的数量呈现指数级增长。即是说，经过一定的滞后期，细菌会持续分裂，直到糖分耗尽。莫诺发现，总的来说，细菌的密度取决于所提供的糖分数量。这并不奇怪，因为在原培养基中就发现过这样的特点。莫诺能够做出的贡献在于用精确定义的养料进行实验。

那时莫诺的唯一想法是测试当同时有两种糖类作为能量来源时细菌的表现，例如，可以看看细菌在有两种不同能量源的时候是否比只有一种能量源时生长得更好或更快。

问题简单，答案却没那么简单。细菌在遇到葡萄糖和其他一些糖类时，增长特点是相似的，莫诺测量了其中一些特定组合导致的难以解释的现象。例如，有时候细菌的生长不会只有一个阶段，而是分为两个阶段：首先以指数速度增长，然后暂停生长一段时间，接着继续以指数速度增长。莫诺被难住了，为什么在能够同时摄取两种糖的营养的时候，细菌要暂停一下呢？

受到该现象困扰的莫诺只好去咨询巴斯德研究所的安德烈·勒沃夫。十年前，还是年轻的动物学学生的莫诺在罗斯科夫的生物研究站第一次见到勒沃

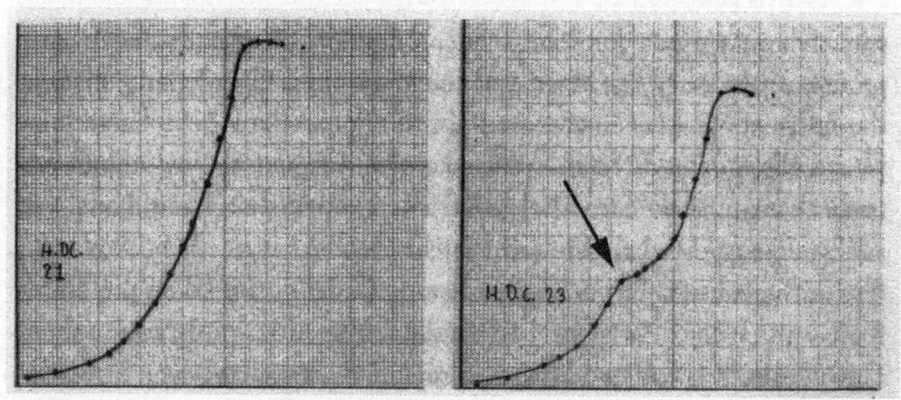

莫诺绘制的"双生长"曲线图，来自他的研究笔记（1940 年冬）。左图，细菌在遇到两种特定的糖类时成倍增长。右图，细菌在遇到两种不同的糖类时在一段时间内成倍增长，接着暂停（箭头处），然后继续增加。莫诺对这种谜一样的现象的研究使得他 25 年后获得诺贝尔奖（来自巴斯德研究所档案）

夫，是勒沃夫让他体验到了微生物学的神奇。勒沃夫现在是微生物系的主任，莫诺敬重他渊博的知识，他给勒沃夫看了他的细菌生长曲线图。"这意味着什么？"莫诺问。

勒沃夫犹豫了一下，说道："可能是酶适应的问题。"

"酶适应？我从未听说过！"莫诺表示。

勒沃夫拿给莫诺很多探讨这种现象的论文、一本微生物学方面的书（作者是埃米尔·杜卡劳克斯——路易·巴斯德的亲密同事，继巴斯德之后担任研究所负责人），还有芬兰人亨宁·卡斯特姆（1930年他已经做出了一个以他的名字命名的发现）的博士论文副本。杜卡劳克斯和卡斯特姆等人已经注意到，不同微生物会产生特定的酶——在细胞中负责化学反应的蛋白质——取决于培养基的种类。似乎细菌或酵母细胞会"适应"培养基的条件，产生相应的酶来分解营养物质，以为己所用。

勒沃夫认为，双阶段生长曲线的出现原因可能是细菌需要一段时间来适应它们不太喜欢的第二种食物——很像巴黎人必须适应突如其来的寒冷冬天一样。但细菌是如何适应的还是未解之谜。由于1941年或之前并没有研究者做出什么相关的重要发现，所以莫诺决定要弄清酶的活动或产生是如何得到控制的。他下定决心来承担这个任务：他本人会将酶的适应问题研究到底。

因自己的发现——或者说"再发现"——而感到兴奋不已的莫诺一头钻进了勒沃夫给他提供的文献中。在前人启示的基础上，他设计了新的实验来确定他观察到的两种生长周期（"双生长"或"两期生长"）实际上是不是酶适应的表现，并决定用博士论文的下半部分研究这种现象并提供可能的解释。

面对真正的科学谜题，莫诺生平第一次在精神和行动上如此投入。在弄清细菌是否会轮流使用两种糖类的尝试中，他表现出能够设计简单却能够说明问题的实验的能力。例如，仅仅通过改变培养基中两种糖类的比例——从1:3到1:1再到3:1，莫诺就能适当地确定一次只加入一种糖类时两种生长曲线的长度比例。

莫诺的实验令其相信每条生长曲线之前的时间滞后实际上是酶的适应阶段——没有这段时间酶就不会被激活。但他也意识到应该还有另外一种机制在发挥作用，因为他需要解释为什么细菌在一种糖类用完之后才开始用另一种糖。他猜想其中一种糖一定是抑制了另一种糖起的作用。于是他设计了一系列测试，以此来确定特定的糖类组是否能够抑制酶对另一糖类组的适应。

莫诺不清楚酶适应或抑制的机制——在1941年，科学家并不具备关于蛋白质的生成的更多基本知识——但他的论文表现出显著的假设–演绎的科学方法论：莫诺提出了各种可能的解释，对每种解释的结论进行了演绎分析，最终设计出可以证实或排除每种可能性的一系列实验。

勒沃夫为此折服，索邦大学却没有。莫诺的博士毕业典礼过后，博士学位评审团的一位成员告诉勒沃夫："索邦大学对莫诺所做的研究不感兴趣。"

苦中之乐

自从来到法国，加缪也一直在抓紧完成和出版他的著作——他的"荒诞"系列的创作已经进入第五个年头。

在克莱蒙费朗待了几个月后，加缪和《巴黎晚报》一起搬到了里昂。1940年11月，弗朗辛过来与他同住，成了他的秘书和第二任妻子。加缪和西蒙娜·希尔已经离婚，他可以自由地兑现与弗朗辛结婚的承诺。12月，他毫不迟疑地结了婚。受经济条件限制，他们举行了简单的婚礼。两人在镇公所交换了黄铜婚戒，见证人是加缪的同事巴斯卡·比亚，他是《巴黎晚报》的主编助理。

报社的经营也是摇摇欲坠。同月，加缪被解职。既然没有理由再留在里昂，加之经济拮据，两人便前往阿尔及利亚的奥兰，在那里他们可以免费住在弗朗辛父母名下的公寓里。加缪写作《西西弗神话》（三部曲的第三部分）期间，弗朗辛担任代课教师以贴补家用。在法国经历了孤独和战乱的加缪很愿意回到阿尔及利亚的朋友们中间，尽管这里也属维希政府管辖。

加缪打算补写《西西弗神话》并以此作为《局外人》的说明，因为以杂文而不是小说的形式可以更为明确地阐述荒诞的问题。他在《西西弗神话》的开场白中提出了自己最关心的问题："真正严肃的哲学问题只有一个：自杀。判断生活是否值得经历，这本身就是在回答哲学的根本问题。其他问题——诸如世界有三个领域，精神有九种或十二种范畴——都是次要的，不过是些游戏而已；首先应该做的是回答问题。"

在战争席卷西欧和北欧乃至北非的时候写作，甚至意识到另一场大屠杀随时有可能爆发的加缪指出了问题的迫切性:"我看到许多人认为他们的生命不值得再继续下去,因而就结束了生命;我还看到另外一些人,他们荒唐地围着那些所谓赋予他们生活意义的理想和幻想而死(被人称为生活的理由同时也就是死的充分理由),因而我认为生命的意义的问题是诸问题中最急需回答的问题。"

加缪认为生命的意义必须能够实现:首先,要在人类存在的荒诞背景下实现——在人类对意义的渴望和宇宙对其欲望的全然漠视的前提下实现;其次,一个人必须基于有限的生命和注定的死亡来考虑生存的意义。整合这两个要素,加缪推出了他的核心问题:既然人人都要死,而宇宙又对此根本不予以关心,那么人生还会有什么意义吗?

"人是终有一死的,"加缪写道,"根据这个道理,人们可以引出各种结论,从而形成种种思想。"在他的杂文中,加缪想要运用他的理性推演所有的结论。他希望探索"一个突然去除了幻觉和光芒的世界",在这个世界里"人们觉得自己是外来者,是局外人"。他提出和分析了三种应对存在的荒谬性的策略:自杀、依靠信仰,或者拥抱荒诞并在此前提下充分地度过人生。

加缪认为,自杀就是承认生命"不值得为之受苦",拒绝任何生活的理由。他否定自杀,因为这样做只是想要避开问题。类似地,依靠信仰、转向上帝或超出人类感知的对象也是对问题的一种回避,是一种"哲学上的自杀"(有人还会去依靠杰出思想家的理论)。加缪希望"生存而不求助于"任何宗教或哲学理念的发明。

在清醒认识荒诞状态和放弃"神圣的无稽之谈"的过程中,加缪看到了自由——在一个"人是自己的唯一主宰,限制他的只有对另一个世界的幻想"的世界中,进行思考、创造和生活的自由。加缪的荒诞世界的主人公是西西弗,在他杂文的最后一章,加缪借助神话将拥抱荒诞与寻找幸福联系起来。西西弗受到诸神惩罚,必须每天推一块巨石上山,每次到了山顶,巨石都会滚下来。但对加缪而言,西西弗的举动是对诸神的嘲笑,表达了他对死亡的厌恶和在徒劳无功的挣扎中对生命的热爱,以此阐明加缪的基本观点:人知道他是自己有生之年的主人。他总结道:"他爬上山顶所要进行的斗争本身就足以使一个人心里感到充实。应该认为,西西弗是幸福的。"

针对自杀问题，这个身无分文、生活在一个既不尊重自由也不重视人类生命的政权统治下、患肺结核病的阿尔及利亚人，竟然制作了一本他所谓的"幸福手册"。

1941年2月21日，加缪在他的笔记本上写道："完成了《西西弗神话》，荒诞三部曲已经写完，我解放了。"

解放或许可能，但成功还没有实现。加缪的前两本书——《局外人》和《卡里古拉》——也还没有出版；他没有工作，甚至没人知道他是作家。没有出版商出版他的三部曲，就算能找到一个，当时要出版作品也非常困难。不仅纸张短缺，而且必须通过审查。

著作付梓之前，还要验证他写的东西是否能被接受。弗朗辛手抄了一些加缪的《西西弗神话》送人，因为他们没有打字机。加缪将《局外人》和《卡里古拉》送给过去的老师让·格雷尼尔和里昂的巴斯卡。格雷尼尔给第一本正面评价："《局外人》十分成功，特别是第二部分，尽管有卡夫卡的影响存在。关于监狱的部分令人难忘。"但是他不喜欢第二本的戏剧："也许在剧院里它会看起来不一样。"

比亚喜欢这本小说："非常真诚，我很久都没有读到质量如此之高的作品了。我相信《局外人》迟早会在最优秀的小说中占有一席之地。第二部分——审判前的问询、审判和监狱——放在一起是对荒诞的完美呈现。"

比亚在文学和出版界有一些熟人，他自告奋勇帮助朋友加缪出书。鉴于新作家的作品得到已经成名的文学人物的认可和推荐非常重要，比亚将稿子交给安德烈·马尔罗的连襟，托他转交给曾获龚古尔奖的小说家马尔罗，他还将稿子给了作家让·包兰——《法国新杂志》（NRF）的前主编，这是战前法国最有影响力的杂志。（包兰也是人类学博物馆抵抗组织的成员，1941年5月初他被捕，一周后获释。）NRF的出版人是加斯东·伽利玛。比亚认为，如果包兰和马尔罗给出好评，伽利玛会对出版加缪的作品感兴趣。

两位名流都对《局外人》印象深刻，马尔罗给比亚写信说："《局外人》显然是一部重要的作品。它的力量和简洁的寓意最终促使读者接受主人公的观点，而一本书的命运完全取决于其角色是否有说服力。加缪毫无疑问地说服了我们。"

包兰表示："我一口气读完了《局外人》……它非常精细,坦率地说,非常好。捷曼妮(他妻子)和我都被吸引住了。"

比亚认为加缪的三本书应该一起出版,所以当《西西弗神话》完成后,他也把它送给了马尔罗和包兰。读了这篇文章,马尔罗直接给加缪写信说:"《西西弗神话》和《局外人》之间存在大量的联系。《西西弗神话》里的文章让《局外人》这本书的意义更加丰满。"马尔罗告诉加缪,他打算向伽利玛推荐加缪的作品,建议加缪将两本书同时出版:"仅靠这两本书,你就能在当前有发言权的作家中获得一席之地,你将很快拥有自己的读者,这是不可多得的机会。"

不过,想要获得读者,必须经受许多挑战。在法国经济残破的情况下,出版一本书都不容易,何况是两本书。马尔罗提醒加缪:"纸张短缺的问题依旧存在。"

还有一个问题是德国的出版审查。《西西弗神话》中包含一个关于卡夫卡的章节,因为卡夫卡是捷克的犹太人,纳粹认为他的作品有害,因此在德国将之列为禁书,法国出版商也将其下架。伽利玛告诉加缪,他的确希望出版《局外人》和《西西弗神话》,但他不得不要求加缪修改关于卡夫卡的那一章。加缪别无选择,只能妥协。

另外,还有一种不确定性——加缪在《西西弗神话》中的属于尖锐的分析但蕴含积极意义的文字,不知是否能被生活在高压政策下的读者接受,而且,预计 1942 年 10 月该书出版上市时的局势会更加艰难。为此,加缪把他书中想要传达的信息浓缩成一句话,印在书的腰封上,希望逛书店的顾客能够看到:"西西弗,地狱中的幸福。"

第十章

恐怖开始

最好的政治武器是恐怖。冷酷无情可以换来尊敬。

——海因里希·希姆莱,纳粹党卫军头目

1941年6月,希特勒无视他与斯大林签订的互不侵犯条约,大举入侵苏联,此次代号"巴巴罗萨"的行动,又是一次豪赌。希特勒的赌注是德国军队可以通过一次"闪电战"在俄罗斯的冬天降临之前征服苏联,就像他们在欧洲做的那样。成功或失败的代价都是巨大的:要么苏联陷落,其人民和土地落入德意志帝国手中;要么苏联成功阻挡希特勒,让他忙于在两个前线同时作战。

无论哪个结果,都对法国解放的前景具有重大影响。一方面,如果希特勒赢了,德意志帝国会充分利用苏联的资源和人力,变得更加强大。若是如此,作为合作者,维希政府也会获利。反之,如果希特勒的侵略受阻,东线战场会要求从别处调集兵力和资源,进而减弱西线的防御,导致盟军可能趁机反攻。

希特勒入侵苏联的直接后果之一是让法国共产主义者有机会对抗敌占区的军队。法国共产党(PCF)一直忠于执行莫斯科和共产国际的政策和指令。早在战前的许多年,PCF就是左翼政党反对法西斯主义的"前线"。德国和苏联的互不侵犯条约是在德军入侵波兰的前一个星期签订的,法国共产主义者对此感到震惊,战争开始后,PCF立刻完全被禁。德国对法国的侵略和占领让PCF陷入无法解决的两难境地——既要尽到爱国职责,捍卫法兰西,也要保持对莫斯科的忠诚。

因此,PCF对共产主义的忠诚受到怀疑,德军占领法国的第一年中,他们的发言权受限，特别是在敌占区。

在非敌占区，共产主义者可以更加公开地与维希政府作对，就像维希政府对他们那样。1940年9月底，维希政府解散了PCF，10月的第一个星期，数千名共产主义者在巴黎被捕。

德军入侵苏联后，共产国际指示PCF对德国发起武装暴动。PCF的力量已经被大规模的逮捕行动削弱，还缺少领导人，加之PCF对希特勒抱有幻想，认为他会短期维持和平局面，所以，最初只有极少数党员响应了号召，其中便包括21岁的皮埃尔·乔治。他是西班牙内战的老兵，即后来的法比安上校。乔治曾在前一年秋天针对共产党员的大搜捕中落网，但最后成功逃脱。8月19日，在一次示威游行中，他的两名被捕的同志遭到处决。1941年8月21日，乔治进入蒙马特的巴伯-罗什舒阿尔地铁站，向一名站在月台上的年轻德国海军候补军官开了两枪并杀死了他，然后混进人群逃走。

在光天化日之下射杀德国军官的事情惊动了当局，他们怀疑此举的目的是为了激起公众的反德情绪，所以一些指挥官要求立刻采取报复行动。维希政府的代表告诉德国当局，他们认为此事是共产党所为，并且承诺给多名共产党员定罪并判其死刑。一周后，就有三个人被处决。同时，法国驻军总司令奥托·冯·斯徒普纳格尔将军决定通过报纸和广播发出一项警告："自8月23日起，所有被收监的法国人，无论是由德国驻法当局关押，还是出于其命令被捕，都将被视为人质。任何进一步的犯罪行为发生，将按照该行为的严重程度处决相应数量的人质。"

然而，共产党员对此无动于衷，他们认为自己的暴力行动不仅可以向苏联表示忠心，而且其所导致的德国人的报复行为还会引起法国人的不满。因此，地铁枪杀案过后不久，又出现了另一起袭击事件。9月3日，两名共产党员在界标旅馆门口打伤一名德国军官。冯·斯徒普纳格尔下令处决监狱里的三名共产党人质。为了报复最近一周的另外三次小型袭击，斯徒普纳格尔命令再处决10名人质。9月16日，一名上尉在斯特拉斯堡大街被杀，斯徒普纳格尔下令枪毙12名人质。

希特勒对报复行动的力度并不满意。前两次袭击之后，他认为只杀三名人质"太温和了"。他通过一名中间人转告斯徒普纳格尔，"一个德国士兵的价值要远高于三个共产党员"。希特勒觉得杀一百名人质来报复一个德国人的被害更合适。因此，他要求再处决50名人质，如果没有即刻捉住行凶者，就再杀50名，于是斯徒普纳格尔又逮捕了300名人质，如果再有一名德国人被杀，就处决其中的100名人质。

斯徒普纳格尔非常担心如此的报复会导致反击，让法国的反德情绪更为高涨。他甚至要求取消此类处决令。然而柏林方面对其担忧根本不予理会，只要求采取迅速和压倒性的报复措施。

10月20日，法比安的两名同志在城市大教堂外面枪杀了南特的战地指挥官，此人是当时被害的最高级别的德国军官。希特勒在几个小时内就获悉此事。斯徒普纳格尔下令推迟所有处决，先调查此案。希特勒却命令他立刻处决50名人质，24小时后处决另外50名。如果再过24小时还没有抓住凶手的话，就再杀50名人质。10月22日，德军选出并处决了48名人质，其中大部分是共产党员。次日的报纸上登出了全部被处决者的名字，警告人们袭击德国人的下场有多惨。

然而，处决并未结束。前一天，一名年轻的共产党员在波尔多枪杀了一位平民军事顾问，为了报复此次谋杀，10月24日，又有50名人质被选出来杀掉。

被杀的人质中有各阶层的法国人。有的被判对德国占领军犯有重罪，如蓄意破坏，但其他人最重的罪行也无非是加入了共产党，有的甚至只有17岁，如居伊·默克。维希政府的官员也和斯徒普纳格尔一样，担忧杀死无辜的法国人会激起民愤。10月22日晚上，贝当向全国发表广播讲话："法国同胞，两名占领军军官被枪杀……今天早晨，50名法国人为这种不堪形容的罪行付出了生命的代价。如果没有抓住凶手，明天还要处决50名法国人……法国同胞们，你们的责任很清楚：杀人犯必须停手。根据停战协定，我们要放下武器，我们没有权利在背后袭击德国。下令做出此等罪行的外国人清楚这是赤裸裸的谋杀。"

然而，袭击还在继续，有的是针对德国人的，有的是针对法国警察的。有人把一颗手雷扔进国防军的餐厅，另一颗手雷被扔到一个军事交通岗哨上，还有一颗在蒙帕纳斯爆炸；玛格塔大街、塞纳街、马勒泽布大街和马龙街都发生过枪击案。到1941年底，巴黎以及其他地方一共发生了68起袭击事件。

为了通过其他办法遏制此类袭击，1941年12月7日，希特勒发布了宵禁令和雾禁令，以便应对占领区的反抗和"冒犯"行为。禁令的名称来自瓦格纳的歌剧《莱恩戈尔德》，其中的角色阿尔伯里希以使自己隐身的方式来折磨他的臣民。禁令宣布："自苏联战区开辟以来，在占领区内，共产党分子和其他与德国为敌的组织对德国和占领军的攻击愈演愈烈。这些阴谋的数量和危险程度使我们有必要采取严格的措施加以禁止。"它重申："对于冒犯德国或占领军当局以至于威胁其安全的行为的惩罚将一视同仁，以死刑为原则。"不过，希特勒和最高指挥部考虑到，除了处决之外，还要进行一定的恐吓，于是，凡是在夜晚和雾天出现的违抗禁令者，一律将被送进德国集中营，无须审判或通知其家人。让反对者消失在集中营里也是避免对其公开处决而招致报复的处理方式。

大多数法国人既谴责暗杀行为也痛恨德国的报复行动，很少有人支持抵抗组织。但共产党领导的这些抵抗运动在某种程度上促进了与其有关的抵抗组织的形成和扩张。尽管莫诺并非共产党员，1941年底，他还是不顾与共产党扯上关系的后果，加入了一个受共产主义影响的大学组织。第一波武装抵抗的总伤亡人数实际上并没有对德国的军事和战略造成很大的影响，因为这些袭击都是孤立和缺乏协调的。如果抵抗运动要在法国提高影响力，必须有更多的市民参加，招募更多的人是关键。所以，莫诺所在组织及其活动的重点之一便是招募更多的学生加入。

此外，莫诺还帮忙编写和装订宣传用的小册子。他在索邦大学旧实验室的隐蔽处做这些事情，和他的同事们撰写宣传册的内容，然后在学生和学者之中分发。

仿佛需要有人提醒他从事这些活动的风险似的，1942年1月，莫诺的前同志里昂-莫里斯·诺德曼和学者组织的其他成员受审。诺德曼最初的罪名只是分发《抵抗》报纸，获得了较轻的判决，但后来和其他组织成员一起被控犯有间谍活动罪。尽管缺乏证据，但具有强烈反犹太倾向的公诉人紧咬住诺德曼不放。

审判的时间也不凑巧，恰好处于共产党员刺杀行动和德国报复性处决的高峰期，德国人根本没有宽宏大量的可能。公诉人的目的达到了，10 名组织成员被判死刑。1942 年 2 月 13 日，诺德曼、鲍里斯·维尔德和其他五名成员在巴黎郊外的瓦里安山堡垒由行刑队枪决。

尽管巴黎的暴力行动不断增加，物资短缺和出行困难越来越严重，但巴黎人还是要设法继续过正常的家庭生活。莫诺家的双胞胎，菲利普和奥利弗，在德军侵略波兰时只有一个月大，现在已经两岁半了，但还没有见过戛纳的祖父母。奥黛特无法跨越法律规定的犹太人行动界限，雅克也不能冒险让她步行或晚上偷偷越过界限。如果双胞胎要到南方看望祖父母，就得莫诺带他们去。

1942 年的复活节快要到了，奥黛特为孩子们做好了出行的准备，为此雅克还要申请一张通行证。这是一段令人疲惫的长达 26 小时的旅程，要在马赛转车。雅克无法睡觉，因为要照看两个孩子，不过他们一直都很听话。突然见到儿子背着帆布包风尘仆仆地从露台走进自己家，雅克的母亲夏洛激动万分。雅克虽然"累得半死"却"快乐而骄傲地"把两个夹在胳肢窝里的面色红润、整洁干净、身穿美国罩衫的小男孩带了进来。

夏洛吻了孩子们。他们有点害羞地亲吻了祖母的手，说："您好，奶奶。"就像他们认识她似的。雅克放下孩子们。他们很快和一只宠物猫交上了朋友。

雅克在戛纳停留的 12 天里，夏洛宽慰地发现雅克"还是那个活泼、精力充沛的家伙"。她感觉他的决心和努力工作的劲头一定激励了奥黛特和他的朋友们。雅克说，他决定夏天的时候把孩子再带回来，让他们和母亲一起。但是这个计划和奥黛特的日常生活很快就遇到了新的麻烦。

党卫军掌权

作为法国驻军总司令，冯·斯徒普纳格尔将军一直担心德国驻法军队的安全以及如何让法国在经济上提供最大的配合以支付德国巨大的战争花销。直到 1941 年 12 月，他都没有做什么事来推动纳粹的种族政策。他不支持没收犹太人的财产，因为他相信这样做会让军方蒙羞，激起民众不满，而且还会分散军队的注意力，因为对犹太人的迫害一是纳粹党卫队（SS）下属的国家保安局（SD）——党卫队头目是海因里希·希姆莱，二是维希政府（它负责采取镇压措施）的责任。而 1941 年，国家保安局一直人手不足，也没有斯徒普纳格尔掌握的处决权。

但是，随着12月初袭击活动的发生和宵禁－雾禁令的推出，纳粹的报复规则有了新变化：将大规模处决和驱逐犹太人的责任交给国家保安局。虽然斯徒普纳格尔不反对驱逐犹太人，但他认为大规模枪决是不明智的，因此他给柏林的上司写了一封信：

> 我打算下令只枪决少部分人，还要根据情况调整枪决的人数。
> 至少，在目前的情况下，我无法安排大规模的枪决，如果这样做，我无法对历史做到问心无愧，因为我了解目前的状况，清楚如此严酷的措施会给所有人以及我们与法国的关系带来何种后果。

柏林的回复是坚持执行希特勒的大规模报复政策。冯·斯徒普纳格尔于是递交辞呈，表示他不相信上级的判断力："我们在占领区变得越来越难以立足，势必导致大规模的冲突，这些情况损害了我的自信、精力和决心……我想要问心无愧地回归私人生活，因为我是出于完全的无私和责任感为我的人民、国家服务，并且以公正的原则对待敌人。"

冯·斯徒普纳格尔提出辞职的时候，正是德国在东西两头开辟战线之际。两个月前——1941年12月7日，日本偷袭珍珠港——美国正式参战。虽然美国正在太平洋地区与日本较量，但他们参与到欧洲和北非战局中是早晚的事情。更重要的是，苏联的保卫战将德军赶出了莫斯科。战争的延长要求德国和占领区提供更多的军需和人力，也促使纳粹加紧对犹太人的迫害。迫害犹太人的任务需要那些不会对柏林的政策产生质疑的人去执行，他们必须比冯·斯徒普纳格尔那样的职业军人更接受纳粹的理念。

因此，德军驻法司令部进行了重组。新的司令官取代了奥托·冯·斯徒普纳格尔（他的堂弟卡尔－亨利希·冯·斯徒普纳格尔），负责将德军的安全保障工作从军队移交给党卫军，党卫军当时已经控制了所有的德国警察和法国警察，可以不受限制地执行纳粹的种族政策。1942年6月1日，希特勒指派党卫军旅长卡尔·奥伯格（1931年加入纳粹党，希姆莱的手下之一）担任党卫军高官和警察首领。奥伯格只懂一点法语，以在波兰时的疯狂镇压行为而闻名。

他被授权直接执行纳粹的迫害犹太人、共产党和抵抗者的政策。在奥伯格的授意下，种族灭绝和大屠杀的惨剧降临法国。

黄星

奥伯格上任的时候，占领区推出了《犹太人法案》的第八条，这部法律生效于 1942 年 6 月 7 日，以下是部分条款：

1. 犹太人的特殊标记

   （1）六岁以上的犹太人出现在公共场所应佩戴黄星。

   （2）犹太黄星为六个角，手掌大小，镶黑边，以黄色布料制成，上有"Juif"黑色字母，必须佩戴于左胸，明显可见，紧密地固定在衣物上。

2. 处罚

   违反本规定者将处以入狱和/或罚款的处罚。警察措施，如拘留于犹太集中营，也可作为补充或替代的处罚项目。

《犹太人法案》极大地满足了大部分反犹太主义的合作派报纸的愿望。法案生效之后，《巴黎晨报》宣称，黄星标记让巴黎人想到"人们从未发现巴黎竟然有如此多的犹太人"。报纸评论道："巴黎人在下午还将惊奇地发现，数量可观的犹太人在各处散步、喝咖啡，在剧院和影院排队或者坐地铁。而他们只是犹太人的一部分！不要忘记，1941 年，法国有 120 万犹太人，超过 35 万人在巴黎及其郊区生活。"

当时法国全境的犹太人数量实际上只有 31 万人左右，大巴黎区的犹太人大约占这个数字的一半。但是，反犹太主义者无法长期忍受看到犹太人出现在公共场所。1942 年 2 月，犹太人已经在遵守晚八点到早六点的宵禁令，而 7 月初推出的法令又禁止他们出现在公园、影院、咖啡馆、饭馆、图书馆或剧院。他们只能在上午十一点到中午去商店买食品，下午三点到四点购买其他物品，只能使用地铁的最后一节车厢。

黄星标记可以让警察更容易发现违反规定的犹太人。那些胆敢藐视法律和不戴标记的人有被捕的风险，还要遭到支持纳粹者的指责。但是，奥黛特和雅克决定，她不佩戴黄星。

在各种限制之下，犹太人要在不违反任何法令的前提下在巴黎生活是比较困难的，哪怕在炎热的夏季到路边建筑里找一杯水喝或者到卢森堡花园散步都有可能被捕。

然而，与犹太人被禁止出现在公共场合的规定实施一周后相比，这些极端的限制都显得不算什么了。

搜捕

1942 年 7 月 16 日，星期四，凌晨四点，大约 4500 名法国警察在巴黎及其郊区展开了大范围搜捕，挨家挨户敲门。警察两个人两个人一起工作，每个人携带几张身份卡片，上面登记的 27 388 名犹太人预计要被逮捕。警察的目标是那些出生在外国的年龄在 16 岁到 65 岁之间的犹太男女，他们被告知只允许带着身份证、种族证明、至少两天的食物和一些个人用品，包括一双鞋、两双袜子、一件毛衣、两件衬衫、床单和毯子、饮食用具、一只喝水的杯子和盥洗用品。儿童应陪同父母一起，除非家中留有年纪较大的祖父或祖母。而且，警察在离开的时候还要确保切断家中的一切公用事业服务。

两天的时间里，12 884 人被捕，约有三分之一带着孩子。在警察的押送下，一个个家庭拖着箱子步行穿过大街小巷，到每个区的集合点报到。那些没有 16 岁以下孩子的人则乘坐公共汽车到巴黎东北部的德兰西集中营；有孩子的人则被带到冬季自行车运动馆，那里位于第十五区，靠近埃菲尔铁塔。路人们看到绿色和米色相间的城市巴士窗户紧闭，而且有警察守卫，他们立刻意识到发生了什么大事。

但那些被捕的人和其他巴黎人根本不知道怎样的命运在等待着他们。

近五千人被带到德兰西，那里环境肮脏，人满为患，供水不足，厕所短缺。冬季自行车运动馆的条件甚至更差，地面虽有绿草覆盖，通风却很差，7月里闷热异常。没有地方冲洗，连饮用水都很少，没有睡觉的垫子，为了防止逃跑，盥洗室关闭了。当局根本没做准备，因为他们没打算让囚犯们在这儿多待。

实际上，搜捕行动开始的三天后，大约一千名囚犯就被公共汽车从德兰西运到布尔歇火车站，登上开往波兰奥斯维辛集中营的列车。他们抵达两天后，375名男子被与其他犯人隔离并用毒气毒死。7月22日、24日、25日、29日，分别有四趟列车从布尔歇出发，将另外四千人运到这里。

冬季自行车运动馆的囚犯们被带到卢瓦雷的皮蒂维耶和博纳拉罗朗德集中营。接着7月31日和8月3日、5日、7日，四千多父母及其较年长的子女被装上四列火车送往奥斯维辛。几乎一半的人一到集中营就被毒气毒死了。三年后只有40多人活了下来。

以前虽有过搜捕行动，但如此大规模却是第一次，而且首次采取了种族灭绝的手段。过去的搜捕行动主要是维希政府向纳粹种族政策表忠心的做法。但7月16日到17日的搜捕是德国人下令进行的，他们打算在1942年抓捕10万名法国犹太人，此为"最后解决方案"的第一阶段。赖伐尔和警察总长勒内·布斯凯与奥伯格以及希姆莱的代表阿道夫·艾希曼商议，将10万名的数字降到32 000名。因为人手方面的问题和避免引起民众的反德情绪，搜捕任务由法国警察执行。然而，与之前的搜捕不同，逮捕对象包括妇女和儿童——甚至整个家庭。仅在三周内，就有九千多人被送到奥斯维辛集中营。

恐怖在犹太移民和法国本土犹太群体中盘旋。奥黛特的妹妹丽兹·布鲁尔按照法律也是标准的犹太人，她非常害怕自己被捕。丽兹嫁给了生物学家乔治·特希尔，他是雅克的同事，特希尔和雅克一样，也出身新教家庭，是抵抗运动的活跃分子。特希尔夫妇和三个孩子也住在第五区，靠近恩典谷医院。在德国占领时期的头两年，两家人经常见面。1942年，特希尔的二女儿弗朗索瓦丝年满15岁，奥黛特和丽兹忙着给家人寻找蔬菜和其他食物的时候，她经常带着双胞胎到公园去玩。

7月大搜捕期间，丽兹没敢在自己家睡觉，虽然她的女儿们并非犹太人，甚至还办过假冒的洗礼证明，丽兹还是决定，如果孩子们被抓起来，她就向当局自首，把孩子们换出来。弗朗索瓦丝也害怕母亲被逮捕，每次有人敲门或者公寓楼里有动静，都会让她精神紧张。

搜捕活动过后，布鲁尔姐妹决定离开巴黎。丽兹带着最小的女儿投奔乡下的一位妯娌，谎称小女儿太瘦，她受不了城里的食品限制才到乡下去的。奥黛特和双胞胎去了戛纳（非占领区），和雅克的父母住在一起。为此她不得不冒险越过犹太界限进入非占领区。为了假装非犹太人越过界限，奥黛特弄到一个假身份证，把她的姓从布鲁尔改成布鲁叶。

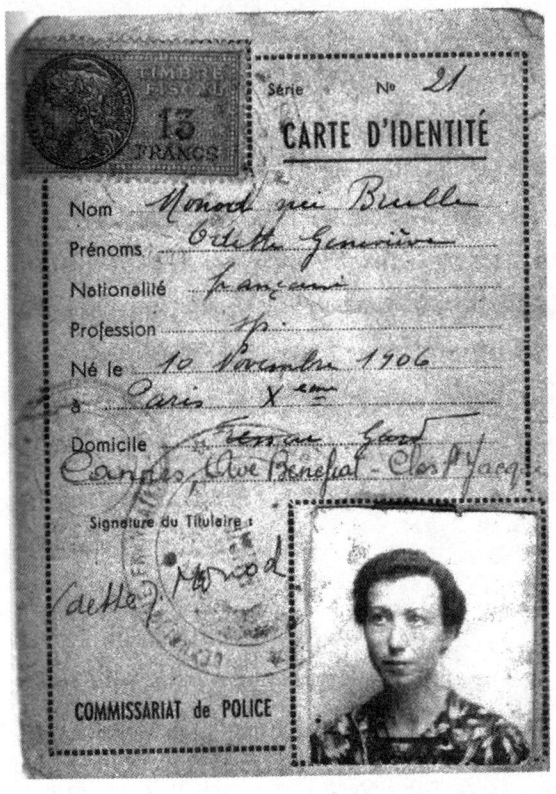

奥黛特·莫诺的假身份证。奥黛特把娘家的姓"布鲁尔"改成"布鲁叶"，以掩盖她的犹太身份（奥利弗·莫诺供图）

只要一有机会，大量法国人就会搬到非占领区居住。那里的限制比较少。例如，犹太人不必佩戴黄星，食物也更多一些，而且很少碰到德国士兵。

然而，不久这种情况也会改变。

第十一章

鼠 疫

> 一切都和其余的世界隔离了,他们远离了自己爱的东西和生活的常规。在这种撤退中,他们不得不和那些人一样过着被捕猎的动物一般的生活。
>
> ——加缪《笔记:第四卷》

1942年,加缪也想到非占领区去,但他的理由和大多数人不一样。1月,在奥兰的时候,他的结核病复发。他原本以为自己已经痊愈了,但却突然开始咯血、出汗、感觉虚弱。弗朗辛冲出公寓为他找医生。经过一晚上的折磨,加缪告诉弗朗辛的妹妹:"我还以为这次我完了。"

结核首次出现在他的左肺。结核病的标准治疗程序包括卧床休息和气胸疗法,通过注入空气故意使肺回缩。这个痛苦的过程虽然可以让受感染的地方痊愈,但肺部还会再次膨胀,所以治疗每隔两到三周就要重复一次。在加缪开始周期性的治疗不久,医生的办公室被维希政府关闭,因为他是犹太人。加缪只能到医生同事的办公室治病。

为了帮助康复,加缪想到气候不同的地方居住,法国山区的空气对他尤其有益。幸运的是,弗朗辛的姐姐的母亲在小镇庞内里尔经营一家寄宿公寓,就在法国中央高原尚邦河畔利尼翁郊外。弗朗辛和她妹妹小时候经常在那里避暑。加缪夫妇申请了旅行通行证,以便7月份弗朗辛完成奥兰的教学工作后他们能动身前往。8月,他们抵达庞内里尔。

新鲜的空气和供应比较丰富的食物让加缪逐渐恢复,他把所有精力都集中起来写作。一年多来,他一直在创作一本小说,属于"反抗"主题的作品之一。

正如《局外人》是表达荒诞主题的，加缪打算通过《鼠疫》这本书描述人类遭遇邪恶时的选择。10 月 23 日，在名为"开始"的标题下，加缪在笔记本上写道："《鼠疫》同时具有社会意义和形而上学意义，在这两个方面，这本书做到了协调一致。类似的模糊性也出现在《局外人》里。"

小说以寓言的形式影射了纳粹占领下的法国以及法国人对此的反应。加缪提醒自己："作家要首先学习的技巧就是将他的感受转换为他想要让别人感受的东西。"为了表达其感受，加缪选择鼠疫爆发之际的奥兰作为他的故事背景。法国人很早之前就称纳粹为"棕色瘟疫"，因为他们穿着棕色衬衫，对占领军也有此称呼。

加缪在笔记中总结了他的目的："我想通过瘟疫的紧张气氛说明我们都遭到了生活的流放。同时，我想将这种状态与人类的总体存在相比较。瘟疫象征着战争时代的人只能反思、沉默和忍受道德的痛苦。"

他为《鼠疫》选择了"编年史"的形式，以目击者的旁白引出全书。加缪一直在研究他能够找到的瘟疫资料，还有鼠疫的症状，等等。他总结出历史上的重大瘟疫和当前法国的灾难一项惊人的相似之处，并在笔记中写道：

1342 年——欧洲爆发黑死病。犹太人被杀。

1481 年——西班牙南部瘟疫大流行。调查者认为瘟疫的原因是：犹太人。

奥兰城在历史上就多次爆发瘟疫，1941 年加缪住在那里的时候还出现过流行性斑疹伤寒。加缪利用他对奥兰地区的了解展开故事，在他笔下，"城市本身相当丑陋，这一点是不得不承认的……怎么能使人想象出一座既无鸽子，又无树木，更无花园的城市？怎么能使人想象在那里，既看不到飞鸟展翅，又听不到树叶的沙沙声？总之，这是一个毫无特点的地方"。这个城镇，"人们在那里感到厌烦，但同时又极力使自己习惯成自然"。加缪表示，这是个十分普通的城镇，"知道了上述这些情况，就不难相信，这个城里的居民是根本不会预见到发生在那年（加缪表示故事发生在 20 世纪 40 年代）春天的那些小事件——我们下面会认识到——是此后一连串严重事件的先兆"。

故事开端，里厄医生在他办公室二楼平台上发现一只死老鼠，后来城里又出现了几千只死老鼠，但是人们对此没有在意。

10月，弗朗辛到阿尔及利亚去继续教书。由于希望在冬天来临之前尽量都在山区度过，加缪打算留在庞内里尔，直到11月底，他告诉一位朋友："之后我会回到阿尔及尔，在那里定居，除非发生了不可预知的事情。"他请巴斯卡·比亚帮他订了一张11月21日从马赛出发的船票。

11月7日晚上，不可预知的事情发生了。盟军开始了代号"火炬"的行动，载有60 000名士兵的600艘船只在法属北非、阿尔及利亚和摩洛哥的海岸突然登陆。尽管维希政府提出抗议，盟军还是占领了卡萨布兰卡、阿尔及尔和奥兰，控制了长达1300英里的海岸线。

这是盟军的重大胜利。伦敦广播更为自信地播报了这条新闻。11月10日，当晚的"法国人对法国人说"栏目宣布："两年零两个月以来，世界习惯了看到德国人将军队派到各个大陆上去，现在，在五天的时间里，状况有了很大的扭转和改观。"

然而，尽管盟军现在与法国南部只隔着一片地中海，希特勒仍下令德军11月11日跨过占领区与非占领区的分界线，占领法国全境。此举真正违反了停战协定。希特勒在一封公开信中向贝当解释了原因："鉴于现在的情况，我荣幸而遗憾地通知您，为了除掉威胁我们的因素，我不得不在意大利政府的配合下，命令我的军队从最直接的路线穿过法国，占领地中海沿岸。"

"瘟疫"由此蔓延到了法国南部。德军入侵的当天，加缪在笔记上写道："像老鼠一样疯狂！"

弗朗辛现在身处盟军控制的地区，加缪在德军占领的法国，两人无法重聚，甚至连邮路都不通。在加缪的小说中，当鼠疫的消息公布后，警察局局长下令关闭城门。在日后成为《鼠疫》的一部分的草稿中，加缪写道：

> 简言之，流行病传染期间就是一段流放期。关闭城门的最主要后果就是让没有准备的人不知所措。母亲、孩子、配偶、情人们在几天前还相信他们只是暂时地隔离几天，他们在站台上吻别亲人的时候，

还会加上几句，表示将会在几天或者几周后见面……可最后他们发现自己与外界完全隔绝，无法和其他人见面或交流。

处于"流亡"状态的加缪仍然被结核病搞得很虚弱，他干不了别的，只能专心写作。他记录道："让隔离成为小说的主题。"这种隔离感从法国开始，向欧洲其他国家蔓延，这种"棕色瘟疫"日益严重的症状就是：奴役。

为德国工作的人

为了满足北非与苏联战场的作战要求和进行西线防御工事的修筑，德国的战争机器需要大量的物力和人力。由于在侵略苏联时损失惨重——到1942年6月，德军伤亡约130万人——德国抽调了大量本国工人补充兵力。因此，纳粹帝国的维持和扩张越来越依靠占领区的劳动力。德国工厂和农场使用法国战俘为其干活，法国国内生产的大量产品都被运走供德国人使用。大约27.5万法国劳工在大西洋沿岸修建机场和工事，还有40万人在法国的兵工厂工作，为德军提供武器。

然而，即便如此也无法满足需求，或者说满足希特勒的愿望。他指派老牌纳粹党员弗里茨·绍克尔担任劳工调度的全权代表，授权他招募和管理德国占领区内的全部劳工。1942年中期，绍克尔和希特勒断定法国还能为德国再提供35万名劳工。

绍克尔与维希政府的首相赖伐尔讨论了现状，并且提出，如果法国能派遣15万工人到德国去，就准许5万法国战俘放假。赖伐尔同意了，1942年6月，他推出了"释放"计划，号召爱国的志愿者报名当劳工，这样可以换得那些已经被关押两年的法国同胞的释放。

人们的反应不冷不热。前三个月，只有53000名工人自愿报名，因为人数太少无法满足德国的需求，德国人要求维希政府颁布强制劳动法令，迫使有劳动能力的人为其工作。1942年9月，维希政府顺从地推出了法令，要求18岁到50岁的男性、21岁到35岁的未婚女性每周至少工作30小时。结果，10月和11月，送到德国的劳工人数分别是9月的三倍和五倍，1942年下半年，总数达到239 000人。

然而这样还是不够。德国的人力都被派到两条战线上去了：盟军在法属北非登陆，促使德军全面占领法国，所以需要更多的士兵；而东线的伤亡和投降人数不断上升。11月底，苏联的"乌拉诺斯行动"在斯大林格勒（今伏尔加格勒）附近包围了30万名轴心国士兵（大部分是德军）。

德国还需要25万法国工人，赖伐尔同意了他们提出的"输送三名工人，释放一名战俘"的条件。然而凑齐足够的工人是个难题。赖伐尔命令各地官员进行人口普查，筛选出全部年龄在21岁到31岁的男性。1943年2月16日，他制订了"强制性劳动服务"（STO）法案，要求20岁到22岁的法国人去德国工作两年，以此代替他们的兵役义务。

那些符合条件的年轻人面临两难。如果他们前去报到，就不得不离开家人和法国，去为侵略者工作。而且，现在盟军正在轰炸德国的工厂，战争的局势正在变化，他们到德国去可能有性命危险。另一方面，如果他们不服从命令，就会因违法而被捕，也许进了监狱还要被强制劳动。强制劳动法令、人口普查、STO以及强迫法国劳动力到德国去做劳工，引发了民众对赖伐尔和维希政权的普遍憎恨，因为那么多的家庭在经受了生离死别之苦后，还要面对更多的苦难。

维希政府派遣法国劳工到德国去的阴谋也激起了伦敦广播的义愤，他们在节目中鼓励工人以经常消极怠工的形式反对维希政府。"工人们和老板们，农民和官员们，为了让法国生存下去，不要为德国做事！"1月23日的广播如是说，"每个人的神圣责任是想方设法留在法国。"他们呼吁："法国同胞，不要去德国！"这是3月的一次节目口号。抵抗派的报纸也遥相呼应。"自由射手"运动主办的报纸《自由射手》号召：法国同胞！反对奴役！

很多人确实去了德国——1943年1月就有6万多人，2月几乎有8万人，3月有11万人左右。不过很多被政府传唤的人没有去报到，而是逃跑了。那些逃避STO和当局命令的人被称为"不屈者"。1942年到1943年，60多万法国工人被送到德国，20万人成为"不屈者"。抵抗组织以反抗STO为傲，1943年3月15日，抵抗组织的报纸《解放》头版头条以大号粗体字登出：

LA JEUNESSE FRANÇAISE RÉPOND: MERDE
（法国年轻人的回答：滚开）

流亡

"不屈者"无法回到家园，否则有被警察抓住的风险。有人试图穿越西班牙或瑞士的边境，大部分都无功而返，因此多数人选择在法国其他地区寻找避难所和食物。由于无法获得合法的种族证明，很多人都在乡下游荡，到农场里找活干。能否成功逃脱当局的传唤取决于是否有他人相助。

恰巧，维瓦莱山麓的利尼翁就是那些最热情收留"不屈者"和希望摆脱当局通缉的人的地区之一，加缪就住在那里。利尼翁距离各大城市都有相当一段距离，高原上分布着许多小村庄，如庞内里尔，这里既有民居也有农场。不仅乡间道路崎岖难行，而且村民们可以很容易地看到任何到这里来的官员。最重要的是，当地的新教牧师和镇民会坚决地收留任何被维希当局搜寻的人——还有那些11月德军占领法国南部后被德方通缉的人。

加缪在这里住的时间越长，就越了解此地的秘密抵抗活动。在尚邦河畔的利尼翁地区，新教牧师安德烈·托克米和爱德华·泰斯号召教区的一千多人在战争期间收留了数千犹太儿童和成人，还有越狱的犯人、不屈者、抵抗组织成员等等。加缪的一位来自阿尔及利亚的犹太朋友安德烈·舒拉基住在邻近的村子里，他属于一个叫作"儿童救灾工作组"（OSE）的团体，为流离失所的孤儿和被杀或被驱逐出境的难民的孩子找住处。舒拉基和加缪经常见面，一起分享阿尔及利亚的食物，舒拉基还给加缪翻译了一些治疗瘟疫的资料。

在寄宿公寓里，加缪与皮埃尔·列维（化名"法约尔"）成了朋友，列维是马赛的犹太人，也是一个叫作"战斗"的抵抗组织的成员。法约尔和加缪一起收听BBC广播，他和妻子玛丽安妮告诉加缪如何经由葡萄牙与弗朗辛通信。1943年3月底，加缪收到了弗朗辛的第一封回信，此时他们已经分开了六个月。

加缪把德国占领下的法国的日常图景糅合到他笔下瘟疫泛滥的奥兰城。困在城中的居民被迫忍受物资短缺，排起长队购买食物，领取汽油配给，还要忍受灯火管制。加缪还描写了"隔离营",这里是被怀疑染上鼠疫的人住的地方。加缪对关押犹太人的集中营和驱逐政策有所了解。在笔记本上,他匆匆写下这样的文字:"在关于隔离营的章节中,亲戚们已经和死者隔离了——出于卫生,儿童和父母隔离,男人和女人隔离。所以隔离成了常态。所有人都被迫进入孤独状态。"

加缪冒险来到巴黎。他把小说的一部分给让·包兰看,包兰又给莱斯古尔看。莱斯古尔想要把法国作家以"人类和自由"为主题的作品集中起来出版。但这本选集无法在法国出版,所以莱斯古尔将各份手稿偷运到瑞士,其中包括加缪的一章草稿"瘟疫中的流亡",另外还有让-保罗·萨特、安德烈·莫鲁瓦、保罗·瓦列里和让·包兰的作品。选集的序言告诉读者,这些作家对"人的概念持肯定态度",尽管法国目前处于军事和政治失败的状态,但人民是无法被镇压。莱斯古尔印了三千本这部名叫《法语区》的作品集,偷运回法国,用白纸包着分发出去。这是加缪对文学抵抗运动的第一个贡献,但远不是最后一个。

其中一段是这样的:

> 他们感到非常悲伤,所有犯人和流亡者都活在毫无意义的回忆中。即便是他们经常回想的过去,也只剩下悔恨的味道。他们曾经希望,自己能够和那些他们正在等候的男人或女人一起,做到那些他们实际上没有做的事情,就像进行某种活动一样——甚至包括那些在坐牢的时候可以去从事的相对快乐的活动,他们徒劳地尝试把那些不在场的人卷进来。因为对现状缺乏耐心,对过去怀有敌意,对未来试图玩弄,所以,他们是一些为了实现公正或复仇而生活在监牢之中的人。

大多数法国读者将在四年后才读到这段话(在加缪的小说中)。但是对所有那些因为瘟疫而受苦的人来说——由于德国侵略、国家陷落的混乱、犹太分界线和德军入侵南部、被捕入狱、进入集中营、到德国当劳工、远走他国而与家人或故土分离的数百万人——加缪的文字会在他们心痛的回忆中唤起共鸣。

在德国占领法国的第三年,很多事情都是未知数:那些城市和乡村是否能摆脱瘟疫?传染什么时候才能结束?

第十二章

战火兄弟连

瘟疫。所有战斗——在他的道路上的每一场战斗。唯一的懦弱便是下跪。

——加缪《笔记：第四卷》

盟军在阿尔及利亚和摩洛哥的登陆为自由法国军在北非创造了机会，他们可以加入盟军，一起将德军和意大利人从北非地区赶出去。戴高乐命令菲利普·勒克莱尔上校——一位大胆、有魅力的指挥官，已经在非洲沙漠证明了他的才能——从乍得出发，途经利比亚，在的黎波里与英军会合。勒克莱尔领导的法国军队一路上攻下了很多意大利人据守的要塞和城镇，跋涉1300英里，最终与伯纳德·蒙哥马利将军的英国第八军会合，共同将德军赶出了突尼斯。1943年3月，突尼斯的加贝斯成为第一座被解放的法属北非城市，回到自由法国军手中。

法军得胜的消息是绝佳的宣传机会。戴高乐来到BBC发出广播："我们的军队在乍得获胜，敌人再次看到他们认为不可能出现的法国军队的胜利，而且，胜利不会停留在这一次，那些没有绝望的人会继续创造和扩大我们的成就，对他们而言，这次胜利不仅是武力的成功，也预示着新法兰西的崛起——一个强大而自豪的法兰西将在此基础上建立。"

虽然北非牢固地掌握在盟军手中，但法国本土仍在纳粹魔爪之中，并且在德国四面遭困的时刻，这只魔爪握得更紧了。戴高乐相信，团结法国各大城市，发起全面抵抗运动的时机已经来临。他尤其想发动法国的年轻人：

当然，法国的年轻人会觉得国家的苦难格外深重。在物质上，敌人夺走了我国赖以发展的资源，年轻人缺衣少食，十个住在家里的青少年中，有九个吃不饱；精神上，他们比年纪大的人更能体会到敌人的残酷、家庭和国家的屈辱。敌人的压迫、强制劳动常常让这些年轻的灵魂燃起怒火……而你们，你们是一个伟大民族的儿女……

敌人就在那里，拥有强大的力量、警察和宣传机器。他们在践踏我们的领土，毒害我们的空气，羞辱我们的家庭，侮辱我们的旗帜。他们已经失败了一半，试图通过压迫手无寸铁的平民弥补他们所缺少的胜利。法兰西的年轻人，现在正是你们亲自还击侵略者的时候，不要徒然等待。这取决于你们，你们对战争负有艰巨的责任。你们也是敌人最先瞄准的目标，他们正在盘算着让你们为其利益工作。务必想方设法躲开他们，如果做不到，就哄骗他们，搞破坏，令其失望。你们要组织起来，用纪律约束自己，加入到抵抗组织中，在内部为法国而战。听从指示……

法国的年轻人们，鼓起勇气！现在正是伟大奋斗的时刻！在我们的努力下，锁链终将掉落，监狱将敞开，太阳会重新出现，你们也会重拾生活的欢乐与热情，重获歌唱与欢笑的权利，自由而骄傲地生活在一个光荣的国家。倾听你的心声，它装载着法兰西的未来！

"元帅"，共产主义的自由射手

莫诺也认为采取更加直接行动的时刻到了。仅凭报纸上长篇大论的演讲和文章并不能把德国人赶走。如果抵抗组织要在驱赶侵略者方面做出一定的军事贡献，则不仅需要扩大规模，还要让更多的成员拿起武器。STO 的推出在很大程度上促使抵抗组织不断壮大。然而，如果莫诺想拥有更大的影响力，他必须加入从事武装斗争的组织。他打算走出冒险的一步，因为奥伯格已经下令，要追究参加抵抗组织的人的家人的责任。在一份公开的通知中，党卫军高官、警察头子奥伯格宣布：

我注意到那些刺客、破坏者和煽动者的近亲在其行动前后会向他们提供帮助。因此我决定，不仅要对被捕的刺客、破坏者和煽动者施以最严厉的惩罚，如果他们在逃，并未在十天内到德国或法国警察局自首的话，罪犯的家庭就要受到惩罚。为此，我宣布以下惩罚条例：

1. 罪犯家中所有 18 岁以上的男性亲属，包括连襟、堂兄弟等都处以枪决。
2. 所有女性亲属判决强制劳动。
3. 受案件牵连的所有男女的所有 17 岁以下的子女将被送入少年管教所。

于是，德国人盘问、威胁或逮捕逃犯的亲属就成了常态。因为奥黛特带着孩子和雅克的父母一起住在远离巴黎的夏纳，所以如果莫诺被抓，他们中的任何一个不会立刻有危险，至少莫诺认为家人是安全的。他开始反复琢磨如何进行程度更高的抵抗运动。莫诺的几名索邦大学的同事是"党的自由射手"（FTP）的成员，这是个军事组织，是共产党第一次发起对德国人的武装暴动时成立的。一个春天的傍晚，弗朗西斯·科恩——莫诺的实验室前同事，也是 FTP 成员——来到莫诺的公寓，想要招募他加入组织。两人一直谈到深夜，莫诺同意加入 FTP。

莫诺很快了解到抵抗运动的效率受阻于很多因素——缺少武器、缺少资金（用来购买武器与支持那些在逃的和没有收入的抵抗者）、大量的抵抗组织之间缺少协作。组织间的沟通也很难，而且有风险。因为抵抗组织分散在各地，人数不多，而且为了保密起见，组织成员不可能认识本组织的全部同志，组织之间的交流也很少。而且，它们之间还存在政治分歧，大部分此类分歧在战前就已存在。例如，离开法国时还默默无闻的戴高乐就受到共产党的怀疑。虽然他声称代表所有法国人讲话和争取自由，但如果他的解放是以付出那些留在国内的抵抗者的生命为代价的，又该怎么看待他的言论呢？共产党不想简单地把国家的领导权交给与他们的世界观不一致的人。

但是当务之急是放下成见，先把德国人赶出法兰西。所以，大部分政党和组织都意识到，在等待盟军反攻的同时，他们需要联合起来抗击敌人，以合作为目标的"抵抗运动全国委员会"应运而生。5 月底，戴高乐的代表让·莫林成功地召集了来自八个抵抗组织、六个政党和主要行会的代表到巴黎开会。会上，代表们同意联合起来，并授权戴高乐担任抵抗组织在盟军中的代表。

组织这样的聚会不仅难以做到协调，也非常危险，因为他们人数众多，很容易成为盖世太保的目标。实际上，就在第一届全国委员会会议结束四周后，莫林和其他一些抵抗组织领袖就在里昂郊区开会时被捕。按照常规，莫林惨遭折磨——由臭名昭著的党卫军官员克劳斯·芭比亲自动手——德国人想拷问出抵抗行动及其领导的信息。莫林至死也没有泄露任何秘密。

在FTP，莫诺很快了解到共产党会怀疑任何一个不是共产党员的人，包括他自己在内。他们不允许任何非共产党员的人参与FTP的计划和决策。莫诺早就对共产主义有很大的看法，他曾经告诉弗朗西斯·科恩，自己对法国共产党不抱任何幻想。然而，他希望进一步参与FTP的活动，所以，经过一个不眠之夜，他放下成见，加入了共产党。

莫诺表面上继续过着正常的生活。他继续做实验、演奏乐器等等，还见到了伟大的风琴家安德烈·马绍尔，马绍尔在历史悠久的圣日耳曼德佩教堂演奏，与很多年轻的音乐家关系密切，尤其是国家音乐学院的学生们。马绍尔家中有一台风琴，每个星期四晚上他家都有音乐聚会。马绍尔将莫诺介绍给了诺伯特·迪富克。迪富克是国家音乐学院的音乐史教授，他组建了一个青年合唱团，叫作"青年音乐运动"。迪富克知道莫诺战前组建"大合唱"乐队的事，想请他担任合唱团指挥。莫诺接受了，学生们开始用德语排练巴赫的曲子，但在占领区里这样的演出比较少见。莫诺提醒学生们："不要忘记，在成为希特勒的语言之前，德语也是约翰·塞巴斯蒂安·巴赫的语言。"这些在当时可谓大胆的话，加上莫诺的指挥才能，为其赢得了不少学生的好感。

1943年5月21日，莫诺准备到国家音乐学院的一场音乐会上担任指挥，伴奏的是一个学生管弦乐团。奥黛特不畏路途遥远，从戛纳赶到巴黎观看他的演出，把两个孩子留在祖父母家中。她两天前就到了巴黎观看彩排，发现她丈夫完全陶醉在音乐之中。于是便向丈夫的家人报告说："他的状态棒极了，我羡慕他指挥乐队、歌手和风琴时的沉着和从容。"这次演出中所有巴赫的作品，包括三个大合唱，还有一段学生室内乐团演奏的小提琴协奏曲，都是由莫诺指挥的。

莫诺的这段指挥生涯后来被证明是短暂的，就像FTP的参谋长马塞尔·普利纳特（索邦大学比较解剖学与组织学系主任）在乐队中负责的另一个工作一样。普利纳特在一战中担任过步兵军官，受过伤，二战前他就反对法西斯主义。1940年5月，他被派驻到色当附近，后来被俘。1941年，由于是老兵，他被释放，出狱后加入了抵抗组织。1943年，他负责在军事方面协调与其他抵抗组织的关系。接近9月底的时候，他招募了莫诺的连襟乔治·特希尔，特希尔也是个生物学家，他成为普利纳特的副手。特希尔和另一位索邦大学的FTP同事查理·皮瑞兹（莫诺曾在其实验室中从事课题研究）把莫诺推荐给了普利纳特。普利纳特要莫诺负责招募受过军事训练的新成员，让他们训练和领导其他战斗人员。

1943年秋天，大家关心的主要问题是：盟军什么时候来？虽然没有人知道确切时间，但是根据抵抗组织领袖们的计划，盟军一旦登陆，他们就立刻采取全面行动，对维希政权和德国人同时发起暴动。

还有一个不确定的问题，盟军的反攻将从哪里开始？盟军可能从西边（英国）或者南边（北非或意大利）过来。位于地中海沿岸且距离意大利边境不到40公里的戛纳可能成为战区，届时需要疏散平民。1943年10月初，奥黛特和孩子们离开戛纳，搬回了北方，不过没有回巴黎，而是到了圣勒拉弗雷，这里位于巴黎郊区，距离城区以北约12英里。犹太人认为这里比起巴黎相对安全，特别是对奥黛特这样用假身份生活的犹太人而言。她妹妹丽兹及其女儿弗朗索瓦丝已经先搬到了那里，并在同一条街上为奥黛特找到了房子。莫诺和乔治·特希尔（丽兹的丈夫）乘火车过来与家人团聚。为了照料家庭，莫诺制订了新的生活方案。他每周三晚上到周四早晨、周六晚上到周一早晨在圣勒拉弗雷陪伴妻儿，其余的时间在索邦大学搞科研和在FTP组织担任"元帅"。"元帅"是他的昵称，为了组织的活动，他有时会到远离巴黎的地方去。

危险的联络：瑞士的"马特尔"

无论莫诺在招募有军事训练经验的组员方面可能有多么成功，他们的努力总是受到武器短缺的限制，这也是全法国的抵抗组织最头疼的问题，尤其是FTP。马塞尔·普利纳特已经多次要求戴高乐的代表安排空投武器，虽然对方多次做出承诺，却一直没有实现。莫诺认识另外一个组织的一位特殊成员，他觉得此人或许能帮上 FTP 的忙，这个人就是他哥哥费罗，他在中立国瑞士的日内瓦为抵抗组织工作。

费罗比雅克大 10 岁，他是个经验丰富、阅历广泛的律师。在纽约著名的苏利文-克伦威尔律师行工作了几年后，他返回巴黎，在苏利文-克伦威尔的巴黎办事处工作。1938 年，他强烈反对《慕尼黑协定》。1939 年宣战时，他被分配到隶属外交部的封锁部队，亲眼见到政府在德国侵略下四分五裂的过程，又跟随政府来到临时首都波尔多。1940 年 6 月 18 日，费罗听到了戴高乐的广播演讲，立刻决定追随戴高乐。

1940 年 7 月从军中遣散后，费罗来到父母在戛纳的家，他希望马上加入抵抗运动，但是一时找不到抵抗组织来加入。当时的抵抗组织规模都很小，而且极为隐蔽，费罗认识的南方人也不多。直到弗朗索瓦·莫林——雅克的朋友兼博士审核委员会的成员——来拜访费罗，他才找到参加组织的门路。莫林的化名是"福雷斯蒂尔"，是军事团体"战斗"组织的成员。费罗告诉莫林，他想成为一名积极的抵抗者，莫林将他介绍给了克劳德·布尔德特，他是抵抗运动的发起人之一。布尔德特邀请费罗加入"战斗"，并使用"马特尔"的化名，于是，费罗开始负责戛纳-昂蒂布地区的组织事务。后来，他代替布尔德特成为阿尔卑斯地区的负责人。

事实证明，费罗与苏利文-克伦威尔律师行的关系非常有价值。1942 年 11 月，他在巴黎办事处的前主管、美国人麦克斯·舒普在前往中立国瑞士的路上到戛纳去拜访费罗。费罗完全信任舒普，并将参加抵抗运动的事情告诉了对方。舒普似乎对费罗的话非常感兴趣。费罗那时并不知道舒普当时已经加入了美国战略服务办事处（OSS），它是中央情报局的前身，而且他还和苏利文-克伦威尔律师行的老同事艾伦·杜勒斯一起共事，杜勒斯就在瑞士的伯尔尼工作，为美国人收集情报。

三个月后，舒普给费罗发来一条消息。如费罗所怀疑的那样，他的朋友的上次拜访并非路过那么简单。舒普向其保证美国会援助他们，但要求费罗写一份关于弗朗索瓦·莫林领导的"秘密军"（由"战斗""自由南方"和"独行团"三个组织的战士们组成的部队）的军力情况报告。费罗在和亨利·弗瑞尼、莫林、布尔德特、皮埃尔·格林·德·波诺维尔以及圣克莱尔（位于里昂边上）的其他组织骨干开会时，将舒普的要求告诉了大家。"马特尔"告诉大家，舒普"想知道我们可以为盟军提供何种军事协助"。

费罗成了当天会议的主角。由于急需资金、武器和通信器材，组织的领袖们对舒普的提议表示欢迎。弗瑞尼建议，既然美国人是费罗的联系人，那么费罗可以到瑞士去做进一步的安排。德·波诺维尔是"外联"负责人，由他建立一个信使网络，在里昂和瑞士之间互通消息，这是跨国通信的可靠途径。

费罗、波诺维尔很快与舒普、杜勒斯见了面。杜勒斯表面是美国驻伯尔尼大使馆的顾问。法国人把他们的组织结构图交给美国人，还列出了他们的需求：在日内瓦设立办事处的运转资金；每月2500万法郎，用于组织抵抗活动；额外的资金，用于游击队行动开支，包括搞破坏；储备基金，用于补贴"不屈者"；武器、炸药和口粮；协助建立无线电和空中联系。

美国人聚精会神地倾听了法国人的要求，做了大量笔记。他们对法国缺少来自伦敦方面的物资援助的严重情况感到震惊。经美国政府批准，他们向其提供了在日内瓦的无线电设施，以供法国国内的组织与戴高乐联系。他们立刻同意向组织的银行账户提供资金，供费罗在日内瓦组建代表处。严格来说，他不仅将代表"战斗"组织，还代表"联合抵抗运动"（MUR）团体，即秘密军背后的三个组织。费罗很快获得了3700万法郎的行动资金，美方要求他找好一百个空投地点，用于接收武器。波诺维尔建立了一个系统，可从瑞士往法国国内的银行转移资金。

MUR通过瑞士代表处向盟军提供情报，代表处很快在瑞士站稳脚跟，就像"已登陆部队"一样。因为MUR希望被视为在盟军登陆之前就已经在法国存在的军事组织，其提供的情报也说明了日内瓦办事处的重要性。里昂方面每周向日内瓦送去两个小包裹，里面装有破坏行动和敌军动向的报告、详细的地图和盟军轰炸行动的结果，以帮助盟军设计后续的任务。包裹里面还有法国国内的情况汇总，供新闻机构向全世界播报。瑞士方面的信使会把盟军的特定情报要求以及武器弹药和粮食的托运情况传达给抵抗组织。

FTP却并不属于MUR。MUR的成立基础是三个组织都兴起于南方的非敌占区，与北方相比，其活动更自由。MUR有"秘密军"，而FTP则是一个游击队性质的组织，利用很小的战斗单位从事破坏等活动，采取"打了就跑"的战略。FTP 并没有成功地像其他组织一样获得伦敦的关注，其成员也十分缺少武器。

1943 年 10 月，波诺维尔在日内瓦召集主要的抵抗组织开会，以便讨论武器和资金短缺的问题，然后将问题汇总至美方，看他们能做些什么。雅克·莫诺被选为 FTP 与 MUR 的联络人，他和波诺维尔取得了联系。费罗已经把日内瓦代表处的情况详细告诉了他。费罗和波诺维尔表示可以帮助 FTP，因此雅克向其上司建议由他亲自到瑞士去联系武器运输的事情。他们同意了。

穿越边境的风险是很大的。为了保持中立地位，杜绝大批难民涌过边境的情况发生，瑞士的边防相当严密，边境线的法国一边则有法国海关警察和德国巡逻队，如果有"不屈者"、难民、黑市贩子和抵抗组织成员逃出法国或试图入境，他们会立刻行动。雅克深知这些危险因素，也不希望随身携带情报时被抓。一天晚上，合唱团的彩排结束后，他和吉纳维夫·诺弗拉德像往常一样结伴朝地铁站走去。诺弗拉德 23 岁，是国家音乐学院的学生，也是合唱团成员。诺弗拉德注意到雅克带着一只非常精致的软皮摩洛哥公文包。雅克告诉诺弗拉德："我有事情拜托你……今晚我要离开，去做一些危险的事情；我想请你帮我保管这个。"他把公文包交给诺弗拉德，补充说，如果几天后他没有回来，"请告诉我的妻子"。

诺弗拉德明白了他的意思并答应了他的要求。

波诺维尔开辟了一条从边境小镇安马斯秘密潜入瑞士的通路。抵达当地火车站后，雅克和其他代表在几名法国海关工作人员（已经由波诺维尔招募进了组织）的带领下穿过了边境。瑞士边防机构、情报服务局（SR）的一些知情人正在瑞士境内等候他们。然后，雅克一行人被带到日内瓦，费罗和日内瓦代表处接待了他们。

除了雅克和波诺维尔，到场的还有：皮埃尔·德朱西厄将军（化名"庞特卡尔"），他是秘密军的参谋长；法国国家委员会军事代表路易-尤金·曼金（"格罗纳德"）；皮埃尔·阿瑞吉（"夏邦杰"），北部地区军事组织代表；马塞尔·底格里姆（"富歇"或"多米"），"立即行动"组织的领袖，它由好几个军事团体组成；MUR 的伊曼纽尔·德·阿斯迪尔。代表们带来很多报告交给盟军，包括一张总结目前可用兵力情况的表格以及预计盟军登陆时秘密军和抵抗组织的有效兵力信息。秘密军和 FTP 大约能够提供 20 万人投入战斗，但只有不到 15 000 人有武器。为了发挥他们的潜力，盟军需要为他们提供 8 万多支冲锋枪或自动手枪，25 万颗手雷和每月 40 吨炸药。盟军向雅克保证，将给 FTP 提供武器并把空投地点告知他的联系人。

会议结束后，与会者两人一组越境返回法国。雅克平安地穿过了边境，但底格里姆和德朱西厄没有，两名瑞士军官带他们到了边境线附近，将一条铁丝网附近的通路指给他们看，但两人到了法国一边之后却被德国巡逻队抓获。波诺维尔立刻向他的联系网发出警报，因为这两个人知道抵抗组织的关键信息，没人敢说他们在遭到折磨后会不会泄密。行动小组立刻开始策划如何将他们从德国人手中救出来——这样的行动很危险，一定会导致伤亡。幸运的是，因为被抓的两人身上带着很多钱，所以抓他们的人以为他们是走私者，根本不知道他们是抵抗组织的主要领导者。机智的法国海关工作人员成功说服德国人将犯人送交法国警察，让法国警察起诉这两个"走私者"。支付了大笔罚金后，底格里姆和德朱西厄获释，乘坐下一班火车回到了巴黎。

记者"布沙尔"

在朋友的鼓励下，加缪也开始行动。在庞内里尔停留期间，他到附近的里昂看望了巴斯卡·比亚，比亚是"战斗"组织里昂地区负责人马塞尔·派克的副手。比亚把加缪介绍给他的朋友弗朗西斯·庞吉，诗人庞吉也是抵抗组织成员，他住在另一位诗人莱内·雷诺德的姐姐的公寓里。雷诺德是里昂"战斗"组织的领导人之一。加缪和两位诗人成了朋友，他们互相交换书籍和作品。加缪到圣埃蒂安治疗结核病的时候，打算去那儿和雷诺德见面并与他一起在这座小城里逛逛。雷诺德告诉加缪，他已经停止了写作，"事后"——战后——他会接着写。在里昂的小公寓里，他们经常谈论文学，直到宵禁的时间开始为止，这时雷诺德就会到一处安全的屋子里睡觉。

通过庞吉和雷诺德，加缪认识了莱内·塔维涅。塔维涅在里昂郊区的家中主办了一份文学评论刊物，参加抵抗运动的作家们（其组织叫作法国作家委员会,CNE)也会到他家举行秘密会议。加缪因此进入了一群文化名流的圈子,包括让·包兰、弗朗索瓦·莫里亚克、诗人路易·阿拉贡等等。德占期间,阿拉贡甚至在塔维涅家里住了一年多。虽然加缪身体太弱,无法亲自上战场,但在他认识的抵抗组织成员和作家们的鼓舞下,1943年7月他为《解放》杂志写了一篇文章。该杂志是抵抗组织"独行团"出版的期刊。在他匿名发表的《致一位德国朋友的信》里,加缪对一个他虚构的与其五年没有见面的朋友说话。他描述了两人对各自国家的热爱并预言了德国的失败:

> 我们不久就会再次见面——如果可能的话。但我们的友谊即将结束。你将面对失败,但也不会为过去的胜利感到羞愧,相反,你们的力量将被粉碎,所以,你们会热切地希望记住曾经有过的胜利。今天,我在精神上仍然与你相近——我是你的敌人,毫无疑问,但也有点是你的朋友,因为我现在对你说的话是毫无保留的。明天一切将结束……希望你明白,既不是和平也不是战争让你看清了你的国家的命运。

罗列了法国在德国战败之前会经历哪些苦难——"侮辱和沉默,以及更苦涩的经历,牢狱,刑罚,清晨时的处决,抛弃与分离,终日忍饥挨饿,瘦弱的孩童,还有最重要的,对人类尊严的羞辱"——之后,加缪断言,是法国而不是德国将要获胜。他写道:

> 我属于一个值得敬佩、不屈不挠的国家,这个国家勇于承认她的失误和弱点,没有丧失她整体性的伟大……我属于一个在过去的四年中逐渐复活的国家,尽管她没有必胜的王牌,却一直在努力搏斗。这个国家值得我为她受苦,值得我爱。我相信她也绝对值得我们为她战斗,因为她应该得到更高层次的爱。另一方面,我要说,你的国家也从它的儿女那里获得了它应得的爱,而这种爱是盲目的。仅凭这种爱无法为一个国家辩护,它也是你们失败的原因。你们这些已经拜伏在曾经的胜利脚下的人,在即将到来的失败面前又会怎样呢?

当年秋天，搬到巴黎后，加缪为他所爱的国家斗争的机会来了。尽管他曾打算回阿尔及利亚，但他的出版商伽利玛将他带回了巴黎。老朋友比亚起到了关键作用，他将加缪介绍给抵抗组织。在盖世太保和维希政府的双重通缉下，比亚（化名"雷诺阿"）8月搬到了巴黎。当时，"战斗"组织为了壮大与组织同名的抵抗派报纸，正在寻找一位编辑。虽然富有相关经验的比亚是首选，但他刚刚担任了 MUR 的秘书长。比亚立刻想到了加缪，决定将他引见给杰奎琳·伯纳德，她是"战斗"组织的执行秘书，负责报纸的出版和发行。伯纳德是"战斗"的早期拥护者，1941年被组织招募做打字员，整理一些公告。她的父母是富裕的犹太人，住在里昂（前非占领区）；她全家都加入了抵抗运动。杰奎琳加入组织几天后，她父亲伯纳德上校就向运动捐献了 50 000 法郎，她弟弟让－居伊也加入了"战斗"组织。

加缪和伯纳德的第一次见面完全是秘密的。伯纳德的父母过去的女仆是里斯本街上一座建筑的门房，她让组织的人使用她在一楼的小公寓的里间秘密碰头。除了伯纳德（化名"奥格"），组织的印刷员安德烈·波利叶（"韦林"）也在场。比亚把加缪带过去，加缪自称"布夏尔"。伯纳德注意到这个脸色苍白的人严重营养不足，穿着破旧的衣服，但这在实行食品配给制的巴黎并不鲜见。坐在一张狭窄的桌子一头，"布夏尔"说他"做过一些记者工作"，但他乐意做点版面设计、写文章或者帮点有用的忙。他认真地听伯纳德和波利叶解释报纸是如何发行的。伯纳德和波利叶都不知道与他们谈话的人是个作家，他的书已经被文学圈里的人广为讨论，加缪也不知道他们的真实身份。虽然盖世太保在巴黎到处搜捕抵抗运动成员，经常跟踪他们到开会地点去，然后抓住被跟踪者，通过严刑折磨拷问出其同伙的姓名和地址，但加缪等人却没有暴露行踪，而"布夏尔"以后也成为"战斗"组织的一名得力成员。

第十三章

双重生活

人生的进步并非来自适应，而是冒险。

——亨利·米勒《写作的思考》

1943年底，巴黎市内及其周边地区的气氛变得越来越紧张。就巴黎人而言，这可能是德军入侵以来最悲惨的一个冬天。食物和煤的供应量是战后以来最低的。德国人也因为士气低落一改原本面带微笑、举止礼貌的风度。盟军在北非、意大利和苏联的进展意味着第二次法兰西战役早晚都要爆发——但是会在什么时间？"盟军什么时候登陆"是每个人脑中考虑、嘴上讨论的问题。

等待令人苦恼。那些试图逃避德国人视线的人，如奥黛特·莫诺和丽兹·特希尔，住在一个陌生城镇的一群陌生人当中，要一直忍受害怕被人发现的恐惧。而抵抗组织成员则要对抗盖世太保的不懈搜查，在同志被捕、被驱逐或被处决的阴影中坚持下去。从日内瓦返回一个月后，皮埃尔·阿瑞吉（"夏邦杰"）就在豪斯曼大街的特里亚多咖啡馆被捕，并被关到布痕瓦尔德集中营。马塞尔·派克，比亚在"战斗"组织的上级，之前三次逃脱纳粹的追捕，11月时被诱捕后不知去向。12月，德国坚持要贝当政府投入更多人力，不惜一切手段粉碎抵抗运动，因此抵抗组织遭受的压力更大。贝当指派约瑟夫·达尔南德——维希政府准军事部队的首脑——担任维持秩序部队的秘书长。达尔南德是个冷酷无情的反犹太主义者，几个月前他甚至加入了党卫军。他下令组建特别军事法庭来审判抵抗组织成员。如果抓到携带武器的抵抗分子便立即处决。接受《巴黎晚报》采访时，达尔南德向一个名叫"马基斯"的乡间游击队抵抗组织全面宣战："我们将在各处向马基斯发动进攻，投入足够的兵力，采取一切必要的手段。"由于达尔南德的手下都讲法语，所以他们甚至比盖世太保还要危险。

在这种日益增加的压力下，雅克·莫诺试图维持他的双重生活。他继续在实验室工作，但并非在索邦的实验室。一位知道他参加了抵抗运动的同事（他是抵抗组织"雷索－维里特"的成员，该组织在巴黎高等师范学校附近活动）在 11 月被捕。因害怕身份暴露，加之诺德曼 1940 年底被捕时莫诺就在索邦大学工作并且住在附近，莫诺认为经常出现在索邦大学太过危险。安德烈·勒沃夫也知道莫诺的秘密活动（因为莫诺把他介绍给了抵抗组织），他在自己的实验室中为莫诺提供了工作的空间——位于巴斯德研究所的阁楼。莫诺将他的实验工作转移到这个更受人尊敬的机构，甚至在 12 月主办了一个研讨会。研究所还为莫诺提供了一些会让双胞胎惊喜的礼物。儿子们总是特别喜欢去圣勒拉弗雷过夜后回家的父亲，他会把双手放到桌子上，然后从大衣袖子里摇晃出两只实验室的小白鼠。

不过，莫诺确实感到他的事情有点太多，所以辞了职，对此他自己和迪富克都感到挺失望。他对父母表示："我现在过着一种艰苦的生活，感谢上帝，尽管如此，我还是很高兴，因为能经常与奥黛特和孩子们在一起。"

下水

但莫诺并没有与合唱队失去联系。1 月份，吉纳维夫·诺弗拉德找到他，提出一个大胆的要求——她想加入 FTP，与他一起工作。这个年轻的笛手和歌手不愿意等着被人解放；她认为重点在于做好参加战斗的准备。她想加入一个会对德国人采取"立即行动"的组织——包括破坏和战斗。自从帮助莫诺保管他的公文包后，她就知道莫诺卷入了一些严肃的工作。

莫诺试图劝阻她，告诉她这样做有多么危险——会被逮捕、折磨、放逐甚至被处决。但诺弗拉德对此十分清楚，因为莫诺并不知道的是，这位音乐系的学生早就在支持抵抗运动，她有很多朋友和熟人都与抵抗运动有关系。法国陷落后，她与父母逃到图卢兹的非占领区，在那里他们收留过逃跑的战俘和希望投奔并与戴高乐一起战斗的人。后来，为了运送文件，诺弗拉德偷偷跨越过几次犹太警戒线。"北方解放运动"的发起人之一莱内·帕罗蒂认识诺弗拉德的家人，他后来被捕并在弗雷纳的监狱里遭受折磨而死。回到巴黎继续学业的诺弗拉德经常拜访弗朗茨·斯托克——臭名昭著的弗雷纳监狱的德国牧师，她假装自己是一名囚犯的未婚妻，试图向斯托克打听一位朋友的兄弟的情况。她父母在巴黎的家——她和姐姐亨利艾特以及父亲1943年底一起住在这里，亨利艾特是个实习医师，父亲是个画家（她的祖母和母亲是犹太人，她俩用假名住在诺曼底）——成为各种躲避当局缉捕的人的藏身之处。尽管距离马提翁旅馆（傀儡政府的总部和赖伐尔的官邸）只有半个街区，这座位于瓦伦涅斯街的宏伟的18世纪建筑依旧是犹太难民、不屈者、抵抗组织成员和被击落的盟军飞行员的避风港。

来这里的第一位飞行员名叫约翰·斯彭斯，他是一架B-17轰炸机的机组人员，他的到来令这座房子里的住客兴奋了好一阵儿。斯彭斯是抵抗组织收留并护送出法国的第一批美国飞行员之一，他的经历和1500多名躲过德军追捕、成功逃离法国的盟军飞行员大同小异。斯彭斯得以逃出法国离不开众多法国人的帮助：路上偶遇的普通市民；宣誓效忠抵抗运动的组织成员；无党派的同情者，如诺弗拉德姐妹。而且由于卷入了太多的人，很多人根本互不认识，所以帮助他们逃离是抵抗组织从事的最危险的活动之一。收留或协助敌方士兵逃跑是动辄就会被关进集中营或者处决的重罪。

1943年1月23日，斯彭斯少尉的飞机"青蜂"——从英国莫尔斯沃茨起飞的第303轰炸机编队的21架B-17轰炸机之一——奉命轰炸洛里昂港口和布列塔尼的布雷斯特U型潜艇基地。扔下炸弹之后，他们被高射炮击中，损坏了两个引擎，落在了编队后面。敌军的大约12架福克-沃尔夫Fw190战斗机迅速将其包围。身为领航员的斯彭斯不停开火，直到机枪熄火为止。他的驾驶员试图躲避敌机，但飞机的另一个引擎也已损坏，所以他拉响了跳伞警报。斯彭斯在大约4500英尺的高度跳出机舱，操控降落伞在一处柔软的沼泽地着陆，虽然脚踝受伤，但他仍能走路，所以他卷起降落伞，朝东面跑去。不久他就遇到一些农民，还有飞机上的工程师西德尼·德弗斯。

两名飞行员扔掉了降落伞，继续向前走。在一间农舍里喝了点儿苹果汁之后，他们来到了一个叫保罗的小镇。一位法国人给他们了一些食物和衣服，两人又继续上路。在格鲁梅尔，又有一名农夫向他们提供了食物，最后，他们在邦恩郊外的一个干草垛上睡了一觉。他们又走了三天，路过一个有 1000 人把守的德国要塞，其间好几个家庭为他们提供食物。最后，他们遇到一位会讲英语的天主教修女，她给两人一张便条，让他们把它带到圣吉尔斯的奎伦涅克城堡。在这座 18 世纪的城堡里，他们得到了一位 67 岁的女士——波伊斯波塞尔——的招待，她是克兰福里奇伯爵夫人。她让他们洗了个热水澡，提供了食物和温暖的床铺，第二天，又用汽车送他们到了一个火车站。两人用随身携带的急救包里的钱买了两张到巴黎的火车票。售票员无视斯彭斯的田纳西口音，二话没说就把票给了他们。两人准备登上火车的时候，售票员小声对斯彭斯说："一路顺风。"伯爵夫人让他们到巴黎郊外她女儿的家居住。

斯彭斯和德弗斯被交给罗伯特·艾尔照管，艾尔是"彗星线"（一个负责护送被德国人追捕的士兵、飞行员等从法国经多种途径逃到中立的西班牙的抵抗组织网络）的"协助者"。一旦到了西班牙，英国官员就会把他们带到直布罗陀，然后再到英国。艾尔负责安排斯彭斯和德弗斯的逃跑路线。这是一段危险的旅程，需要全程步行穿过比利牛斯山。两周前，创建"彗星线"的比利时女性安德里·德容就在协助三名逃亡者逃跑的路上（在西班牙边境附近）被捕，这是她第 33 次护送别人穿越边境。因此，在斯彭斯和德弗斯出逃之前，必须找一条新路线。与此同时，出于安全考虑，艾尔帮他们弄到了假身份证明，让其在巴黎的不同家庭之间轮流居住。为了养好脚踝，以便在冬季的严寒中长时间步行，斯彭斯被带到巴黎周围散步锻炼，由可靠的抵抗组织成员的朋友照顾。

亨利艾特·诺弗拉德的一位同事把斯彭斯带到瓦伦涅斯街上的诺弗拉德家做客。在自己家里见到一位活生生的美国人，诺弗拉德姐妹非常激动。仅在几个月前，美国才加入了盟军的轰炸计划。为了解救占领区的人民，斯彭斯等美国飞行员冒着生命危险与德军战斗。姐妹俩用家里仅剩的食材为他们制作了三明治，拿出最后一盒茶叶招待他们，还想办法找到一些奶油加进去。亨利艾特和吉纳维夫的英文都非常流利，所以斯彭斯向她们讲述了他执行过的轰炸任务、跳伞和逃跑等细节。一下午的长谈之后，吉纳维夫负责把斯彭斯送到圣日耳曼街朱尔斯·狄聂尔医生的家。狄聂尔收留过一连串的逃亡者，他儿子雅克也是"彗星线"的成员。诺弗拉德带着斯彭斯走过一些空旷的后街，两人小声地用英语交谈着。遇到其他行人时，她就换成法语，斯彭斯则报以微笑。

抵达巴黎两周后，斯彭斯、德弗斯和另外三名逃亡者在让-弗朗索瓦·诺索伯的护送下登上了南去的列车，诺索伯发现了一条穿越比利牛斯山的新路线。虽然这些人一起行动会增加风险系数，但六个人恰好可以占满一个火车卧铺隔间，不会有其他乘客打扰。在西班牙克服了一些小困难之后，1943年3月15日，斯彭斯安全返回英国。

然而，不到一年之后——吉纳维夫和莫诺讨论她加入FTP的时候——罗伯特·艾尔就被盖世太保抓捕，一同被抓的还有德容的父亲（1944年3月两人被枪决）；朱尔斯·狄聂尔也被捕入狱；他的儿子雅克死在米特堡-多拉集中营；护送过斯彭斯的诺索伯当年1月被捕，遭受严刑拷打后锒铛入狱——他们只是被捕的"彗星线"组织的数百名成员的一小部分，其中有150多人因为协助了素不相识的盟军士兵而被处决。

诺弗拉德姐妹愿意协助需要收留的所有人，包括另一个美国轰炸机领航员。但吉纳维夫决定正式加入某个抵抗组织——"下水"，这是抵抗组织的俚语。她告诉莫诺，自己明白这样做的风险，并且对自己的决定深思熟虑。实际上，她十分紧张，因为害怕进监狱受折磨。她告诉莫诺，没有人会知道自己在那种情况下会作何反应。她认识一些受过折磨的人，事先根本看不出谁会受不了而泄密，谁会一直保持沉默。

吉纳维夫·诺弗拉德，照片来自她二战时的身份证（吉纳维夫·诺弗拉德供图）

莫诺对她说:"好吧,明天过来吧。"

吉纳维夫立刻作为"联络员"投入工作。抵抗组织无法使用电话或邮件,因为害怕被敌人截获,所以他们用人工传递消息。为了交换命令、信件或文件,联络员要在大街上、咖啡馆、教堂或者办公室碰头——都是两个人可能偶然遇到、不会引起别人注意的地方。诺弗拉德会步行或骑自行车到碰头地点去。携带文件乘坐地铁非常危险,因为列车和车站是巡警和搜捕行动经常选择的目标。

诺弗拉德会把情报藏在自己的衣服里,或者放在购物袋底部,上面盖上一些蔬菜,或者放到妇女用品下面,这样搜查者可能不好意思仔细检查。把文件交给别人在大街上很难不被人注意,所以他们会把纸张伪装成信件,放到信封里,填上假地址,甚至贴上邮票。然后在邮局里面碰头,或者假装请与她碰头的人帮自己寄信。莫诺给诺弗拉德看了他最喜欢的藏匿敏感文件的地方:索邦大学他的实验室门外,有一只长颈鹿标本,它的腿骨是空心的,里面藏着盖世太保感兴趣的文件。

这份工作对纪律性要求很高。通常,与诺弗拉德碰头的人都要经过一位她也认识的 FTP 成员介绍给她。如果她要和自己不认识的人碰面,那么关键在于她是否能认对人,要做到这一点,可以事先安排一些标记或者暗语。例如,吉纳维夫要和某人见面,她事先知道对方会携带某种特定种类的葡萄酒,或者问对方:"亲王公园怎么走?"对方应该回答:"这儿就是,小姐。"为了进一步保证安全,他们还可以带着写有数字的汽车票。

从事这项工作一直很危险,特别是要保证她不会被人跟踪。因为,如果盖世太保或者维持秩序部队盯上了她,她就会把他们引到其他联络人及其上司那里,大家都会被捕。德国人在大街上安置了密探,寻找人们的可疑行为。甚至在人行道上等人都是危险的。探子会让她交出身上带的东西并搜查她,或者看她究竟等的是谁并跟踪对方。因此,在约定的碰头地点等人不能超过五分钟。通常他们还有备用的见面地点——如果其中一方错过了碰头的话。

除了永远处于紧张状态,她的记忆力也受到严峻考验。诺弗拉德不能写下任何细节,也不能在同一地点与人碰头两次,以防被人盯梢。所以她不得不记住所有时间、地点、人物和化名，有时候一天会有多达 15 次的碰头任务，此外她还要记住第二天的各种新的任务指示。

逮捕

尽管 FTP 重视安全，但也有疏忽的时候。马塞尔·普利南特（"奥古斯特"）和莫诺一样有双重身份。除了为 FTP 工作，他在索邦大学有一个实验室，他的犹太妻子和岳母住在巴黎外，他没有住在索邦大学附近图里叶街的家，而是和朋友（也是抵抗组织成员）弗拉基米尔和茱莉亚·科斯蒂辛住在皇家港广场，茱莉亚在他的实验室工作。1944 年 1 月 28 日，他要在巴黎郊区蒂伊的一条安静的街道上与一个叫作"罗宾"的代表碰头。罗宾是 FTP 组织中负责法国最重要的地区之一的成员——该地区包括诺曼底，那是盟军有希望登陆的地方。普利南特每周都会见到罗宾，罗宾也会到他负责的地方去。在这次碰头中，普利南特打算质问罗宾，因为他听说罗宾把他们碰头的事情记在了一本笔记上。

普利南特来到空旷的街道上，但没有见到罗宾。他无意识地向前走，结果看到四个人从几扇门后面出来，而且拔出了手枪。其中一个人说："德国警察。"普利南特知道已经逃不掉了。他们给他戴上手铐，把他塞进一辆路边等候的汽车。他看到罗宾瘫坐在车厢一角，显然被打了一顿。普利南特立刻明白罗宾的笔记本出卖了他。汽车沿着塞纳河左岸前行，抵达索塞尔街的巴黎盖世太保总部。

普利南特十分肯定接下来会发生什么。他坐在一名军官面前，对方身后是各种刑具，还有三个交叉双臂沉默地斜靠在那里的疤脸打手，他们死死盯着普利南特。普利南特设想过多次，假如自己落到盖世太保手中后应采取何种态度，他知道自己完了，他唯一关心的是不吐露任何可能被用于对付 FTP 同志的信息。他身上没有携带任何可疑文件，但他的实验室里却有，他知道那里已经被搜查过了，但好在此次搜查会警告他的朋友他已经被捕了。

审讯开始。军官拿着他的钥匙链，问他钥匙链上的每一把钥匙都是做什么的，他口袋里的纸上写的每一个字母缩写是什么意思，他在抵抗组织中担任什么职务。受审的技巧是交代无关紧要的小问题，要么是盖世太保已经知道的，要么是让人觉得可信的。普利南特回答了每一个问题，包括承认他是 FTP 的成员。短暂的午间休息后，军官通知普利南特，他们已经搜查了他的实验室和家，在他家中逮捕了他的儿子。"可是你没住在家里？"军官问。

"没有。"普利南特说。

"那你住在哪里？"审讯者问。

"我不会告诉你的。"普利南特说。他不想说出自己住在哪儿，至少他希望在给室友留出足够的逃跑时间之前守口如瓶。

"我们走着瞧。"盖世太保说。

军官决定弄清普利南特助手的身份和去向，他先是诱哄普利南特说出地址，但没有奏效，便说："够了！要么你立刻给我他们的地址，要么我把你装进澡盆。你知道那是什么吗？"

普利南特听说过"装进澡盆"是一种折磨方式：把犯人的头按到水里，在他溺死之前松手。军官又给他一次机会，普利南特拒绝了。军官和手下把普利南特带到四楼的一个小盥洗室，最后一次询问他地址，又被普利南特拒绝。他们让他坐在浴缸边上，把他扔了进去。其中一个人拽住他的脚踝猛地向上拉，把他的头浸在冰冷的水中。过了一会儿把他提了出来，然后又放进去，这次的时间更长。普利南特故意摆动身体，把水溅到拷问者身上。他们一次又一次地把他提起又放下，重复了八次之后，普利南特决心即使遭到更残酷的折磨也要忍受下去，从而为朋友争取到逃跑的时间。当军官问他是否做好准备回答的时候，他说"是的"，然后给他们皇家港广场的地址。对方于是允许普利南特弄干身体，同时其手下迅速赶往皇家港广场。但他们发现那里已经空无一人，也没在普利南特房间里发现可疑文件。科斯蒂辛夫妇在逃走之前已经从他的公文包里拿出文件，撕成碎片，冲进了马桶。次日的短暂审讯之后，普利南特被转到弗雷纳监狱，最后他被关进诺因加默集中营。

马里韦尔

普利南特的被捕是 FTP 的重大损失，尽管领导层相信他不会招供，但是没有人能肯定普利南特和罗宾会不会给他们带来危险。此事让组织内部更加紧张，但就像其他也有成员被捕的抵抗组织一样，他们的活动在继续，失去的领导人要有人替代。FTP 让莫诺的连襟乔治·特希尔接替普利南特担任参谋长。同时，莫诺接到了新任务，成为 FTP 派往一个组织（法国内部抵抗军，FFI）的代表，该组织是由一系列的抵抗运动军事团体组成的，包括秘密军（它本身就是"战斗""自由南方"和"独行团"的集合体）和 FTP，其目的主要是参加法国解放战役，协调盟军登陆前后的抵抗活动。戴高乐在伦敦的幕僚马里–皮埃尔将军是这个组织的最高领导人，皮埃尔·德朱西厄（"庞特卡尔"）则被任命为该组织在法国的总负责人。

FFI 在法国的每 20 个区都设有一名负责的指挥官。在每个地区，都有多名军官负责不同的军事部门，如情报部（G2）和行动部（G3）。莫诺是巴黎地区的行动部负责人。情报部成员的任务是收集潜在目标的信息，这是吉纳维夫·诺弗拉德的工作，她会把信息交给莫诺，莫诺则从中选取有用的部分用于行动参考或向行动部下令。

莫诺发现，他无法长期维持双重生活。随着新任务的分配和普利南特的被捕，又传来另一位同事雷蒙德·克罗兰德被捕的消息，他知晓莫诺的身份和活动，他是抵抗网络的联合创建人，他和乔治·特希尔来自巴黎高等师范学院的同一个系。克罗兰德在战争期间一直进行着细菌和果蝇突变 X 射线诱导实验。2 月 14 日下午，当克罗兰德在他四楼的生物实验室等待来自伦敦的一位联系人时，五名穿便装的法国和德国警察进入办公大楼，堵住了出入口并逮捕了他。

FFI 的成立也提高了莫诺的曝光率，因为这是一个新的超大型抵抗组织，FFI 及其成员迅速成为盖世太保的头等目标。莫诺决定完全投入秘密行动的生活之中——在不同的地方过夜，远离亲王街的家。他还不断更换化名。FFI 的成立无法马上解决长期存在的问题，如武器短缺。莫诺怀疑他或其组织可能没有办法对敌人造成影响，所以他选择了一个具有讽刺意味的假名"马里韦尔"——司汤达的小说《阿尔芒斯》里面一个无用的角色。

莫诺继续着手解决武器问题。他又去了一次瑞士，但这次是在冬天去的，更糟的是，安马斯（常用的边境穿越点）附近到处都是达尔南德的人。莫诺、波诺维尔和"米兰达"——"马奎斯"的防御部长——选了另一条路，步行越过白雪覆盖的汝拉山脉。莫诺冷静的举止令波诺维尔印象深刻，十分欣赏。莫诺穿着领口竖起的加拿大夹克，看上去"就像要去坐地铁一样泰然自若"。在返回的路上，他们在莫尔维拉镇找到几辆自行车，骑到了贝尔福特，那里到处是德国兵。他们上了火车，混进其他乘客中，再次安全回到巴黎。

尽管莫诺藏在巴斯德研究所的阁楼秘密做实验，但这样的冒险活动要求完全秘密的生活方式，不适合再到实验室去。如1940年冬天那样，莫诺不得不再次告别研究生活。但此次的时机不太好，因为尽管干扰因素很多，他的实验正处于重要的进展之中。1943年到1944年冬天，他和爱丽丝·奥杜罗（勒沃夫在巴斯德实验室里的研究生）开始了一系列的新实验。为了进一步研究细菌双生长现象，莫诺和奥杜罗参考了"巴黎高师"的菌株研究报告——其结论是可以通过培养含有乳糖的介质来使其发生新陈代谢。但文献引发了一个问题——究竟这种现象是糖生成的酶？还是像大多数人认为的是一种罕见的变异引起的？奥杜罗和莫诺发现，这些菌株确实发生了变异，它们有能力激活乳糖，这种能力是由细菌的遗传特性决定的，而非糖分引发的结果。另外，此类变异并不罕见。实际上，奥杜罗从她的导师勒沃夫的大便样本中分离出了多份菌株，并和莫诺顽皮地将其命名为"巴黎高师"（ML），ML是"勒沃夫变异菌株"或"勒沃夫的大便"的缩写，至于怎么理解当然取决于听者。遗传学，特别是细菌遗传学，当时正处于婴儿时期，所以运用遗传研究来解决生理学谜题——如酶的适应——是新颖而强大的方式。

完全投身抵抗运动之前，莫诺还是设法挤出了几天时间到实验室去。

随着他秘密工作的加快，他只有在寻找稀缺材料的时候才会去实验室，比如橡胶塞子。莫诺需要用它们当消声器——不是用在武器上，而是用于复印机。吉纳维夫·诺弗拉德有时不得不复印数千份小报或其他文件，很难不吸引别人的注意。

诺弗拉德和莫诺发现他们只能把机器搬到走廊里，这样就不会被街上的人看见。但楼下也住着人，移动和操作机器都会发出噪声。如果莫诺和诺弗拉德在复印FTP文件的时候被逮个正着，那就麻烦了。所以莫诺从实验室的烧瓶上拔了两个大号橡胶塞，为机器的四个脚做了"鞋子"。半夜的时候，他和诺弗拉德脱掉鞋子，带着墨水、蜡纸和两手提箱的纸张偷偷溜进办公室，把机器搬到走廊，然后进行复印。黎明的时候工作完成，他们把机器搬回去，把复印件和工具打包拖走。街上的警察只会看到一对十分亲密的情侣，似乎正拖着箱子准备出门旅行。

战斗

　　加缪却能够一直维持"战斗"组织的成员和巴黎文学圈作家的双重生活。由于在抵抗组织有很多朋友，他发现了很多做出自己贡献的方法。住进墨丘利旅馆（距离德国国防军总部所在的鲁特西亚旅馆只有二百码左右）不久，他就给法约尔发消息，表示他要送一个也是困在巴黎的来自奥兰的朋友到他们那里去。这位朋友是犹太人，所以加缪暗示说她"身体虚弱，患有遗传性感染"。他在伽利玛的阅读委员会的新工作让他得到一间办公室，可以在里面写作或者帮别人藏匿文件，也使他有机会和伽利玛认识的其他作家接触，其中有些人——如安德烈·马尔罗——还是通缉犯。一天，加缪平静地到办公室中请求大家帮助收留"一个非常重要的人"。马尔罗在外面等他的消息，他陪同着一位重要人物——乔治·希勒上尉，英国"特种作战部"（SOE）的军官，他为抵抗组织安排物资空投事宜。最后一位编辑收留了希勒。

　　返回巴黎的前几个月里，加缪实际上不像过去那样深居简出，他为剧院写作，还与其他作家和艺术家交流。在庞内里尔居住时，他去巴黎观看让–保罗·萨特的戏剧《苍蝇》，遇到了萨特本人。接受新工作后，他经常在圣日耳曼附近的咖啡馆与萨特见面，还有他的女伴波伏瓦。身材矮小、患有斜视的存在主义者萨特和女权主义领袖波伏瓦都被加缪的幽默和热情俘获，也折服于他的才华和智慧。在谈论战争、政治和戏剧问题时，加缪发现，除了自己出身低微得多，三个人之间有很多共同点。

　　弗洛尔咖啡馆是三个人最喜欢去的地方。除了它对老顾客的重视和便利的位置（位于塞纳河左岸中心地段，距离伽利玛的办公楼只有几个街区），这里还有一个烧木头的炉子——巴黎的煤也需要配给券才能买到，因此吸引了很多顾客。他们第一次聚会的时候，萨特就建议加缪执导他的戏剧《禁闭》并担任男主角。加缪接受了。他们开始在波伏瓦在路易斯安那旅馆的房间彩排。然而，由于女主角的丈夫兼此剧的投资人被捕——女主角与抵抗组织有联系，此事只能告吹。

　　经常在一起吃饭喝酒的三位反传统作家发展出了牢固的关系，加缪被另外两人引见给一个更大的艺术家圈子。加缪成为一群玩票艺术家——包括波伏瓦和萨特——的领头者,他们被邀请去公开朗读毕加索在20世纪20年代创作的一出超现实主义戏剧。这出戏——名叫《抓住欲望的尾巴》——是在一位共同的朋友的起居室里演出的,观众包括毕加索本人、画家乔治·布拉克和一些诗人、导演和演员。为了感谢他们的努力,毕加索邀请这些杰出的演出者到他的公寓做客。

加缪完全按照他自己的方式生活——白天在伽利玛那里工作,晚上见朋友、为《战斗报》工作,还拿出几个小时搞写作。他重写了剧本《误会》,它的主题也是荒诞,描写了一个男人在海外生活了一段时间,最后回到家里,发现他的母亲和妹妹把家里的房间租出去,然后杀掉房客。他希望在夏天将它搬上舞台。

加缪甚至找到了新情人。在毕加索公寓做客时,22岁的玛利亚·卡萨雷斯也在场,她尽管年轻,却已经是巴黎著名的女演员。那时候,她只认为加缪是

加缪、萨特和波伏瓦在毕加索的公寓中。这张照片是当时参加表演的人和观众们重聚时拍摄的(1944年3月毕加索的剧作上演)。波伏瓦站在最右侧,毕加索位于第三排右边,萨特坐在最左边,加缪在他右边(法国国家图书馆)

个好演员,但她没有想到不久自己很快就会成为加缪新剧的女主角。她在导演的工作会上遇见了加缪,立刻被他"非凡的外表"和脆弱的气质所吸引。加缪爱上了卡萨雷斯的美貌和富有表情的眼睛。她的出身也令人羡慕:生于西班牙,父亲是卡萨雷斯·圣地亚哥·基罗加——1936年,他曾经短时间当过首相和战争部长,直到西班牙内战爆发为止,当时只有14岁的玛利亚自愿到马德里医院做护士照料伤员。后来她和父母在边境关闭之前逃到法国。德国入侵法兰西后,玛利亚进入巴黎艺术学院并开始表演。1942年,她首次出演即在《悲伤的迪尔德丽》中领衔——这也是其学习生涯的句号,因为她立刻成为红极一时的女演员。

玛利亚和加缪见面后立刻传出了绯闻。弗朗辛在阿尔及利亚,所以加缪可以肆无忌惮地带着玛利亚到他最喜欢的咖啡馆和饭店。作为"战斗"的成员,加缪却可以过上这种公开生活的原因之一,是他在报社的同事根本不知道他的真实身份,这一点和莫诺的科学家同事不同。他和周围的人过去也不认识(比亚除外)。"布夏尔"只会出现在报社会议上并做他的工作。加缪还有化名的保护。抵抗组织给他弄来了"阿尔贝·马西"的假身份证,注明他是出生在巴黎的记者。当他告诉杰奎琳·伯纳德自己的真实身份时,她着实吓了一跳。

加缪和他的同志们并不比其他抵抗组织更安全。如果有人跟踪他们到门房家的里间或者抓住他们在复印材料,大家就都暴露了。实际上,1943年冬到1944年春,"战斗"受到盖世太保的打击很大,有些事件险些影响到加缪。

1月28日,马塞尔·普利南特被捕的同一天,让-居伊·伯纳德和妻子伊冯娜·鲍曼在波西德哥拉斯街的公寓等候让-居伊的妹妹杰奎琳吃晚饭,让-居伊是NAP铁路组织——一个抵抗组织的分部,负责渗透和干扰铁路运输——的负责人。伊冯娜是"战斗"和MUR的社会服务负责人。让-居伊去应门,本以为是杰奎琳来了,可是她当天迟到了。门被两名盖世太保推开,他们把夫妇俩带走,杰奎琳得以逃脱。伊冯娜·鲍曼被送到拉文斯布吕克,让-居伊则去了奥斯维辛。

3月8日,盖世太保在里昂抓到了"战斗"的印刷员安德烈·波利叶("韦林"),这是他第二次被捕,两个月前他刚从法国警察局逃出来,完全转入地下。尽管只有23岁,但波利叶是组织的核心成员。是他想出了计划,报纸不仅在里昂的一处工厂里印刷,而且还在全国的另外 12 处地方印制。他还成立了一个假公司,以便进口新闻纸……而且是从德国进口。他也没有被盖世太保吓倒。1942 年 12 月,他带领几名武装分子从一家精神病院把"战斗"的联合创始人博迪·阿尔布雷希特救了出来。遭到严刑拷打和处决的威胁之后,波利叶从一家军事医院逃了出来,继续印刷《战斗报》。

3 月底,盖世太保再次袭击了组织的核心。波诺维尔在巴黎有一个情报网络和一些藏身之处,用来传递每日的消息、进行情报编码、打字并定期发到瑞士去。德国人在安马斯捉住了波诺维尔的一名手下,他带着的文件暴露了打字员的身份。打字员的公寓被盖世太保搜查时,她设法通知了组织,但是并非所有人都及时得到警告。克劳迪·博德特——亨利·弗莱内在国外时,他是"战斗"负责人,加缪也见过他——到打字员的公寓去按门铃,结果欢迎他的是一支顶在脸上的左轮手枪。德国人发现了更多的地址并开始设下陷阱。米兰达在去开会的路上落网。波诺维尔的老朋友和副手阿兰·德·卡马雷("尼赞")——他认识组织中的每一个人——在另一个公寓里被捕。盖世太保差点抓住波诺维尔。波诺维尔和妻子匆忙收拾东西,及时离开了公寓,他们到巴黎的一个朋友那里避难,这个朋友不属于抵抗组织,其地址也自然不在盖世太保的名单上。

德国人和约瑟夫·达尔南德的目标是粉碎抵抗运动。然而,尽管损失了很多同志,运动仍继续进行。"彗星线"组织多次重建,波诺维尔重建了他的网络,《战斗报》继续出版。1944 年 3 月,加缪为报纸写出了第一篇社论(匿名),他在文中敦促读者们,特别是那些长久以来的旁观者,加入抵抗运动,与德国人斗争。在"全面战争,全面抵抗"的标题下,加缪写道:"你不能说'这与我无关'。因为这与你有关。事实是,德国人现在不仅在摧残我们之中最骄傲的爱国者,而且还在继续向全法国开战,法兰西被践踏在他们的铁蹄之下。"

历数了德国近期的报复行动后,加缪继续写道:

> 这些冷漠的法国人可能会说"这与我无关"……
> 不要说"我表示同情,这就够了,其他事情不关我事"。因为作为一名同情者,你可能会像激进分子那样被杀,或者被折磨。请行动

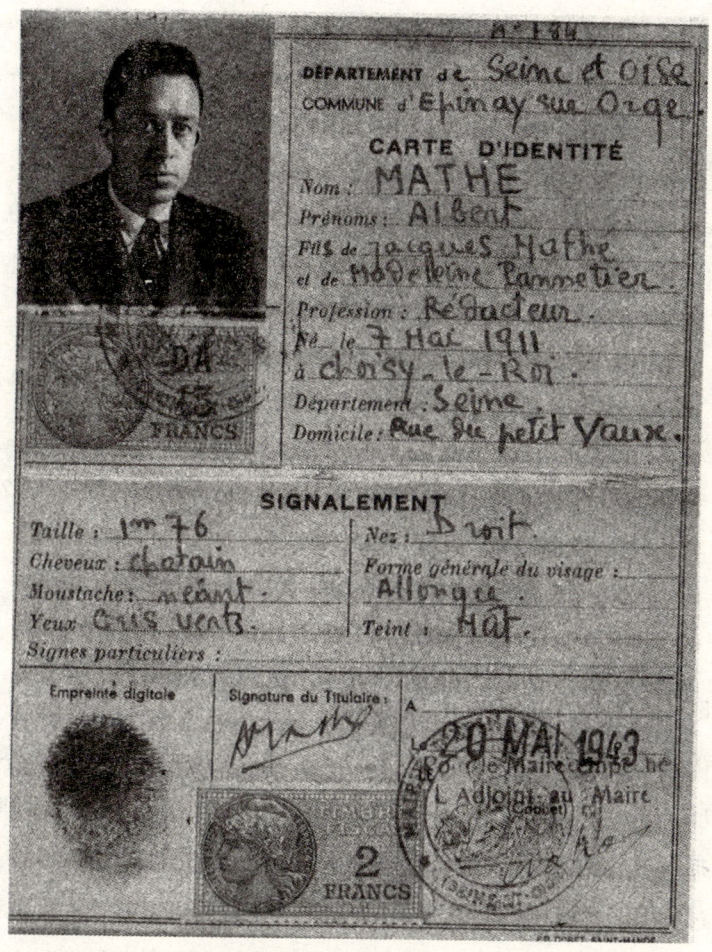

加缪的假冒身份证,化名"阿尔贝·马西",作家。卡片上的所有信息——出生日期、地点、父母——都是假的(提供者:法国艾克斯普罗旺斯马加尼图书馆,加缪基金会,凯瑟琳和让·加缪。版权所有)

起来:你的风险不会再大了,你至少可以享受内心的安宁,我们中最好的人则在牢狱中享受这种安宁。

全面战争已经开始,它需要我们的全面抵抗。你必须抗争,因为它确实与你有关,只有一个法国,没有两个。破坏、袭击、示威游行等活动正在全法国涌现,这是回应这场战争的唯一途径。这也是我们对你的期望。

第十四章

准 备

> 如果他们从西面进攻，战局将因此决定。如果我们挡住了他们的进攻，那么整个故事即告结束。
>
> ——阿道夫·希特勒，1943年12月20日

无论有多少人加入，抵抗运动也无法仅凭自己就把德国人赶出去。与德军相比，法国还是严重缺少武器和人手。1944年春天，德军在法国有48个师，共75万士兵，而大巴黎地区只有大约4万名抵抗组织成员，不到1000人拥有武器。加缪呼吁的抵抗行动以及由瑞士送到伦敦去的情报的终极军事价值在于，通过给德国人搞破坏协助盟军做好登陆准备。破坏铁路、电话线和电力的目的是阻碍德国备战，破坏其给养和军队的机动性，同时搜集其在法国境内的驻军、军需、弹药仓库和关键工厂的情报，用以指导盟军进行轰炸。

抵抗组织的破坏行动非常有效，特别是铁路方面。抵抗组织领导人和盟军指挥官经常争论的问题之一是与高空轰炸相比，他们的小型行动队在特定环境下可以进行更为精确和有效的破坏。例如，与在两万英尺高空瞄准地面小型目标的轰炸机相比，几个熟知地形和铁路时刻表的人更容易切断一条铁路、让列车脱轨或者炸毁一台火车头。另外，这样的破坏行动不会威胁到平民的生命或财产，也无须飞行员冒险。有统计数据可以做证：1944年1月到3月，抵抗组织炸毁了800多台火车头，而盟军空袭只炸掉了387台。从1943年6月到1944年5月，抵抗组织一共炸毁了1822台火车头和2500节列车车厢，有至少8000多节车厢被损坏。

切断铁路线也是常见的活动,因为准确放置少量炸药就足以破坏短距离的铁轨。1943年10月到11月,维希政府的警察报告说,抵抗组织试图对铁路系统发起3000多次袭击。11月中,有400多次取得了成功,造成了重大破坏,包括130多次火车脱轨。单独的火车线路受袭击频率较高,很多都是刚修好又遭袭。例如,专门为德军的防御工事"大西洋壁垒"运送物资的巴黎—布雷斯特铁路线,从1944年1月到5月9日就被切断过24次。

然而,抵抗组织中没有人知道他们还要努力多久,因为法国没有人知道盟军究竟何时登陆,甚至阿尔及尔的戴高乐或伦敦的柯尼希将军都不知道登陆计划或者日期。鉴于抵抗组织领导人频繁被捕,盟军的规划者认为宣布任何相关的消息都是极端危险的。他们告诉FFI等组织,首先关注BCC的广播,其次,每个月的15日和16日会发送加密消息,提醒他们登陆在即,然后他们可以收听后续的确认信息,如果收到确认信息,那就表明登陆将在48小时内发生。后面的指示也是发给各地的信号,他们要按照之前的计划要求各地抵抗组织力量向铁路、道路和通信设施发起袭击。按照袭击目标的不同,分为"绿色计划""玳瑁计划"和"紫色计划"。

因此,莫诺和其他行动部门的成员承担着双重任务——在登陆之前的时间以及登陆后的关键时刻、日期和几周内制订计划和实施行动。几个月过去了,他们没有从BBC收到任何盟军即将登陆的信号,随着抵抗组织领导人和成员不断被捕,日常的紧张气氛给抵抗运动带来了负面影响。坚持下去的关键在于不要时常感到泄气。4月的一个傍晚,莫诺和诺弗拉德疲惫地回到她的家完成一些工作。突然间警报声大作,他们听到远处传来爆炸声,便赶紧来到屋顶上朝巴黎东面望去,结果被一次接一次的点亮夜空的爆炸惊呆了。一连串的震耳欲聋的声音,飞机引擎的咆哮声和防空炮开火的声音传来,这是盟军针对城郊堆货场发动的空中突袭。"他们来了!"诺弗拉德想,希望对德军造成如此大规模的破坏,又如此接近巴黎,能够预示登陆的日子不会太远了。

堆货场为10到20条铁路沿线的据点提供给养,这些重要的据点也遭到了猛烈袭击。1944年上半年,抵抗组织的破坏和盟军轰炸联合起来给敌人的铁路运输造成了巨大的损失,减少了敌人运往西海岸德国防御工事的混凝土和钢铁等资源的数量,迫使敌人调集数千名修筑防御工事的人力去修理铁路。

三小时的射杀

铁路修好了，被毁掉的设施也换上了新的。抵抗组织继续与德军周旋，迫使他们再修再换，同时还要防备敌人的报复。然而，敌人的报复越来越凶残。1944年4月1日和2日，阿斯科——法国北部靠近里尔的位于加莱海峡地区的一个小村子——上演了恐怖的一幕：党卫军"希特勒青年团"第12装甲师乘坐火车从比利时到诺曼底，快到晚上11点的时候，列车在靠近阿斯科火车站的时候遭到了破坏，一部分车厢被炸上了天，两节车厢脱轨，但车上无人伤亡。然而，已经被盟军空袭搞得神经虚弱的德军对此恼羞成怒。

2月份，西线的所有德军单位接到了新命令——如何处理此类"恐怖"行动：抓住事件发生地区周边的平民，烧毁人们躲在里面向外开枪的屋子。希特勒青年团指挥官的手段则更为残忍。加缪在他第二篇《战斗报》社论《三个小时的射杀》中写道：

> 当晚大约11点，阿斯科火车站的站长加里先生在家中被夜间值班的工作人员的电话惊醒。一位德国运输军官大叫着冲进他的办公室，身后跟着一群士兵，他们用枪托殴打加里先生、高级职员佩罗奎因先生以及恰好在现场的电报员蒂纳奇先生。接着，士兵们退到门口，用冲锋枪朝手无寸铁的三名工作人员扫射……那位军官领着大批士兵来到镇子里，闯进居民家中进行搜查，他们抓出60多人，把他们驱赶到车站对面的草地上，然后便开始射击。在此之前，他们已经在居民家里射杀了26个人。
>
> 直到更高级别的官员来到现场，杀戮才停止，这场屠杀持续了三个多小时。
>
> 我不知道用何种语言才能真实确切地描绘出上述的惨剧。

加缪宣称，阿斯科村86名平民被杀显示了敌人"越来越残忍，每次都要做出更加丑恶的行动，犯下更严重的罪行……超出了每个人的想象"。他在文章最后表示，希望"这个小村庄的惨剧沉没在血泊之中，让造成孤儿寡妇的人为他们的罪行付出代价，因为现在决定权在全体法国人手中，我们将在每一次屠杀中学习殉难者的坚定并获取复仇的力量"。

虽然加缪打算通过描述德国人的复仇行动来号召人们更多地支持抵抗运动，但这类事件经常会有负面作用，抵抗组织常常为此被大众憎恨，被指责为导致德军和法国维持秩序部队报复的罪魁祸首。德国的报复政策实际上就是为了激发平民反对抵抗运动的情绪，它在很大程度上实现了初衷。

尽管已被德军占领四年，很多法国民众还是不希望盟军登陆，因为他们一来就会导致大规模的破坏。盟军的空袭已经让他们预见了将来的后果。4月，在欧洲盟军总司令艾森豪威尔的指挥下，针对堆货场等城市目标的轰炸逐渐升级。艾森豪威尔及其策划者认为空袭是保证成功登陆的关键，但他们也知道会造成不少平民伤亡：4月盟军对里尔和勒阿弗尔港口地区的袭击导致数千人无家可归；4月21日对圣丹尼斯和礼拜堂车站的猛烈轰炸炸死了640名巴黎人；三天后，400名平民在鲁昂的一个堆货场遭受轰炸时被炸死。

德国人和维希政府恰好需要这样的事件来引起人们对盟军行动的质疑。巴黎遭到轰炸之后，合作派的报纸将盟军飞行员称为"空中强盗"，宣称："蒙马特和巴黎北郊遭受了自1940年以来最暴力的英美恐怖轰炸。"1944年4月26日，贝当元帅在二战中第一次也是唯一一次来到巴黎，名义上是来参加巴黎圣母院举行的针对近期空袭受害者的礼拜仪式。尽管四年来贝当的英雄光环逐渐退去，但还是受到了大批热情人群的夹道欢迎。他在维尔旅馆门前向一万多聚集者发表了演说。两天后，他又向全国发表广播演说。在来自德国的部分压力下，他谴责了抵抗运动，宣布布尔什维主义是法国最大的敌人：

> 我们的国家正在经历有史以来最悲伤的一段日子。在外国宣传的鼓动下，太多的法国人把自己交到无良人士手中，他们希望创造一种声势，最后造成天下大乱，他们的罪行连乡村、城市甚至崇尚和平和努力工作的省份中的妇女和儿童都不放过。政府有责任结束这种情况，我们目前正在努力。但是，我有责任提醒你们警惕内战的威胁，它正在破坏对外战争并未破坏的东西。那些将法国推上此种道路的人宣称他们要解放法国，这种所谓的解放是你们能够想象的最大的欺

骗……真正的爱国主义只能是完全的尽忠。那些远远地指使你们进行破坏的人希望把法国领到一条后果可想而知的道路上。法国人民，无论你们中间的什么人——公务员、军人还是普通公民——参加了抵抗运动，破坏了国家的未来，当悲剧结束——感谢德国长久以来的守护和对欧洲团结所做的贡献——-的时候，我们的人民一定会避免布尔什维主义的危险影响，法兰西一定会恢复她的适当位置。

大西洋壁垒的建造和破坏

德国人一直在狂热地修建防御设施阻止法国的解放。1943年11月3日，希特勒向他的将军们发布第51号命令，宣布德国虽然在过去的两年半里一直在防备布尔什维主义的威胁，而且"东线的威胁仍然存在……然而西线正在形成更大的危险：英美联军登陆……如果敌人成功地穿过我们的防御，形成较宽的战线，在短期内就会引发难以设想的后果"。元首总结道："只有全面投入防御工事的建设，征集德国和占领区的所有人力和物力，我们才能迅速在海岸地区形成强有力的防御。"希特勒预见到用机动化部队快速反击从而"把敌人赶回海里"的重要性。他命令将军们在12天内制订好计划并上交给他。

希特勒马上要求隆美尔元帅——北非战场总指挥，绰号"沙漠之狐"——视察大西洋地区的防御。隆美尔考察了从北海到比利牛斯山脉的整个海岸地区，被他所看到的情形吓了一跳。除了加莱海峡周边——很多人都认为盟军会从这里攻入——大部分防御工事根本没有完成。1944年1月15日，隆美尔奉命监督大西洋沿岸的防御工作，他深知盟军会利用空中优势阻碍内陆德军的行动，所以，他得出结论，认为决定性战役将发生在海岸地区，因为在那里盟军的兵力是最脆弱的，所以他应该在海岸地区全力防止盟军深入。他下令在大西洋沿岸每一个有可能登陆的地点设置障碍物阻止或破坏登陆部队的载具，障碍物包括带锯齿的铁三角、锯齿铁门、数百万根金属棍和混凝土桩，还连上了地雷。即使载具没有被障碍物挡住，也会困上一段时间，这时海岸炮就可以歼灭它们。即使有部分载具冲上了岸边，在卸载部队的时候，会恰好暴露在混凝土地堡和碉堡的交叉火力射程内。即使有人设法进入了海岸地区，也难免踏入隆美尔在其必经之路上设置的地雷阵。

隆美尔还预料到空袭部队会派滑翔机或降落伞在海岸后方着陆，他下令放水淹没深入陆地若干英里的土地，在其余的开阔地设置"芦笋"桩——缠绕着带刺铁丝的钢条，能撕裂滑翔机——或者绊线地雷，一拉即爆。

经过几个月的准备，隆美尔相信他的防御足以抵挡盟军入侵。他考虑的第二个关键点是如何在盟军困在海岸地区的时候发动反击。4月23日，他给德国武装部队总司令部作战部长阿尔弗雷德·约德尔将军写信："尽管敌人有空中优势，如果我们成功地让大部分机动化部队在最初的几个小时内在受到威胁的海岸地区投入作战，我相信敌人第一天的登陆就会完全以失败告终。"

不过，海峡对面的美英指挥官也相信他们的计划会成功。他们和隆美尔的结论一致：胜负取决于海岸战役，所以他们打算发起历史上规模最大的两栖作战。他们还考虑了德国把盟军赶回海里的机率——前提条件是德军把最好的装甲师调来，在盟军最不易防御的滩头地区发动反击，所以盟军必须制订额外的计划，让抵抗组织阻挠德军向滩头地区移动。与隆美尔不同——他必须在整个大西洋西岸设置防御，其防线跨越从丹麦到西班牙的广大地区——在哪里登陆是盟军自己说了算，登陆的方式和时间也由他们自己定。

盟军原定的行动日——Y日，行动代号"霸王"，由丘吉尔、罗斯福和斯大林在1943年11月的峰会上定于1944年5月1日。而实际的登陆日——D日，则根据登陆条件确定。选择登陆地点的过程中，加莱海峡是多数人的首选，这里距离英国海岸最近，但正因如此，德国人在这里设置了最坚固的防御体系。考察了其他选项——勒阿弗尔、布列塔尼和康坦丁半岛——之后，权衡利弊，策划者选择了诺曼底的卡尔瓦多海岸。那里有绵延30公里的坡度和平缓的开阔海岸，有利于载具上岸，还与内陆公路网相连，而且，也许是最重要的，那里不引人注目。而这里登陆主要的缺点是，当地没有港口可供给养迅速卸下。盟军工程师想出了一个办法，人工建造两个港口，拖到海峡对面，然后用下沉式防波堤保护起来。为了让德国人猜不出真实的登陆地点，盟军制造了很多假象，佯装要在别处登陆——包括远处的挪威或加莱海峡等。例如，他们故意泄露要在加莱海峡登陆的假消息，让乔治·S.巴顿中将——根据其在北非战场的表现，德国人认为他是盟军最优秀的战地指挥官——佯装在加莱对面的丹佛附近指挥建造一项大工程。实际上，艾森豪威尔正和巴顿在后方讨论登陆之后的计划。自由法国也留在后方，待登陆成功后再开往前线；而且他们首先要从非洲到英国去接受装备和训练。

因此，最早登陆的部队包括英美联军，由来自英国、加拿大和美国的军队组成，但登陆不会发生在 5 月，原因是缺少载具。艾森豪威尔后来决定派出原计划两倍的士兵参加第一天的登陆，而 5 月份的船只不够，无法运送这么多人和装备。因此 Y 日被推迟到 6 月 1 日。5 月 8 日，艾森豪威尔将登陆日定为 Y 日后 4 天，即 1944 年 6 月 5 日。

更多人被捕，另一次提升，更多的等待

对抵抗组织来说，5 月过得平静无波，未发生任何特殊事件，除了更多的领导人被捕之外。5 月 2 日，FFI 的法国总负责人德朱西厄将军在巴黎被盖世太保逮捕。FFI 巴黎地区负责人、雅克·莫诺的同事皮埃尔·佩内（"佩里克"）也落网了。这些事件迫使抵抗组织进行了更多的人事更替和晋升：阿尔弗雷德·马里瑞特将军（"乔恩威尔"）接替德朱西厄担任 FFI 负责人；亨利·谭伊（"罗尔"）被提拔为行动部全国副总指挥。

莫诺请诺弗拉德担任了他的秘书。这个工作比联络员有趣得多，因为可以阅读关于德军工厂、铁路、运河和驻地的情报报告，但也意味着她有更多的事情要做。她仍然每天上午送情报，然后下午和"马里韦尔"在她家处理她收集到的信息。除了在街上碰头，她还要打出命令和报告，把草稿烧掉，尽量在凌晨两点到三点之前睡觉。她把化名从"阿历克斯"改成"凯瑟琳·维恩尼尔"。

自从诺弗拉德的家收留过很多人之后，她就知道随时可能有人上门搜查。她和莫诺商定了一套简单的信号，这样在她不在家的时候他就不会到那里去。如果她被捕，盖世太保就无法用她的家做陷阱。她在家的时候会把一只花盆放在窗台上，如果有陌生人上门，她就把花盆移到右边，意思是让莫诺在外面等着。如果危险解除，她就把花盆移到左边。

巴黎街道上的气氛甚至变得更加紧张和危险。在大街上走路的巴黎人越来越少，即使有行人也走得很快。地铁站常常关闭，电梯不工作，剧院白天关门。德国人在建筑物拐角的地下室中设置了机关枪地堡，以对街道和人行道形成交叉火力。他们在杜乐丽花园、协和广场等处铺设了成卷的带刺铁丝网。对

诺弗拉德及其联系人来说，骑自行车或步行穿过城市更加危险，因为有无休止的警察巡逻和搜捕行动。街道和广场可能突然被封锁，每位行人或骑自行车者随时可能被拦住，让他们出示身份证、配给证和职业证明并且搜身。那些没有通过搜查的人会被带到冬季赛车场甚至更糟的地方。要是携带了秘密文件，诺弗拉德就得随时更换碰头地点。

莫诺也是格外小心；他的活动完全转入地下。他告诉自己认识的所有人——他的朋友，那些在实验室的同事和他公寓的门房——自己生病了，需要离开巴黎外出休养。为了走在街上而不被人认出，他化了装，把自己的黑色卷发改变了颜色，剪得非常短。过去他喜欢穿羊皮大衣，不戴帽子，现在则穿着一件剪裁讲究的大衣，戴黑色毡帽、手套和有色眼镜。他穿上这身新行头，跑到大街上测试——与另一位FFI成员见面。莫诺高兴地发现，对方没有认出他，径直从他身边走了过去。

莫诺继续在巴黎和圣勒拉弗雷之间奔波，看望奥黛特和双胞胎，但乘火车不再可靠。盟军对铁路系统的破坏让火车时刻无法预测。到圣勒拉弗雷去可能需要20分钟或者四个小时。所以莫诺决定骑自行车到相对安全的郊区去。圣勒拉弗雷周围有德国驻军，空袭警报频发，高射炮和空战掉下的弹片经常落到屋顶上，但是附近并没有对莫诺家构成巨大威胁的重要军事目标。但奥黛特还是对雅克的父母承认，她有"世界末日的感觉"，而且雅克"非常疲劳"。

他确实很疲累，但是也取得了进展。不断有武器空投到他负责的地区，全国都在等待盟军登陆。1944年上半年，盟军空投了数千挺机关枪、手枪、步枪、反坦克火箭筒、迫击炮、弹药和炸药，抵抗组织的战士们也拿到了这些武器。"绿色计划"选择了海岸地区和分布在全国的571个铁路目标进行破坏。"玳瑁计划"决定一旦盟军登陆，就切断30条关键公路。莫诺及其同志等待着盟军的编码信号。

伦敦广播经常高调讨论预期中的登陆行动。5月10日，他们告诉监听者"主要步骤正在准备之中"。5月12日，评论员宣布进入"预警状态"，暗语是"纪律和准备"，提醒公民们做好安全措施和食物储备。接下来的广播号召全国在盟军登陆后发起暴动。5月20日，监听者收到了来自盟军远征军大本营（SHAEF）代表的第一段指示，告诉他们盟军的登陆行动有赖于他们的配合，请他们开始注意敌军的动向、给养和雷区。5 月 27 日，他们被要求做好安全工作。BBC 还会每天多次广播一些"个人消息"和很短的句子，很多都是没有意义的，这是为了迷惑德国人，但有些对抵抗组织是有意义的，例如是为了宣布武器空投的消息，等等。

6 月 1 日，星期四，BBC 播送了二百多条"个人消息"，而且一直重复，包括：

> 我妻子的表情丰富，
> 我的身体仍然灵活。
> 我的妻子有敏锐的眼光。

"我妻子的表情丰富"正是莫诺和巴黎地区的指挥官们一直等待的暗语：登陆即将开始。其他暗语是发给别处的 FFI 组织和行动队的。诺弗拉德在和一个化名"佩切利"的人见面时听到了这条新闻。

到了进行最终准备并等待确认登陆信号的时刻。6 月 3 日，星期六，莫诺告诉诺弗拉德，他要离开巴黎到圣勒拉弗雷去，直到下周一才能回来，届时他将和一名 FFI 成员见面，检查准备情况如何。星期天，诺弗拉德和"基尔达斯"（皮埃尔·里福瑟）的联络员弗朗索瓦丝见面。基尔达斯是佩切利的老板和塞纳分部的指挥官，该分部是巴黎大区的四个 FFI 分部之一。诺弗拉德从孩提时代就认识的年轻的弗朗索瓦丝看上去十分沮丧。

"知道勒鲁的事情之后是不是让你觉得害怕？"她说。勒鲁是两人在组织中的熟人。

"不，发生什么事了？"诺弗拉德问。

"我以为你知道，当你说你想和我见面的时候，"弗朗索瓦丝说。她告诉诺弗拉德，前一天巴黎各分部的负责人开会的时候，遭到盖世太保的搜查。因为基尔达斯没有回家，他的妻子找到了弗朗索瓦丝——她俩必须立刻离开自己家。弗朗索瓦丝不知道所有与会者和被捕者的名字，但至少包括基尔达斯和佩切利。

诺弗拉德非常担心。她知道盖世太保经常会从搜查对象家里或逮捕的人口中拷问出名单、地址或者会议的地点。她必须弄清勒鲁发生了什么事，提醒他和其他处在险境中的人。她骑自行车在巴黎奔波了一整天，试图找到他或其藏身之处，但是一无所获。

6月5日上午，她开始寻找莫诺。她十分肯定至少一名被捕者知道莫诺当天要与人见面。她不知道有多少人被捕，实际上盖世太保星期六逮捕了11名与会者。她担心："如果他回到巴黎后没有见我而直接去了会场怎么办？"她知道罗尔-谭伊也要和莫诺见面，因此这次碰头是非常危险的。巴黎的整个FFI组织都会有麻烦。

莫诺终于出现了。被捕者数量之多让他感到惊讶。他迅速确定勒鲁是安全的并且根本不知道发生了什么。然后他和诺弗拉德小心地——确保没有被人跟踪——来到斯库克斯的会场，这里在巴黎南郊。当莫诺来到安全藏身之处所在的街道时，一个念头闪进脑海，就像过去多次会议之前他想过的那样：他可以再次冒着见不到奥黛特和孩子们的风险，直接走进会场，或者一直往前走，回家去。

他走进了安全藏身之处，罗尔-谭伊骑着自行车过来了，后面跟着他手下的几名负责人，诺弗拉德放松地看到他们都来到会场，没有警察出现的迹象。

晚上9点15分，BBC的一位播音员用单调的语音播报着一连串的"个人消息"，讲了足足六分钟，每句话重复两次，其中四句是这样的：

  Il est sévère mais juste.
  L'acide rougit le tournesol.
  Elle restera sur le dos.
  Allô, allô, James, quelles nouvelles.

每句话都代表一条确定无疑的消息，通知大巴黎区的FFI组织分别执行"绿色计划"（铁路）、"游击计划"、"玳瑁计划"（道路）和"紫色计划"（通信）。登陆行动开始了。

第十五章

诺曼底

> 历史上的战争中,从规模、影响力和执行程度来看,它都是前无古人的……历史将记录为了实现最崇高目标的这项壮举。
>
> ——斯大林,1944 年 6 月 11 日,给丘吉尔的电报

登陆行动几乎可以说完全让德国人措手不及。

德国情报组织已经知道 BBC 的某些暗语消息的含义,并且在 6 月 5 日晚上发出了警报。然而,由于过去曾经出现过假警报,所以指挥官们担心这些拦截过来的信息是疑兵之计。所以,尽管西线的两股主力部队都接到了警报,隆美尔和第七军(包括登陆区域的所有部队)都没有太过注意。

隆美尔没有意识到盟军侵袭在即;当时他甚至不在法国。他以为登陆会在拂晓涨潮的时候开始,这样载具才能尽快地在破晓时登岸。他查看了 6 月 1 日的月相和潮汐,认为适合登陆的条件只能在 6 月 20 日之后出现。6 月 3 日,他在格尔德·冯·伦德斯特将军在巴黎郊外的总部商讨,伦德斯特也认为盟军没有登陆的迹象。6 月 4 日,隆美尔离开他在拉罗什居永的总部——位于巴黎以西 40 英里处,距离诺曼底海滩 120 英里,乘汽车长途跋涉返回他的家,德国赫尔林根,庆祝他妻子的生日——6 月 6 日。之后,他希望在贝希特斯加登面见希特勒,要求增加防御。

大批登陆部队前几天在英格兰南部海岸集结的时候,德国人根本没有注意到他们。6 月的最初五天,德军没有派出飞机侦察,而 6 月 5 日和 6 日的常规空中和海岸巡逻也被取消了,因为天气不好,能见度差。天气确实非常糟

糟——阴沉晦暗,风雨大作。6月4日,艾森豪威尔甚至将行动推迟了24小时,从5日改为6日。6日凌晨3点,直到领头的船只已经登岸,德军才发现登陆舰队,而且根本不知道盟军的规模,直到第一缕晨光投射下来,才发现对方是一支庞大的舰队:6艘战舰、20艘巡洋舰、68艘驱逐舰、1800多艘登陆艇,还有900多艘支援船,浩浩荡荡朝岸边驶来。

清晨5点半一过,德军的防御工事开始集中开火,恰好赶在登陆艇靠上诺曼底海岸之前。

第一波进攻由五个师发动,它们计划分别在五处海滩登陆——"犹他"和"奥马哈"是美国的两个师,"黄金"和"利剑"两个师来自英国,"朱诺"师是加拿大部队。第一批登陆从早晨6点半开始。

上午9点30分,BBC中断了日常的广播节目,专门播报官方发布的登陆行动的第一手快讯。第一条消息是在上午10点宣布的:"今天早晨,在艾森豪威尔将军的指挥下,在强大的空军的支持下,盟国海军部队开始协助盟军陆军从法国北岸登陆。"

诺弗拉德心想:"复仇的时刻到了,要让世界看到我们的准备和我们的能力。"

她来到巴黎市中心的一家地图商店,想找一份瑟堡地区的地图。有几百人也曾来此购买同样的地图,她买的时候已经所剩不多了,她把买来的地图挂到卧室的墙上,以便看到盟军移动的路线。

她在索邦附近遇到莫诺和其他两名成员,当天巴黎天气晴朗,所以他们决定在一家咖啡馆门前的露台上坐坐。四年来,巴黎人的脸上第一次出现了激动的表情,因为这是他们第一次在看到德国人的时候感觉到他们的末日就快到了。

当天上午,加缪也听说了这个消息。他和玛利亚·卡萨雷斯、萨特、波伏瓦刚在演员/导演查尔斯·杜林位于右岸的豪华公寓里参加过彻夜的狂欢,他骑着自行车载着玛利亚,一路经过大街上激动的人群,回到家中。

然而，在风暴肆虐的英吉利海峡沿岸，一场激烈的战役正在进行，阵亡者数以千计，胜负难解难分。尽管"奥马哈"的损失很大，却未有寸进，奥马尔·布拉德利将军上午的时候差点就要下令撤退。

登陆行动开始的消息宣布后，盟军领导人普遍抱着乐观而谨慎的态度。罗斯福总统召开了新闻发布会，有180多名记者参加，他说：

> 全国上下都非常振奋……但是……
>
> 无论如何，战争都没有结束。这次行动没有结束。不可能登陆到岸上然后长驱直入——要是你能成功上岸，没有受伤的话——然后直接打到柏林。人民最好早些理解这一点。

伦敦时间当天中午，丘吉尔首相大步走进下议院，先是就两天前盟军攻下罗马一事做了长篇报告，然后介绍了登陆行动的情况：

> 目前，参加登陆的指挥官们报告一切按计划进行。这是一个怎样的计划！这场规模巨大的行动毫无疑问是有史以来最复杂也是最困难的……接下来的几周，这场战役的规模和紧张程度将不断增加，我不应该妄自揣测它的进程……敌人现在可能正在集中火力反攻，所以战斗将变得十分激烈并延续下去，我们可以让部队深入，敌军也可以从内陆出来。所以，现在是我们所面对的最严峻的时刻。

戴高乐和贝当又在广播中开战了。当天下午，元帅在全国广播中重复着大家熟悉的词句：

> 德国和盎格鲁-撒克逊军队正在我们的领土上作战。法国成了战场。
>
> 官员、公务员、铁路工人、劳工们，坚守你的岗位，保持生活的

正轨,完成国家给你们的任务。

法国同胞,不要做出可能招致悲剧性报复的举动,我们不应受到战争后果的影响。

不要听那些试图利用我们的悲痛的人的话,他们会让国家走向毁灭。

只有遵从最严格的纪律,才能拯救法兰西。

遵守政府的命令,人人各司其职。

根据战斗的情况,当地的德国军队可能会进行一些特殊的安排,请予以配合,我是出于对你们安全的考虑才做此建议。

我要求你们,法国同胞,考虑一下如果不注意上面的警告会给国家带来的所有危险。

更有甚者,赖伐尔宣布,不遵守政府指示的人,就犯了"反对国家的罪行"。他表示,因为法国签了停战协议,就要遵守其条款。"我们没有参战。"他宣布,并且补充道,"你们不得参加战斗。"

戴高乐得到机会,在登陆日上午到BBC发表演说,时间正好在艾森豪威尔发来的消息被宣读之后,但他拒绝了,因为他不希望美国人向法国人发号施令。在英国的斡旋下,他最终同意在下午五点半进行广播。

"决战开始了!"他宣布,然后向法国人民发布命令:"我们在敌人后方的行动应该紧密地配合前方盟军和法国军队的行动……就是说,抵抗组织的行动应该继续,并且紧跟德军的行动路线。"

尽管艾森豪威尔此前已经撰写了一段假设登陆失败应该如何做的声明,但他已经用不上它了。因为虽然盟军的伤亡数量很大——登陆日至少有4400人阵亡,5000人受伤,但这个数量并没有计划制订者预计的那么多。6月6日晚10点,登陆暂停,155 000人的部队成功登陆,盟军控制了沿岸80平方英里左右的地区。

敌军后方

抵抗组织确实尽到了责任:第一天,行动队共切断铁路1050次,超过原定的 950 次。登陆日之后，26 条铁路干线无法使用，包括连接登陆地区的城镇的铁路：阿夫朗什—圣洛、圣洛—瑟堡、卡昂—圣洛。为了防止敌军前往战区，为盟军争取时间夺取滩头，抵抗组织利用切断铁路和堵塞公路的办法阻挡了敌军八个师前往诺曼底。令人畏惧的党卫军装甲师，本来移动 450 英里到诺曼底只需三天，而抵抗组织的破坏行动、马奎斯组织和盟军空袭的骚扰使其花了两个多星期。与此同时，更多的盟军战斗师团在诺曼底登陆。

正规军在诺曼底拼杀的同时，抵抗组织在准备后几个阶段的活动，包括最终解放巴黎。诺弗拉德和莫诺要做比以前更多的工作，甚至更为紧急，目的性更强，而且需要在各方面加倍小心。诺弗拉德的第一批任务之一是找到一处更安全的行动基地。过去几个月，为了安排各种行动，已经有太多的人出入于她在瓦伦涅斯街的家。所以她在蒙帕纳斯找到一间画家工作室，将它装修成一个艺术家的阁楼，如果有人往里看或者想知道莫诺为什么在里面，她就可以据此编故事掩盖过去。她甚至弄来莫诺的很多炭笔画放在工作室。每天下午和大多数晚上她都和莫诺碰面，组织里几乎没有人知道这个地方。

莫诺对 FFI 全国组织的责任之一包括策划和协调不同地区的行动——这是个具有挑战性的工作，因为各地的情况不同，而且一直在变。诺弗拉德和莫诺弄来一张法国大地图，上面有最新的铁路和运河网，他们把铁路被切断和道路被阻塞的地方用彩色图钉标示出来。破坏铁路运输是优先考虑的任务。7 月 14 日，莫诺命令所有地区利用一种不易被察觉的方法悄无声息地破坏主要线路上的列车：

目标：破坏铁路线

连接列车风管的管子现在越来越稀缺，因为破坏掉它们就能令列车延迟，扰乱铁路交通。

为了防止敌人探知我们的破坏现场（火车站或铁路站场）——就是使用破坏工具的地方，我们可以用锥子在管子上打眼。火车离站的时候列车员很少会检查刹车，所以看不出管子已被破坏。当开出一段距离之后，例如四到六公里，管子才会爆裂。这时火车已经上了主干线,所以可以挡住其他列车的通路。

请立即把必要的命令转告给有关队伍,以便同时组织破坏行动。

请立即报告行动结果。

马里韦尔

另外一些高优先级的目标是弹药仓库、汽油和油料储存设施、战争物资的生产工厂。那些无法从地面破坏的设施则是空袭的目标。莫诺设置了一条情报渠道,其中包括"萨里格尼先生",诺弗拉德把重要目标的信息交给他。然后萨里格尼把情报交给英国情报局,情报局转交给盟军空军指挥官。一天,诺弗拉德拜访巴黎郊外的姑妈时,满意地发现盟军炸毁了莫诺最近向萨里格尼先生指出的一些工厂。

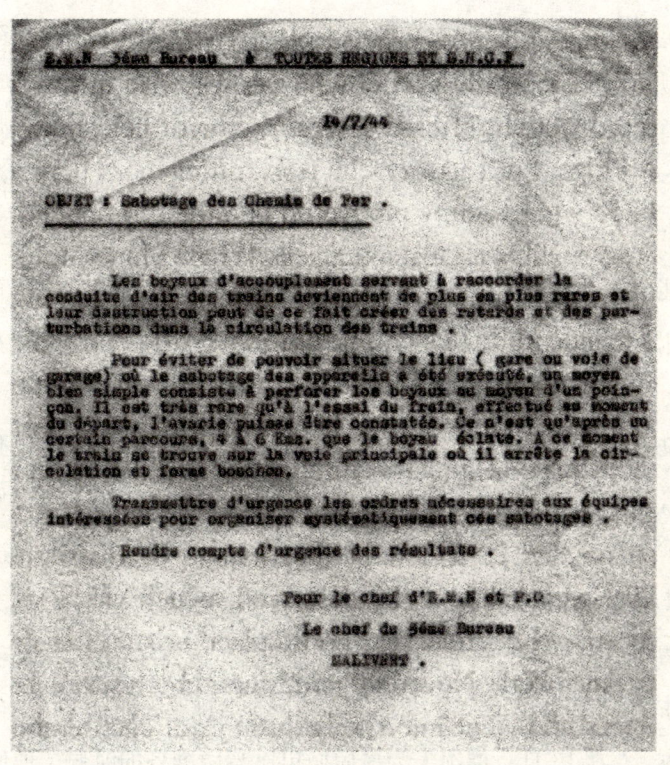

1944年7月14日,来自"马里韦尔"(雅克·莫诺)的命令,敦促和指导组织成员使用一种特殊的方法破坏火车,从而堵塞铁路(吉纳维夫·诺弗拉德供图)

除了搞破坏和收集情报之外，莫诺负责的行动部还负责组织秘密电台网络，以便与不同地区联络。在法国国内旅行变得越来越困难，而且抵抗组织成员之间私下见面总是很危险。建立网络也很难而且有风险，其一是设备稀缺、过时，其二是德国人拥有有效的方法监测秘密电台。莫诺还是利用他过去在通信方面的训练（尽管不够全面）组建了通信网络，他招募了无线电技术人员和科学家，编制了代码，诺弗拉德为电台操作员编写了指令手册。把发报机放在哪里也是一项挑战，因为它必须位于较高的地方，所以建筑物中的其他人可能会发现。一位交际广泛的女士在她维克多·雨果大街的家里提供了几个房间。为了安全，发报室的门上安了一颗手雷，如果门被盖世太保的人员贸然打开，手雷的安全销就会拔掉，引起爆炸。莫诺把这件事告诉奥黛特的时候，她非常担心有时心不在焉的丈夫可能会不小心把自己炸上天。

其他重要的准备工作包括文件的放置。蒙帕纳斯工作室里有个大抽屉，诺弗拉德在里面堆放着大量文件——情报报告、潜在目标的平面图、行动概要、电台发报信息等等——都是需要莫诺过目或者分发出去的。这些秘密文件必须销毁，但销毁起来非常不便，因为工作室没有壁炉或者火炉。诺弗拉德和莫诺只好在每天工作结束时在口袋里装满文件，分别到工作室外面的走廊两头的盥洗室里去，将文件撕成碎片，然后，用马桶将碎片冲走。由于抽水马桶不太好用，只能分好几次将文件冲走。诺弗拉德每天晚上都会担心这套冗长的销毁步骤会引起邻居的疑心，或者至少让他们以为她和莫诺使用盥洗室的习惯十分奇怪。

诺弗拉德和莫诺的安全得到了充分的保障。1944年上半年，在巴黎地区，德国人和法国人每周会逮捕100多人，每个月处决150人左右，诺曼底登陆之后，盖世太保和维持秩序部队对抵抗组织的抓捕毫不减弱。登陆日过去一周后，一次反抵抗运动的报复行动逮捕了加缪最亲密的朋友之一、诗人莱内·雷诺德，加缪在庞内里尔的时候就和他交上了朋友。5月16日，携带秘密文件的雷诺德在里昂被维持秩序部队逮捕。雷诺德企图逃跑，但被击中腿部，关进蒙吕克监狱。6月13日，德国人为最后撤出巴黎做准备的时候，他们选择了19名最重要的犯人，包括雷诺德，把他们枪杀在维伦纽夫的树林里。后来知道雷诺德被杀，加缪宣称这是一个"不可弥补的损失"，是二战中影响他最深的一次悲剧。

四天后，盖世太保和维持秩序部队在里昂第三次抓到了《战斗报》的印刷员安德烈·波利叶。3月份被捕后，波利叶也被送到蒙吕克，在那里受到多次折磨，却没有吐露一个字，并且在5月2日逃了出来，继续工作。

盟军登陆后，波利叶决定离开里昂加入战斗。但这么做之前，他在6月17日召集了一个会议，准备6月《战斗报》的印刷，版面设计稿已经在前一天从巴黎送了过来。波利叶的四人团队正在他的家中工作时，维持秩序部队包围了整座建筑并开了枪。波利叶用他的左轮还击，接着和插画师冲到了街上。波利叶自感无法再挺过一轮新的折磨，他说："我的上帝，原谅我。"然后拿起左轮向自己开了一枪。

因此，不会再有6月的《战斗报》了。

尽管损失了一员干将，《战斗报》的工作人员仍然决定继续下去。实际上，伯纳德、加缪及其同事还期待巴黎解放后将《战斗报》公开发行，因为届时所有的合作派报纸有可能被强制关闭。在走向公开的过程中，《战斗报》的目标是成为战后法国的主流报纸之一。7月初，伯纳德、作家阿尔贝·奥利弗、记者马塞尔·吉蒙（化名"保特"）和加缪碰面，在加缪的单间工作室（他从作家安德烈·纪德那里租来的）里开始筹划第一期公开发行的报纸，工作室位于凡努街1号，距离诺弗拉德的家恰好只有几步之遥。

然而，加缪在新的《战斗报》中的职位却差点被人取代。他和玛利亚·卡萨雷斯正在雷奥米尔-塞瓦斯托波尔地铁站附近走路，结果遇上了一支警察巡逻队。法国和德国警察堵住了路的两头，开始搜查路上的男女行人，查看他们的身份证。加缪带着一份《战斗报》的版面设计图，上面有报纸的标识，开始的时候他把它放在外衣口袋里，后来塞给了玛利亚。

玛利亚看到加缪举起双手，以为他要被捕了。但警察没有找到设计图，就放过了他们俩。加缪迅速处理了设计图，决定从他的工作室搬到一处属于一位阿尔及利亚朋友的公寓里去。

加缪和马塞尔·吉蒙设法出版了一期7月份的《战斗报》，这是登陆日以后的第一期。加缪在写作名为《你们将以行动得到公正的评判》的社论时，显然想到的是波利叶和雷诺德这样的人。谴责贝当和赖伐尔的"叛国"罪行后，他写道：

> 现在到了一个这样的时刻，这个国家的人民将不再因其动机而是其行动获得判断，他们对其行动的承诺也是判断的依据，只有这样才是公平的……抵抗组织会告诉大家，我们都身处一个大舞台，每个人说的每句话都会被记录下来，都是一种承诺，特别是那些话会导致我们的兄弟被处决、损害我们的勇气、将法兰西自己送到最凶狠的敌人手中的情况下……
>
> 抵抗组织会告诉大家，法国领土上没有政府，你们不需要……我们不需要维希以令人羞耻的方式决定我们的命运……我们需要有勇气的人……
>
> 法国同胞，法国抵抗运动正在发出你们需要聆听的唯一呼吁。战争已经发展为全面战争，需要每一个人的努力。国家的花朵正在做好牺牲自己的准备……任何不支持我们的都是与我们为敌的。从现在起，法国只有两大派：长久以来的爱国者和那些企图毁灭法兰西而不久将被毁灭的人。

抵抗运动也需要有勇气的女人，其中之一就是《战斗报》的新信使——玛利亚·卡萨雷斯。她在西班牙内战中的经历及其在警察控制期间的行动已经展示出了她的勇气。而拥有高超演技的她可能十分适合进行街面碰头等秘密活动，当时她正在运用这些技巧在马苏林剧院出演加缪的戏剧《误解》。7月11日晚上，加缪安排杰奎琳·伯纳德在剧院附近与卡萨雷斯见面。

然而伯纳德没有露面。

当天早些时候，她去和一位线人见面，结果被对方告密，盖世太保在碰头地点守株待兔，把她带到了彭佩街的总部。德国人发现了她的地址簿，上面有用极简单的代码记下的电话号码。巴黎的电话号码由三个字母和四个数字组成；在伯纳德写的电话号码中，前两个数字中减去三，后两个数字上加上三。其中一个号码是加缪在伽利玛办公室的电话。伯纳德想了一个办法提醒组织她已经被捕，因为线人告密，所以大家都有危险。她告诉盖世太保，她要把一封信交给联系人之一，安排一次成员会议。盖世太保同意了，他们允许伯纳德一个人走进会面地点的建筑物,进去之后,她小声警告联系人,对方随即把消息通知了大家。

加缪不得不立刻离开市区。他来到詹妮和皮埃尔·伽利玛的公寓,皮埃尔和他的表弟迈克尔骑自行车到加缪的公寓帮他拿东西。接着,加缪和伽利玛家的三个人骑自行车离开了巴黎,骑了大约55英里,来到维蒂洛的一座残破的房子里躲藏起来,这房子属于伽利玛属下的一位编辑。杰奎琳·伯纳德最后被关进了拉文斯布吕克集中营。

回家

罗斯福已经向戴高乐承诺,在登陆后将一支法国的主力部队送到法国北部,这支部队就是第二装甲师,又称DB。突尼斯战争胜利后,1943年,勒克莱尔上校的部队和其他在北非作战的法国军队合并,组成DB,这支军队是按照典型的美式装甲师组建的。在摩洛哥,它配上了新式的美国坦克和装备,4月到5月在英国受训。在赫尔训练了近两个月之后,上级命令DB南下前往南安普顿,从那里渡海进入法国。

在16000多名士气振奋的DB士兵中,有一位24岁、久经沙场的军医官,弗朗索瓦·雅各布。四年来,他先是到了英国,是当时加入戴高乐自由法国组织的少数人之一,他希望成为火炮炮手,但因为受到的训练不多,他被分配到了医疗部队。然后他去了法属赤道非洲——塞内加尔、法属刚果、加蓬,再回到法属刚果,接着是喀麦隆、乍得,在利比亚和突尼斯见证了勒克莱尔上校指挥的战役,最后被送回英国。7月29日,他所在的部队来到南安普顿郊外的美军驻地编组区,晚上住在帐篷里。罗杰·德雷福斯没有加入DB,雅各布的这位好友两年前在乍得牺牲了。

经过四年多的"流亡、痛苦、孤独、战斗、失望"生涯,对这一时刻梦寐以求的雅各布差点不敢相信它终于到来了。次日,7月30日,他所在的第二医疗中队成为最后一批登上平底登陆艇的部队之一。在一位身材魁梧、浑身湿透的红胡子英国海员的指引下,登陆艇顺利进港,和大批船只一起准备前往诺曼底的桥头堡,它们在夜幕的掩盖下进入英吉利海峡。

半夜的时候,雅各布醒了过来,意识到船停了,船身在波浪中轻柔地摇动，看不到驾驶员的身影。他希望不会有敌人的飞机在这个时候经过。雅各布按捺不住焦急的心情，因为他知道法国海岸就在不远处的黑暗中。过了几个小时，驾驶员重新出现了，他举起望远镜查看雾气弥漫的地平线，发动了引擎。雅各布发现前方出现了船只，接着便是海岸线的黑色轮廓。

"法兰西的土地！"他想。前方不到一英里的地方就是他长大的故土，可以看到犹他海滩的沙丘，还有数百艘已经卸下乘客的船只。8月1日，雅各布和他的部队终于上了岸，从空无一人的地堡、搁浅的登陆艇、毁坏的载具和美国人搭建的繁忙的临时港口旁边经过。

勒克莱尔上校曾经在当天的BBC节目中描述过他的部队的情绪：

> 法兰西的人民，长久等待的时刻来临了。我们已经再次踏上祖国的领土。
>
> 四年前，响应戴高乐将军的号召，我们抛弃家人离开了法国，决心直到胜利之前不会放下手中的武器。
>
> 现在，我们站在盟军的一边，回到了故土，我们属于那些在维希政府投降卖国的时候一直坚持战斗的法国军队。
>
> 现在，很难表达我们的军官、士官和士兵在这一刻的心情。这些人来自法国各地，有的一开始就加入了戴高乐，他们在乍得、利比亚、突尼斯战斗过，他们挽救了我们国家的荣誉。其他人则在北非战况允许的时候马上加入了我们，还有一些最近加入我们的来自其他已经不复存在的师团的人。
>
> 我们希望和德国鬼子打仗，他们是受到诅咒的敌人。这次，我们拥有武器，我们准备使用它们。接下来，我们将和那些四年来一直在国内战斗的法国人会合。
>
> 向那些已经拿起武器的人致敬。是的，我们属于同一支军队。
>
> 最后，我们希望看到法国重铸辉煌，我们将为此贡献一己之力和爱国之心。
>
> 全国人民应该投身于这一事业。为了法兰西屹立不倒，请帮助我们，帮助我们的盟军，尽快在我们自己的土地上解放法兰西。

重新组建装甲师需要几天时间。随着部队来到诺曼底，雅各布激动地看到了熟悉的法国农场和灌木篱墙，嗅到夏天干草的气息，喝到了新鲜的苹果酒。一路上，他看到人们用加了英文的路标代替德国的标语牌，还有战争的残迹——倒塌起火的房屋、里面仍有尸体的烧焦的坦克和卡车，以及成群结队的德国俘虏。DB 经过村庄时，经常会停上一会儿，让旁观的群众认清他们的身份，注意到他们载具上的洛林十字架标志，意识到他们是法国军队的民众都感到欢欣鼓舞。这是一段令人兴奋的旅程，混合着纯粹的欢乐和对战斗的渴望，偶尔夹杂着防备敌军残留的狙击手和地雷时的紧张。

尽管给德军造成重创，但盟军在登陆后最初八周夺取的土地比他们预计的要少得多。直到 7 月 9 日英国和加拿大联军才收复卡昂，这比计划晚了一个月，而前往康坦丁半岛的部队则一直与顽固的德军对峙。6 月 26 日，美国军队收复了瑟堡，但是直到 7 月 31 日才走出丛林地区，在"眼镜蛇行动"中经阿夫朗什向西南方突破，打开了通向布列塔尼的大门和深入法国腹地的道路。

巴顿的第三军直到 8 月 1 日才正式投入行动，DB 就属于这个军，其任务是突破德军战线。勒克莱尔的主要任务是指挥军队率先攻入巴黎，但巴顿告诉勒克莱尔，他认为德国人也许不久就能投降，所以，如果勒克莱尔想打仗，就得马上开始，而不是坐等巴黎解放。勒克莱尔抓住了机会，巴顿将 DB 编为第十五师，隶属他的四大战斗编队之一，归韦德·海斯里普将军指挥。8 月 5 日，DB 的主力在阿夫朗什赶上了海斯里普的部队。7 月 7 日，勒克莱尔在圣詹姆斯建立了他的指挥所。

8 月 8 日，上级命令部队前往东面的勒芒，试图包抄敌军。几天前，希特勒命令德军向阿夫朗什进行大规模的反击，从而威胁进入布列塔尼的盟军，但是此次始于 8 月 7 日的反攻因兵力不足而失败。德军的防御只剩下第七军的几个师，而且被盟军遏制得无法往海岸处调动。巴顿的顶头上司布拉德利将军发现了一个包抄德军的好机会；他告诉一位访客，他"获得了一个对于指挥官来说百年一遇的好机会，我们准备摧毁一大股敌军，直接从这里打到德国边境"。布拉德利的想法是，以巨大的钳形攻势包围德军，南方的巴顿和海斯里普的部队组成钳子的下半部分，北方的加拿大部队组成上半部分。

8 日晚上,雅各布的第二医疗中队准备和其他部队一起离开位于阿夫朗什南部的营地。他们把装备上的伪装拿了下来,将载具排成一队。然而,上路之前,凌晨 2 点左右,雅各布听到德国轰炸机特有的嗡嗡声。飞机引擎声越来越响,接着附近有地方发生了爆炸。雅各布和战友们从卡车里跳出来,躲进路边的沟里。更多的炸弹在纵队周围炸响,一辆汽车燃烧起来。雅各布趴在地上,直到轰炸机飞走。

然后他听到了伤员的呼号,很多人躺在地上。雅各布跑过去照料一名躺在一辆汽车旁边的士兵,发现他是吕西安·本尼鲁兹中尉,突尼斯战役前一年加入的自由法国军。他和雅各布在英国成为好友——在发现他们追求同一个女人之后。雅各布看到本尼鲁兹身侧有一摊血,便撕开他的外衣和衬衫,裹上绷带。他和另一位医疗兵试图把本尼鲁兹放到担架上,但他痛苦地大叫起来。

就在这时,雅各布听到德国斯图卡轰炸机再次靠近的声音。随着引擎声渐渐变响,本尼鲁兹试图站起来,但他做不到。雅各布到处寻找掩护,30 英尺之外有一条沟,但中尉无法挪动。本尼鲁兹抓住雅各布的手说:"不要丢下我。"

雅各布又看了看那条沟,然后在炸弹呼啸着再次落下时把本尼鲁兹抱在怀里并保持这个姿势,一边试图挡住他的朋友,一边尽量地蜷起身子缩小目标。地面震动,尘土飞溅,雅各布感到右侧身体一阵剧烈的摇晃。他继续保持不动,不想去弄清刚才究竟发生了什么。50 多块弹片穿入他的身体,撕烂了他的肘部和大腿。他看到血从肘部流出来,想要抬起胳膊,发现一点力气都没有。一阵剧痛袭来,他昏了过去。

雅各布、本尼鲁兹和若干名重伤员被救护车火速送往蓬托博南面的第 104 医院。就在失去知觉的雅各布进入医院的时候,本尼鲁兹中尉牺牲了。

当雅各布醒来时,发现自己身上打了两套石膏,一套在胸部和右臂,另一套包住了右腿和骨盆。就这样,从诺曼底登陆才一周,在距离巴黎只有二百英里的地方,雅各布的战争结束了。

第十六章

荣耀之日

一个想要活下去的民族，不会坐等自由降临。

——阿尔贝·加缪，战斗报，1944 年 8 月 23 日

要对德军形成包围之势，速度最为关键。盟军必须在过多的德军部队逃往东部之前合拢包围圈。不过，迅速调集大规模编队导致盟军兵力分散，其漫长的防线显得较为薄弱。随着盟军占领阿朗松并向阿让移动，海斯里普和布拉德利担心德军在该地区仍有很多个师的兵力，而且正在准备朝拉得过长的盟军战线发起反击。布拉德利命令海斯里普和巴顿——巴顿手中有一些行动自由的部队，可以保护海斯里普的左翼——8 月 13 日在阿让短暂停留，保持不动。

巴顿非常生气，因为盟军组成的上下两部分蟹钳只差 25 英里就能合拢了——他的位置在阿让南部，加拿大军在法莱斯以北。巴顿催促布拉德利让他赶快收拢包围圈。布拉德利拒绝了。巴顿肯定认为这是一个巨大的错误，因为他在当天的日记中自豪地指出，他的第三军"已经前进得比历史上任何战争中的任何军队都要快"。

勒克莱尔也变得失去耐心。因为在他抵达法国之前，巴黎就一直是他的目标，而现在却不得不和海斯里普的部队停在一起，他问海斯里普 8 月 14 日他能否带兵去完成解放巴黎的任务，海斯里普没有理他。

与此同时，压抑不住的巴顿想出了一个替代计划。原计划是在法莱斯合拢包围圈，而他向布拉德利提议，由他带领两个师从阿让快速向东移动到塞纳河，切断更多德军的退路——组成"长包围圈"。布拉德利同意了他的计划，

然而勒克莱尔却表示反对，因为 DB 不应该被派到东面去。8 月 15 日，他私下去见巴顿并告诉对方，如果不允许自己到巴黎去，他就辞职。巴顿用他最流利的法语告诉勒克莱尔，他"不会让自己手下的一个师的指挥官告诉他该去哪里打仗"。

勒克莱尔也去找了布拉德利，又碰了钉子。他困在了阿让，"法莱斯空缺"恐怕再过一个星期都合不拢。

巴黎的解放越来越变成一个两难的问题。三百多万人的城市，很可能让盟军部队滞留其中，而无法及时追赶后撤的德军。而且，还有燃料、食物、药物等后勤问题，盟军虽有自己的补给方式，但战线拉得太长，防御薄弱，很可能让德军找到突破口逃走。于是，一向以把军事考虑放在政治考虑之上自居的艾森豪威尔决定，盟军应该先绕过巴黎，等德军的力量削弱了再解放首都。

不过，巴黎人有另外的打算。

"告诉每一个德国鬼子"

8 月 19 日，星期六，吉纳维夫·诺弗拉德骑着她的自行车走在荣军医院附近的拉托曼伯格大街上，她刚与联络员碰头回来。当天又是一个炎热晴朗的巴黎夏日，可首都的气氛却在一夜之间起了变化：任何地方都找不到警察的踪影。前一天，全巴黎的警察罢工；写着戴高乐名字的海报出现在墙壁上，号召所有符合条件的巴黎人，无论男女，都加入 FFI 或爱国军；各工会号召发起总罢工；FFI 大巴黎区指挥官亨利·罗尔－谭伊号召市民们不仅要加入 FFI，还要：

> 以家庭、街区为单位集合起来，揍倒德国人，抢走他们的武器，解放大巴黎——法兰西的摇篮。
> 为牺牲的儿子和兄弟报仇；
> 为那些为国家争取独立和解放而倒下的英雄报仇；
> 快些行动，结束战争。
> 我们的口号是："告诉每一个德国鬼子"
> 凶手没有容身之地，让我们一路向前。
> **法兰西万岁！**

整个巴黎已经停电，没有煤气，地铁不通，没有公共汽车，城里仍然到处都是德国人。然而抵抗组织不愿意坐等盟军到来，他们要亲自动手。当天早晨，罢工的警察占领了巴黎圣母院对面西岱岛的警察总部大楼，展开旗杆上的三色法国国旗——这是四年来这面旗帜第一次飘扬在首都上空。这个勇敢无畏的举动不仅令德国人震惊，也让谭伊惊讶。

起义开始了。

一个骑自行车的人从另一条路过来，经过诺弗拉德身边的时候对她说"那条路有危险"，但为时已晚，她已经拐到了图维尔街，这条街离她家很近，但街上正有一队德国卡车通过，她不得不停下来。卡车上载满了全副武装的士兵，他们的枪口对准平民，手指搭在扳机上，并且朝天鸣枪来清理沿路的行人。就在诺弗拉德意识到这里十分危险的时候，一辆卡车撞倒了一个女人和她的自行车，司机却根本没有停下来的意思。一位行人过来帮忙，另一辆从驾驶室里伸出机关枪的卡车尖叫着停在无助的人群面前。诺弗拉德看到机关枪手的脸上挂着紧张和不怀好意的表情，他将枪口对准了那位失去知觉的妇女，一位军官赶在机关枪手开火之前制止了他，那个女人被带走了。

一部分卡车离开了巴黎，这是某些部队的"战略撤退"计划；其他卡车开到了警察总部大楼混战最激烈的地方，圣日耳曼街、圣米歇尔大街、奥德昂广场、圣雅克街、卢森堡宫和卢森堡花园等处都爆发了小规模的战斗。

当天下午早些时候，加缪和两个朋友没有顾忌附近的战况，勇敢地从荣军医院附近穿过塞纳河。几周前，加缪还因为杰奎琳·伯纳德的被捕而情绪低落，而现在在盟军胜利的鼓舞下，他骑自行车回到了巴黎。当天打算与《战斗报》剩余的工作人员在雷奥米尔街会合，这离他和卡萨雷斯上次遇到警察的地方不远。巴斯卡·比亚已经在那里等候大家了。马塞尔·吉蒙、亨利·考克林——比亚和加缪昔日在《巴黎晚报》报社工作时结交的老朋友——也会到场。

过去四年，德国占领军的报纸《巴黎报》报社占据了曾经是《坚定报》报社所在地的这座大楼，人们早就制订了一个计划，关闭所有德国人办的和合作派的报纸。阿尔及尔的法国临时政府5月已经发出通告，法国一经解放，就要保证新闻服务的恢复。1940年6月停战协议签订15天后继续发行的56家日报，或者 1942 年 11 月之后 51 家在南方地区继续发行的日报都被要求暂停发行。取代它们的将是抵抗组织的报纸或共产主义性质的《人道报》之类，它们曾被德国或维希政权禁止发行。雷奥米尔街的《巴黎报》办公室几天前才人去屋空，现在《战斗报》分到了三间办公室和三楼的一个大房间，他们楼上是《法国国防》和《自由射手》。虽然这里的设施比较陈旧，但是新房客们发现了大量的罐头食品、印刷纸和一箱手雷。考虑到建筑物的安全，三家报社决定把一些手雷放到几扇窗户的窗台和屋顶上备用。

只要法兰西共和国临时政府（GPRF）总代表亚历山大·帕罗蒂（"库阿特斯"）一声令下，他们就开始出版报纸。临时政府的首脑是戴高乐。GPRF 是在诺曼底登陆的时候成立的，目标是解放法国。帕罗蒂的主要任务是重建各个政府部门，是 GPRF 和抵抗组织之间的协调人。战斗一爆发，帕罗蒂就开始权衡各种问题：戴高乐决心在法国建立以其为首的当局；想要独立为政的共产党员在 FFI 占有很多席位，他们决定在没有外部帮助的情况下解放巴黎；要尽量减少战争对巴黎的破坏，使人员伤亡最小化；德国的军事计划尚未确定，也不知道他们对逐渐升级的暴力活动会做出何种反应。由于不清楚报纸的发行会引发何种后果，帕罗蒂暂时没有允许报纸发行。与此同时，各家报社都在准备首期报纸，而大街上的坦克和来自全国各地的铺天盖地的消息也让他们中的任何人都无法离开大楼，加缪和其他工作人员各自在房间的角落找到了睡觉的地方。

在警察总部奋战的警察们和 FFI 几乎支持不住了，德国人派坦克袭击大楼，致使起义者伤亡惨重。在寡不敌众的情况下，他们请求瑞典总领事拉乌尔·诺德林出面干预。诺德林面见了狄特里希·冯·肖尔蒂茨。8 月 9 日，肖尔蒂茨刚刚取代卡尔－亨利希·冯·斯徒普纳格尔担任驻巴黎德军总司令。他是两条战线上的老兵，以忠实执行命令闻名，希特勒需要一个意志坚定的人来控制 17 000 名巴黎卫戍军。肖尔蒂茨从元首那里接到的直接命令是"毫不怜悯地毁灭"城中的任何起义或者任何破坏活动。令肖尔蒂茨惊讶的是，诺德林建议双方暂时停火，以便运走死者和伤员。衡量了这座城市再次回归平静的可能性，也为了避免冲突进一步升级，肖尔蒂茨同意了诺德林的建议。但是，双方的伤亡都很严重，150 名抵抗组织成员和 50 名德国人在冲突中丧生。

就在天黑之前，莫诺和诺弗拉德退到她的家中，他们无声地坐在那里，听着街上传来的零星枪响和德国坦克的轰鸣，还有从塞纳河方向过来的汽车的声音。这是紧张的一天——混杂着兴奋、恐怖、谣言、焦虑和希望——是无人知道将要持续多久的巴黎之战的第一天。

到路障去!

第二天一早，维尔旅馆——德国警察在巴黎的总部——没有发生战斗就被起义军以省政府的名义占领了。不过此事也令莫诺担心，他害怕 FFI 在德军的优势火力下无法守住大楼，如果没有暂时停火，巴黎警察总部也会失守。所以，仿效 1830 年、1848 年和 1870 年的法国革命，他为巴黎的起义制订了一个替代计划。当天早晨——8 月 20 日，星期天——他向罗尔下令：

> 巴黎的行动发展再次证明攻占大楼或据点的办法是十分错误的，因为其防守森严。在人口密集的中心地带，和乡村地区一样，FFI 能够采取的唯一战术就是游击策略。
>
> 考虑到巴黎的实际情况，除了鼓舞士气之外，攻占整个城市也具有战略价值，毫无疑问，我们不应放弃这个策略，但是，指挥人员必须在各处分兵据守，尽量分散敌人。因此：
>
> 1. 武装巡逻队驾驶汽车在巴黎全城和郊区巡视。
> 2. 若有可能，从敌军巡逻队时常经过的大型主要街道开始，设置足够牢固的路障，阻挡小汽车、卡车和带机关枪的巡逻车。这些路障应留出弯曲的通道供友军通过。
> 3. 应由武装团队把守路障，阻止敌人车辆通过。
> 4. 应使用海报和装在汽车上的喇叭劝说爱国的维持秩序的部队和民众加入路障的建造。
> 5. 在把守连续的路障的不同小组之间建立警报系统，以便在敌军坦克企图强行通过之前提醒大家。此时路障守卫应撤到最近的

建筑物中。如果可能，设法用手雷袭击坦克；如果无法做到，应该让敌人通过，然后立即修复路障。

马里韦尔

诺弗拉德誊写完这条命令，莫诺语带急躁地对她说："当然，这条命令不会得到执行的。虽然这令人羞愧，但是这条命令的内容确实非常有效。"

令莫诺没有想到的是，罗尔实际上执行了这条命令，让大家修起路障。它们十分有效地阻碍了德军在市区的活动。巴黎全城的男女老幼都有组织地加入了修筑大军：挖走铺路石，拖出家具、床垫和厨房里的灶具挡在路上；收集沙袋；把所有东西堆在坚固的路障上，有些甚至比一层楼还高。FFI的武装部队中的很多男人穿着开衫，女人身着短裤或夏天的衣服，戴着FFI的袖标守在路障后方，或者在建筑物中观察街道的情况，等待时机攻击进入其陷阱的敌人。

诺弗拉德没有时间去修路障，她还有其他急事要办，包括帮罗尔带口信给亚历山大·帕罗蒂。帕罗蒂希望延长停火时间，最终签订停火协议，确保德国人将巴黎移交法国，同时允许德军撤退。不参加停火协商的罗尔和其他共产党员拒绝了帕罗蒂的提议。

诺弗拉德骑自行车到罗温德尔街的一个公寓里给帕罗蒂送信。帕罗蒂恰巧是诺弗拉德家的一位很好的朋友，他是地方官莱内·帕罗蒂的哥哥，1940年莱内曾经在诺弗拉德家住过一段时间，1942年死在弗雷斯勒斯监狱。过去的一年，亚历山大秘密生活在巴黎，甚至到诺弗拉德家去过一次，炫耀他新留的小胡子。帕罗蒂亲切地欢迎了诺弗拉德，坦率地对她讲了巴黎的现状。

离开帕罗蒂后，诺弗拉德只好又从军事学校地铁站附近半荒废的街区找路出去。她非常紧张，因为这个地区有德军自己的路障，所有建筑的出入口都设了铁丝网，还有对准每条街的机关枪。有惊无险地返回家中，诺弗拉德才松了一口气。

帕罗蒂就没有那么幸运，他和两名助手参加完一个会议后开车返回，在路上遇到了哨卡，被德军发现他们携带着武器和可疑文件，因此立刻被逮捕。由于帕罗蒂等三人自称是"戴高乐的部长们"，因此军事委员会联系了肖尔蒂茨将军，请他进行处理。因为德军有统一命令，看到携带武器的平民一律开枪打死,所以下属问肖尔蒂茨:"我们应该枪毙他们吗?"

"是的,当然,枪毙他们!"肖尔蒂茨说。

挂掉电话之前,他改变了主意。如果这些人的身份真是他们说的那样,肖尔蒂茨希望和他们谈谈。下午晚些时候,帕罗蒂及其助手被带到肖尔蒂茨在莫赖斯旅馆的总部。戴高乐的代表和希特勒的代理人就这样见面了,而且还有瑞典总领事拉乌尔·诺德林从中调停。诺德林已经提前告诉肖尔蒂茨,如果帕罗蒂入狱或者被枪毙,共产党就会夺权,进而引发混乱。指挥官告诉帕罗蒂,战斗必须停止,然后将其释放,交给诺德林监管。

然而战斗并未结束。罗尔及其手下无视停火协议,再三重复继续战斗的命令。德国军车遭到伏击,被困在路障中,肖尔蒂茨又死了75名手下,法国的损伤也在继续:当天有106人被杀,357人受伤。当晚,军事行动委员会投票决定停火协议作废。

对于两名法国人来说,这是历史性的一天。当天早晨,德军把贝当从他在维希的总部带到德国边境附近的法国城市贝尔福,那里属于占领区。贝当乘坐的双引擎洛克希德北极星飞机(名叫"法兰西")是从瑟堡附近的一处战机跑道起飞的。而过了四年流亡生活的戴高乐则乘飞机从直布罗陀回到了法兰西。

抵达后,就有人告诉戴高乐:"巴黎发生了起义。"显得很沮丧的戴高乐要求面见艾森豪威尔将军,以说服他派兵进入巴黎。艾森豪威尔立刻派车把戴高乐接到他在格兰维尔的总部,这里靠近阿夫朗什海岸。两位将军查看了战区地图,戴高乐警告艾森豪威尔,巴黎的暴动可能会给盟军的战争计划拖后腿,但艾森豪威尔完全不相信。他看出戴高乐是出于政治考虑而非军事考虑才这样说的,而作为最高指挥官,艾森豪威尔最重视的是如何追击德军。他不希望部队滞留在巴黎。戴高乐只好空手而回,巴黎只能靠它自己来解放自己了。

战斗继续

第二天早晨,莫诺和诺弗拉德去罗尔的指挥所见他。他们在这位FFI指挥官刚搬入的新秘密地下总部——位于丹费尔-罗什洛宫的地下深处——见到了他。巴黎给排水管理局总部的地下室里有个活板门,莫诺、诺弗拉德跟着罗尔、其秘书和一名守卫钻进活板门,走下 138 级楼梯,进入一个由深色石头和水泥走廊组成的迷宫,唯一的照明来自罗尔手上的煤气灯。经过一连串的写有上方地面街道名称的标牌后,他们来到一扇巨大的铁门前,并用密码打开了铁门。走进铁门,诺弗拉德吃惊地发现里面是一间干净、灯火通明的办公室,尽管他们位于巴黎地下墓穴的深处,却能呼吸到新鲜空气。办公室里摆着详细的巴黎地图,还有足够的食物供罗尔及其全体同事食用。除了与城市的供电线路连接,这个指挥所还有柴油和踏板式的发电机、接入公共电话线和私人的电话网——与巴黎及其郊区的 250 个点相连。

这里的一部分给排水工程设施最早是在 18 世纪修建的。整个指挥所是由一位名叫塔维的参加抵抗组织的工程师设计的。它与城市地下三百多英里长的隧道和墓场相连,所以,从这里可以直接穿街越市,不用到地面上去。这是一座巴黎地下八英尺深的地堡,远离德国人的耳目,罗尔正是在这里策划起义的。

雅克·莫诺的 FFI 身份卡,上面印着他的化名"马里韦尔"(奥利弗·莫诺供图)

莫诺和诺弗拉德此后都要到这里来办事，为了获准进入，他们必须出示新发的三色图案 FFI 身份卡，当时一共分发了数千张这样的卡片，莫诺的卡号是 2 号，诺弗拉德是 7 号。

两天来，《战斗报》的工作人员一直躲在炎热、拥挤的地面办公楼里做出版第一期报纸的准备工作。他们的供电一直不稳定，但巴黎的电话系统幸好还能用。他们一直在关注巴黎的战况、盟军的动向和德军的撤退情况，阅读 FFI、盟军和省政府的公报。当然，很多新闻很快就变成了旧闻，所以，到发行许可最后下来的时候，还要更新版面的内容。

自 7 月份在他的工作室开会以来，加缪及其同事决定将重点放在社论和报纸的定位方面。他们采用了新的口号："一位领袖：戴高乐；一场战争：我们的解放。"《战斗报》的公众定位和宗旨是："从抵抗到革新。"加缪已经写好了一篇同名长文来阐述他们的目标，不仅要促成法国的解放，还要让国家从"五年的耻辱和牺牲"之中走出来，"让革新的精神从抵抗运动中产生"，"使法兰西摆脱过去所犯过的最糟糕的错误，在世界和法国人民的努力下……重获青春与辉煌"。

显然，这是一种新的声音，充满了更多的内省和反思，将《战斗报》的思想水平提高了一个层次。《战斗报》谈论荣誉、公正和未来工作的时候，《人道报》却仍在高呼："德国鬼子和叛徒们去死吧！"

在比亚等人的压力下，帕罗蒂终于批准了报纸的发行。在供电时断时续的条件下，他们要印出 18 万份第 59 期《战斗报》——一张纸，全部内容呈现在纸的正反两面。街上的卖报人以两法郎的价格叫卖。

连载栏目之一是以小时为单位的起义情况概要，专栏配图是一个没穿衬衫、拿着武器的 FFI 成员，头戴贝雷帽。此外也报道戴高乐抵达法国的消息，宣布报纸每天早晨出刊。在头版最左侧一栏，加缪安排了一篇他写的短社论，签名是一个"X"字母——说明巴黎尚未解放，使用任何名字或化名都是危险的。文章标题是"战斗还在继续……"：

今天是 8 月 21 日，随着报纸在街头的重新售卖，巴黎的解放就快要实现了。经过 50 个月的占领期,经过不停的斗争和牺牲,尽管街头巷尾弥漫着枪声和硝烟,但是巴黎重新找回了自由的感觉。

但是,认为大家不用付出努力和受苦就能获得自由的想法是危险的。自由是争取来的,只能靠争取才能获得,是通过抗击侵略者和叛徒换来的,也离不开 FFI 拯救国家的行动,这些是自由的必要条件……

巴黎的解放只是法国解放的一步……

战斗还在继续。

"巴黎,立即行动!"

的确,街头的战斗还在继续。星期一晚些时候,帕罗蒂试图再次劝说法国的各方人士同意停战,但没有奏效。

星期二,8 月 22 日,巴黎发生了迄今为止最激烈的战斗。圣迈克尔街和圣日耳曼街的十字路口处,FFI 破坏了若干辆德国卡车,劫走了十多名囚犯。但德国坦克凭借武器的优势强行通过了一些路障,攻击了 FFI 的据点。三辆坦克袭击了中心指挥办公室,四辆坦克进攻了巴黎先贤祠,数辆坦克朝维尔旅馆开火,而守卫者的主要武器则是汽油弹——这是巴黎一些大学的实验室每天都要大量生产的,其配方的发明人是 1935 年的诺贝尔化学奖得主弗雷德里克·约里奥-居里,混合着汽油、硫酸和氯酸钾,一经碰撞即可引燃。实际上,约里奥-居里在法兰西学院的实验室是主要的汽油瓶生产地点之一,每天生产数百个汽油瓶。

罗尔根据坦克在全程的活动情况将汽油瓶从他的地下指挥所分发出去。一辆攻击维尔旅馆的坦克被毁坏——一位年轻女子爬到坦克上,将一个香槟瓶制作的汽油弹扔进打开的通风口里。在第五区警察后勤部那里,一个男人从前面的一个路障后面跑出来,将一个瓶子甩进一辆坦克的通风口,成功点着了坦克。两名袭击者在逃跑之前都被德军打死。

靠着不多的武器和仅剩的弹药(除了从德军手里夺来的),FFI 能坚持多长时间——或者说,在几乎没有电和食物短缺的情况下,巴黎人能坚持多长时间，都非常成问题。

考虑到诺曼底以西的战区，艾森豪威尔将军对巴黎另有打算。与戴高乐见面一天后，他就收到了戴高乐的信，后者试图再次说服他派盟军立刻进入巴黎。戴高乐已经多次收到帕罗蒂及其在巴黎的军事代表的要求。他在信中告诉艾森豪威尔："今天从巴黎收到的消息使我相信……首都可能会很快遇到严重的问题。"形势十分紧急，戴高乐敦促说，巴黎可能遭到重大破坏，"在内城可能发生战斗和破坏"。就在艾森豪威尔考虑戴高乐的提议时，布拉德利将军和赛伯特来到他的指挥部，带来了一条消息：巴黎抵抗组织的一位代表找到他们请求帮助，警告说如果盟军不尽快赶到，可能会发生大屠杀。

艾森豪威尔心软了。"法莱斯空缺"已经收拢；盟军俘虏了5万名德军，杀死了一万名德军，加上诺曼底消灭的德军，一共有20万名德军阵亡，20万人被俘。因此没有必要再留住勒克莱尔，该把他送到巴黎去了。尽管DB不是盟军中距巴黎最近的——还有120英里——艾森豪威尔也愿意信守诺言，派勒克莱尔及其部队在美国第四装甲师的协助下到巴黎去。布拉德利和赛伯特飞回去告诉勒克莱尔这个消息。勒克莱尔在天黑之前回到指挥所，在他的吉普车中大叫："巴黎，立即行动！"

"他们决不能通过"

次日上午的《战斗报》（8月23日）报道了前一天巴黎的战况，指出盟军已经开赴巴黎。加缪在其社论中提到，既然盟军来了，为什么巴黎人还要冒险抗争？他再次从解放的前景谈到了斗争对未来的积极影响：

什么是起义？是持有武器的人民的行动。什么是人民？是决不愿屈膝的国民。

人民的价值决定了国家的价值，如果我们对我们的国家有所怀疑，那么国民的武装抗争行动就会让我们确信，我们的国家必然会实现其最高贵的理想，赢得复兴，走向自由……

我们坚决不允许安坐城中的敌人离开，坚决不允许撤退的敌人重返。他们决不能通过。

> 那些被剥夺了记忆和想象力的法国人，忘记了荣誉和羞耻，只顾个人享受的他们会想："这样做有什么好处？"在这里我们有必要回答他们。
>
> 一个想要活下去的民族，不会坐等自由降临，他们会自行争取自由。在争取的过程中，实现民族自救，同时拯救那些试图为其提供帮助的人。每阻挡一名德国人离开巴黎，我们就为盟军战士和东部的法国军队节省一颗子弹。我们的未来，我们的革命，完全取决于正在发出愤怒与自由呼喊的当下。

加缪为巴黎人写作的时候，莫诺和诺弗拉德为 FFI 准备了官方公报，在电台和外部世界的媒体中播出。同一天的早晨，诺弗拉德给瑞士的费罗打了一封电报，报告了 8 月 22 日巴黎的战况：

> 请通过瑞士记者和外国记者广为传播以下信息。自 8 月 19 日，FFI 和起义的巴黎民众开始与敌人战斗。全体民众都支持 FFI，警察守住了省政府和司法宫。狂暴的敌人发动坦克袭击，被击退。若干坦克被破坏。FFI 巡逻队和德军巡逻队在全巴黎展开战斗。各处敌人均有人力和资源损失。所有市镇中心和机关都被新政权占领。发行了新的报纸。三家电台广播信息和指令。军事指挥部由 FFI 地区负责人罗尔管理。

在传单、公报——也许还有加缪的文章——的激励下，战斗一直在继续。随着巴黎解放在望，在各个区域之间移动变得十分危险。诺弗拉德将每天的公报送到里尔路从德军手中夺回的信息部——位于左岸，靠近塞纳河和有争议的地区。不远处，浓烟从巴黎大皇宫冒出来，那里被德军破坏了。诺弗拉德和莫诺当晚早些时候来找皮埃尔·谢弗——主管通信的工程师——讨论关于工作室的安全问题。伴着外面的枪炮声，莫诺说："为什么不取消今晚的传送呢？明天我们设法给你派一名守卫。"谢弗耸耸肩："你知道我应该完成通信工作的，无论有没有守卫。"然后他就到附近的工作室去了。

莫诺和诺弗拉德骑自行车离开了信息部，快到工作室附近的格勒纳勒路的时候，他们听到了枪声，接着他们看到一辆坦克——德军正在进攻工作室所在的建筑。他们十分担心谢弗的安全，但无能为力。不久，他们看到拿着步枪和手雷的 FFI 成员从街上过来，与德军交火。

紧张地等候军队通过之后，莫诺和诺弗拉德才迅速返回，来到附近的一位朋友家里，焦急地打开收音机。7 点，谢弗冷静宣读公报的声音从广播里传出来，背景是连续的枪响。

谣言之日，真理之夜

"美国人来了。""盟军就在巴黎城外。""装甲车来保卫巴黎了。""德国人准备炸掉桥梁和历史建筑。"各种谣言在巴黎满天飞。但这四条谣言都具有一定的真实性。希特勒已经再三下令"与巴黎共存亡"，德军要在塞纳河上的所有桥梁埋设地雷，做好炸桥准备。他还私下命令党卫军的两个装甲师守卫巴黎。8 月 22 日，他告诉西部战区的指挥官："巴黎桥头堡的守卫任务具有重大的军事重要性和政治重要性……历史上，失去巴黎总是意味着失去了法国……决不能将巴黎交到敌人手中，除非它是一片废墟。"所有的桥梁确实埋设了地雷，而且，就在前一天，荣军医院、卢森堡宫、波旁宫和巴黎圣母院的地下也铺上了炸药。

装甲部队尚未就位，但盟军已经很近了。加缪派到盟军战线的一名作家和皮埃尔·伽利玛确认了这个消息。他们在巴黎西南 25 英里处遇到一位美国少校，对方告诉他们："我们要去巴黎了。"当天早晨的报纸刊登了该新闻，但少校也许不知道法国 DB 打算首先进入巴黎。DB 兵分三路杀向巴黎。至于当他们到达目的地的时候，德军会作何反应，恐怕无人知晓。

巴黎城内的德军据点继续进行着激烈的战斗，特别是共和广场附近。莫诺和诺弗拉德一整天都骑着自行车在各个路障之间穿梭。他们也听说盟军快来了。当晚，他们在瓦鲁街的一个朋友家碰头，听皮埃尔·谢弗混合了公报、战报和谣言的广播。9 点 32 分，通信员皮埃尔·科勒内斯冲进来宣布，DB 已经抵达维尔旅馆。

"巴黎同胞,欢呼吧!"谢弗激动地说,"勒克莱尔师部已经进入巴黎,我们太高兴了。"

他朗读了维克多·雨果《惩罚集》里的三行诗:

> 醒来吧!不要再羞愧!
> 重新成为伟大的法兰西!
> 重新成为伟大的巴黎!

谢弗又播放了《马赛曲》:

> 一起走吧,祖国的子民们
> 荣耀之日来临了!……

然后他号召"所有的教区牧师敲响教堂的钟声"。

莫诺和诺弗拉德打开窗户等待着……他们听到远处传来一声钟响,接着近处又传来一声,不久,整个城市的钟声此起彼伏,组成一首大合唱——从巴黎圣母院到圣心教堂,这是四年来的首次钟鸣。

诺弗拉德和莫诺想上街参加庆祝,但莫诺不能离开房子,他得等FFI首领约恩维利将军的电话。他们已经预先订好计划,占领战争部,所以电话随时可能打来。莫诺让诺弗拉德尽管到街上去,他一个人等电话。

她来到街上,人们歌唱着,叫喊着;一家咖啡馆打开了前窗,灯光照到街道上。诺弗拉德还戴着FFI的袖章,人群看到了它,开始不停欢呼:"FFI万岁!"

她想到塞纳河左岸去,然而来到河边的时候,一辆巡逻的德国虎式坦克正在不停开火,这个区域的枪声还没有停息,所以诺弗拉德原路返回。

刚回到朋友家,电话铃就响了。约恩维利命令莫诺到战争部去。"你和我一起去。"他对诺弗拉德说。

战争部并不远——五个街区之外的圣多米尼克街——但是路上很黑,什么都看不见，甚至两个人都看不到对方，枪声还在响，所以他们贴着墙慢慢走过卡西米尔－皮瑞尔街。诺弗拉德把手放在莫诺背上，以防两人走散。穿过圣克洛蒂尔德教堂附近的一个小公园的时候，枪声仿佛近在耳旁。太近了，诺弗拉德想。但她分辨不出枪声是来自钟楼还是灌木丛。"他们在朝谁开枪？"她想，然后才意识到开枪者的目标正是她和莫诺。天太黑了，所以她断定，无论对方是谁，只能朝两人脚步声的方向开枪，这是除了枪响之外街上唯一的声音。

到达战争部大门的时候，他们被一组拿着冲锋枪的 FFI 成员拦住了；这些人是来保护莫诺和诺弗拉德的。他们走进一条铺着黑白石板、装饰有武器的宏伟走廊，接着进入一个大厅。大厅里精致的 18 世纪的高背扶手椅上，坐着一些身穿平民服装的军人。他们大部分是维希政府的将军和上校。看到莫诺和诺弗拉德，他们似乎有点吃惊——两人因为在城里骑了一天自行车，头发蓬乱，衣服上沾着尘土。诺弗拉德穿着一件旧衬衫，腿上沾着自行车链条上的黑油；莫诺穿着一身过小的西装，膝盖的地方还修补过。尽管如此，这些绅士们还是把战争部交给了他们。

周围的环境令诺弗拉德感到敬畏。这个大厅属于战争部大楼最古老的部分，曾经是拿破仑的母亲霁霞·波拿巴的住处。房间的窗户很高，挂着巨大的蓝色锦缎窗帘，装饰着金色和象牙白相间的精细墙板，中间摆着一个很大的桃花心木写字台，一盏富丽堂皇的水晶吊灯挂在天花板上。

大家的谈话很热烈，但时常被外面的枪声打断。一扇窗户被子弹射穿了，爆炸声将吊灯震动摇晃起来，所以人们都尽量避免站在灯下面。有人拿来一箱香槟，这是从德国人占领的一所公寓里搜出的战利品。高级水晶杯里倒满了香槟酒，人们站起来，一位将军致祝酒词："胜利。"然后维希政府的军人们退场。

凌晨快两点的时候，FFI 军官们坚持让诺弗拉德睡一会儿。因为太激动，她一开始拒绝了，直到他们带她看了卧室——这是拿破仑母亲的卧室，附带有一间美丽的方形小闺房，装着象牙和金色相间的护墙板和黄色的天鹅绒。仍然兴奋得难以入睡的诺弗拉德决定给父母写封信，告诉他们这八个月来她实际上在 FFI 为"杰出的老板"、指挥官莫诺工作以及巴黎这历史性的一夜的情形。

诺弗拉德不是唯一一位在当天凌晨写东西的巴黎人；加缪及其《战斗报》的同事还有一份报纸出版前的活儿要做。当天早晨的头条是：

经过四年的期盼与奋斗，法国军队进入、解放了首都

在这决定性的第五天，加缪写了一篇最适合描述这一历史性时刻——"真理之夜"——的杂文：

自由的子弹继续在城市大街上呼啸，解放的炮弹在欢呼与鲜花中穿过了巴黎的大门。在这个最炎热、最美丽的 8 月夜晚，天幕上的永恒之星混合着曳光弹、从燃烧的建筑冒出的烟和彩色的焰火，宣告着人们的欢欣。这个与众不同的夜晚结束了四年非同寻常的历史和难以言说的挣扎奋斗，这段历史见证了巴黎的耻辱与愤怒。

今夜，那些从未对自己或其国家丧失希望的人在寻找他们的奖赏。这个夜晚的本身就值得庆祝：真理之夜。真理在武器中，在战场上，在长期受煎熬的奋斗者的手中和心中。

四年前，少数人在废墟和绝望中奋起反击，以无声的方式宣示我们并没有失败。他们认为战斗必须继续，只要付出相应的代价，正义必将战胜邪恶，为此，他们付出了足够的代价。代价确实不菲：它有着血液的重量和悲惨的牢狱的压迫。很多人死去了，其余的人数年间身陷囹圄。这是不得不付出的代价……

艰苦的战争仍然在等待我们。但平安必然降临这片烧焦的土地与被希望和记忆搅扰的心灵。

没有什么是白白给予人的，少数人甚至需要付出不公正的死亡的代价。但人的伟大存在于别处，在于他超越他现状的决定。如果他的现状是不公正的，那么他只有一种办法来克服它，就是自己成为一个公正的人。我们今夜的真理，在这 8 月的天空盘旋的真理，实际上是人类的慰藉。令我们的心灵平安，也令我们死去的同志安息的，就是我们可以在即将到来的胜利面前，不带任何指责和委屈地宣告："我们做了必须做的事。"

8月25日，星期五

这是一个晴朗的夏日清晨，天空蔚蓝。约恩维利将军来到战争部。诺弗拉德和FFI的工作人员激动地注视着一位全副武装的FFI士兵守护着屋顶上飘扬的法国三色旗。工作人员们去迎接勒克莱尔的时候，诺弗拉德留下来负责通信工作，她是FFI在战争部的唯一代表。

上午早些时候，美国纵队和更多的DB士兵以胜利的姿态进入城市，受到热情的巴黎市民的夹道欢迎。但巴黎并没有完全获得自由。军队来到市中心的时候，遇到德国据点的抵抗。大批德军盘踞在巴黎军校、参议院（卢森堡宫）、众议院（波旁宫）和瑞沃丽街肖尔蒂茨的总部附近，新的战斗在很多地点展开。

众议院就在战争部后面。从它环境优雅的办公室望出去，可以看到一座绿树成荫的花园。花园的高墙后面，FFI正和另一边的德军交火。德军在参议院里面架起一挺重机枪向外射击，偶尔有子弹飞过战争部大楼打到圣多米尼克街对面的建筑物上。大厅里的吊灯又开始晃动，发出的噪声甚至让诺弗拉德无法接电话。

终于，下午晚些时候，众议院附近的战斗结束了，军官们返回战争部。诺弗拉德正带着一位新来的FFI成员参观建筑，并将圣多米尼克街上的主入口处飘扬的旗帜指给他看。令他们吃惊的是，前门打开了，一辆加长的霍奇基斯轿车开了进来，车上插着三色旗，饰有洛林十字。一个身着将军制服的个子很高的男人走下车，仰头观看战争部的大楼。虽然之前从未见过戴高乐的照片，但他们知道这一定是他——四年来，他们通过BBC听到这个男人的声音。诺弗拉德跑出去告诉工作人员。

戴高乐刚刚在勒克莱尔在蒙帕纳斯火车站的总部接受了肖尔蒂茨的投降，旋即来到自己曾经工作过的战争部。

莫诺和其他军官聚集到楼梯顶端立正站好。戴高乐将军大步走进宏伟的前厅，与每一个人握手。

1944年8月25日的《战斗报》第63期。头条新闻的标题宣告法国军队进入首都。加缪的匿名社论《真理之夜》位于最左侧（本书作者收藏）

过了一会儿,一名FFI军官去为戴高乐及其随员准备房间。诺弗拉德回到拿破仑母亲的卧室收拾她的东西。她注意到已经有别人的行李搬了进来,上面写着"夏尔·戴高乐上校"的字样。

终于,莫诺和诺弗拉德可以在一个美丽、晴朗的夏夜呼吸巴黎的自由空气了。莫诺征用了一辆汽车,他和诺弗拉德在车上插了一面小号三色旗,旗帜上绣着洛林十字和字母"FFI",两人决定开车出去庆祝。汽车的排气管坏了,所以噪声很大,但他们不以为意,尽情地享受着四年来第一次兜风,一路经过燃烧的德国汽车、载着FFI成员的卡车还有欢乐的巴黎人,在太阳快要落山时来到星形广场,在那里看到了第一批美国坦克和士兵聚集在凯旋门周围。

夜幕降临。

接着,在一瞬之间,整座城市点亮了。整个巴黎的街灯和历史建筑的灯全亮了起来,自1939年9月3日开始,过去的六年,它们曾是漆黑一片,现在仿佛重获新生。巴黎的工程师和电工们设法弄到了足够的电力重新照亮了圣心教堂、荣军院、圣母院和埃菲尔铁塔,塔顶上的法国三色旗全城都能看得到。

在这第一个重获自由的夜晚,法国辉煌历史上最快乐的一天,巴黎再次成为世界上最美丽的城市。

第三部分

生命的奥秘

天才的才能要由勇气来点燃。

——亨利·范戴克《友好年》

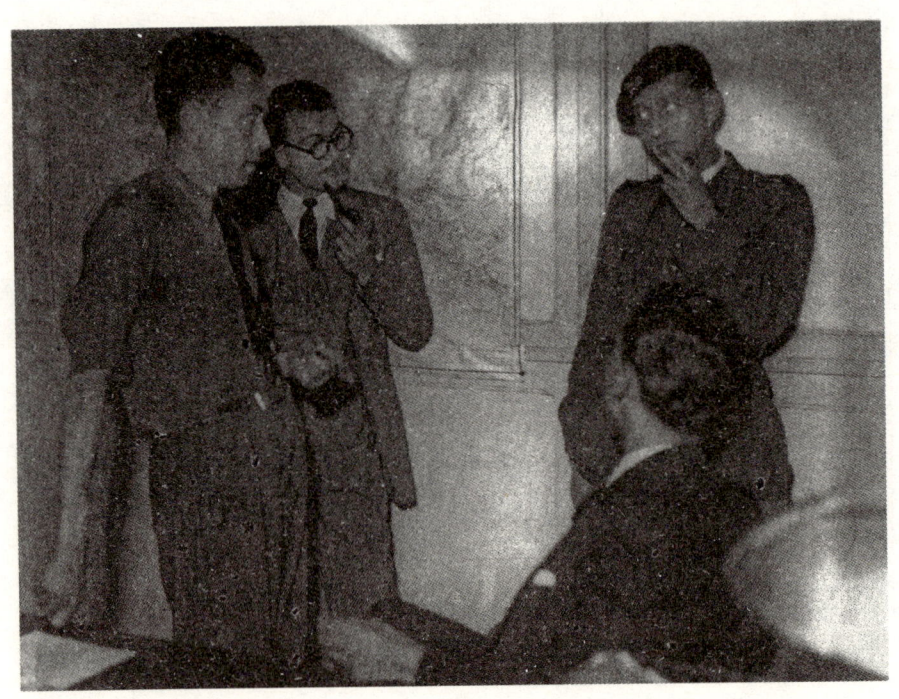

巴黎解放不久,加缪在《战斗报》报社。左边的是加缪;右边的是安德烈·马尔罗,戴着贝雷帽(档案路/格兰杰收藏,纽约)

第十七章

国家的谈话

作家要首先学习的技巧就是将他的感受转换为他想要让别人感受的东西。

——阿尔贝·加缪《笔记》，1942—1951

解放后的日子令人欢欣鼓舞。

戴高乐和勒克莱尔、帕罗蒂带领法国和盟军纵队从凯旋门出发，以在香榭丽舍大街游行的方式来庆祝巴黎解放的第一天。第二天早晨的《战斗报》贴切地进行了描述："巴黎的大街小巷都在欢呼戴高乐的名字。"

身份大揭秘的时刻到了，大家纷纷放弃化名，露出了真实身份。同期的《战斗报》第一次刊登了工作人员的真实姓名，社论后面的一条小通知写道："实际上，《战斗报》是由阿尔贝·加缪、亨利·弗雷德里克、马塞尔·吉蒙、阿尔贝·奥利维尔和巴斯卡·比亚供稿的，过去他们都是秘密写作的。"

加缪发现，这是出版业的关键时刻——"一个大范围培育公众精神和升华国家水平的独特机会"。自从7月份在其工作室首次开会策划《战斗报》的公开出版以来，加缪已经预见到报纸将起到引导公众讨论法国光复后的前进方向的作用。光复前夜，他写道："今夜战斗中的巴黎想要明天掌权，不是为了权力，而是为了公义，不是出于政治原因，而是道德原因，不是为了控制国家，而是为了确保它的伟大。"

加缪认为，这是一个危险与希望并存的时期。之所以危险，是因为法国的经济百废待兴，农场里没有机器，德国人还未被完全打败，法国军队没有武器（仅有的武器也是来自盟国）；存在希望的原因是国家重获了自由，如果能够从惨痛的教训中学习，一个更加伟大的法兰西就有望诞生。在解放后的日子里，加缪凭借《战斗报》的平台为自己及其同事提供了表达自己的最高理想、燃起读者希望、预警危险和批判那些没有履行责任者的机会。他早期的一些评论既体现了报纸启发公众的作用，也批评了故态复萌的人。在其署名社论《新刊物的批评》（刊登于光复一周后）中，加缪提出了他本人及其同事的期望："那些为了实现自己的宝贵理想而甘冒必死危险的人，将找到办法给予他们的国家一份值得它拥有，而且是前无古人后无来者的刊物。"他认为战前的报刊"丧失了原则和道德"，"贪求金钱，无视尊严"，除了巩固少数人的权力，别无其他目标。加缪认为，这样低级的目标是造成德占时期出现合作派报刊的原因。

加缪相信，抵抗运动地下刊物的共同愿望是传达"一种声调和允许公众发现其本身的最优点的真理"。加缪劝说其同行重新找回这种"声调"，打造"清晰、有刚健气概、写作风格得体的"刊物，并提醒他们："作为记者，我们已经在过去的四年里了解到这些东西，写文章可以让你坐牢或者被杀，显然，语言具有价值，需要谨慎称量。"

加缪敦促同事们"认真写作，不要忘记恢复国家主流声音的需要。如果我们加以注意，这种声音才会保持刚健，避免恶意；保持客观的骄傲，而非花言巧语；保持人性，而非平庸，那么更多的东西才会被从废墟中拯救出来，我们也不会丧失国家的尊严"。

巴黎街头依然遍地可见战争带来的残破景象，人们正在清点FFI和平民的损失。加缪则一直在呼吁媒体引导国家不要停留在过去四年的清算上，而是转向如何建设法兰西的新民主这一目标。加缪希望影响，或者至少劝诫那些"在应该启蒙的时候却想取悦"或者"想要迅速告诉读者消息，但不要求准确"的报纸，他指出"这样做不会获得真相"。

当然，加缪也必须实践他所提倡的。为了丰富《战斗报》的语调和风格，他委托让-保罗·萨特写作以巴黎解放为主题的系列文章，然后派他去美国当通信员。日复一日，巴黎人在加缪的社论中读到的都是真理、勇气、品行、自由和民主。除了打造更高雅的媒体，加缪更关注的是一些整体性问题。例如，要重建一个什么样的国家。加缪认为，问题的核心是协调公正与自由。他写道："为了确保每个人可以自由地生活，我们必须追求这个目标……实际上，除此之外，今日的世界上没有其他值得为之奋斗的东西。"

第二个主要问题是什么样的人适合领导法兰西。他谴责任何从过去的政府（维希或第三共和国）选择"有经验的人"的想法，因为他们亲手把国家变成了一片废墟，或者至少没有付出足够的努力来拯救它。他宣布："这个国家的事务应该由那些付出代价并做出回应的人来管理。"

一个特别敏感的问题是盟军对戴高乐临时政府（GPRF）的承认。英国和美国深知，尽管表面上号召团结一致，但戴高乐、抵抗组织的各个派别和共产党都互不信任。英美领导人对任何一方都持保留意见，又各有偏爱。在四篇社论中，加缪认为应该承认临时政府是法国的合法当局，警告外国不能干预法国内政。"如果我们的美国朋友想要一个强大而团结的法国，从外部瓜分法国并不是个好办法。"他写道。加缪用一整篇社论来向英国的"内心力量和平静的勇气"致敬，感谢她在战争期间对自由的捍卫。他表示："我们在这场战争中失去了很多，尽管如此，我们还是希望得到我们应得的东西……我们希望自由地爱我们的朋友，证明我们的感谢之中没有苦味。我们相信我们要的并不多。如果这还不够有说服力，我们希望采取措施降低任务的难度，根据我们的漫长历史，告诉知之甚少的世界什么叫作自由。"

解决问题的理想方法应是选举，但在混乱的环境下，进行全国选举是不可能的。而且，有人认为（包括加缪在内），这样做对那些无法投票的二百多万被俘人员、流亡者和在国外工作的人是不公平的。加缪发表第四篇关于该问题的社论数天后，美国、英国、苏联和加拿大政府纷纷认可了 GPRF。

加缪敦促报纸向全国提供"一种促使大家倾听的语言"。读者确实倾听了加缪的声音。这位小说家兼剧作家开始主攻社论，而且拥有成千上万的读者。加入过戴高乐自由法国的作家雷蒙德·阿伦在二战时为该组织编辑过杂志，后来加入《战斗报》担任社论作者，他认为读者已经养成了阅读加缪的社论的习惯，其每天思考的问题都来自加缪的文章。《战斗报》常常售罄，加缪的社论是全巴黎的流行话题——包括街头巷尾和知识分子圈。

解放后，加缪的私人生活仍面临过渡。弗朗辛 10 月份从阿尔及利亚回到巴黎，12 月份时她怀孕了——是双胞胎。玛利亚·卡萨雷斯选择了退出。

合并

经历过四年德占期的巴黎人都希望与家人重聚，在某种程度上恢复正常生活。10月份，莫诺一家就全部回到巴黎亲王街的公寓：雅克在战争部的一间办公室上班，奥黛特回到吉美博物馆，他们的女仆也回来了，双胞胎上了学。全家人经常谈论政治和军事话题。当两兄弟的其中一个做了什么好事，另外一个就会将他"提升"为"中尉"或者"上校"，批准他佩戴爸爸的FFI臂章。

这段快乐的重聚为时并不长。战争还没有结束，就像加缪在《战斗报》里面写的："我们享受了胜利，但还没有看到完全的胜利。我们现在知道，我们赢得的只是继续战斗的权利。"希特勒和德军似乎决心"以最悲剧和最夸张的自杀方式结束一切"，"让敌人付出沉重的血的代价"。因此，加缪提醒法国同胞："我们必须说服自己，战争还要持续，勇敢地承担我们的责任，打败敌人。"

法国如想恢复名誉，就要在战胜国中列有一席之地。法国人及其军队需要战斗，还要打胜仗，一直坚持到战争结束。1944年10月初，戴高乐告诉勒克莱尔："我们在1945年的战争投入最多的部队是很关键的，当务之急是组成新的主力部队。"那时，英国、加拿大和美国联军在欧洲战区已有200多万人，但整个法国军队只有25万人，而且分散在各个战区。法国最有战斗力、人员最多的部队是FFI，有大约20万人。然而，FFI远非一支正规军，很多成员不到20岁，因此没有受过任何正式训练。马奎斯等大型组织虽然自行抗击德军并解放了一些地区，但是现在军队的任务是向防御良好的德军主动出击——这需要与盟军高度配合。法国指挥官面临的最直接挑战是如何将没有训练、缺少装备、缺乏纪律和政治观点各异的FFI集中成一支法国军队。这是个复杂的任务，需要由抵抗组织和FFI中拥有丰富经验的人来处理，此人必须拥有共产党团体的信任，还能在法国军队森严的等级和纪律下工作。

这恰好是雅克·莫诺擅长的工作。

他被FFI分配到法国第一军，在1944年11月接到了命令："协助……研究和制订关于将法国内部军整合到第一军中的计划。"莫诺的上级是让·德·拉特尔·德·塔西尼将军，他是充满人格魅力的第一军领袖，也是未来的法国元帅。塔西尼在一战中负伤四次，1939年成为最年轻的法国将军，他的第十四步兵师在1940年的反侵略战争中表现出色。后来，1944年8月中旬，盟军登陆法国南部时（龙骑兵行动），他指挥法国B军团——这是第一军的前身——攻下土伦和马赛，接着向北进军，把德军赶到孚日山脉。

热情爱国的塔西尼是个能够鼓舞人心的领袖，对士兵和下属要求也十分严格，经常强调纪律。然而，他十分热衷于将抵抗组织与常规军整合起来——尽管双方对此皆有怀疑——并决心"在不打乱这支生机勃勃的部队的前提下将其争取过来"。他的努力就是人们所知的"大合并"。

合并的一个主要挑战是缺少装备——FFI需要军服和武器，它不得不主要依靠缴获德军的武器。其次，更难解决的一个问题是，常规军和马奎斯之间存在很大的文化差异。整体计划是将FFI小组与常规军单位结对。塔西尼将其形容为化学家把不同的试剂混合到一起：有些反应是平和的；有些则没有反应，需要重新混合。而且，这些试验必须在战斗之中进行，因为大部分接受过组织和训练的FFI部队已经在前线上了。莫诺亲自见证了好几次这样的试验，大半个冬天里，他都在冰天雪地的路上，乘坐一辆吉普车穿梭在前线之间，访问部队、处理问题、在第一军向莱茵河进发的过程中与塔西尼商讨计划。

塔西尼英俊、体贴、迷人，他非常欣赏——甚至喜欢——莫诺，称莫诺为他"最宝贵的助手"。2月份，137 000名FFI成员被收编进入第一军。他们先是攻进德国南部，再攻下卡尔斯鲁厄、斯图加特和乌尔姆；然后越过多瑙河；1945年4月底，进入奥地利。

1945年5月1日，莫诺相信德军已经完蛋了。他给奥黛特写信：

> 我亲爱的奥黛特：
> 今天早晨我一直在想你，我刚刚听说今天或明天将是战争的最后一天。我想你，想我们的孩子，想让我们的生活回归正轨，憧憬我们的幸福……
> 接下来的两周，我有很多工作要做，因为在15日到20日之间，需要解决一切问题。但至少令我满意的是，当情况稳定下来之后，我就可以离开了，然后我就能实现我最主要的目标，我相信现在要求

31 日遣散回家是没有问题的。

我又在广播中听到：英国人今晚或明天将到达吕贝克，再次见到艾蒂安实在激动人心（艾蒂安是奥黛特的兄弟，一位被俘人员），要是我能去找他的话！

我亲爱的，拥抱你。多么希望我们今天就能相聚。

我爱你

5月8日，塔西尼飞往柏林，代表法国与德国签订了德国向法国投降的协议。战争正式宣告结束。

巴黎人再次涌到大街上庆祝。加缪又写了一篇短文来纪念欧洲的胜利。他将法国的欢庆放到更大的背景中讨论，提出他的自由和反抗观：

> 历史上存在很多军事胜利，但是过去没有任何一次胜利得到了如此多的公众的欢迎，也许这是因为此次战争威胁到了人类的本质，即他的反抗精神和他的自由。昨天属于每个人，因为它是自由之日，而自由要么属于每一个人，要么任何人都得不到……
>
> 这场战争彻底结束了，因此人们得以保有成为他们想要成为的人的权利，说他们想说的话。我们这代人理解这一点。我们将永远不会出让这种权利。

加缪也承认每个人遭受的损失。但是，作为一个不相信永恒的人，他无法提供安慰。相反地，他将人生视为对死亡的反抗，主张将生活过到极致，加缪关心的是如何为抵抗组织成员的风险意识和牺牲做出辩护。他能否如实地判断他们的事业是否值得为之牺牲呢？

在一篇早期的社论里，加缪比较了信仰宗教和不信仰宗教的抵抗组织成员的牺牲动机，前者认为人生是个"中途站"，希望做出殉道行为；而后者则认为："我们的很多已经牺牲的同志在临死时没有心怀希望或者安慰，他们知道自己终究要死，所以牺牲行为可以结束一切。尽管如此，他们仍然情愿做出这样的牺牲。"加缪把他们的这种愿望定义并称赞为"清醒的勇气"。在 V-E 日（欧洲反法西斯战争胜利日）的社论中，他讨论了他们的勇气和为了捍卫人类自由而牺牲的意义："只要他们的损失和牺牲有意义，他们仍会等待或为自己所爱的人能够享受胜利而感到安慰。让我们靠近他们，不要让他们的付出白费，只有这样，在这个历史性的日子，我们才能为人类做些什么。"

三个月后，太平洋战区的战争结束，人们更加松了一口气，但也有新的担忧——这是由原子弹的投放引发的。为此，加缪提出警告："鉴于人类目前面临的恐怖前景，我们甚至能够更清楚地看到只有和平之战才是值得为之奋斗的战争。这不再只是一句祈祷词，而是应当在人民和政府之间贯彻的命令：必须在地狱和理性之间选择一样。"

战争结束时，除了他的社论之外，加缪的《局外人》《西西弗神话》重印，《致一位德国朋友的信》出版，剧本《误会》重新搬上舞台，《卡里古拉》出版，加缪已经成为法国著名的知识分子（与他的朋友萨特一起），甚至连最激烈批评他的人也承认，加缪是"世界上读者最多的法国社论作家"。

然而加缪追求的是不同的目标。随着战争完全结束——数百万士兵和平民在战争中死亡，数百万人遭到迫害而死或是在集中营中差点丢掉性命，大批人口无家可归或缺衣少食，欧洲的大部分地区变成废墟，能够毁掉整个城市的新武器出现了——加缪的读者们普遍对灾难感到恐惧，对未来感到绝望。在确定了反抗是牺牲的理由之一的前提下，加缪面对的最为突出的挑战是帮助他的读者们找到活下去的充分理由。

第十八章

生命的奥秘

> 自由人思考得最少的是死亡的问题；他的智慧在于考虑生而非研究死。
> ——斯宾诺莎《伦理学》（薛定谔曾在他的《什么是生命？》中引用）

随着德国战败，240多万法国战俘、强制劳动机构的工人、政治犯和种族流亡者开始回到原来被德军占领的地区——大多数人的身体状况非常差劲，而且经历了十分恐怖的折磨。克劳德·布尔德特和杰奎琳·伯纳德分别从布痕瓦尔德和拉文斯布吕克集中营获释，加缪和《战斗报》的同事对此进行了庆祝。加缪和比亚立刻去看望了伯纳德，并表示："《战斗报》等待着你，你的办公室已经准备好了，欢迎你在愿意的时候回来。"6月上旬，莫诺在FTP的前上司马塞尔·普利南特回来了，经历了伤寒引起的昏迷之后，体重只有90磅。奥黛特的兄弟艾蒂安也回家了。然而，成千上万的法国人——包括伯纳德的兄弟让·居伊和莫诺的朋友雷蒙德·克罗兰德没有从集中营回来。

法国士兵也开始返乡。德国投降后，法国军队的任务从战斗转向了占领。莫诺对这个目标没有兴趣，也不想留在军队里。他结婚七年，有六个年头——也是两个孩子的人生前六年——是在德军占领中度过的，他急于被遣散回家，返回到科学研究的工作岗位上。虽然他希望在5月底遣散，但直到7月初才获得批准。

回到巴黎后，莫诺只希望回到实验室，别的什么都不想。他有意识地"拉上了战时记忆的窗帘"。他开始捡起一年半之前放下的工作。他回到了索邦大学，但是时间不长。当年秋天，勒沃夫邀请莫诺加入他在巴斯德研究所的微生物生理学系，担任实验室负责人。莫诺接受了，开始布置他的实验室，赶上落下的研究进度。

还在军队中的时候，他已经了解到本学科的一个重大进展，在《遗传学》期刊上读到了关于研究方面的最新进展文章，这本书是他从美军的流动图书馆里发现的。在1943年11月号的《遗传学》里，萨尔瓦多·卢里亚和马克斯·德尔布吕克的文章引起了他的注意。两位作者都是到美国工作的欧洲难民：卢里亚来自意大利，德尔布吕克来自德国，都是在战前逃到美国的。这篇文章精密地论证了细菌会同时获得遗传变异。他们发现细菌是通过噬菌体获得免疫力的。该论文确认了1944年初莫诺和爱丽丝·奥杜罗做出的结论（虽然没有发表）：利用乳糖繁殖的大肠杆菌无法使用那些带有遗传突变的乳糖。

在卢里亚-德尔布吕克的论文发表之前，生物学界还在怀疑细菌的一些特性以及它们对遗传学模型的研究作用。实际上，在生物学发展中最有影响力的一本书（《现代进化综论》，出版于1942年）中，朱利安·赫胥黎（动物学家、达尔文门徒托马斯·亨利·赫胥黎的孙子）提出，细菌无法进化出更复杂的有机体："它们没有基因，从……遗传物质……方面来讲。我们知道，虽然偶尔会发生'变异'，但没有证据说明它们和高等有机体具有类似性……实际上，我们必须考虑到，细菌的变化过程、遗传和进化是与多细胞生物完全不同的。"如果这些主张是正确的，那么莫诺的酶适应研究就失去了重要性或没有意义。

赫胥黎的观点并非说明他有所疏忽——他本人并不研究这个领域，而说明大部分生物学者都会忽略遗传的本质，以及为生命赋予特征的、与无机物显著不同的物质。实际上，在二战开始的时候，人们对所谓的"生机论"（该观点认为生命来自某种物质或力量，即一种"至关重要的法则"）所知甚少，该理论超出主导无机物的物理学和化学规律的解释范围，至少只有一些物理学家知道。

正是这种蒙昧状态导致获得诺奖的奥地利物理学家薛定谔将一本小书命名为"什么是生命？"，这本书是1943年到1944年他在都柏林写的，薛定谔因为希特勒掌权而逃到了爱尔兰。这位量子力学的创始人之一想知道生物学是否可以用某些无机物世界的简单定理来解释，他在书的开头提出一个问题："时间与空间的事件如何发生在由物理和化学规律所主导的活的生物体内？"

他的"初步答案"是："虽然目前的物理学和化学水平不足以解释这样的事件，但是没有任何理由怀疑不可以用物理和化学规律来解释它们。"

薛定谔对遗传学的奥秘尤其关心。感谢 T.H. 摩根等人——莫诺在战前曾经拜访过他们在加利福尼亚理工学院的实验室——基因被理解为染色体上的离散实体，但其物理结构和化学组成尚未可知。从物理学角度看，基因的存在与性质提出了一些令人费解的问题。可以确定的是，基因是由某种原子组成的，但基因的原子如何排列才能表现出有机体的性质——眼睛的颜色、毛发的纹理、骨头的长度等特点呢？另外，基因的哪些性质使其表现具有稳定性（例如，可以遗传到下一代乃至数代）和变异性（例如，基因突变也会代代相传）？薛定谔推测，基因是某种"非周期性固体"，含有一些"精细的代码脚本"，定义了有机体的所有未来发展。基因是如何作用的、信息是如何稳固地储存在有机体中的、这些信息是如何传递或随着时间变化的等问题就成为生物学的核心谜题，后来衍生出分子生物学（欲知更多细节或想要了解本书中涉及的科学知识的读者，请参看附录）。

薛定谔的书将帮助说服很多物理学家转向研究生物学，弗朗西斯·克里克就是其中之一，同时很多年轻的生物学家（包括詹姆斯·沃特森，他此前研究的是鸟类学）因此开始研究遗传学。

薛定谔这本书大部分的内容都是猜想。生物学家们必须像物理学家发现原子那样找出破解基因密码的方法。对莫诺来说，卢里亚-德尔布吕克的论文奠定了细菌遗传学的基础和研究遗传学的巨大奥秘的基础，可以通过研究生长迅速、操作容易的简单有机物来进行遗传学的研究。此外，因为他和爱丽丝发现的细菌变异现象，他可以从基因方面控制这一特性——细菌利用乳糖生长——进而探索基因是如何作用的。

为了让他在巴斯德研究所的实验室运转起来，他需要雇一些工作人员。刚从化学专科学院毕业的玛德莱娜·维莱特听说莫诺博士的实验室开张了，便跑来自荐。她在巴斯德研究所阁楼的小实验室中的一张凳子上等候莫诺。这时，一个穿着帆布裤子和开领运动衫的英俊年轻人吹着口哨走了进来。她没有注意到这个人，结果对方自我介绍说他就是雅克·莫诺，维莱特吓了一跳，因为她以为所有科学家都是"严厉、一本正经的老绅士模样"。

面试中,维莱特想知道她将在这里做什么。她承认自己对有机化学所知甚少,更不用说什么微生物生理学。莫诺没有灰心,告诉她:"无论如何,我愿意你对此一无所知,因为没有任何学校能教给你我们需要的知识:我正在研究生命的奥秘。"

―― ∽ ――

超越虚无主义

莫诺重新投入研究,加缪也继续从哲学方面探讨生命的奥秘。对加缪而言,奥秘之处在于,在这个伤痕累累的世界——人生变得没有价值,和平显得十分脆弱——如何才能超越时间的虚无,找到踏实生活的意义。尽管他的社论偶尔触及这些话题,如重大事件需要放到更深远的背景下更富技巧地分析,但在近一年的时间里,加缪一直忙于《战斗报》的事务,很少有时间从事自己的研究。1945年9月1日,为了有更多时间写作,加缪不再从事每天的编辑工作,这也可以照顾到他的家庭:9月5日,加缪的双胞胎儿女凯瑟琳和让出生了。

两个问题主宰着加缪的思考以及他的笔记、谈话、访谈和演讲:个体如何找到其生存的意义?如何预防下一个大灾难?

可以理解的是,对这些问题的回答难免走向悲观主义。不到30年间发生两次世界大战,这一事实很难令人乐观起来。大部分人所遭受的苦难打碎了他们的信仰,很多人都在问:"上帝在哪里?"但没有得到满意的答案。对那些一开始就不相信上帝的人来说,战争害死了五千万人就是他们认为上帝不存在的证明。

虚无主义认为人生毫无意义,没有价值,很多人因此而失去了信仰。但加缪是个例外。在《西西弗神话》中,他拒绝虚无主义,坚定地回答了人生是否值得一过的问题。他认为虚无主义是时代对重大哲学和伦理提出的挑战,20世纪的人们曾经寻找各种方法来迎接这个挑战。离开《战斗报》后,加缪为出版商伽利玛做兼职审稿人。伽利玛让他负责一个系列的书籍,希望借助他的名气吸引更多的读者。这个系列的书叫作《希望》，每本书封底的编辑名字都是加缪，还引用了他的一段话："我们生活在虚无主义中……我们不能通过假装无视或否认我们时代的罪恶来摆脱它。唯一的希望是把它指出来，发现治愈这种疾病的解药……所以，让我们认识到，这是一个需要希望的时代，即使是来之不易的希望。"

加缪认为，意义来自斗争，来自反抗。他已经把自己的哲学写在了《西西弗神话》里："反抗赋予人生价值。"现在到了把哲学观点变成图像的时刻，加缪多年前曾经指出："感觉和图像可以把哲学放大十倍。"他的没有完成的小说《鼠疫》——三年前开始写作，是"反抗"三部曲的第一部——将成为载体。加缪的挑战是在小说故事中创造图像和人物来让人看到和感觉到德占时期和抵抗运动的情景——他希望法国人能够意识到这一点。

小说中最能引起共鸣的图像是死老鼠，它们代表着一开始没有人注意到的威胁；城市大门的关闭切断了居民和他们所爱的人之间的联系，营造出一种深切的孤立和流亡的感觉；志愿卫生队勇敢地冒着生命危险与鼠疫做斗争；被感染的人都在市体育馆里的隔离营里隔离；最后，鼠疫终于被抑制住了，人们欢快地打开城门，教堂钟声敲响，大街重新出现了灯光。

故事的主人公凭借其勇气和团结，做了应该做的事情来对抗鼠疫，加缪通过这个情节逐渐揭示他关于反抗的哲学思想。在小说中宣布鼠疫和城门奉命关闭的时候，叙事者表示："从现在开始，可以说鼠疫成为与我们所有人有关的问题。"这一点加缪也在其写于光复前的社论中提到过。主要角色包括伯纳德·里厄医生，他是第一个发现鼠疫的，他提醒当局并想方设法与这种疾病做斗争；约瑟夫·格兰德是个低级办事员，他"是拥有平静勇气者的典型代表，激励了卫生队"；雷蒙德·兰伯特是访问记者，他像庞内里尔的加缪一样困在城中，与妻子分离，最终加入了战斗；让·塔罗组织了志愿者卫生队；佩内罗神父是耶稣会会士，他认为鼠疫是"上帝的鞭打"，并且告诉市民们："灾难降临到你们了……我的弟兄，这是你们应得的"；还有约瑟夫·科塔德，他利用鼠疫的机会成为走私者和黑市商人。

1946年，加缪拿出一整年的时间完成和编辑这本小说。他的日常计划一般是上午在家中写作，午饭后到伽利玛的办公室审稿，阅读和口述他的信件，接待访客等。到了晚上,他会与朋友社交,包括萨特和波伏瓦,和他们一起到圣日耳曼街的咖啡馆喝一杯,然后,也许会到小餐馆吃晚饭,有时候到另一家咖啡馆吃夜宵,等等。

那时候,萨特正筹备推出一个文学期刊《现代》。第一期的首篇评论就是他写的,其宗旨是发布"积极的文学作品"——与社会有关的文章,不仅是为艺术而艺术。加缪的一些同志加入了期刊的编辑团队,但是加缪拒绝了萨特的邀请,因为他太忙了。两个人经常在圣日耳曼街一带见面。当时的报纸对巴黎著名思想家的生活方式很感兴趣,在公众眼中,萨特和加缪各自的工作和观点都被打上了烙印:存在主义。

存在主义曾经是个冷僻的哲学术语,现在却从知识分子的小圈子来到大众文化之中——以至于让萨特担心这个词会失去意义。1945年秋天,他在演讲中澄清了存在主义哲学的原则,首先,"人除了是他自己成为的那个样子之外,什么都不是",萨特解释说,存在主义"把(人的)存在的所有责任完全放在人自己的肩膀上"。不存在什么宿命、所谓的人类本性以及超自然的启示或意愿。人来到世界上,既不邪恶也不善良,既非英雄也非懦夫;所有人都可以自由选择,他们不仅是由希望或愿望定义的,也取决于自己的行动。

存在主义对个体自由和自我抉择的看法在战后的法国引起了广泛的共鸣。政府和宗教都没有避免战争,贝当等人鼓吹的民族主义的陈词滥调已经过时,法西斯主义失败后,存在主义提出了在一张白纸上重建社会的方法——拒绝传统和权威,寄希望于个体的力量。

人们需要萨特和加缪提供观点,而且不仅限于法国人。1946年初,加缪应法国外交部邀请访问纽约。当时十分流行的做法是,让法国的名人到国外去宣传国家形象,而且那时加缪的《局外人》英文译本恰好出版。加缪随身带着的是《鼠疫》的手稿。

纽约的媒体和东岸地区的所有亲法人士都渴望倾听这位年轻作家和抵抗运动记者的更多言论,《纽约先驱论坛报》称其为"今日法国最大胆的作家",《纽约时报》更将其誉为"战后法国的使徒"。《时代》杂志表示:

> 两次大战击碎了欧洲大陆的文明,很少有欧洲人相信所谓世界的

意义和稳定。自 15 世纪以来……恐怖从未如此嚣张地在这片土地上赤裸横行。这不仅是残酷的战争和日常生活的困难导致的肉体的战栗……还是形而上学的恐惧，对人类存在于一个看起来"荒谬"难懂的宇宙中的孤独和无助的担忧。

没有任何一位现代法国作家比 32 岁的阿尔贝·加缪对这些问题更有感觉。没有人能比他更为深刻地以各种形式——哲学论文、小说、戏剧——探讨这些问题。而且，他已经引领人们选择过上一种积极和沉思并存的生活方式。

如果说现在谁对巴黎的学生影响最大的话……也许这个人就是加缪……加缪不仅作为作家吸引了我们的注意……他还是一个象征性的符号，是在德占时期心智变得成熟的一代人的发言人。

新闻报道引起了公众对加缪的广泛兴趣。他来纽约的第四天晚上，1200 人出乎意料地来到哥伦比亚大学听他的法语演讲。他告诉听众，自己不打算例行常规地讨论法国文学或戏剧，而准备谈谈"人类危机"这个主题。过去的七个月，加缪只写了一篇社论，因为他要把观察结果和想法记录下来。他的演讲谈的都是自己一直以来关心的问题，从中可以看出加缪思想的深入发展，在离开《战斗报》之后，对一些问题有了清晰的看法。演讲风格是社论和哲学杂谈的结合，展现出加缪未来工作的方向。

加缪表示，他会从"我这一代人的精神体验"的角度来检视人类危机，这一代人"出生在一战之前或之中，在世界经济危机期间进入青春期，在希特勒执政的时候年满 20 岁，后来又经历了西班牙战争、慕尼黑协定、1939 年的战争、失败、四年占领期和秘密斗争"。"我认为这一代人十分令人感兴趣。"加缪说，正是这一代人"认为可能存在人类危机，因为他们被迫在最令人心碎的矛盾之中活着"，比如，在痛恨战争和暴力的同时，还要接受战争并且用暴力进行反抗。

为了说明他所谓的"人类良知的危机"，加缪讲述了一些战争片段。他告诉美国听众："世界已经开始遗忘那段时期，然而那段日子仍然在灼烧我们的心。"他的故事表现出对残酷、折磨和死亡的模糊态度。加缪认为那些趣闻揭示出"在我们的世界里，可以冷漠地对待一个人的死亡和受折磨，也可以对其表现出友好的同情、实验性的兴趣和探究或者毫无反应"。这说明人类出现了危机。

加缪说，把这些症状归咎于希特勒的做法太过简单笼统，他宁愿寻找那些更为普遍的导致希特勒主义出现的原因。在引起恐怖统治的诸多因素中，加缪认为重要原因之一是对教条的强调和压抑人类尊严的官僚主义，结果就是失去了"对人的尊重"。加缪认为，这样就迫使他这一代人在成为"刽子手或受害者"之间做出选择。加缪曾经在上一年6月的《战斗报》中用过这个短语，未来他还会提到它。在演讲中他详细论述了该短语："我们要解决的唯一问题就是，是否要接受一个除了做受害者或刽子手之外别无其他选择的世界。"

加缪解释说，他这一代人两项都不想选，所以步入了可怕的两难境地。接着他描述了抵抗组织是如何通过反抗拒绝选择，对抗"为我们准备好的死亡文明"的。因此，对加缪来说，抵抗运动的精神蕴含在他的反抗哲学中，即否定死亡，肯定生命。而且，在其斗争中，抵抗者发现了所有人身上都存在的价值，一种普遍的善。加缪说："这些恐怖的年月给我们的宝贵教训是，我们陷入了一个集体的悲剧，丧失的是普遍的人类尊严，需要我们捍卫和维持的人类之间的交融被破坏掉了。"

他继续说："战争、占领、大屠杀和数以千计的监狱使欧洲残破不堪，我们中的某些人最终发现一些可能在某种程度上消除我们的绝望的东西。"走出这段苦痛经历的加缪宣布："我们知道在这个被危机撕裂的世界上必须做什么。"他开出了若干药方："在我们允许自己出现某些想法的时候意识到这样做会杀死数百万人"；"净化这个充满了恐怖的世界"；"在全宇宙"废除死刑；把政治"送回适当的位置，就是次要的位置"；创造一种"普遍性"，"所有拥有良好意愿的人都可以在与他人的接触中找到自己"。

唯恐听众们陷入悲观主义和绝望，加缪最后指出，他这一代人对人抱有巨大希望，憧憬的是一个没有警察、士兵和金钱，只有"男人和女人，硕果累累的工作和反思性的休闲"的世界——"我们应该把我们的力量、思想——如果需要的话，还有生命——奉献给这样一个世界"。

那些见到加缪的人都对他沉重的观点和轻松的性格之间的反差印象深刻，

某些人觉得他"过度开朗"。加缪充分享受了美国之行。他的笑容和幽默感征服了很多质疑者，不少人发现其性格、才华和亨弗莱·鲍嘉式的外表混合起来非常有吸引力，其中就包括 19 岁的史密斯学院学生帕特里夏·布雷克，听到加缪某次演讲的第二天，她就成了他的浪漫伴侣和导游，甚至为他的《鼠疫》担任了打字员。

笔胜于枪

回到法国后，加缪将他的以"人类危机"为主题的演讲扩展为八篇系列文章，发表在 11 月的《战斗报》上，这是 1946 年他在报纸上发表的所有文章。鉴于东西方（苏联和美国）关系的紧张和世界走向冷战的形势，加缪担心会出现二战那样的冲突，为此他请读者们思考一个关于谋杀的问题：他们会不会在某些情况下谋杀他人或者容忍谋杀，还是会无条件地坚决拒绝这样做？在"既非受害者亦非刽子手"的标题下，加缪的文章从个人、政治和社会方面探讨了对这个问题的肯定与否定回答。

加缪表明了他的立场："我个人非常肯定自己的立场和选择：我绝对不会把自己归入那些支持谋杀的人，而且会引以为戒。"因此，他呼吁推出一部公正的国际法，"其第一条应该废除各地的死刑"。

在多篇文章中，加缪指出，全世界正活在恐惧之中，无论何种意识形态——共产主义、社会主义或资本主义——都无法为暴力辩护。前所未有的武器发展往往造成极大的破坏，给从战争中幸存下来的人留下一个千疮百孔、无法收拾的烂摊子，所以，无论如何，战争都是不可接受的，然而人们没有采取任何预防战争的措施。加缪呼吁建立"基于对话的文明"和"新的社会契约"，以及"新的生活方式"，以此来避免灾难。

他当然明白，从历史上看，这样做的成功率不高，但他还是希望赌一把："在五大洲范围内，未来将发生暴力与说教之间的无休止的角力。诚然，前者有很大的可能胜过后者。然而，我一直相信，如果认为那些对人类现状怀有希望的人是疯子，那么对现实绝望的人就是胆小鬼。所以，自此以后，只有一种体面的选择：将一切都押在这个信念上——事实终将证明，言辞胜于武器。"

系列文章在《战斗报》上发表几周后，《鼠疫》上线印刷。"既非受害者亦非刽子手"这条主线也被编织进小说中。在长达九页的独白中，塔罗向里厄承认，十多岁的时候，他发现父亲是个公诉人，曾经导致数人被判死刑，受到刺激的他参加过各种革命运动，结果发现革命者自己也是屠杀的参与者和死刑的执行人。当他亲眼看到处决现场时，害怕极了，后来便拒绝再杀人。"我的精神面具有缺陷，"他告诉里厄，"这种缺陷使我无法成为一个理性的谋杀者……在这个到处都可能出现瘟疫和受害者的世界，我所能做的唯有尽量不站到害人者的行列中。"

小说最后，读者发现里厄医生就是叙事者，在城市大门重新开启，人们开始庆祝时，他"决心写作这部编年史，他之所以要这样做，是因为不愿在事实面前保持缄默，是为了当一个同情这些鼠疫患者的见证人，为了使人们至少能回忆起这些人都是不公平和暴力的牺牲品，为了如实地告诉人们他在这场灾难中学到的东西，并告诉人们：人的身心，值得赞赏的东西总是多于应该蔑视的东西"。（此处和下面译文直接引自顾方济、徐志仁译《鼠疫》）

故事结尾，加缪以乐观的态度提醒读者：

不过，他明白这篇纪实写的不可能是决定性的胜利。它只不过是一篇证词，叙述当时人们曾不得不做了些什么，而且在今后，当恐怖之神带着它的无情的屠刀再度出现时，那些既当不了圣人、又不甘心慑服于灾难的淫威、把个人的痛苦置之度外、一心只想当医生的人，又一定会做些什么。

里厄倾听着城中震天的欢呼声，心中却沉思着：威胁着欢乐的东西始终存在，因为这些兴高采烈的人群所看不到的东西，他却一目了然。他知道，人们能够在书中看到这些话：鼠疫杆菌永远不死不灭，它能在家具和衣服中沉睡长达几十年，它能在房间、地窖、皮箱、手帕和废纸堆中耐心地潜伏守候。也许有朝一日，人们又遭厄运，或是再来上一次教训，瘟神会再度发动它的鼠群，驱使它们选中某一座幸福的城市作为它们的葬身之地。

小说后来成为法国的畅销书，出版第一年就卖出十多万本，而在当时，买书还是一种奢侈举动，另外，这本书成为二战后十年中最畅销的书籍之一。斯德哥尔摩的瑞典皇家学院甚至考虑给 34 岁的加缪颁发诺贝尔文学奖，使其成为有史以来最年轻的获奖作家。

就在小说印刷、面世前，在创作冲动的驱使下，加缪已经开始构思新的作品。当时，另一场"鼠疫"已经初现端倪，而再次只有少数法国人意识到这一点。这次"瘟疫"将促使加缪和萨特分道扬镳，并与雅克·莫诺走到了一起。

第十九章

资产阶级遗传学

科学是死去的宗教的记录。

——奥斯卡·王尔德《给年轻人的隽语哲言》

莫诺已经完全投入到二战时被他丢下的研究之中。他很高兴能够再次设计实验、在实验台上工作、分析新的结果并与同事讨论。莫诺的热情令玛德莱娜·维莱特惊叹,他每天都会精神十足地跑三层楼梯,来到巴斯德研究所的阁楼,大步穿过走廊,面带微笑地吹着巴赫清唱剧旋律的口哨。为了验证不同的设想,莫诺总是让维莱特同时进行几个不同的实验,这样"总会得出一些正确的结论"。他解释说:"这会让我们保持精神,每天也能得到多个结果。"

招募了维莱特之后,下一步就是完成和发表因参加抵抗运动而没有完成的论文,赶上世界其他地方生物学的发展脚步。1943年底,莫诺和爱丽丝·奥杜罗发现,一种无法通过吸收乳糖生长的大肠杆菌菌株偶尔会繁殖出可以依赖乳糖生长的细菌,这说明新长出来的可以吸收乳糖的菌群发生了遗传变异。这个结果相当重要,因为它使莫诺明白,细菌代谢乳糖的能力是由基因决定的。搞清楚这些基因是什么,是研究酶适应的关键。

莫诺和奥杜罗在1946年发表的报告对细菌基因学的研究具有决定性的贡献,但当时又从美国传来了更大的新闻。奥斯瓦尔德·艾弗里在纽约洛克菲勒大学的实验室正在研究一种物质,它是从毒力型肺炎球菌里提取出来的,把它与一种无毒无害的细菌放在一起,就会把这种无毒无害菌变成致命的有害菌。二战期间,他们发表了首批研究结果,说明细菌的活性成分与脱氧核糖核酸

（DNA）有关，但他们无法肯定这种活性是否为污染导致。1946年初，他们报告说，这种活性成分可以被一种能够破坏DNA的纯化的酶选择性地破坏掉。不少生物学家认为，这证明DNA是遗传物质。然而，由于DNA的化学成分未知，所以DNA分子是如何携带特定遗传信息的就成了未解之谜。实际上，尽管有了艾弗里的研究结果，一些生物学家仍然认为还有其他因素在起作用。

随着这些令人兴奋的进展的出现，1946年，全世界为数不多的"分子生物学家"聚集在纽约的冷泉港，参加了历时两周的关于"微生物遗传变异"的座谈会。这个昔日的长岛捕鲸小镇现在成了冷泉港实验室的所在地，该实验室是一个生物学研究站，已经举行了十次有关生物学主要课题研究的夏季会议。这些年度会议曾经因战争原因中断，所以，尤其对欧洲科学家而言，这次会议是长期休会以来的第一次重新召开，年长者可以借此机会与同行相聚，新入行的学生则可以见到这个年轻领域的带头人。莫诺和勒沃夫借新开辟的越洋航空线路的便利，从巴黎飞到纽约（途经爱尔兰和纽芬兰）。莫诺在一封写给奥黛特的信中描述了这次新体验："12个小时都在海洋上空飞行，实际上我们位于奇妙的天空和云层之上，见到了许多高山，然后是星光闪烁的夜幕降临。"

会场位于一个风景区，除了座谈，还有正式的成果介绍，穿插游泳、泛舟、野餐、闲谈、晚间畅饮啤酒和威士忌等休闲活动。与会者听取了艾弗里关于DNA在遗传中的作用的报告，以及卢里亚、德尔布吕克和爱德华·塔图姆——未来的诺贝尔奖获得者——在细菌变异方面的论述。21岁的研究生约书亚·莱德伯格报告了一个令人惊讶的发现，细菌实际上能够配对和交换基因——这是另一项赢得诺贝尔奖的突破，为莫诺等人弄清基因和基因变异提供了帮助。

莫诺发现很多重要的讨论和新成果具有非凡的意义。但与此同时，他不得不防止自己灰心丧气。美国的生物学研究进展神速，以至于莫诺向奥黛特承认"在死气沉沉的法国实验室里搞研究困难很大"。这种沮丧感在他参观了洛克菲勒大学和耶鲁大学的实验室，看到其设备比法国实验室的设备先进得多之后变得更为明显。

莫诺访问美国的两个月还是有很多收获的。他见到了洛克菲勒基金会的负责人，他们打算帮助法国重建科学研究，并愿意慷慨地提供一些设备。莫诺结交了很多科学家朋友，甚至还包括他的潜在竞争者、想要和他通信的人、计划造访巴黎的人以及告诉自己的学生们巴斯德研究所是博士毕业后可以去工作的地方的人。莫诺发现，酶适应这项研究也开始引起了大家的注意。

1947年，莫诺应邀对这个领域进行评述。他针对所有可以获得的信息和设想，提出了一个能够说明相关现象的重要性的案例。莫诺把微生物学中酶适应的谜题与更复杂的生物体中细胞的差异问题联系起来。后者是一个尚未解决的问题，用莫诺的话描述就是："如何区别拥有相同基因组（遗传信息）的细胞。"根据各类研究，人们相信，身体的不同细胞中含有相同的染色体和基因。血细胞、脑细胞、肾细胞或其他类型的细胞的不同特性取决于每种细胞产生的分子。因此，莫诺提出，理解了微生物的基因是如何在特定条件下产生特定的酶，"就有可能帮助我们理解基因作用的过程与细胞的辨别"。在写下自己观点的过程中，莫诺进一步意识到他的工作的潜在重要性。他后来回忆道："其重要性变得极为深刻，以至于我无法再去质疑自己追寻这一目标的意义。"

其他人也理解了这一工作的重要性，莫诺在巴斯德研究所的团队开始壮大，实验室的空间显得局促起来。莫诺的办公室太小，只能放下一张写字台、一张工作台、一张桌子。他和下属们经常围着桌子吃午餐。当时法国的食品仍然实行配给制，每个人都自己做饭或者把饭菜带到办公室热一下，但不是午餐让大家聚到一起，而是充满趣味的谈话和友情使每天的午间聚餐几乎成为一种责任。除了谈论科学设想、音乐、艺术、宗教、戴高乐、美国、原子弹、波伏瓦的《第二性》之类的新书，他们还会讨论最新一期的《战斗报》社论。

除了试图忘记战争，莫诺也把政治抛诸脑后。虽然对共产党持有保留意见，他还是加入过法国共产党，目的是在FTP的事务中取得一定的发言权。然而，在战争中，莫诺发现共产党员对任何不属于共产党的事物以及不是共产党员的人都怀有"绝对的鄙视和仇恨"。因为共产党员在抵抗运动中起到了重要的作用，加上苏联对盟军战胜德军的贡献，共产党在战后的威信比较高。然而莫诺不想成为彻底的共产党员。1945年底，他平静地退出了共产党，从追求共产主义转向糊口谋生。

或者至少他本人是这么想的。

1948年8月26日，共产党报纸《法国文学》的头版头条新闻标题是"一个伟大的科学事件"，并附有一篇文章，题目是"遗传并非由神秘因素决定：苏联科学家李森科重挫反达尔文理论"。

苏联的遗传学研究是否出现了莫诺和西方科学界所不知道的重大突破？

苏联和法国共产党认为，问题的答案是绝对肯定的。但是莫诺读了这篇文章，他惊讶地发现答案应该是否定的，苏联和法国共产党彻底丢弃了现代遗传学的基础，这个基础是由孟德尔开始直至加利福尼亚理工学院的T.H.摩根等一系列科学家所奠定的。

据该报驻莫斯科的通信员报道，最近，列宁农业科学院内部围绕"生物科学在苏联的现状"的话题展开了激烈的讨论。支持孟德尔和摩根的苏联科学家们被李森科指责为"背离科学和唯物主义"，并且依据马克思主义和苏联教条，谴责他们信奉形而上学和唯心主义。

文章指出，孟德尔、摩根等西方科学家的理论的根本缺陷是，坚持认为遗传是独立于动植物所处的环境之外的，照此理论，动植物在生长过程中获得的性状不会遗传给下一代。列宁农科院中的反对者则认为，动植物的遗传不受其生长环境影响，而是以一种"神秘和无法预测的方式"来决定其遗传性状。文章宣称，这一理论已经被李森科证伪。据说李森科已经成功地将动植物后天获得的性状遗传给了下一代。

另外，文章表示，苏联已故生物学家伊万·米丘林认为，外部环境对生物体的影响是无限的："人类通过发明可以实现这一点，即按照人的意愿迅速改变或控制动植物的形态。"西方与苏联理论的差异说明了苏联农业科学界的迫切需要："孟德尔－摩根主义"遗传学的支持者们一直主张，为了改良庄稼，必须耐心地等待它们偶然、随机地发生变异，然后在变异结果中选出想要的性状。所以，人们对动植物的形态的改变是有限的。与之相反，"米丘林－李森科主义"认为，人类对植物所做的任何改变都能立即代代相传。显然，后者更有利于实现苏联的农业目标和革命。孟德尔－摩根主义遗传学被贴上了"反动保守""资本主义"和"不正确"的标签。

文章进一步表示，这场遗传学的论战具有更广泛的意义，因为它反映出两种相对的政治和意识形态观点：

> 我们的世界中，所有事物都是互相组合的。生物学领域——更确切地说，是遗传学——出现了两个互不相容的概念，而这种对立也出现在现代社会的各个方面——科学、哲学、经济和政治：导致人们在战场上试图消灭对方，甚至灭绝地球资源和人类的智慧成果，妨碍全世界公民的团结……从宏观上看，莫斯科的这场论战表面上是关于遗传学的，实际上，其理论根源正是希特勒时代之前和之后一直存在的一切种族主义学说的基础。

总而言之，文章的意思是，"孟德尔主义"和"摩根主义"的遗传学观点不仅与苏联生物学对立，也应该为希特勒的种族主义学说负责。因此，它们需要被"米丘林主义"和"李森科主义"取代。两天后，莫诺在《世界报》上读到苏联科学院给斯大林元帅写的一封信。

在信中，苏联科学院承认了过去的错误并保证予以改正，还许诺为了国家和共产主义的利益而协调科学家的研究工作。他们还承认，有的科学家已经接受了反动保守和反民族主义的理论，因此无法协助政府发展社会主义科学。所以，显而易见的是：科学家们要么悔改，要么丢掉工作，甚至更糟。

莫诺完全惊呆了。

他和其他西方观察者发现，来自莫斯科的这些新闻引发了很多问题：是何种力量引导苏联——这里曾经是很多名重一时和德高望重的遗传学家的故乡——抛弃现代生物学的基石？而现在的分子生物学领域即将出现重大的新发现，苏联却在此时准备抛弃这门学科？那么，什么是"苏联生物学"？它和目前人们从事的科学有何不同？还有，李森科又是何方神圣？

莫诺立刻开始阅读所有他能找到的李森科和苏联遗传学的著作。

遗传学和冷战

莫斯科的"科学政变"是苏联去西方化运动精心策划的事件之一。二战结束后三年中，苏联和西方政府一直在全球影响范围内彼此划分地理和意识形态方面的分界线。从1945年12月的莫斯科会议开始，苏联、英国、美国的外交部长们在一起讨论被德国占领的欧洲国家问题时，双方就互不信任。早在

1946年3月，温斯顿·丘吉尔就公开表达了他对苏联的过度影响的担忧，并将其形容为"铁幕"：

> 一个阴影已经笼罩在盟军的胜利之上。没有人知道苏维埃的俄国及其共产主义国际组织将要做些什么，或者知道他们的扩张和宣传会达到什么程度……从波罗的海的斯德丁（什切青）到亚得里亚海边的的里雅斯特，一幅横贯欧洲大陆的铁幕已经降落下来。在这条线的后面，坐落着中欧和东欧古国的都城。华沙、柏林、布拉格、维也纳、布达佩斯、贝尔格莱德、布加勒斯特和索菲亚——所有这些名城及其居民无一不处在苏联的势力范围之内，不仅以这种或那种形式屈服于苏联的势力影响，而且还受到莫斯科日益增强的高压控制……在所有这些东欧国家原来都很弱小的共产党，已经上升到同它们党员人数远不相称的主导的、掌权的地位，到处争取极权主义的控制。几乎在每一处，都是警察政府占了上风。

1947年3月，美国总统哈里·杜鲁门公布了一项新法令，以帮助那些一直抵挡"少数民族的流亡武装或来自外部的压力"的人。他向土耳其和希腊提供经济和军事援助，防止他们陷入苏联阵营。1947年6月5日，《马歇尔计划》公布。国务卿乔治·马歇尔宣布："我们的政策既不针对特定国家也不针对特定法律，而是针对饥饿、贫困、绝望和混乱。"他也邀请苏联政府加入该计划，但最终遭到拒绝，因为苏联将该计划斥为美国想要过度影响欧洲的阴谋，苏联政府说服了所有苏东阵营国家不要申请或接受美国的资金。

相应地，1947年9月，苏联召集东西欧国家的共产党领导人开会。斯大林希望巩固他对东欧的控制，迫使西方国家的共产党与莫斯科的关系更近一步，与其所在国的非共政党划清界限。斯大林的代表安德烈·日丹诺夫组建了共产党情报局来协调国际共产党执行苏联的政策。在会议上，日丹诺夫宣布对西方采取新对策，就是所谓的"日丹诺夫线"——将世界分为两大阵营：苏联领导下的民主的、反对帝国主义的阵营和美国领导下的帝国主义－资本主义阵营。所以，苏维埃联盟以外的共产党，如法国共产党（PCF）必须严守纪律，服从莫斯科的中央领导。

苏维埃阵营的形成不仅是政治上的,而且是文化上的。战前和战后,斯大林和日丹诺夫一直严格管理苏联文化,清除西方影响,提倡符合苏维埃意识形态的苏联文学、音乐、艺术和科学。因此艺术家们被迫去表现所谓的社会主义现实主义——突出正确的英雄人物和党的精神。科学方面,将各种理论划分为"唯物主义的"(基于现实且符合马克思主义)和"唯心主义的"(基于精神与心理结构)。在日丹诺夫的指示下,苏联开始宣传俄国科学家在科学方面的成就,意在贬损西方科学家。他们以一种"秘密邪教"的方式处理所有苏联事务,促使苏联与西方国家决裂。在科学领域,将苏联期刊翻译成英文的活动停止了,禁止苏联科学家在大多数外国期刊上发表文章,严禁他们在西方发表自己的成果。

斯大林十分热衷于树立苏联的科学家典型,被树立的典型之一便是李森科。由于实行农业集体化,20世纪20年代末和30年代初,苏联的粮食灾难性减产。在阿塞拜疆从事植物育种工作的李森科进行了所谓的"春化"实验,即在春季播种之前冷冻小麦的种子,目的是让小麦提早开花结实。共产党出版物宣称,李森科用这种方法使小麦产量大为提高,而且特意强调他是乌克兰农民的儿子。获得晋升和无数荣誉头衔的李森科进一步提出,春化作用可以使植物将这一性状传给子代。他开始宣称,只要简单地改变植物的生长环境,就能影响其遗传。斯大林和共产党强调的是"实践"胜于"理论",所以李森科所谓的成功正是苏联领导人乐于听到的。

二战之前,俄罗斯遗传学家公开挑战李森科的后天性状遗传论,但他们遭到压制、降职甚至被关进监狱。国际知名的植物学家尼古拉·瓦维洛夫就在二战期间死于狱中。1947年至1948年,李森科再次遭到批评,这次他直接向斯大林诉苦,斯大林亲自进行了干预,在列宁科学院精心策划了一次重要会议,甚至亲自修改了李森科的发言稿。斯大林此前告诉李森科:"米丘林的观点是唯一正确的科学方法……未来属于米丘林。"会议召开之前,他让李森科明确告诉与会者,他的发言得到了斯大林元帅的全权批准。

很多法国科学家都是共产党员,他们认为来自莫斯科的李森科政策为其带来了一个棘手的两难问题:是忠于自己的政治信念和党的决定,还是捍卫半个世纪以来的遗传学成果，与党决裂。

无知与丑陋

法国人在 9 月 5 日的社会主义日报《流行》上表达了他们对莫斯科事件的看法，该报的国际政治编辑夏尔·杜马斯指出，李森科主义"倒退回了中世纪：科学再次成为政治和意识形态的附庸"。

不久，《战斗报》加入了辩论。加缪和多数编辑同事在一年前报纸遇到经济问题时离开了报社，这份报纸现在由克劳德·布尔德特等人管理。报纸宣布，他们将刊登一系列的嘉宾文章来探讨"孟德尔还是李森科"的问题，目的是找出李森科的工作与其前辈的差异，看其究竟被党派主义扭曲到何种程度。在第一批文章中，一位科学史学家提出："最近的莫斯科辩论把我们带回伽利略的时代，他们和那时一样地抹杀思想和个体。"

几期报纸出版后，唯一可能平息纷争、具有权威的共产党员生物学家——莫诺在索邦的前同事和 FTP 负责人马塞尔·普利南特——开口了。普利南特既是 PCF 中央委员会成员，也是索邦大学比较解剖学和组织学教授。他希望调和李森科和孟德尔－摩根理论的矛盾。他的文章前面的提要中指出："马塞尔·普利南特教授认为，李森科是尊重经典遗传学的基础的，但他觉得李森科是观察到了后天性状的遗传现象的。"普利南特对此进行了解释，与其他人的文章不同，他认为李森科没有宣称基因和染色体不存在，只是"积极地"与经典遗传学在变异和生殖细胞之于生长环境的独立性方面的夸大做斗争。

普利南特强调了李森科的成果的新颖性和实践性："真正的新观点如下：虽然遗传学家进行了各种干预实验……提高了变异率，但没有获得性状的改变。米丘林和李森科声称他们做到了……在某些情况下将后天性状的改变遗传下来，从而做出了推测。这并没有什么荒谬之处。"普利南特表示，无论李森科错在哪里，都无法否认"现在我们都受益于米丘林和李森科的工作成果的事实"。他总结道："在我们的批评者中，哪一个做出了可以与之相当的成就？"

莫诺第二天（9 月 15 日）便在《战斗报》上发表了文章。他首先解释了自己的方法："此事的重点和难点在于，不要论断李森科是否错误，或者从科学观点看他是否正确。原因很容易理解。"莫诺写道，他准备引用一些发表在一年前的《现代季报》(一家英国共产党期刊,"不太可能对苏联有敌意")上的观点。

莫诺提供了三段节选:

> 李森科宣称孟德尔主义一定是错误的,因为它是反达尔文的……当然,这样说是完全荒唐的,就像宗教界的原教旨主义者一样。

> 对每一位科学家而言,理论的真相取决于建立它的演绎法则以及在基本前提和结果基础上的实验演示……遗憾的是,因为缺乏足够的实验支持,"新遗传学"(李森科及其学派)的支持者选择了坚持他们的看法并通过向当局陈情和辩证唯物论的可疑诠释来攻击孟德尔主义。

> 用他(李森科)的体系取代遗传学是个昏昧无知的建议,是自相矛盾和毫无意义的。

莫诺接着评论:"这些判断(是在中央委员会进行干预之前做出的)是明确的。每一位研究李森科体系的生物学家都会得出这样的结论。(我们不理解或者无法很好理解的是,为什么昨天马塞尔·普利南特用他'微妙的'和自相矛盾的解释自取其辱。)"

莫诺继续说:

> 毫无疑问,苏联学者会出现这样的科学差错是令人惊讶的……我们想要知道的是,李森科是如何获得足够的权力和影响力来压制他的同事,赢得广播和报纸的支持的,以至于其鼓吹的可笑的"真理"现在竟然成为国家提倡的官方理论,任何与之不符的理论都要被"不可撤销地清除出"苏联科学界……那些为了捍卫科学、进步和国家利益而反对他的人都被驱逐了,被斥为"资产阶级科学的奴隶",甚至被指控叛国。

1948年9月15日,《战斗报》刊登了雅克·莫诺批评苏联生物学家T.D.李森科和苏联科学的文章(巴斯德研究所档案)

这一切都是毫无意义、丑陋、难以置信的。然而这是真的。到底发生了什么?

莫诺只能从《现代季报》中获得部分答案,因为其作者并不了解党的全部阴谋。莫诺能够看出来的只是李森科通过政治操纵赢得了苏联政权最高领导层的支持。李森科的胜利不是科学的胜利,而是当局乐于见到的"对教条的盲从",因为它符合当局的推理模式,满足了他们的思考方式,将意识形态凌驾于科学证据之上。

莫诺总结了李森科胜利的意味:"从这个可悲的事件中能够得出的最明显的结论是,社会主义者所谓的道德败坏出现在了苏联。显然,如果拥有最基本的常识和理性思考,就不会发生这种事情,客观真相也不会被政府领导人破坏。这个结论看来是确定无疑的,虽然对那些长久以来对苏联社会主义(而且在最初是以胜利的姿态出现在全世界面前)抱有希望的人来说,接受它是痛苦的。"

莫诺文章的提要是"李森科的胜利与科学无关"。

这是精准有力的一击。莫诺的文章不仅是对苏联生物学的一些令人费解的分支的控诉,而且是对整个苏联思维体系及其领导层的谴责。

PCF 继续为李森科辩护,还进行了支持李森科的宣传。10 月,评论期刊《欧洲》出版了一期特辑,包括李森科全部报告的翻译版。诗人路易·阿拉贡是个忠诚的共产党员,他写了一篇长达 28 页的前言,试图驳斥莫诺的批评。"辩论"持续了好几个月。共产党员科学家们在大型公共集会和科学论坛上赞扬李森科。虽然也有人批评莫诺不公正,但没人能够贬损他作为一名科学家和遗传学家的信誉。公众对支持李森科和党的意识形态的苏联科学与法国共产党的信任度反而大打折扣。

莫诺认为,围绕李森科的辩论既是超现实的,也是重要的:超现实是因为他看到李森科的论调毫无科学基础,是"纯粹的神学事务";重要是因为这让他开始思考此种意识形态的起源,试图理解这样"疯狂的现象"是如何产生的。为了找到答案,他参加各种讨论李森科的会议——有时纯粹作为听众,有时在会上发言。在一个时期内,他每个月都会抽出一个星期四参加索邦大学米丘林-李森科协会的会议,"辩论"基因的问题。

不足为奇,莫诺发表在《战斗报》头版的文章及其在辩论中的突出地位使他与 PCF 中的顽固分子疏远,包括他过去在抵抗组织中的同志,但也使他出乎意料地认识了很多人,其中的一些人对他的人生产生了深远的影响。

莫诺也参加过一些组织的会议,例如新成立的国际联络会,其巴黎分会是一小群美国人组建的,目的是为欧洲知识分子提供精神和物质支持。加缪是组织的创始人之一,其宗旨是推行某种"普遍主义"并联系不同国家的人,这是加缪在"人类危机"演讲和"既非受害者亦非刽子手"系列文章中提倡的。加缪的朋友和《战斗报》的前同事让·布洛克-迈克尔是另一位创始人。布洛克-迈克尔也是 20 世纪 30 年代末加缪办合唱团的时候认识的朋友。正是他把科学家莫诺介绍给作家加缪认识。

加缪与人为巴黎分会合写了一份宣言:

我们的组织与美国、意大利、非洲等国家的朋友联络。我们决定集合我们的力量和思想，以便维护我们生活下去的理由。

这些理由现在受到了很多丑陋偶像的威胁，但大部分威胁是极权主义导致的。那些依据盲目的理由做出偏执判断的人，被占统治地位的疯狂而残酷的意识形态所影响……受到身心两方面的压抑，使个体成为国家的奴隶。

对维护我们活下去的理由的最大威胁是斯大林主义的意识形态。

加缪和莫诺有很多需要交流的话题。

第二十章

同一条道路

一个人的成长与朋友的影响密切相关。

——爱默生《圆》

莫诺和加缪一见如故。加缪希望听到莫诺在二战时期成为共产党员和其他更多的经历以及其对李森科的看法。莫诺则了解到加缪对苏联的情况进行了大量的研究。两位前抵抗组织成员发现彼此都谴责斯大林政权。他们的友谊逐渐在紫丁香咖啡馆等塞纳河左岸的社交场所的聚会中巩固下来。

关于社会主义的"道德败坏",加缪的看法和莫诺相似,但他是根据不同的理由得出的结论。导致加缪决定反对苏联式的共产主义的催化剂之一,是他与前共产党员、作家阿瑟·凯斯特勒的会面。生于匈牙利的凯斯特勒在两次世界大战之间先后在维也纳、柏林、巴勒斯坦和巴黎居住过。多年来他一直是个共产主义积极分子。1938年,凯斯特勒退出了党,理由是他所谓的"道德败坏",其标志是斯大林对忠诚党员的大清洗和莫斯科表演性的审判。从1936年到1938年,成千上万名苏联人被处决,数百万人被送到劳改营。甚至过去的革命领袖也受审并被迫承认一些罗织起来的荒唐罪名。凯斯特勒就认识其中的一些被告人。对此的厌恶和醒悟促使他写出了小说《正午的黑暗》,主人公鲁巴肖夫最后承认了莫须有的罪行并被处决。该书在战后的巴黎引起了轰动,不到两年便卖出了30多万册。

1946年10月,凯斯特勒访问巴黎。他走进加缪在伽利玛的办公室,做了一下自我介绍,两人就这样认识了。第二天,凯斯特勒找到了萨特,他立刻受到了加缪－萨特－波伏瓦社交圈的欢迎。当时，加缪正在为《战斗报》撰写"既非受害者亦非刽子手"系列文章。加缪对凯斯特勒的观点十分关注，特别是在凯斯特勒批评加缪对苏联过于宽容之后。凯斯特勒与共产党已经完全决裂。在安德烈·马尔罗家中与萨特等人聚会时，加缪留心倾听其著名朋友们的言论。凯斯特勒说，他痛恨斯大林体制就像痛恨希特勒政权一样，而且都是出于同样的原因。凯斯特勒承认，自己曾经为斯大林撒过谎，然而现在他非常肯定斯大林政权已经没救了。凯斯特勒补充说："必须说的是，作为作家，如果我们没有谴责应该被谴责的事情，就会成为历史的罪人。故意保持沉默会令我们遭到后人的指责。"

加缪不会保持沉默。与凯斯特勒的见面让他更加肯定地将共产主义和斯大林主义视为欧洲和平的最大威胁——他们是新的"瘟疫"。加缪认为，斯大林确实很像希特勒。他对本国人民的恐怖统治就是证明。他的政府是独裁政府，不是社会主义国家。在他"既非受害者亦非刽子手"的系列文章中，加缪以公开的姿态批评共产党、苏联及其"为了目的不择手段"的精神暴力。

与莫诺一样，加缪也触怒了共产党。巧合的是，莫诺和加缪都通过抵抗组织认识了批评莫诺和加缪最激烈的人：1943 年，加缪在里昂与一些抵抗组织作家联络的时候遇到路易·阿拉贡；1943 年底，批评加缪的伊曼纽尔·阿斯蒂尔·德·拉·维格里在瑞士和莫诺参加了同一个抵抗组织峰会。1957 年，阿拉贡和阿斯蒂尔获得了苏联颁发的国际列宁奖。

1948 年，阿斯蒂尔担任《解放报》的编辑和法国国民议会的共产党代表。1947 年 11 月，"既非受害者亦非刽子手"的系列文章在《卡利班》杂志发表后，他和加缪进行了两次论战。在两篇文章中——第一篇刊登于《卡利班》，第二篇发表在亲苏报纸《行动》上——阿斯蒂尔指控加缪犯有各种罪行。他表示，加缪在苏联的共产主义和美国的资本主义之外提供的所谓"第三选择"是不现实的，如果拒绝共产主义，那么一定是选择了资本主义，而阿斯蒂尔认为资本主义与法西斯主义紧密相连。他指责加缪放弃了政治，在道德上寻找避难所。阿斯蒂尔要求加缪说清楚，他所谓的"为极权主义暴力辩解"是什么意思，还有，既然他反对共产主义，又为什么要在战争期间加入抵抗组织。

怒不可遏的加缪从各种繁忙事务(两个剧本和一篇长篇杂文)中抽出时间，

写了两篇长文予以还击。他指出，阿斯蒂尔的大部分批评都是针对他个人的，似乎他是一个可怕的威胁，丝毫没有讨论实际问题，如暴力和可能导致第三次世界大战的革命等。至于极权主义的暴力，加缪提醒阿斯蒂尔："集中营曾经是纳粹德国的工具，现在成了苏联的工具，这你应该知道……任何理由都不能……让我接受集中营的存在。"他还对那些称其为"资产阶级之子"的共产党批评家不以为然，而实际上他是工人之子，在贫穷中长大。加缪还击他们说："你们这些共产主义知识分子中的大多数对无产阶级一无所知，你们没有资格把我们视为无视现实的梦想家。"

加缪完全清楚他在很大程度上是孤军奋战，因为他不接受任何以革命或未来进步为名的对暴力的辩护。在反驳阿斯蒂尔的文章最后，加缪指出，他作为一名艺术家和道德家（而非政客）的目标："我的作用不是改变世界或人……而是以我的方式为某些价值观服务，没有它们，世界不仅无法改变，甚至都不值得生活在其中。"

加缪日益坚定的反对苏联的公开立场使他与很多人的关系紧张起来。《现代》的政治编辑、萨特的老朋友莫瑞斯·梅洛－庞蒂发表了一篇批评凯斯特勒及其《正午的黑暗》的文章。加缪在萨特－波伏瓦的朋友圈中见到了梅洛－庞蒂，他指责梅洛－庞蒂为莫斯科的审判和共产党的暴力找借口。萨特站在梅洛－庞蒂一边。加缪愤然离席，摔门而去。两年多之后，加缪仍然拒绝与梅洛－庞蒂共用一个讲台。

尽管加缪和萨特仍然在社交场合见面，但政治观点的差异使两人逐渐疏远。1950年初，梅洛－庞蒂和萨特合写了一篇文章，发表在《现代》上，文章批评了苏联普遍存在的劳动营，但他们也主张："无论目前苏联社会的本质是怎样的，苏联的存在是实际情况的需要，能够保持各国的力量平衡，他们正在与我们所知的剥削形式做斗争。"

虽然因为政治而丧失了一些与别人的友谊，加缪和莫诺却一直志趣相投。关于李森科问题，加缪并不了解科学，但在莫诺的分析下，他无须获得遗传学学位就能明白，李森科青云直上的原因与导致苏联大清洗和不诚实审判的原因是一致的。加缪非常珍视抵抗组织中的团结意识，而现在他有了莫诺这个与自己战时经历相似、共同反对一个新敌人的新同志。而且，他们的友谊不会因为文人相轻或竞争而复杂化。莫诺则欣赏加缪的才华及其过去的长期工作，两人的友谊是一种既亲密又知性的关系。

随着友谊的滋长，莫诺邀请加缪这位《局外人》《西西弗神话》《鼠疫》的著名作者和《战斗报》的评论员到自己家中与其家人共进晚餐。其他前来享用这顿龙虾大餐的宾客包括梅尔文·科恩——在莫诺的实验室从事博士后研究的美国科学家、伟大的盲人风琴家安德烈·马绍尔。加缪对奥黛特从中国西藏收集的唐卡非常感兴趣。莫诺家的双胞胎已经长成青少年，他们也被允许和世故的成年人一起参与桌边的谈话。

加缪把莫诺视为知己。李森科辩论爆发之前，加缪正在写作剧本《戒严》，他已经和玛利亚·卡萨雷斯复合了。1949年12月，加缪给莫诺写了张便条，请他为玛利亚的父亲、患重病的卡萨雷斯·圣地亚哥·基罗加（西班牙共和国前部长）提供医学建议。他写道：

我亲爱的莫诺：

　　我一想起这件事，就立刻动笔给你写信了。纵然你无法直接为我解答，也可以问问别人。此事关于玛利亚·卡萨雷斯的父亲，他是西班牙共和国议会的前主席，而且，最重要的是，他是个好人，60岁，多年来生病卧床，身体残疾（他的情况正在恶化）。他得了肺纤维化症，博格摩勒茨血清似乎对其有效。他的医生给巴斯德研究所的博尔达克博士写了信，指出病人的右心功能不全使其病情复杂化，请他提供建议和帮助。但这封信没有得到回复。

　　我想通过你了解如下：

　　1. 在病人心功能不全的情况下，使用血清是否有效？

　　2. 如果有效，怎样才能获得一些血清？

　　当然，如果这些要求超出了你的"领域"，请不用做什么。但我假设你能够在这件事上为我提供建议。如果没有重要的原因，我不会麻烦你。我爱戴和尊敬卡萨雷斯-基罗加先生（这是病人的名字），他的女儿十分担心他。玛利亚两年前失去了母亲，除了父亲她没有别的家人，她爱他。如果你更了解她，也会想帮她解除痛苦。

> 无论如何，我要提前感谢你，向你致以诚挚的友谊的问候。
>
> 阿尔贝·加缪

极为讽刺的是，加缪想要用来给玛利亚的父亲治病的血清实际上也是苏联科学鼓吹的药物——就像李森科在农业方面的吹嘘一样，根本没有效用。阿列克·博格摩勒茨是乌克兰科学家，二战时他声称自己提取出了一种马的血清，可用于治疗消化疾病、肺脓肿、精神病和癌症，还能提高骨折愈合率和有助于长寿(让人最长活到125岁)。1944年，斯大林授予博格摩勒茨"科学劳动英雄"称号。博尔达克是巴斯德研究所的科学家，战后他注意到博格摩勒茨的宣称并自行研制出了血清。1949年6月号的《巴黎竞赛》刊文宣传博尔达克的成果，法国媒体都对这种神奇的血清产生了进一步的兴趣。

莫诺无法帮助加缪；也没有奇迹发生。两个月后，玛利亚的父亲去世了。

两人成为朋友的最初几年，加缪工作非常努力，同时进行几个项目。他完成了一个剧本《正义之士》，1949年圣诞节前在巴黎开演。故事背景设定在1905年的俄国，玛利亚·卡萨雷斯饰演女主角——制作炸弹的革命者，这部剧从道德角度探讨了谋杀和恐怖主义以及怎样的革命者愿意或不愿意为其革命辩护。这也是当时他努力研究的问题，多年前，加缪的杂文《反抗者》就反映了相关的主题。

第三个项目是将他的各种杂文和文章集结成册并进行编辑，书名定为《编年史》，包括加缪参与公众生活的前四年中创作的很多作品——《战斗报》社论、一些访谈还有回应别人（如阿斯蒂尔）的文章。该书出版于1950年。在送给莫诺的书的扉页上，加缪写道：

> 致同一条道路上的
>
> 雅克·莫诺。
>
> 你的兄弟，
>
> 阿尔贝·加缪。

第二十一章

新的开始

伟大始于渺小。

——谚语

1950年秋,一个新面孔加入了勒沃夫在巴斯德研究所的阁楼实验室,和美国同事们一起与试管和微生物打起了交道。

战争结束后,弗朗索瓦·雅各布就一直在探索自己的人生道路,寻找合适的职业。解放后的头几个月,他住在瓦勒德马恩格雷斯军队医院,为了取出身上的弹片,他做了好几次手术。胳膊和手受的伤让他无法成为外科医生。出院后,他试过各种工作——记者、公务员甚至表演——但无一成功。他唯一的文凭就是战争经历:雅各布获得了"解放之友"称号,这项荣誉是戴高乐在1940年设立的,用以表彰在法国解放战争中表现突出的人,只有1036人获得该称号。

最后,尽管知道自己因伤无法行医,雅各布还是决定重返医学院,完成学位。他把两年压缩为一年,在国家盘尼西林中心工作,试图研制一种短杆菌抗生素,从而完成获得学位所要求的课题。经过最初的一些失败的实验,他的试剂终于在感染的病人身上起到了作用。毕业后,雅各布留在盘尼西林中心工作,闲暇时间用来读书。他阅读的书籍包括薛定谔的《什么是生命?》、朱利安·赫胥黎的《现代进化综论》和加缪的小说。他还和钢琴家丽兹·布洛赫相识并结婚。

盘尼西林中心关闭后,雅各布认为生物学研究适合自己。但有个大问题:

要研究什么领域？"李森科辩论"爆发后，遗传学名声大振，法国的科学家不仅没有像苏联生物学家被迫远离孟德尔和摩根那样，一些科学家反而被遗传学吸引。雅各布就是其中之一。在一次讨论李森科的会议上，雅各布见到了莫诺并进行了自我介绍。

雅各布认为，苏联政府和媒体的全面支持李森科，禁止"讲授和从事已经稳固建立起来的学科之一"，并且还要"把一个愚蠢的理论强加给生物学"是不可思议的。他吃惊地看到，路易·阿拉贡等自由知识分子会屈从于意识形态。因此他决定研究遗传学。对雅各布来说，"研究遗传学意味着拒绝用不宽容和狂热取代理性"。

问题在于，在选择这条道路的时候，雅各布根本不知道自己这个还不到30岁的完全的新手怎样才能涉足遗传学领域，他只能毛遂自荐。雅各布联系过国家科学研究中心生命理学院的负责人，告诉对方他想研究遗传学，结果被礼貌地拒绝了。接着，他去找国家卫生研究所的主任，也被婉拒。

然而，在巴斯德研究所，雅克·特福尔主任却对雅各布的战争经历产生了兴趣，因为巴斯德研究所与抵抗运动渊源颇深，他给雅各布提供了一个研究员职位。

雅各布十分激动，他竟然能到巴斯德研究所上班！

他接受了这个职位并从1949年10月开始参加了一系列的"全套课程"培训——由研究所的杰出成员讲授的微生物学、病毒学和免疫学的系统知识。为了参加真正的实验，他必须找到一个愿意带自己做实验的主管。他听说在遗传学领域有两个人选：雅克·莫诺和安德烈·勒沃夫。雅各布只和这两个人打过照面，莫诺是在李森科会议上见到的，勒沃夫则是在盘尼西林中心。他选择了莫诺，因为莫诺没有勒沃夫那么严肃。于是雅各布去见莫诺，可对方却告诉他："我这里没有空地了。无论如何，我不是老板，你去问问勒沃夫吧。"

雅各布又去和勒沃夫见面。穿过化学实验楼顶层摆满仪器的走廊，他来到这位正在吃午餐的资深科学家面前。雅各布说明来意，告诉对方他非常希望研究遗传学。勒沃夫打量了他一阵子，然后说："不可能，我的实验室腾不出地方了。"

虽然失望，但雅各布没有被吓住，他在整个冬天里又找了勒沃夫好几次，但每次都得到一样的答复。他差点失去希望，1950年6月，他决定再去恳求一次。这一回，雅各布还没有说话，勒沃夫就激动地告诉他："我们找到噬菌体的诱导方式了。"

"噢。"雅各布说，他根本不清楚勒沃夫在说什么。

"你愿意研究这种噬菌体吗？"勒沃夫问。

"这正是我想做的。"雅各布说。

"那么，去度个假，然后9月1日来我这里报到吧。"勒沃夫告诉他。

他被接受了。不仅是勒沃夫接受了他，而且，他的实验室距离走廊另一头莫诺的实验室只有40英尺。雅各布立刻去书店查找关于"噬菌体"的书，却一无所获。他根本不知道自己将要研究的是什么。

当年夏末，雅各布加入了勒沃夫的实验室，他立刻意识到勒沃夫说的没有地方并不是夸张。阁楼狭窄闷热。细菌学家们又不想打开窗子把微生物吹跑。雅各布和两个美国人被分配到勒沃夫这边的一间实验室。

他的第一直觉是应该在实验室和巴斯德研究所的文化中同时找到自己的立足之地——熟悉同事、了解等级划分和例行的规矩，然后开始投入到自己根本没有接触过的学科中。第一个文化问题是语言，他的两名美国同事想讲法语，而雅各布希望锻炼自己的英语，所以他们达成了协议：上午说法语，下午说英语。

他的老板勒沃夫身材高大，举止文雅，穿着讲究，在红酒、艺术和语言方面均有造诣，讲话和写作都十分谨慎和精确。勒沃夫要求整层楼的人都要讲好法语，正确使用语法，无论说话人来自哪个国家，包括雅各布在内的每一个人都要叫他"先生"。不过，撇开这些一本正经的规条，雅各布发现勒沃夫是个非常亲切、友好的人，而且总是愿意鼓励大家。

然而，莫诺的性格却不一样。他的高颧骨、结实的下巴和波浪形的黑头发让雅各布看上去感觉"像罗马皇帝和好莱坞电影明星的混合体"。莫诺并不是个拘泥形式的人。雅各布叫他"先生"的时候，被莫诺制止了。他说："你愿意怎么叫我都可以，莫诺或者雅克，或者老家伙，都可以。"雅各布选择叫他雅克。

午饭时间把工作日一分为二。这段时间是自由活动时间,这是莫诺开创的传统。大家的午间闲聊话题包括各种想法、笑话、科学轶事,讥讽李森科及其法国支持者,讨论斯大林、文学、电影等等。然而,令雅各布遗憾的是,大家的午餐是在他实验室的大桌上进行的,所以往往到了下午一两点钟才能开始实验。吃完饭后大家都要喝一杯浓咖啡才回到各自的实验室。

还有一个雅各布完全不熟悉的惯例:研究研讨会。全阁楼的人都挤进勒沃夫的办公室,坐在椅子、凳子上,一名研究员或者访问科学家站在一块活动黑板前面,给大家介绍最新的研究成果和想法。研讨会和雅各布听过的演讲大不相同,在这里发言者总是被听众的问题、评论和挑战打断。在这种有来有往的交流中,解决方案和新的实验方法都会浮现出来,然后大家会加以详细研究。

会上的提问可能使人难堪。研究研讨会可以考验你的自信、创造力、逻辑能力和每一位参与者的反应能力。雅各布很快得知莫诺是研讨会这种交流形式的设计者——莫诺将其比作斗牛,莫诺是斗牛士,抖动着论据这块红布,其他人则像牛一样对红布发起进攻。

最了不起的惯例当数每年9月底举行的年会。整个研究所齐聚一堂,纪念伟大的创始人路易·巴斯德的逝世纪念日。勒沃夫告诉雅各布:"你至少应该去参观一次。"于是雅各布和其他的雇员(包括科学家和清洁工)离开实验室,来到一个大厅。一位同楼层的同事给他指出大厅里最有名气的科学家,最年长的人留着白山羊胡,头戴黑色无檐便帽,他们是巴斯德的第一批学生。雅各布看到78岁的卡米尔·居林,结核病疫苗BCG(巴希尔Bacille-卡米特Calmette-居林Guérin,他的姓氏缩写是G)的发明人之一;居林身后是一些微生物学和疾病(从破伤风到传染病)方面的著名专家。雅各布意识到"每种微生物都有其代表"——正如每种具体疾病在法国都有治疗专家一样。

人们一瞬间安静下来。研究所负责人开始对大家讲话,他回顾了研究所的历史和成就。然后,大家列队向巴斯德墓致敬,负责人和理事走在最前面,资格最老和最杰出的科学家紧跟其后,接着是实验室负责人,一直到维修工、厨房工作人员,等等。大家鱼贯走上大理石台阶,来到墓前的马赛克地板上。装饰着绿色的月桂和橡树枝,巴斯德的瑞典大理石棺位于中央。雅各布看到头顶的镶嵌壁画描述了巴斯德的生平事迹——一个被狗咬的小男孩，吃草的羊，啤酒花的花环和葡萄藤，代表其在狂犬病、炭疽和发酵方面取得的成就。墙上还有更多巴斯德的成就展示。但雅各布觉得这座陵墓看起来更像是拿破仑的而不是一位科学家的。

离开巴斯德墓，来到上面的花园，雅各布不仅想到了巴斯德的科学研究，还有他所创立的研究所和培养出来的科学家——巴斯德学派。这里的科学研究者来自世界各地，包括没有病人的医生、没有药房的药剂师、没有教室的教授和没有工厂的化学家。这里是一座科学的教堂——实际上是个修道院——里面的僧侣献身于"研究"这项天职。

雅各布开始好奇，他周围的同事有多少人已经实现了或将要实现自己的目标？要花上多少年才能做出有意义的发现？怎样才能知道一个人选择的道路是否正确？是否具有他见到的那些著名科学家的远见和才能？

十年前他离开法国到英国去，这十年他没有机会从事自己的专业，现在已经30岁还是个新手，他是否有成功的机会？能否取得杰出人士那样的辉煌？

雅各布给了自己五年时间来搞清楚这一切。

数据胜于教条

巴斯德的墓地不仅用于重大庆典。在莫诺的实验室工作的梅尔文·科恩发现实验室照明不足，无法在晚上工作，但巴斯德墓却是灯火通明。他说服了那里的管理员，晚上不要锁门。于是，他每晚把论文等材料带进去，把巴斯德的石棺当桌子，一直工作到深夜。一天晚上，莫诺带领访客参观墓地的时候，惊讶地发现了科恩，但他没有责备科恩的亵渎行为，反而也觉得这里环境幽静。之后，这两个人经常"在研究所守护神的棺材旁谈心"，度过了许多个夜晚。

科恩和莫诺有很多需要讨论的话题。雅各布到阁楼实验室报到后不久，莫诺的团队就接连做出了一系列的重大发现，在理解酶适应现象方面取得了很大的实验进展。但他们还要从本质上驳斥李森科的偏见。莫诺卷入李森科事件的一个讽刺之处是，他十多年来研究的现象恰好是有机体的外部性状可以在环境的影响下发生改变，就是说，经过延迟，细菌能够把对于自己来说不是最合适的乳糖作为营养，利用它们进行生长，这似乎说明糖类的变化使细菌获得了新的能力。该现象可以被米丘林-李森科主义者视为证明有机物能够适应各种环境的证据。(它和19世纪的博物学家让-巴蒂斯特·拉马克的观点接近,长颈鹿的脖子长是因为需要够到食物。)

用生物化学的术语来讲,莫诺团队知道乳糖属于二糖类,由两种半乳糖和葡萄糖组成,无法被大肠杆菌利用,除非由 β 半乳糖苷酶将其分解为以上两种糖类。另外,酶的活动是无法测知的,除非细胞在乳糖环境中生长。似乎乳糖分子在某种程度上"指导"细胞生成其所需的特定的酶。因此,特定的酶是如何生成的就成为主要的未解之谜。

莫诺有一个想法。他提出,细菌细胞普遍拥有一套蛋白质"积木",用以生成各种酶,这些"积木"根据不同的糖类表现出不同的组合,生成不同的酶。各种糖类需要竞争来取得积木组合的决定权,例如,假设环境中存在葡萄糖,促使细菌使用乳糖的酶就会被生成,取代用于分解乳糖的酶。莫诺模型重点强调的是酶是根据糖的种类生成的,因此糖就是酶的培养基,促使生成正确的酶。

科恩和莫诺巧妙地创造了一个测试这个想法的实验,即人工合成大量的经过化学修饰的乳糖。莫诺模型的直接推测是,这些化合物是生成 β 半乳糖苷酶的理想培养基,非理想培养基则不能刺激酶的生成。但实验结果却与推测大相径庭。莫诺团队发现,某些化合物并不是决定酶的活动的培养基,而另外一些化合物虽然是理想培养基,却无法决定酶的活动。莫诺的模型是错误的——因此,他非常高兴。

莫诺知道,这个结果说明需要推翻之前的设想,建立并检测新的假设。他坚信以自己的能力能够想出新的假设和新的实验。

此外,虽然尚不清楚酶适应是如何起作用的,但莫诺的结论戳破了李森科的气球。在他的实验室中,细菌在遇到自己无法利用的糖类时,会生成大量的酶,其中却不包括它们能够利用的糖类所需的酶。与米丘林-李森科的理论相反,这些细菌没有适应其所处的环境。科恩曾经和莫诺一起参加过米丘林-李森科协会的会议,他高兴地注意到这一曾经激怒莫诺的荒唐的苏联理论"已经被实验结果驳倒了"。李森科幻想的尸体已经被盖棺论定——其掘墓人是糖。

根据其实验结论,莫诺认为最好是放弃拉马克和李森科提出的所谓"酶适应"的概念，应将该现象更名为"酶的诱导"，有能力诱导酶的物质被称为"诱导物"。莫诺团队证明，诱导物不一定是酶的培养基，酶的培养基也不一定是诱导物，所以诱导物和底物可能是通过不同的方式作用的——培养基通过酶起作用，诱导物通过其他方式。这是一种建设性的新思路。

同时，莫诺想和别人探讨一下他的新成果和观点。1951年，他收到邀请到美国去，在美国化学协会和著名的纽约哈维学会的会议上发言。

然而，由于冷战政策，他未能成行。

根据常规惯例，莫诺先去巴黎的美国领事馆申请签证。他听说因为自己的前共产党员身份，领事馆将其视为"不予受理的外国人"。前一年朝鲜战争爆发之际，资本主义国家对共产主义的恐惧日益增加。1950年，美国国会通过了《国内安全法案》。为了挫败"反对美国和颠覆性的破坏活动"，"在任何时候，曾经或已经"是共产党员的外国人都不得进入美国。

美国领事建议莫诺向美国总检察长申请特别许可进入美国。莫诺不想这么做，他给领事写了一封信说明原因（用英文写成）：

感谢您对此事的关心和帮助，我认为我应该向您详细说明我拒绝这么做的原因，原因包括两个方面。

首先，我计划中的美国之行是受到了美国化学协会和哈维学会的邀请，我很荣幸能够收到邀请，也非常愿意为了科学研究到美国去，但我不能为了这种令人厌恶的规定而把我个人的"案子"交到美国司法部，作为特例请求允许进入美国，而在法律上我不符合这个条件。

其次，我不愿意填写和担保"履历声明"，这并非出于难以理解的原因，而是一段悲伤和可怕的经历：法国被德国占领的时候，当局也颁布过类似的法令。我不会屈从于它，要是能够避开的话……我相信，您或许也会意识到，这样的声明，如果落入坏人手中，可能会利用其中的信息做出不法之事。尽管我个人的信息可能没什么用，但这是我拒绝提交申请的原因之一。实际上，过去的政治经历已经给我带来了不少麻烦。

应该指出的是，做出这样的决定，我的心情并不轻松，因为我非常清楚把我与我爱的一个国家疏远意味着什么,而且我与这个国家有着深刻的联系。我是半个美国人(莫诺的母亲来自威斯康星州的密尔沃基),而且在美国有很多亲密的朋友。我尊重和赞赏美国的科学。实际上,好几家美国科学机构和其他组织都曾帮助过我,如洛克菲勒基金会,甚至可以这样说,作为一个科学家,我在美国得到的认可比在我自己国家得到的还要多。

当然,所有这些都是我个人之事,我还想说一下其他方面的问题。科学家固然微不足道,然而科学的发展却至关重要,孤立与隔离是科学发展的最大敌人(如果需要我来证明这一点,我可以举一下苏联科学近年来发展情况的例子)。像你们现在施行的这类法规,只能在美国科学界与欧洲科学界之间设立壁垒。我并不是假装了解这些法规是否公正,无论如何我都没有这方面的发言权。但是,我可以说的是,因为这是显而易见的事实,此类规定会给科学的发展造成严重的阻碍,至少不利于美国自身的发展。

后来,在美国科学界和国际科学界一片反对美国新签证政策的呼声中,莫诺的这封信被发表在著名的美国《科学》杂志上。

第二十二章

师出有名

> 将自己全部奉献给有限的人生、他所建造的房屋、人类的尊严的人,将自己奉献给大地并从中有所收获的人,会一次又一次地播下种子,支撑这个世界。
>
> ——加缪《反抗者》

冷战政策也是加缪和莫诺经常讨论的话题。一天晚上,两人到伽利玛办公室附近左岸维尔纳路的让·布洛克-米歇尔家吃晚饭。当晚的另一位客人是记者让·丹尼尔,《卡利班》的创始人之一,也是未来《新观察家》杂志的联合创始人。科学家和作家的亲密互动让丹尼尔印象深刻。后来他回忆说,看这两个人在一起就像欣赏好莱坞电影,加缪是亨弗莱·鲍嘉,莫诺是亨利·方达,两人互相接话,甚至能猜出对方想说什么,显然双方都非常享受这份友谊。莫诺愤怒地讲述签证事件时,在阿尔及利亚曾经加入共产党的加缪会心地笑了起来,两人十分默契投缘,丹尼尔甚至觉得自己和布洛克-米歇尔是在干扰他们的二人世界。

莫诺和加缪的默契还表现在他们都关心苏联问题上。当时,加缪的书《反抗者》即将完成,这本书写了九年多,他打算通过这本书探讨"人类的第一价值"是反抗或造反——个体可以对某些生存条件说不——这个哲学问题。

1942 年出版《西西弗神话》之前,加缪就已经计划写一本关于反抗的杂文集,作为三部曲的第二部。但是他在二战中的经历,特别是参加抵抗运动的那一段,拓宽了他对集体尺度的反抗行动的思考——当人民集体站出来说不的时候,会发生什么。《瘟疫》就是这一思想的小说化;《反抗者》则是与之对应的杂文集。1945年，两本书都在写作的时候，加缪还发表了一篇短文《反抗笔记》，表达了反抗的核心主题，最后该文成为六年后出版的《反抗者》的第一章。当时抵抗运动的影响尚未消退，而且加上其在《战斗报》的工作经历，加缪的短文提出，个体的反抗宣示了存在的价值，是人类团结的种子。他写道：

> 什么是反抗？首先，是一个说不的人……说"不"意味着什么呢？
> 比如说，他的意思可以是，"情况足够艰难"，"个人无法忍受"，"到这个程度，可以，超过这个程度，不行"，或者"你太过分了"。

加缪认为，通过说"不"，反抗者申明，有一些界限，越过这些界限，自己的权利就被侵犯了。在界限的一边，有一些值得保护的、有价值的东西。另外，这些界限和权利不仅属于反抗者，也属于其他人。在拒绝的行动中，反抗者定义了价值，加缪断言，这种价值"超越个体，从而消除他的孤独"，让他加入到别人的行列，从而建立"同一目标下的人类的团结"。

加缪认为，人生的第一大哲学奥秘是对荒谬的承认。积极反抗的本能——反抗死亡、压迫、苦难或不公——是人生的第二大奥秘，是走向人性的途径。

战后对苏联现状的揭露以及冷战带来的紧张让加缪意识到反抗可能过犹不及。升级成革命的反抗可能在某种程度上产生独裁政权，由它来定义自由、幸福，结果给人民带来苦难和不公正，破坏大家的团结，使谋杀合法化——这便从根本上背离了反抗的初衷。因此加缪开始探讨从反抗转向革命再到极权主义的过程。在《反抗者》的前言中，他表示该书是为了"理解我们生活的时代"，以及"逻辑犯罪"是如何被合法化、谋杀如何被视为实现革命的合法工具的。通过追溯过去一个半世纪的革命的历史——从法国大革命的恐怖统治到纳粹主义的兴起和希特勒，加缪试图理解这种背离现象。

加缪观察到："所有现代革命都终结于国家权力的巩固。"他再次谴责了虚无主义。在这些革命中，上帝的位置被取代，虚无主义者认为，为了革命和国家，可以不择手段。"虚无主义，"加缪写道，"意味着一个人可以根据其目的判断其行为。"革命的敌人可以随意被处决，个体的公民权被压制，成为大机器中的小齿轮。一切都失去了意义，权力就是一切。

在书的后三分之一部分中,加缪重点批判了马克思主义、斯大林主义和共产主义,他毫不留情地对整个苏联体制进行了全面的控诉。加缪宣称:"有史以来最伟大的革命"已经变成"革命者对其他人的独裁统治","表面上向人们允诺奇迹,实际上是要让他们接受不公、犯罪和虚假"。他进一步谴责了"苏联的集中营制度",将"人民的政府变成物的管理机构",使得"对话与个人关系被宣传或论战取代","用配给券代替了面包"。

加缪控诉苏联体制的证据包括清除所谓革命的敌人、劳动营、约束文学和艺术、拒绝现代科学等。

加缪问:所谓的科学社会主义怎么会与苏联国内的极端现状不一致?他的回答:答案很简单,"它不是科学的"。加缪指出,假设共产主义是历史的最高阶段,能够消除阶级斗争,那么马克思主义就扮演了先知的角色,甚至成了一种宗教。他解释道:"马克思有一些预言……大都是热情地宣布在非常遥远的未来会发生什么样的事情。马克思主义者总是强调还有很长一段路要走,未来总有一天,一切正义都会实现……这种新信仰和那些古老的宗教没有什么两样。"

他补充道:"预言是长期的,具有所有宗教的共同特点:不可能被证明。如果预言无法实现,预言者就成了唯一的希望;结果,他们成了历史的唯一统治者。"

加缪无法认同的是为了意识形态而牺牲生命,以未来的某种承诺为名义,将意识形态当作压倒一切的基本价值。他指出,基督教"将邪恶和谋杀的清算时间设在了历史的终结之后",而苏联的共产主义将恐怖和谋杀合理化,以遥不可及的所谓工人阶级的乌托邦为名粉碎了自由。加缪认为,"真正对未来的慷慨和宽容在于把一切都给予当下。"

至于苏联拒绝现代科学的问题,加缪在组织控诉语言和做出结论时得到了莫诺的直接帮助。将文章发表在《战斗报》之后,莫诺投入一定的时间彻底研究了李森科事件和苏联的怪象。他写了一篇长达68页的分析文章,尽管莫诺自己没有发表它,但他愿意将这篇文章提供给朋友参考。

莫诺认为,李森科缺乏对实证遗传学的理解是与苏联僵化的意识形态分不开的。一个比较明显的例子是变异以及变异的概率所起到的作用。近半个世纪以来，遗传学家们研究了植物、果蝇等生物，发现它们的基因变异发生率都比较低，但其概率是可测的。他们无法预言特定的动植物个体是否会出现新的变异；这属于或然事件。

莫诺指出，李森科对此不以为然，反而认为变异缺乏物质基础，也许是某种奇迹。在李森科眼里，遗传学是伪科学，是不合理和形而上学的，因为这个学科的基础是概率。李森科表示："通过将我们的科学放在孟德尔－摩根主义之上，我们就战胜了概率。"他补充说："像物理和化学那样的科学摆脱了概率，正因如此它们成为精确的科学。"

基于此种宣称，李森科的错误不断扩大。莫诺指出，以前世纪的物理学家和化学家已经证明"他们的所有知识、所有观察结果实质上都是统计资料，他们使用的所有规律和法则，甚至包括那些最严密的规律和法则，实际上描述的都不是确定性，而是或然性。这些都是经典的理论，在现代，每个接受过教育的头脑都应熟知这个道理。如果接受了李森科的观念，那么需要推翻的不仅是遗传学，还有现代物理学、放射和量子理论、气体定律、化学动力学、热动力学等"。确实，根据李森科的理论，苏联的各种科学院都需要将关键的西方化学、物理和天文学理论清除出苏联科学。莫诺将苏联拒绝现代科学的做法比作一种他取名为"原教旨布尔什维主义"的瘟疫。

在莫诺的指导下，加缪在《反抗者》中论述了马克思主义的宗教性，指出它被苏联的国家机器强化之后，导致人们开始拒绝科学：

> 为了给马克思主义披上科学的外衣并维护这种谎言……有必要首先通过恐怖手段使科学服从于马克思主义。自马克思开始，科学的进程就被决定论和更残酷的教条主义取代。为了使马克思主义保持绝对正确，有必要否定达尔文之后的所有生物学发现。因为自从德弗里斯发现难以预测的变异现象以来，出现了各种足以驳斥决定论的教条的发现，生物学也引入了**概率**（黑体格式为后加）的概念。

马克思主义同样否定其他学科的伟大发现。加缪写道："现在，马克思主义要想变成科学，首先要否定我们时代的所有伟大的头脑，包括海森堡、波尔、爱因斯坦等人。"

他进一步指出：

> 马克思主义还不得不重写历史，甚至那些最近期的历史和最广为人知的历史，连共产党及其革命的历史也要重写。年复一年，月复一月，《真理报》必须一直进行自我修正……
>
> 就像在那个童话故事里，镇上的所有织机都不使用纺线，凭空给国王制作衣服，在成千上万的自以为是的成年人面前，一个小孩子突然冷静地宣布，国王没有穿衣服。这个小声音，便是反抗的声音，它必将发声，全世界已经看到，一场革命……最终要依靠谎言才能持续下去。

这个声音也包括加缪的，1951 年，他的声音成为法国最广为人知的观点，其影响逐渐扩及整个西方世界。

然而，尽管法国有 300 年的残酷历史、150 年的血腥而失败的革命和虚无主义政权的前车之鉴，加缪仍然没有感到悲观。

什么才能将人类从极端主义和悲剧中拯救出来？

加缪的答案是反抗——反对虚无主义和给世界带来阴影的政权及其意识形态。他坚信："反抗不屈不挠地与罪恶斗争。"但他也指出，我们需要的是"适度的"反抗，它是有限度的，"受到智慧的控制"。

到了表明立场的时刻："当革命成为权力的代名词，历史为滥杀的体制张目，一场以节制和生命为名义的反抗就是最神圣的事业。现在我们都处在极为窘迫的境地，然而，在这段黑暗隧道的尽头，势必会出现光亮，我们只能靠战斗来确保这道光的来临。"

在布洛克-米歇尔家聚会当晚，丹尼尔发现加缪和莫诺"极为投契……只是出于两人共有的善良才使他们不觉得别人的在场是对他们的打扰"。

两位反抗者"在同一个目标下团结一致"——反对共产主义意识形态的压迫。在送给莫诺的《反抗者》一书的扉页，加缪写道：

致雅克·莫诺,

这是我对一些

我们提出的问题的回答。

你的兄弟,加缪。

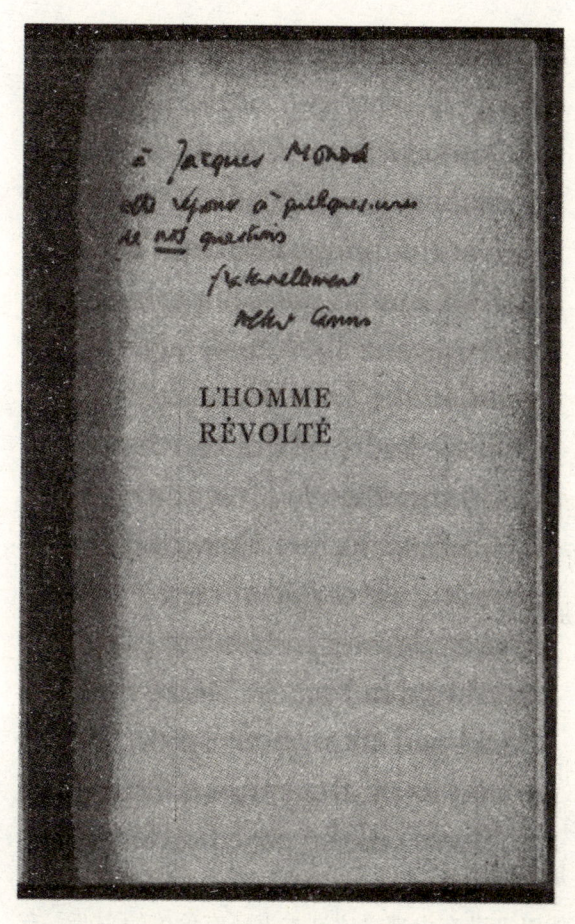

雅克·莫诺珍藏的加缪的《反抗者》一书,扉页上有加缪的题词(奥利弗·莫诺供图)

第二十三章

选择立场

真正的朋友当面提意见。

——奥斯卡·王尔德

加缪做好了准备。

他将马克思主义定性为宗教预言,将共产主义苏俄描述为一个虚妄的幻觉,被一个无情的独裁者用恐怖的手段统治,这是任何一个支持左翼的法国人所不敢断言的。他知道自己的言论会在法国左右阵营的两个极端引起强烈的反应。《反抗者》出版几天前,加缪在左岸卢森堡花园附近的鲁特里亚旅馆与朋友吃饭。分手时,加缪说:"我们握一下手,因为再过几天,没有多少人会愿意和我握手。"

共产党对加缪进行了尖刻的讽刺,基督教刊物则发出了礼貌得多的批评。但是,也有评论家为《反抗者》欢呼,特别是那些反对共产党的人。《费加罗文学专栏》宣称,《反抗者》是加缪最重要的两本书之一,也是战后最伟大的书之一。《世界报》表示,二战以来没有出现过比这本书还有价值的东西。有些文学作家和记者同行也表示了赞扬。战后担任戴高乐情报部长的安德烈·马尔罗也赞同这本书。非共产党的左翼人士中,加缪《战斗报》的前同事、《观察家》的克劳德·布尔德特连登两期文章肯定该书的价值。《战斗报》的一位评论家预测,这本书将成为法国人的新谈资:"它不仅以清醒和勇敢的头脑来认识一个时代,而且宣示了一个转折点的到来,其后我们将遇到各种棘手的问题。"

除了批评，公众对这本书的接受度很高。出版后的头几个月就卖出了六万多本，加缪从喜欢它的读者那里收到了大量信件。

然而，该书出版后，《现代》杂志及其主编萨特一直没有表示他们的态度。不是因为萨特及其下属没有读过这本书——他们都读了，问题在于，没有人认同它。大家一致认为，以加缪的深度，不足以解读历史和哲学，但他们并不打算说出来，不过，既然《反抗者》如此受关注，该杂志也不能总是保持沉默。鉴于自己和加缪是老朋友，萨特想找一个与自己意见一致但有理有节的人作为发言人。最终萨特找到了29岁的弗朗西斯·让松，他毕业于索邦大学，后来成为《现代》杂志的经理。和萨特一样，让松不是共产党员，但不支持反对共产党。

1952年4月，让松还在撰写对《反抗者》的评论时，加缪和萨特、波伏瓦在左岸的一家小咖啡馆见面。加缪嘲笑了他收到的一些负面评论，他以为萨特和波伏娃会认可他的书。所以萨特和波伏娃不知道该如何回应他。过了一段时间，在另一家酒吧见面时，萨特提醒加缪，《现代》杂志对他的书的评论可能有保留意见，甚至会比较苛刻，加缪吓了一跳。

让松的评论长达21页，刊登于1952年5月号的《现代》杂志。标题是《阿尔贝·加缪或叛逆的灵魂》，这里使用了双关语，法语的"灵魂"和"人"的发音听起来比较接近。加缪并不认可让松的批评。让松嘲讽地质疑加缪的书受到的赞美，指出"右翼的热情已经从永恒法兰西的至高之处跌落"，他还讥讽说："如果我是加缪，无论如何我都会感到担忧……而且我已经确定，他正在担忧。"让松继续讽刺道："我们至少可以试着理解他的书中的那些独特的长处，让我们感到一种紧张的快乐……还有什么比这些'好消息'更能让我们感到欢乐？还有哪些文章能让每个人找到自己想要的、与众不同的东西？"

讨论《反抗者》的优缺点之前，让松批评了加缪的风格。他说，加缪这本书的风格过分了，"他的抗议过于漂亮"。至于书本身，让松总结为"语无伦次，支离破碎"——"是一部'革命'的伪哲学和伪历史"。

让松的语调是刻意选择的。后来，他承认自己的目的是为了与加缪的优越感相对应，那是一种"神圣的优越感：'阿尔贝·加缪'，绝对道德的最高祭司"。

就这样，让松发出了决斗邀请。

加缪的反应是目瞪口呆。他感到自己受了侮辱，并且自己在书中的言论被彻底视而不见。然而更糟的是，加缪知道，作为主编，萨特负责杂志的所有内容，是他允许让松这样说的。加缪可以无视共产党刊物上的此类言论，但无法忍受它在朋友的杂志上出现。萨特的秘书告诉加缪，如果他愿意，《现代》杂志可以刊登他对让松的反击文章。

加缪迟疑了，《现代》杂志的所作所为令他心灰意冷。起初，他不想抗辩，但后来他决定不应在自己认为不公和误导的评论面前保持沉默，他采取和让松相似的语气写了一篇17页的驳论，在6月底寄到杂志社。

> 亲爱的编辑：
>
> 　　我将使用贵刊专门为我准备的文章，使用讽刺性的题目——便于为贵刊吸引读者，讨论这篇文章中的思想观点和态度。这种态度——我认为你们是认可的，它比文章本身更令我感兴趣，文章的弱点令我吃惊……很抱歉我也写得像你们的一样冗长。但我会尽量清晰地表达观点。
>
> 　　我首先试图分析贵刊合作者的真实意图——他不慎忘记提起了，他的批评拙劣地模仿了我的书的风格，为书的作者捏造了一份无中生有的自传。

分析让松的文章的同时，加缪不仅回应了让松，而且在整篇驳论中都没有提到让松的名字，而是以"贵刊的合作者"代替，将其评论称为"贵刊的文章"。加缪想通过这样做将矛头从让松指向萨特，他认为萨特的观点和让松的评论是一致的。他表达了对自己老朋友的不满，阐释了书中的一些重要问题："一篇忠实而智慧的批评才配得上我的书的主题。"在加缪眼中，这篇评论是背叛行为："从中我既没有发现宽容也没有对我的忠诚。"

加缪继续深挖，有些是针对让松的，其余的则针对萨特。回忆起巴黎解放期间，他发现萨特在法兰西喜剧院的座位上睡觉的事情，他写道："我开始有些厌倦自己……不停地接受说教……来自批评家的，他们除了把扶手椅转向历史的方向之外，别的什么也不会做。"

当年夏天，萨特决定在政治上完全站在加缪的对立面，成为法国支持共产党的知识分子领袖。与共产党关系紧张并对其采取批评态度多年后，他决定靠近共产党，作为他对美国在冷战中实行的霸权主义的反对。一次，工人发生罢工而报纸的报道有失客观，这把萨特惹怒了，他写了以"共产党员与和平"为标题的系列文章，首次刊登在1952年7月号的《现代》上，文章表示："我们这个时代的革命生活……必须与苏联密不可分——都是为了无产阶级。"而且，萨特宣称："苏联希望和平，并且每天都在证明这一点。"当萨特读到加缪的对让松文章的回复文章时，他认为这是挑衅，便决定也在8月号上刊文回应，还邀请让松再次发表文章。看来，萨特也绝非宽容大度之辈：

> 我亲爱的加缪：
>
> 　　我们的友谊陷入困局，但我会怀念它。如果你今天就绝交，那么毫无疑问，它就不得不结束。很多因素让我们走到一起，让我们分开的原因却只有几个。但是这几个看来也还是不少……我倒是希望我们的争吵能够直击要点，而不是与味道难闻的、受伤的虚荣混杂在一起……我不想回应。我准备说服谁呢？你的敌人，也许是我的朋友。而你，你又想说服谁？你的朋友，我的敌人。
>
> 　　可以肯定的是，我们会让我们共同的敌人——他们为数众多——开心不已。遗憾的是，你如此刻意地针对我，以那种不愉快的口气，我无法保持沉默，这太丢脸了。所以，我应该不带愤怒地回应你，但是，我还是要与从我们初次相识到现在一样，坦率地对你讲话。

萨特连珠炮一样对加缪开火："沉闷的自满和脆弱让你总是不愿意让别人来告诉你那些质朴的真理……或早或晚，有人会告诉你这一点；可能这个人恰好是我。"萨特重申了让松的批评，表示加缪是在自取其辱："你让我们有幸为这一期的《现代》贡献文章，而你的立场是站不住脚的……告诉我，加缪，出于何种神秘的原因，你的作品除了人类活下去的理由从不谈论别的？是什么奇迹让你认为对你的批评就是对神的亵渎？"

萨特的攻击，或者说反击，长达20页，毫不留情且针对个人。萨特谴责加缪试图召集其支持者恐吓让松、傲慢自大（"这对你来说是很自然的事"）、行为举止像个刑事检察官，故作平静，以便让自己的愤怒更为夸张。萨特不忘最后补刀："也许美丽灵魂共和国应该任命你当总检察官。"

关于针对《反抗者》的批评，萨特问道："假如你是错的怎么办？假如你的书只是证明了你的哲学是站不住脚的怎么办？假如它只是一些匆忙拼凑起来的论据和二手的知识怎么办？……假如你的推理不正确？假如你的思想是模糊不清和平庸的？"

剖析到一半，萨特转换了语气，他承认了加缪的创造性工作和大部分贡献："你曾是我们需要的人——明天或许还会这样——一个人性、行动和工作的混合体。那是在1945年……当时的你堪称典范；因为你概括了时代的矛盾，你的激情超越了它们……你把对美的热爱、生命的欢乐与死亡的感受结合起来。"1944年，加缪是超前于时代的。但在1952年，萨特宣称加缪已经落后了，他的个性变成了"海市蜃楼"。萨特总结道："我曾评价你过去和现在对于我的意义。我拒绝与你争斗。我希望我们的沉默能够让这场辩论被人忘却。"

然而人们没有忘却。报纸登出"存在主义者发生口角"和"萨特对加缪"这样的头条，还有一本粗俗的周刊宣布："萨特-加缪彻底分道扬镳"。

加缪认为，刊登让松的评论是一种背叛，而萨特对其反驳文章的回应则是绝交行为。令他最难以接受的是，十年的友谊一瞬间不复存在。加缪确实想过他可能会激怒萨特，但没想到会得到如此粗暴的回应。他和萨特之间总是存在哲学和政治分歧，但多年来还是享受彼此的友谊。加缪认为这至少证明他自己是对事不对人，而且格外看重忠诚。在笔记本里，加缪写道："萨特，其人，其思想，都是不忠诚的。"

针对个人的批评是伤人的。加缪意识到了自己的脆弱，于是他开始避免在咖啡馆和饭店中遇到萨特。在最亲密朋友的支持下，加缪退回角落里疗伤。他写信给不在巴黎的弗朗辛："巴黎令我苦恼……萨特在《现代》杂志上刊登了20页的文章批判我，让松的文章长达30页……一篇肮脏下流，另一篇愚不可及。没有一篇回答我的问题，萨特可能还沾一点边，但50页文章加起来就是刻意的羞辱……毫无疑问，这本书令我付出很多，现在我对它只有怀疑，对自己也怀疑，我太像这本书了。"

几周过去了,加缪试图从萨特的抨击、公开的绝交以及此后引发的批评浪潮中恢复过来。加缪拒绝了进行公开辩论的邀请,他告诉组织者:"现在这个时候,我无论说什么,都会被人利用,反过来让我恶心……所以,我不可能带着学术性的礼貌继续表白我自己。我被误认为是一个故作谦恭的人,谁都有可能攻击我。"

不过,很多读者对加缪表示了支持和鼓励。波兰艺术家约瑟夫·扎普斯基曾在二战爆发时被苏联投入监狱,后在卡廷惨案(斯大林下令对22 000名波兰官员和知识分子进行大屠杀)中幸存,他给加缪写信说:"在你被各种批评围攻的时候,我就想写信告诉你为什么我爱你,为什么你的朋友比你想象的多。"

加缪终于重整旗鼓。再没有什么批评的文章或言论可以使他的决心动摇。加缪给扎普斯基写信说:"左翼知识分子特别喜欢成为自由的掘墓人。"他告诉另一位读者:"问题的核心尚未被触及……我感到他们没有提出任何实质性的东西来反对我的论断。所以我认为自己有权在同一条道路上继续前进,我知道,这也是很多人选择的道路。"

冬天来了,加缪离开了巴黎的政治与文学战场,回到他疗伤的老地方——故乡阿尔及利亚,看望他的家人,并到乡下和海边去。

重返提帕萨

12月初,加缪从马赛启程,回到阿尔及利亚。他到阿尔及尔看望了母亲,并打算到自己从未去过的南部地区看看。

然而他听说南方局势比较动荡,所以把行程推迟了几天。他决定先去提帕萨玩一天,这里最有名的景观就是大片位于山顶能够俯瞰大海的古罗马废墟。

加缪熟悉这片土地。多年前,他年轻时曾经在废墟中流连,还受到启发写了一个短篇故事《提帕萨的婚礼》,1938年发表在《婚礼》杂志上。加缪希望他1952年的朝圣能够重新燃起年轻时代的快乐回忆,那时候的他"睁着眼睛睡在繁星触手可及的天空下"。

到提帕萨去的69公里路程也令他感到亲切,第一次走这条路的时候,他还是个少年，乘坐公共汽车，沿着海岸来到提帕萨的海滩，想在那里吸引姑娘的注意——那时候他还没染上肺结核，更没有被战争所迫流亡到法国去。

来到提帕萨，加缪发现围着废墟的铁丝网上有个缺口，便钻了进去，在石头之间穿行。在阿尔及利亚明媚的阳光照耀下，由保存完好的褐色柱子、芳香的艾草、永远蔚蓝的大海、与明净天空相接的连绵起伏的西纳瓦山组合而成的景象令他流连忘返：

> 在令人愉悦的 12 月的天光下，一个人一生中可能仅有那么一两次会感到自己非常幸运，而我恰好碰到一次，找到了我想要来看的东西，忘记了当下的时代和外部的世界，独自一人，来到被人遗忘的自然之中……在这样的光线和寂静中，多年来的愤懑和黑暗逐渐融化消失。我倾听着几乎被自己遗忘的来自内心的声音，我那颗似乎早已停止跳动很久的心又开始安静地搏动起来。

加缪徜徉在罗马废墟中，仔细地倾听着。他渐渐开始意识到"那些组成这片寂静的各种微不可闻的声音：华丽低沉的鸟鸣、岩石脚下大海模糊的轻叹、树木的轻颤、柱子无言的歌唱、艾草的瑟瑟之声、蜥蜴爬过的响动"。

加缪找到了他要来寻找的"避难所"，在提帕萨，他发现——更确切地说，是重新发现了——他的创造生涯的最重要的秘密。

> （在提帕萨，我再次发现，一个人必须在其内心深处保留一个永远新鲜清冽的欢乐源泉）……热爱公正，与黑暗做斗争。在这里我重新抓住了往日之美，一片年轻的天空，我估量了自己的运气，意识到发生在这片天空下的那些疯狂的往事从未离开我的记忆。这是最终避免我感到绝望的东西……
>
> 在内心的严冬深处，我发现了不可战胜的夏天。

他从阿尔及利亚返回法国，告诉朋友们他"精神振作并冷静了下来"。他避开争论，用更多的时间研究诗歌，还润色了自己的短篇故事《重返提帕萨》，这是他最能引起人们共鸣的作品之一。加缪运用他在提帕萨重获苏醒的灵魂，更新了他的艺术与政治评论：

> 我回到了欧洲和欧洲的搏斗之中，但那天的记忆仍然托举着我，帮助我迎接各种悲伤和喜乐……
> 我想要活下去，不拒绝生活中的一切，这是全世界我最珍视的美德……
> 世上有美好，也有被羞辱。无论经历多少艰难，我都不会对任何人失去信心。

这个故事取名为《夏天》，以单行本出版。莫诺持有的那本书的扉页上，加缪写了一句新的题词：

> 雅克·莫诺，
> 致以友好而忠诚的问候。

第二十四章

阁　楼

成为天才有运气的成分。

——阿尔贝·加缪《笔记》，1942—1951

雅各布喜欢每天早早开始工作，在大部分巴黎人上街之前，他就出门了。从他和丽兹、年幼的儿子皮埃尔居住的蒙帕纳斯十字路口附近步行到巴斯德研究所的距离相对较短，大约只有一英里。路上会经过蒙帕纳斯大街、火车站，然后向左拐到拉蒂大街，再向右到巴斯德大街，再向左沿着红发博士街走到底，进入巴斯德研究所的铁门，一路上到勒沃夫的阁楼。安静的早晨时常让他想起战争期间在非洲流亡的自己有多么怀念巴黎，渴望回家。

他还可以在路上期待一下前一天实验的结果。噬菌体研究的最大进展之一是，尽管裸眼或传统的显微镜看不到，但病毒迅速展示出了杀死细菌的能力。单独的噬菌体增殖得相当快，它们甚至能在那些一夜之间疯长出一片细菌"草坪"的培养皿中弄出一个肉眼可见的小洞。比大部分科学家到得都早的雅各布高兴地走进"他的"实验室，看看细菌培养皿，然后计划当天该做什么实验。

面试时勒沃夫自豪地对雅各布提到的"噬菌体的诱导"是噬菌体的神秘特性——太神秘了，以至于过去关于该现象的报告都在怀疑甚至放弃了相关猜测。对该现象的观察自几十年前就开始了：特定的细菌菌株，当生长环境中没有任何噬菌体时，有时候会爆发，或"溶解"，同时释放出噬菌体。此类菌株被称为"溶原菌"。少数科学家认为此种现象证明病毒可以隐藏或休眠在细菌中，然后在某种情况下被激活并进行繁殖。还有人认为这种现象是由实验设计的缺陷引起的,是培养基被噬菌体污染了。

然而,勒沃夫是个非常谨慎和聪明的实验学家。他认为自己能够通过研究多种种类的细菌来解决这个问题——细菌数量大到可以利用显微镜观察和操作。在显微镜下使用微量吸管,他就能用液滴状的无菌介质将细菌隔离,确保环境中没有任何不相干的噬菌体。他将休眠在细菌中的病毒称为"前噬菌体"。然后他会设法创造条件让溶原菌菌株释放病毒,他发现紫外线光几乎可以让所有的细菌溶解和释放病毒——这就是他向雅各布提到的"噬菌体的诱导"。

在勒沃夫的指导下,借助噬菌体的繁殖能力,雅各布很快在阁楼上开始了实验。他首先研究了 30 个菌株的不同细菌,勒沃夫曾用这种方法观察哪些是溶原菌以及紫外线诱导现象是否普遍存在。通过从每种菌株的培养液中取出一些介质,然后将少量几滴放到其他菌株中,他很快看出哪些菌株含有前噬菌体。接着他检查了这些菌株,认为紫外线可以诱导某些菌株,但对其他的无效。在一种含有两种前噬菌体的菌株中,他发现其中一种可以被诱导,另一种则不行。该结果说明诱导性是病毒的遗传特性,而非细菌的遗传特性。在几个月内,他就写出了自己的第一篇科学论文,这是非常令他自豪的时刻。

然而,以上进展引发了新的问题:前噬菌体藏在细菌宿主的哪个地方?是如何隐藏的?什么决定了它是否能被紫外线诱导?此类问题经常成为大家在走廊中讨论的话题,大家纷纷提出自己的结论和意见——他们有着不同的学术背景、国籍和个性。长期在此工作的人员相对较少,阁楼实验室里有很多来自国外暂时过来工作一段时间的科学家。1951 年,美国人西摩·本泽应勒沃夫之邀来此做学术访问,加入了雅各布拥挤的实验室。本泽跟噬菌体打交道的经验相当丰富,因为他之前曾在加利福尼亚理工学院与该领域的先驱之一马克斯·德尔布吕克一起工作。

雅各布一上来就帮了本泽的忙。本泽及其家人第一次来巴黎时,没有地方住,就去了一个旅馆,萨特也住在这个旅馆,但他们没有见到这位著名的存在主义者。后来他们租住了一个艺术家的小工作室,浴室是露天的,厕所是公用的,只是地上的一个坑。本泽一家听说法国人都是这样生活的,所以,他们作为美国人,要入乡随俗,"降低一点标准"。雅各布来看望他,被他们简陋的居住条件吓了一跳,他问本泽:"你们为什么住在这里?"

"啊，我们想像法国人一样生活。"本泽说。

"法国人不是这样生活的。"雅各布告诉他的实验室搭档。本泽一家退了房，最后在巴斯德研究所附近找到了一家不错的公寓。

雅各布一开始就很欣赏本泽敏锐而富有创造力的头脑，他们最终组队共同做了一些实验。他还很喜欢本泽巨大的好奇心和淘气的幽默感。习惯了气氛轻松得多的美国实验室的本泽开起了勒沃夫制订的各种规矩的玩笑。一方面出于他的冒险精神，另一方面是为了追求惊人效果，本泽喜欢把奇怪的东西带到午餐桌上吃掉——只要能在巴黎的市场上找到，他都会弄来，比如海胆、牛睾丸或者干了的南非毛毛虫等等。勒沃夫逗他："你吃过奶牛乳房吗？"本泽便跑到肉店买来了这种美味，用实验室的本生灯做成午餐，还说"非常可口"。

虽然大多数人没有本泽这么有趣，但雅各布发现，同一层楼上的同事大部分都是些开朗、好奇和乐于助人的家伙。有些人二战时的经历比他还要悲惨。埃利·沃尔曼是勒沃夫团队中研究噬菌体的成员之一，他可不是巴斯德研究所的访问学者，而是生来就注定到这里工作的。1909年，他的父母尤金和伊丽莎白·沃尔曼开始在巴斯德研究所工作。八年后，埃利出生了。他的教父是伟大的俄国科学家埃利·梅切尼科夫。19世纪80年代末来到巴黎与巴斯德共事，梅切尼科夫在免疫学基础方面的发现使其成为1908年诺贝尔奖获得者之一。尤金和伊丽莎白·沃尔曼实际上属于20世纪20年代到30年代为数极少的研究噬菌体的学者，他们还描述了溶原现象。尽管他们有犹太背景，纳粹在1940年后禁止出版他们的著作，他们仍留在了巴黎，在德占期间一直待在巴斯德研究所。1943年12月，虽有研究所负责人的极力求情，德国人还是逮捕了他们，两人死在了前往奥斯维辛的路上。

埃利此前离开巴黎逃到了法国南部，加入了抵抗组织，开始了隐姓埋名的行医生涯。战后，他回到巴黎和巴斯德研究所，受到了与其父母关系密切的勒沃夫的欢迎。雅各布发现埃利在噬菌体研究方面的知识在巴斯德研究所甚至在全世界都是首屈一指的。他们成了好朋友。

与沃尔曼、本泽、勒沃夫、莫诺和科恩这群热情、敏锐、严谨而挑剔的人一起工作，雅各布感觉自己选对了地方，而且他从事研究的时机恰好是生物学大发展起步的阶段。这些感觉对他来说都很亲切：巴斯德研究所的氛围、知道自己必有发现的成就感，让他觉得自己"就像战争期间成为自由法国部队的成员一样"。

实验室的工作使雅各布获得巨大的目标感，而家庭生活则给他带来无边的欢乐。1952年春天，他的双胞胎儿子罗兰和奥迪尔降生。每天晚上，雅各布都会赶回家，回到美丽的妻子和茁壮成长的孩子们身边。1954年，第四个孩子亨利诞生。每个孩子的出生对雅各布来说都是他本人的一次重生，也让他更加热爱生活。只要和家人在一起，他就能够忘记过去的悲伤记忆，似乎这些欢乐是对"战争和死亡的复仇"。

加入俱乐部

为了获得真正的研究成就，取得他所谓的"从事科学的合法权利"，雅各布在勒沃夫的指导下开始攻读博士学位。这使他有很多时间——几乎四年——进行基础研究，而且能够始终站在研究领域的前列。实现这一目标的最好方法是参加法国以外的各种科学家的聚会，与来往于巴黎的访问学者进行交流。

1952年初，雅各布参加了他的第一个国际会议，在英国牛津召开的普通微生物学会会议。勒沃夫受邀在会上就溶原现象发言；他带着雅各布和本泽参加会议。雅各布发现，正式发言的时候，来听的科学家不多，而休息期间非正式聊天、吃午饭和晚上到酒吧娱乐的时候，露面的科学家却不少。

而这些闲聊正是雅各布所期待的，借此机会他能够看到和听到那些名字只在书本上出现过的科学巨擘。萨尔瓦多·卢里亚是最著名的参会者之一，但他没有出现。据传，卢里亚虽然在美国居住和工作，却没有申请到护照来参加会议——他像莫诺一样，也是《国内安全法案》的受害者，出于礼貌，英国间接地拒绝了他的入境。当听众中的一位英国科学家提到了一个关于卢里亚的问题时，另一位听众问主席："据说卢里亚博士因没有护照无法前来参加会议，这是真的吗？"

"我不知道，先生。"主席说。

卢里亚只得把他的论文交给过去的学生吉姆·沃特森，24岁的剑桥大学博士后研究生。沃特森给雅各布和大部分与会者留下了深刻印象——身材瘦高，头发蓬乱，衬衣下摆放在裤子外面，袜子快要从脚踝上掉下来，看起来似乎刚从剑桥大学狂奔而至。他神色茫然,眼睛凸出,嘴巴半张,语言短促,铿锵有力。接受了奥斯瓦尔德·艾弗里提出的 DNA 是遗传物质的结论后,沃特森最近开始研究 DNA 的化学结构(他此次研究计划的改变并未获得默克奖学金委员会的批准,因此他的奖学金被撤销了)。卢里亚的文章阐释了他对蛋白质是遗传物质的合理设想,因为是蛋白质而非 DNA 是噬菌体感染后首先产生的物质。但沃特森大胆地决定不宣读这些内容,他反而告诉听众们,他刚收到另一位在冷泉湾工作的研究噬菌体的著名科学家阿尔弗雷德·赫尔希的一封长信,信中表示,新的实验证据说明,DNA 而非蛋白质是遗传物质。雅各布专注地倾听了这位反传统的美国人的发言,他实际上是在自行判断两位没有出席会议的著名研究者的不同观点的正确性。

沃特森说明了赫尔希及其搭档玛莎·蔡司是如何发现前噬菌体蛋白质含有硫元素而DNA不含硫,前噬菌体DNA含有磷元素而前噬菌体蛋白质不含磷的。通过让前噬菌体在含有放射性磷或硫的环境中生长,赫尔希和蔡司得以给前噬菌体的 DNA 和蛋白质分别"贴标签",然后在前噬菌体感染细菌细胞的过程中跟踪每种标签。他们发现,感染后,DNA 迅速进入细菌内部,而蛋白质则会留在细菌表面。是蛋白质而不是 DNA 起到了搅拌细胞的"华林搅拌器"的作用。结果说明,电子显微镜下的前噬菌体如同一支注射针,在感染后很快将其DNA"注入"细菌,其空壳则留在外面。

这是个巧妙而简单的实验设计,其结果清楚地区分了两种备选方案。所以,这是最理想的实验并将被载入分子生物学的史册。对雅各布来说,有两点是明确的:DNA 就是遗传物质;他所研究的前噬菌体一定是细菌内部的DNA,而不是未经感染的病毒微粒。尽管没人见过前噬菌体,但这种物质的特点已经在他的脑中成形。

雅各布只是来牛津参观的,他的更高目标是向一些重要的听众展示自己的工作与发现,他已经朝向这个目标迈进了很多步。日复一日地研究噬菌体的他已经成为观察细菌培养皿中前噬菌体留下的气泡状物(叫作"斑点")的专家。平时,每个斑点看上去只是有些模糊,因为一些细菌过度生长,但没有溶解。把那些细菌隔离出来进行分析后,发现它们是溶原菌——前噬菌体的温床。一天,雅各布发现一个斑点是透明的。当他把噬菌体从斑点中分离出来后,发现这种噬菌体只能产生透明的斑点，说明这些噬菌体变异了：能够在细菌中繁殖并将其溶解，但无法作为前噬菌体隐藏在细菌中，无法形成溶原菌。

这种变异的本质是什么？这个问题促使他做了更多的实验。当雅各布将变异的病毒放到溶原菌菌苔上的时候，发现并未产生透明斑点，而且根本没有斑点产生。结果说明溶原菌对其他噬菌体的感染是"免疫"的。溶原菌中的某种物质阻止了透明斑点的生成。该种物质可能是由细菌或前噬菌体产生的。但是没有合适的实验加以证明。

1952年夏天，雅各布获得了第一次展示自己成果的机会，当时正是萨特和加缪分道扬镳之际。勒沃夫在巴黎以北20公里外的罗尔蒙特的那座精致的13世纪西多会修道院主持召开了第一届噬菌体国际会议，邀请了所有第一流的噬菌体研究者，包括德尔布吕克、赫尔希和卢里亚——他终于得到了护照。沃特森也参加了会议。有人认为沃特森的衣着——短裤和网球鞋，而且通常不系鞋带——是为了惹恼勒沃夫的故意之举，而实际上，沃特森的行李在来法国的路上失窃，他仅剩的衣物是从军需品商店买来，准备会后到意大利阿尔卑斯山区徒步旅行用的。为了参加爱德蒙·德·罗斯柴尔德男爵在乡间别墅中举行的花园聚会，沃特森特地借来夹克和领带。当晚聚会结束时，罗斯柴尔德男爵夫人告诉一些宾客，她很遗憾地听说那位"来自剑桥的疯狂英国人"没有出席聚会。勒沃夫显然事先提醒过她，届时可能会有一位衣着怪异的客人出现。

沃特森实际上趁大家不注意时溜进了聚会。这时雅各布正在"陪审团"面前展示他的工作成果，德尔布吕克坐在前排。看到这位前物理学家时，雅各布非常惊讶。他以为德尔布吕克是个典型的大腹便便、年老秃顶的德国教授，而实际上对方看上去像个年轻的运动员，头发茂密，戴着金属边眼镜，专注地倾听发言。尽管听众中不乏咄咄逼人之辈，而且自己缺乏经验，但雅各布在开口的时候，紧张感便完全消失了。实际上，他的发言十分顺利。

更加理想的是，德尔布吕克事后邀请雅各布参加将在冷泉湾举行的下一届关于病毒的研讨会。这个研讨会将于1953年夏季举行。雅各布激动不已。这份邀请如同接受他进入"俱乐部的会员卡"——这是圈内人的俱乐部，属于那些世界上为数不多的探寻生命奥秘的精英科学家。

双螺旋

这个俱乐部的成员能够在研究成果文章在期刊上发表之前比别人更快地得知新发现。1953年3月,吉姆·沃特森再次来到巴黎的时候,在勒沃夫实验室里工作的一些俱乐部成员便率先得知会有一些大新闻即将宣布。

此项突破发生在几周前。

一年多来,沃特森一直和弗朗西斯·克里克在剑桥工作,试图解决DNA的结构问题。沃特森相信,DNA结构是最重要的遗传学和生物学谜题,其核心奥秘在于,这种结构必须能够解释分子是如何进行复制的,即遗传信息是如何如实地代代相传的问题。他们的工作经常因为走进死胡同而被迫停止,有时是缺少数据,有时则是在试图构建模型的时候发现在化学方面是不可能的。

当时人们已经掌握了DNA的一些属性:它是一种酸;它包含四个碱基——腺嘌呤(A)、鸟嘌呤(G)、胞嘧啶(C)和胸腺嘧啶(T);它是一种聚合物,有糖磷酸骨架。据报道,DNA存在于所有物种中,它们的腺嘌呤与胸腺嘧啶的数量比例总是相等的,鸟嘌呤和胞嘧啶的比例也总是相等。然而,这样的化学分析,对于想要解码DNA内部三维结构和原子排列的人是不够的。重要的未知问题是分子链的数量与碱基和骨架的相对排列,研究这些问题的主要技术叫作X-射线晶体,让一束X射线通过DNA晶体,导致射线因受到晶体特定结构的影响发生衍射,而对射线干扰图案的解读则需要具备一种非常少见的专业知识。

努力了几个月,否定了一个又一个有缺陷的结构模型后,1953年2月28日星期六早晨,曙光终于出现了。在剑桥大学实验室摆弄纸板做的碱基模型时,沃特森意识到A和T碱基对、C和G碱基对可以组成一对(碱基对),就像两条链子组成的双螺旋一样。另外,如果A总是和T配对,C和G配对,那么DNA的复制就很容易解释:以链条上的碱基的身份来决定另一个链条上与之相对的碱基位置。

沃特森和克里克立刻开始构建DNA的物理模型,并将其发现写成论文发表。几天后,不顾克里克的反对,沃特森决定提前到巴黎去。除了可以享受食物和娱乐,此行还能与大家分享他的好消息。

虽然沃特森并未完成 DNA 结构的完整模型，只是两个碱基对，但莫诺看到之后立刻就明白了 DNA 的结构。作为巴斯德研究所生物化学方面的权威，莫诺最能理解沃特森的化学与结构推理。而且，莫诺立刻意识到沃特森解决了 DNA 复制的问题。

然而雅各布并不具有理解沃特森的发现的学术背景，实际上他只是略读过沃特森和克里克发表于《科学》杂志上的关于 DNA 结构的具有历史意义的论文，其发现的基础是 X 射线晶体技术，它超出了雅各布的理解范围。直到六个月后他到冷泉港去，听沃特森讲解了全部过程，才完全理解了双螺旋的发现所具有的深远历史意义。

这是雅各布第一次去美国。他是和安德烈·勒沃夫一起乘船前往的。

会议期间，雅各布对美国和欧洲的学术会议之间的差异感到震惊。在冷泉港，没有什么崇高的长篇大论，也没有一本正经的规矩。科学家们挑选自己喜欢的地方坐下，无论他们的地位和声望如何，学生们和新手科学家们毫不犹豫地向前辈们提出挑战和各种疑问。

雅各布的发言十分顺利。他讲述了自己和埃利·沃尔曼共同从事的一些新工作，研究一种叫作"兰姆达"的能够感染大肠杆菌的噬菌体。他介绍了一些变异噬菌体的特性，包括无法感染溶原菌的不同种类透明斑点的变异，还有其他能够感染的罕见变异。但是，此次会议的明星人物毫无疑问是沃特森。

沃特森还是穿着短裤，衬衣下摆一如既往地露在外面，他对双螺旋的发现证据及其生物学意义进行了详细的说明。碱基对的排列不仅说明了 DNA 是如何复制的，而且也说明了碱基之间的互相替代会引起变异，碱基对的顺序必须在某种程度上由不同有机物的性状来决定。这一次，平时表现活跃、喜欢质疑的听众们甚至连批评的声音都没有，也没有反驳。雅各布现在终于意识到 DNA 的结构是如此简单和美丽，它回答了自己考虑过的很多问题，"所有这些不会是假的"。虽然并不具备相应的技术背景，他还是理解了沃特森在屏幕上给出的遗传学的基本谜题——"世界上最古老的科学问题之一"——的解释。

第一个生命的奥秘就这样被解决了。

回到法国之前，雅各布买了一个华林搅拌器作为礼物送给丽兹。

开始研究工作不到三年的雅各布还无法想象出下一个巨大的生命奥秘将由他和阁楼实验室里的邻居莫诺发现，而且，华林搅拌器也会成为他们的得力工具。

第四部分

诺贝尔的思想与崇高的行为

无论何时完成一件崇高的事业,

无论何时表达一种高尚的思想,

我们的心怀着惊喜在不断升华。

——亨利·朗费罗《提灯女郎》

第二十五章

匈牙利之血

起来，匈牙利人，祖国正在召唤！

是时候了，现在干，还不算太晚！

愿意做自由人呢，还是做奴隶？

你们自己选择吧，就是这个问题。

向匈牙利的上帝宣誓，

我们宣誓，

我们宣誓，我们

不再继续做奴隶！

——桑德尔·裴多菲《起来，匈牙利人》

（匈牙利民族诗歌，1956年由游行示威者朗诵）

1953年春天还发生了另一个历史性的里程碑事件——苏联领导人更换。统治苏联近30年的约瑟夫·斯大林于3月5日逝世。

最初，一个五人组成的主席团接过了国家的领导权，经过一番操纵和密谋，包括逮捕和处决了一名秘密警察头目之后，1953年9月，尼基塔·赫鲁晓夫最终成为苏共第一书记，事实上的政府首脑。

赫鲁晓夫的地位稳固后，发出了一些想要改变苏联对西方的态度的信号——放弃军备竞赛，发展苏联与西方的关系，实现"和平共处"。1956年2月，长达十天的苏共第二十届党代会决定将冷战期间的这一缓和措施变为官方政策推出，赫鲁晓夫在其中起到了关键的作用。赫鲁晓夫解释说，和平共处，

"不是一种战术行动",而是"苏联的基本对外政策",是根据社会主义阵营和共产主义的发展情况制订的。他声称,自己"可以肯定地宣布共产主义胜过了"资本主义,但是也强调维护世界和平以及"结束军备竞赛是人类的重要任务"。谈到实际问题,当他保证"从各个方面加强我们与社会主义阵营其他国家的兄弟情谊"时,赫鲁晓夫收获了长时间的掌声。他宣布:"整个社会主义阵营越强大,其成员国的自由、独立、经济和文化的进步越有保障。"

2月25日,正式会议结束后,赫鲁晓夫还在克里姆林宫大厅召开了特殊的"秘密"会议,他宣布斯大林"运用大规模的恐怖手段"和"残忍的暴力",进行"无情的镇压",这些措辞令与会代表们大为震惊。赫鲁晓夫重新评价了斯大林清算党内领导人、错误的逮捕和处决以及准备与德国作战时的致命失误等行为,他批评了对斯大林的"个人崇拜"使其"接近于神",让人相信斯大林是绝对正确的。这种崇拜导致"党的原则、党内民主以及革命的合法性被严重歪曲"。在长达四个小时的会议上,赫鲁晓夫详细列举了斯大林体制的错误。最后,他郑重宣布:"我们的党,在第二十届会议的历史性结论的武装下,必将领导苏联人民沿着列宁主义的道路走向新的成功和新的胜利!"

赫鲁晓夫新政面临的第一项重大考验就是几个月后如何应对匈牙利的政治危机。匈牙利人民在困境中要求脱离苏联的影响,获得自由的呼声将成为加缪和莫诺的共同奋斗目标,随后的事件将导致加缪下定决心与苏联体制的极权主义做长期斗争,并促使莫诺卷入救援难民的行动。

黑暗历史

代表轴心国一方参加第二次世界大战,又被苏联军队侵略、打败和占领的匈牙利,其战后的政治、军事和经济被苏联牢牢控制。1949年,所有反对共产党的人或者逃跑,或者被捕,或者被镇压。

所谓的匈牙利人民共和国的掌权者是共产党的总书记马加什·拉科西,他是斯大林的忠实仰慕者——甚至自称"斯大林最伟大的学生"。二战时他在苏联度过,战后,被苏联扶植成为匈牙利国家领袖。拥有无上权力的拉科西完全模仿斯大林的统治方式,人民根本没有个人自由,匈牙利是苏联的卫星国中禁令最多的国家。任何有可能违反拉科西独裁的人,无论是否查实,都要受到严惩。匈牙利的秘密警察 AVH 是由党控制的。

29 岁的艾格尼丝·乌尔曼，已婚，是布达佩斯罗兰大学科学院的生物化学研究生，她亲眼见证了拉科西的极权统治、苏联残酷的占领行为以及 17 年来东欧国家人民受到的苦难。作为土生土长的罗马尼亚人，乌尔曼出生于特兰西瓦尼亚，长在阿拉德，此地位于罗马尼亚西部，靠近匈牙利边境。二战爆发时，罗马尼亚首先宣布中立，后来，1940 年 11 月，罗马尼亚加入了轴心国集团，与德军一起对苏联作战。1944 年，战争形势转变，苏联入侵乌尔曼的祖国，赶走了德军，然后占领了罗马尼亚。

二战期间住在阿拉德的乌尔曼首先要应付德军的占领，接着得躲避美军和英军的空袭，最后还要应对苏联的入侵。德占期间只有 17 岁的乌尔曼并没有被占领军困扰。实际上，她那金黄色的辫子和白色的袜子使其"看上去就像希特勒青年团的成员"。因此，她得以在不招惹盖世太保注意的情况下，按照其父亲的建议进行过一些战时冒险。

战后，乌尔曼到罗马尼亚克鲁日大学学习了两年，1947 年来到布达佩斯。在大学里，她学的是苏联批准的课程。"生物学讲授的是米丘林和李森科的理论，只有这些。"她后来回忆说。

然而，她自己也怀疑苏联的教条主义：匈牙利作曲家巴尔托克的音乐被定性为"帝国主义的"音乐而遭到禁止，苏联所谓的"资产阶级科学"，以及坚持要将所有西方思想清除出去。

"这绝对是难以置信的……那时没人相信苏联的宣传。"乌尔曼回忆道。但学生们无法将好的俄国科学从没有价值的教条中区分出来。乌尔曼教过普通化学课，她告诉学生们，元素周期表是杰出的苏联化学家门捷列夫发明的，然而学生们已经熟知苏联科学家的编撰故事，他们想知道西方国家中有谁对元素周期表的内容有所贡献。

除了自己最信任的朋友，和任何其他人分享观点都是非常危险的。乌尔曼把她对李森科的怀疑吐露给朋友乔尔吉·亚当，他是一位经济学家和忠诚的共产党员，共产党在匈牙利还是非法的时候他就入了党。乌尔曼认为他不会背叛她。

亚当是一家官方的马克思主义杂志的主编，是为数不多的接触过西方报纸的人。1949 年的一天，他给乌尔曼看了一期《战斗报》，上面刊登着雅克·莫诺批判李森科的文章，说："你知道，你曾经告诉我你对（李森科）的感觉不好。"

莫诺的文章令乌尔曼印象深刻："对于一个无法接触西方新闻的人来说，这是个绝妙的发现。"

———※———

当年夏天，亚当没有到匈牙利新闻机构 MTI 的总编办公室上班，一位同事听亚当的女房东说，他被 AVH 半夜从公寓带走了。这位老共产党员被拉科西政权视为威胁。对亚当的审判是秘密进行的，他被判处终身监禁。

亚当只是拉科西迫害行动中成千上万的受害者之一，很多作家、知识分子以及忠诚的党员都被扣上了莫须有的罪名，其中许多人曾经抗击过纳粹。乌尔曼吓坏了："这太可怕了……有人被捕了。有人被杀了。有人被绞死了。"

乌尔曼和一个年轻的南斯拉夫人在一个实验室工作。当时，南斯拉夫总理铁托因为要走自己的路（包括通过马歇尔计划接受西方的援助）而惹恼了苏联政府。所有南斯拉夫人被拉科西政权视为"帝国主义的工具"。乌尔曼的实验室同事被逮捕了。因为和南斯拉夫人共过事，她也被捕了。早晨六点钟被人从家里带走，拷问了一天半之后，她获释回家。

她的同事则被处决了。

拉科西的恐怖统治是由 AVH 来实行的，该组织雇用了十万名警察，建立了一个庞大的告密系统，以便揪出任何人的任何对政权不忠诚行为的蛛丝马迹。那些所谓的阶级敌人、犹太复国主义者或者党内奸细都被捕了，连共产党员和教士都不能幸免，有的被秘密审判，有的受到公开的不诚实审判。那些愿意揭发他人者，往往受到宽大处理，所以逮捕的范围越来越大。1949 年到 1953 年间，估计有 15 万到 20 万人被捕，这些人要么被送到监狱，要么押往劳动营。在那些地方，受折磨是家常便饭，还有 2000 人被处决。

政治迫害也反过来削弱了政府机构的管理能力，迫使很多受到良好教育的匈牙利人从事低级的劳动。恐慌的气氛笼罩着工厂中的经理和工人，使他们无心处理好生产问题。加之在农庄中强制推行集体化，匈牙利的经济摇摇欲坠。

粮食减产，食品短缺现象十分普遍，只好采取配给制。尽管如此，官方喉舌仍然在为拉科西政权歌功颂德，号召人民热爱苏联和斯大林。大家敢怒而不敢言。

斯大林掌权时，拉科西可以为所欲为。1953年3月斯大林去世后，苏联领导人开始限制拉科西。他们从斯大林那里学到的教训是，没有人可以掌握那么多的权力。所以，苏联决定稀释本国和卫星国政府领导人的权力。当时，拉科西既是总理又是党的总书记，拥有控制匈牙利的绝对权力。拉科西被召到莫斯科，苏联命令他用集体领导制取代独裁制，于是，他的一些激烈批评者进入了领导圈子，包括农业部长和副总理伊姆雷·纳吉。

希望的闪烁

1953年7月，纳吉被任命为总理（实际上是匈牙利人民共和国部长会议主席）。第一天上任的纳吉就让拉科西、党和全国人民吓了一跳，他宣布，要在匈牙利实行一系列的改革，包括结束秘密警察随意逮捕公民的制度、废除强制劳动营，承诺重新审理那些在拉科西统治期间因政治罪名入狱的人的案子。纳吉宣布，他准备推翻拉科西的农业和工业政策，并且补充道："知识分子必须得到尊重……我们必须对宗教事务采取更大的宽容。社会主义国家的基础是……必须按照法律办事。"

纳吉的"新政"给匈牙利带来了结束苦难的希望。1954年，纳吉得到莫斯科的批准，释放了数千名共产党员政治犯，他们后来讲述了拉科西统治下的劳动营和监狱中的恐怖景象。得知自己一直怀疑的事情是真的之后，很多曾为拉科西政权效力而免于被捕的人都感到十分羞愧。一位作家总结了维护拉科西独裁统治的人会有怎样的愧疚："在无眠之夜里，即使是没有直接参与谋杀和背叛的人的良心也无法得到安宁。因为不仅那些直接举起大棒的人要负责，那些不管以何种方式——通过欠缺思考地重复那些危险的理论、无声地举起右手、三心二意地写下所谓的真相——纵容邪恶的人也要负责。"

1955年3月，在纳吉新政的刺激下，匈牙利的气氛变得更为开放，知识分子和共产党青年团（DISZ）的领导人组成了讨论组来商讨如何重组国家。他们呼吁重新唤起1848年的革命精神。为了纪念著名诗人和烈士裴多菲，他们还讨论了组建"裴多菲俱乐部"的事情。乌尔曼参加了小组的第一次会议，成为 21 号组员。后来这个组织吸纳了数万人参加，其中大多数都是对改革抱有期望的共产党员。

然而，莫斯科的风向再次改变。纳吉的主要支持者之一辞职，苏联主席团希望改革者出局。1955 年 4 月，纳吉被撤销总理职务，并被踢出政治局。11 月，曾经是忠诚的老党员的纳吉干脆被开除出党。

莫斯科又让拉科西重新执政，但改革已经是民心所向，拉科西发现很难叫停。现在，人们也知晓了拉科西的罪行以及国家经济的失败。报纸和公共讨论已经变得更加开放和重要。

裴多菲俱乐部的影响力日益增加，赫鲁晓夫以"个人崇拜"的危害为主题的演讲发布后，人们都期待随后能够启动改革。之后的几个月里，成千上万的人加入了裴多菲俱乐部的讨论。

关于裴多菲俱乐部集会的消息触怒了拉科西。他谴责该运动"本质上是反对苏联的"，并且禁止俱乐部再次集会。他列出一份逮捕名单，声称上面的人参与了"反党阴谋"。

然而，莫斯科并不打算长期使用拉科西。1956 年 7 月 18 日，在拉科西准备继续他的独裁统治之前，苏联副主席阿纳斯塔斯·米高扬从莫斯科赶来，让拉科西辞职，因为他的方式已经不被苏联领导层接受。拉科西被艾尔诺·杰罗取代，杰罗也是强硬派分子，还是拉科西的心腹之一。

杰罗上任后的前几周一直在和克里姆林宫以及其他苏联卫星国的领导人商议。匈牙利事件发生时，他不在国内。1955 年春天，拉科西曾经被迫承认将前外交部长拉伊克·拉斯洛处决的罪名是捏造的，并且为其恢复了名誉。拉伊克的遗孀坚持要求给丈夫重新举行公开葬礼。杰罗对此表示支持，认为这样做标志着他的新政是与前任总书记的政权截然不同的。

10 月 6 日，拉伊克等好几位被拉科西处决的人的尸体被从布达佩斯附近的森林中挖出来（他们曾在那里被藏了七年），以便和其他匈牙利政治家一样重新被埋葬到克里佩西公墓。

当天天气很差——寒冷、阴雨、刮风。没人知道会来多少悼念者，政府估计可能会有一千人左右。

尽管天气糟糕,乌尔曼还是去了公墓。她吃惊地看到布达佩斯街头排起了庞大的悼念队伍——估计最多有20万人。二战结束后,布达佩斯尚未出现过如此景象。但人们没有高喊口号或者高举标语。在举行葬礼的过程中和宣读悼文的时候,人群一直保持安静和克制。极为讽刺的是,拉伊克在世的时候非常不受公众欢迎,他还是拉科西政权的成员之一。匈牙利人不只是来埋葬拉伊克的。一位发言人把握住了人们的心理:"现在成千上万的走在棺材旁边的人,不仅想向死者致敬,他们还热切地希望结束一个时代。无法无天、肆意妄为、道德沦丧——必须将那些充满屈辱的年月永远埋葬,匈牙利的强权法则和个人崇拜必须被永久禁止。"

葬礼是人们将热切希望转化为行动的一次彩排。

匈牙利人民游行争取更多的自由,1956年10月23日(美联社)

第一日：1956 年 10 月 23 日

这是布达佩斯一个非同寻常的温暖而晴朗的秋日。摄氏 20 多度的天气非常适合在首都漫步，欣赏壮观的中世纪布达城堡和多瑙河对岸巨大的哥特式议会大楼。

这还是一个举行创造历史的游行示威的好天气。

当天下午，学生们聚集在城市的东岸（佩斯）和西岸（布达），举行游行声援波兰人民。几个月前，波兹坦发生了工人大罢工，被波兰安全部队残酷镇压，导致数十名工人和抗议者死亡。波兰政府的失策使其被新的比较不受苏联控制的政府取代。10 月中旬，波兰共产党领袖站出来反对苏联，对罢工者采取让步。波兰的事件给匈牙利人带来了反抗苏联影响的希望。前一天晚上，学生们起草了 16 点要求，包括立即撤出苏联军队、自由选举、恢复多党制和出版自由等等。

学生们向 1848 年革命英雄、波兰将军约瑟夫·贝姆的雕像进发，路上不断有年轻的工人加入他们的游行队伍。乌尔曼的实验室距离游行路线只有几分钟路程。她的丈夫、生物学家塔马斯·鄂尔多斯当时在瑞典，所以乌尔曼一个人加入了游行行列。她根本没有想到，到了第二天，他们的和平抗议将引发一场暴力革命，更不会料到此次事件会令她与雅克·莫诺相识，进而改变自己的人生。

同一天早晨，杰罗和其他匈牙利领导人访问南斯拉夫回国，报纸编辑们提醒他们，应该严肃对待群众的要求。杰罗试图采取压制措施，他让内务部长颁布了一项禁令，禁止一切公共集会，下午一点前，广播宣布了这条禁令。然而学生们没有听到，仍然在聚集。政府陷入困境，似乎进行武力镇压和坐视不管都不太合适。他们在下午两点后撤销了禁令。

那时候游行已经开始了。

群众的情绪高涨，数年来饱受压迫的人们表达了团结和要求自由的愿望。沿路的窗户和商店大门都有人出来观看和欢呼。游行者的标语从简单的声援波兰——"波兰为我们指引了道路"——变成更大胆的"杰罗滚进多瑙河"。有人把绿白红相间的匈牙利国旗中间的锤子镰刀图案挖掉，并把重新设计的旗帜传递到队伍的最前列。

到下午四点半，已经有五万人聚集在贝姆广场。除了在此聚集，学生们没有其他计划，所以他们开始解散，回到城中各处，当他们走到街上时，工人们离开工厂和商铺加入他们，数万的人再次聚集起来，他们高喊"俄国人，滚回去！"乌尔曼回到了科研大楼，一些学生已经聚集在学校的大礼堂。

另外一组学生向政府控制的广播电台进发，希望广播他们的要求。一大群人涌向一英里多以外的议会广场，这里是佩斯的中心。到黄昏时，广场上已经来了 20 万人。政府把广场上的灯全部关闭，试图疏散抗议者。游行者把报纸和学生的传单做成火炬。群情激动，但仍保持平和。

晚八点，学生们没有听到他们的要求在广播电台播出，反而听到了杰罗的广播讲话。在这段 12 分钟老生常谈的演讲中，杰罗谴责"那些别有用心的人试图将沙文主义灌输到年轻人的头脑中，利用我们国家对工人承诺的民主自由来组织全国性的示威"。杰罗的语气和措辞激怒了人群，让他们再次想起自己抗议的原因。

距离此地不远的英雄广场上，另一批人推倒了 40 英尺高的斯大林雕像，将它的头部拖到一个十字路口。

胜利的喜悦只持续了一小会儿。在广播电台，两百多名 AVH 秘密警察躲藏在大楼里，他们配备有重型机枪和催泪弹。整个晚上，学生们都在和政府交涉，希望广播他们的要求；政府允许他们派一个代表团进入大楼。听到杰罗的讲话之后，人们更加担心大楼里面代表团的安全。他们开始向窗户投掷砖头和石块。

AVH 试图用催泪弹和水管疏散人群，又企图用刺刀将示威者赶走。

枪声响起。两名示威者中枪，第三名也倒下了。混乱爆发了。

匈牙利陆军抵达现场，奉命保护广播电台和镇压示威，然而，当他们看到 AVH 向人群开枪时，便什么也没做。一个坦克团开了进来，指挥官迅速控制了形势，但他宣布不会攻击匈牙利平民。人们向士兵索要枪支，以便向 AVH 开枪。士兵立刻把枪给了他们。警察也打开了他们的军械库，向群众提供武器。

广播电台的抗议行动变成一场武装战斗。

大学礼堂中，乌尔曼和其他学生在收听广播，从中每 15 分钟左右会报告事态的进展。晚上 11 点左右，她和一些同事试图靠近广播电台，但发现这样做太过危险。

在广播电台的战斗中，16 名抗议者被杀，60 人受伤，后来他们攻占了大楼。5 名 AVH 被杀，80 多名 AVH 受伤或被俘。

凌晨一点左右，一些朋友把乌尔曼送到她家附近。她和另外一些布达佩斯居民在一起过夜，很多问题萦绕在大家心头：广播电台发生的战斗是偶然事件吗？政府将作何反应？

第二日：10 月 24 日

凌晨两点，问题得到了回答。苏联坦克纵队开进了城市。

杰罗向他的主子求援了。

凌晨四点半，布达佩斯广播电台使用了另一台没有被抗议者控制的发射机进行广播。问候听众早上好之后，播音员传达了政府的要求："法西斯主义和反动分子对我们的公共建筑、执法部队发动了武装进攻。为了恢复法律与秩序，禁止一切集会、会议和示威。警察必须严格执法，认真对待麻烦制造者。"

苏联派出 700 辆坦克和 6000 人的军队进入布达佩斯——其敌人只是一百名左右年轻的、无组织的抗议者。杰罗相信，"几个小时内"，街上的麻烦制造者将被"毫不费力"地清理。

然而杰罗打错了算盘。苏联的干预刺激了抗议者。他们现在有了武器，已经是自由的战士。一看到苏军，抗议者就用子弹和汽油弹迎接他们。笨重庞大的苏式 T34 坦克无法开进狭窄一些的街道和小巷，所以起义者采取打了就跑的战术，依靠他们对城市内部的熟悉伏击敌人，然后迅速消失。

布达佩斯广播催促道："苏联士兵冒着生命危险保持市民的安全和国家的安定……布达佩斯的工人们，欢迎我们的朋友和盟军吧。"

广播宣布，纳吉将很快重新担任总理。杰罗则继续担任党的第一书记。

全城的战斗——在各大广场、主要街道和多个十字路口——使得大街上没有了行人。大部分市民，包括乌尔曼，都留在家里。

起义军不仅没有在几个小时内被镇压下去，反而愈加壮大。看到街上死去的起义者大多数都是年轻的学生，一些匈牙利部队及其坦克加入了起义。当天，80名自由战士被杀，450人受伤，苏联损失了20个人，40人受伤。

第三日：10月25日

"陆军、国家安全部队、武装工人保卫队和苏联军队在10月24日晚平息了此次反革命暴动。"25日早晨，布达佩斯广播电台宣布。

然而，当人们来到街上时，仍然能听到枪声，看到火光。起义者并没有被肃清。广播一如既往地在说谎。据传，议会广场上还会有另一个示威活动。乌尔曼和数千名平民赶往议会广场。

他们经过城中部署的苏军士兵和坦克——一夜之间，军队已经增加到14 000人。但是，苏军似乎不打算破坏布达佩斯或者杀死匈牙利人，他们接到的命令是维持秩序。游行者与苏军展开对话，解释说他们都是工人和大学生，不是反革命分子和法西斯。一些苏联士兵把匈牙利国旗插在坦克的炮台上，然后护送游行者来到议会广场。

虽然政府禁止聚会，还是有25 000名示威者，包括很多妇女和儿童，很快出现在宏伟的广场上。尽管发生了前两天的事件，周围还环绕着苏军的坦克，AVH秘密警察就站在房顶，但集会的气氛是轻松和庆祝性的。纳吉重新掌权，很多人认为改革能够继续，苏军可以撤离了。

然而，这时传来了枪响。

乌尔曼跟着人群想趴到人行道上，但是太拥挤了，不是每个人都能趴下。机枪朝着广场开火，有人试图跑到开阔地带或者旁边的街道上，却被AVH开枪射杀。

射击停止了，乌尔曼站起来。她后来回忆说："有很多人没能站起来，这太可怕了，他们还不让救护车进来。"

这是一场大屠杀。但被害者的数量无从统计，一说75人，一说数百人。但是无论死了多少人，屠杀的结果只能令暴动升级。抗议者继续在城中发动进攻，伏击苏联坦克。

议会广场惨案发生时，莫斯科来的代表告诉杰罗他必须辞职，他的代替者是卡达尔·亚诺什，曾经被拉科西投入监狱的前政府部长。屠杀结束后不久，广播就宣布了卡达尔继任的消息。卡达尔出面维护秩序，承诺不会惩罚起义者。另外，他保证要重新考虑匈牙利和苏联的关系。纳吉补充说，政府会通过协商促使苏军撤出。

然而，街道上的战斗依然很激烈，人们不确定莫斯科会对升级中的匈牙利暴乱采取何种立场，新政府控制事态的能力尚不明确。苏军实行了从黄昏到清晨的宵禁，政府要求民众冷静对待，恢复正常的生活。

胜利！

两天的巷战让布达佩斯变得一片混乱。伦敦《每日邮报》的一位记者描述了他进入城市时见到的场面："每条街道都遭到了破坏。很少有完好无损的电车。到处都是垂挂下来的电线。布达的情况更严重：数百码的铺路石被掀了起来，燃烧的汽车照亮了街道……我数了一下，至少有40辆苏联坦克的残骸……两辆巨大的苏式T54坦克隆隆开过，后面拖拽着尸体，警告所有匈牙利人这是暴乱者的下场。另一条街道的树上挂着三具尸体。"

这些尸体属于AVH秘密警察，他们是被自由战士抓住并私刑处决的，以示对议会广场大屠杀的报复。

持续数天的暴力事件之后，布达佩斯广播还在重复宣布苏联正在成功地平息反革命暴乱，但自由战士仍在坚持斗争。

苏军指挥官们意识到他们陷入了困境。他们没有做好进行长期的城市游击战的准备。而且，由于匈牙利是朋友和盟国，苏军也在质疑他们为什么要和盟国为敌。短短几天内，美丽的布达佩斯就变成了人间地狱，难道他们一定要以毁灭整个城市为代价来平息叛乱吗？

10月27日，星期六，街上平静下来，因为战斗减少了，人们走出家门采购食物和获取最新的消息。就在卡达尔－纳吉新政府还在讨论如何应对迅速发展的形势，并与莫斯科协商的时候，公民们已经开始采取下一步行动，以图将革命掌握在自己手中。起义的最初几天，大小工厂和全国各地的工会组织起来，要求派代表接管工厂。村镇和城市中，人们组建了革命议会来取代当地政府。

大学里成立了知识分子委员会——包括学生、教授、作家和科学家。乌尔曼也想发挥作用，她听说罗兰大学校长办公室刚成立了一个委员会，在那里她遇到了捷尔吉·亚当，对方请她留下来帮忙。这个委员会属于匈牙利知识分子革命委员会的一部分。乌尔曼与工人委员会和其他革命委员会联络，帮助大家把大楼地下室中存放的武器分发出去。她丈夫塔马斯从瑞典赶回来，也加入了委员会。10月28日，委员会起草了提交给政府的十点请求，其中包括从匈牙利撤走苏联军队、由工人管理工厂、实现言论和出版自由、批准集会的权利等等。

在暴动期间，匈牙利共产党中央委员会一直在开会讨论如何应对现状。在起义的压力下，中央委员会承认应该响应人民的要求进行全面改变，他们宣布：“在与全体人民磋商的基础上，我们应该制订推行全国的民主和社会主义发展计划，建立一个独立自主的匈牙利。”

当天上午，纳吉和卡达尔要求苏联停火。赫鲁晓夫同意了。五天的时间里，1000多名匈牙利人和500名苏联人被杀，下午1点20分，政府通过广播正式宣布停火。

下午晚些时候，纳吉在布达佩斯的广播中承认此次革命获得了胜利。

他承诺解散AVH，保证政府不会对任何抵抗者采取报复行动。至于苏联，纳吉表示：“匈牙利政府准备通过协商解决……苏联驻军从匈牙利撤出的问题。”

次日，苏联宣布他们会撤出军队。

10月30日，星期二，守卫议会大楼、多瑙河上的桥梁等历史建筑物和战略据点的苏联坦克开始撤离，还带走了死去的苏军尸体。

下午早些时候，纳吉宣布一党制结束，"民主运动的伟大力量把我们的国家带到了十字路口"。原来的全国广播电台现在更名为"自由科苏特电台"（根据1848年革命命名），电台宣布了令听众震惊的消息："我们要掀开匈牙利广播的历史新篇章。多年来，我们的电台一直是谎言的工具；只知道执行命令，它日夜说谎，所有的频道都没有真话。在我们的国家重生之际，它不仅要停止说谎……从今以后，我们要说出真相，完整的真相，只讲真相。"

贝姆广场示威活动结束一周后，匈牙利人民就赶走了一个顽固的政权，阻挡了苏联的侵略，解散了AVH和一党制，解放了它的媒体。

全世界都对匈牙利人民在巨大困难面前表现出的勇气感到敬佩。一位身在布达佩斯的英国外交官表示："面对敌人凶残的攻势，匈牙利人民创造了奇迹。"加缪在纪念一位西班牙政治家的聚会上，指出这是"匈牙利学生和工人发动的英勇的、惊天动地的起义"。《费加罗报》报道，布达佩斯市民的"欢乐的火焰"，"清除了共产主义的最后痕迹"。

忍受压迫和苦难12年后，匈牙利人终于得以亲手创造自己的未来。就在纳吉和自由科苏特电台发表大胆宣言的同一天，苏联政府签署了一个名叫"苏联和其他社会主义国家的友好与合作"的条约，重申苏军会撤离布达佩斯。最值得注意的是，它承认了"所有侵犯主权国家之间的平等原则的违规和错误"，还进一步承诺将与匈牙利等华沙条约国家协商关于苏军驻扎在这些国家领土上的问题。

但苏联的忏悔和承诺只持续了一天。

第二十六章

镇压和反抗

如果现在有十多个匈牙利作家被枪杀,那么革命可能永远不会发生。

——尼基塔·赫鲁晓夫

在匈牙利事件期间,苏联中央委员会主席团曾多次召开会议决定政策和措施。赫鲁晓夫本人是赞同10月30日对匈牙利人民的慷慨声明的,然而到了次日早晨,他的想法又变了。他告诉主席团:"我们应该重新评价我们的做法,不应该从匈牙利和布达佩斯撤军。我们应该采取主动,恢复匈牙利的秩序。如果我们离开匈牙利,就是帮了美国、英国和法国等帝国主义国家很大的忙。他们会认为这是我们示弱,会采取得寸进尺的行动。"

他的大部分同志——其中有很多一开始就反对撤军的顽固分子,立刻表示同意。赫鲁晓夫问伊万·科涅夫元帅——华沙条约部队总司令,粉碎匈牙利的暴乱需要多长时间。

"最多三天。"这位老兵回答。

"那么就这样做吧。"赫鲁晓夫说。

布达佩斯。纳吉已经收到了苏联不打算撤军的消息。他的参谋们纷纷提醒他,但纳吉不相信苏联会这么快否认刚刚签订的条约。纳吉警告苏联大使安德罗波夫,如果军队不撤走,匈牙利就宣布中立,退出华沙条约。没有得到苏联答复的纳吉决定遵守诺言,当晚便在广播中宣布匈牙利退出华沙条约组织。

纳吉仍然相信,或者至少是希望,灾难能够得以避免。他决心继续与苏联进行之前计划的关于撤军的对话。在议会，苏联代表得到了极高的礼遇，纳吉收到的关于会谈情况的报告都是积极的。苏联人制订了详细的撤军计划，包括临走之前举行一次庆典性质的阅兵式。匈牙利人则表示，他们已经命令所有坦克回到军营，号召全体公民交出武器和弹药。

然而，与此同时，卡达尔却莫名其妙地从布达佩斯消失了。苏联中央委员会将他召到了莫斯科。

乌尔曼和鄂尔多斯已经在革命委员会办公室里住了很多天，他们睡在一架钢琴下面的垫子上。乌尔曼一直在催促工人委员会停止罢工，因为革命已经成功，到了复工的时候。当她得知苏联准备友好撤军时，她还向周边村庄的革命委员会解释此事，请他们配合。乌尔曼和鄂尔多斯对匈牙利和苏联谈判的预期是乐观的，所以他们决定放松下来。当天晚上，他们爬上一辆载有武装学生的卡车，回到家中休息。

午夜过后不久，纳吉在议会大厦他的办公室中得到消息，大批苏联军队正在接近布达佩斯。这一次，苏军做好了充分的准备。此次行动代号为"飓风"，科涅夫元帅调集了10个师，包括15万名士兵、2500辆坦克，还有空中支援，这支部队将挫败匈牙利的任何暴乱。凌晨四点，他发出命令暗语"惊雷"，镇压正式开始。

纳吉知道自己已经无能为力。匈牙利部队无法和苏军抗衡，只能束手就擒。他的副手鼓励他趁着还有时间，进行一次广播讲话。纳吉来到自由科苏特电台在议会大厦的临时工作室，向全国发表了讲话："我是伊姆雷·纳吉，匈牙利人民共和国部长会议主席。今天早晨，苏联军队开始进攻我们的首都，显然，他们企图推翻合法的匈牙利民主政府。我们的军队在战斗。政府也坚守它的岗位。我在此将这个事实告知全国人民和全世界。"

纳吉发表声明后，此时苏联坦克开到了匈牙利议会大厦门前，接着纳吉的老朋友、剧作家久洛来到议会大厦，通过广播发出了另一条呼吁："我代表匈牙利作家协会向全世界所有作家、科学家、作家组织、学术和科学组织呼吁，请求所有国家的所有知识分子提供帮助。我们的时间有限。你们都了解现状，

第二次苏联入侵后,布达佩斯街头的苏联坦克(©Hulton-Deatsch Collection/Corbis)

我没有必要再重复了。救救匈牙利!救救作家、科学家、工人、农民和所有的匈牙利知识分子!救命!救命!救命!"

以上是自由科苏特电台的最后一次广播内容。

匈牙利人根本无法对抗苏联的枪炮、坦克和战斗机。当时还在军营中睡觉的匈牙利主力部队早已被苏军包围,并被叫醒,且被劝说放下武器。苏军接着夺取了数个被自由战士占领的据点。这一次,侵略者根本不在乎顺便造成的破坏。开火的时候,苏军常常对准建筑物,根本不在乎里面或附近是否有平民。

虽然完全寡不敌众的匈牙利人知道抵抗是徒劳的,但很多人决心战斗下去。他们唯一的希望就是西方国家的干预。为了设法把布达佩斯发生的战斗告诉外部世界,星期日早晨,一位目击者在《自由人》报社办公室向美联社维也纳办公室发送电传:

> 紧急，紧急，紧急！
>
> 年轻人在制作汽油弹袭击坦克。我们平静而不惧怕。请把消息告诉全世界。
>
> 战斗现在非常激烈。我们的大楼里的冲锋枪不够用。我不知道可以抵抗多久……附近有炮弹爆炸。战斗机在头顶轰鸣……
>
> 我们需要更多武器。人们不能赤手空拳对付坦克。
>
> 联合国在干什么？给我们一点鼓励。
>
> 他们只是传言美国军队会在一到两个小时内赶来。

美国人要来。同样的谣言和一厢情愿也出现在1940年巴黎即将沦陷的时候。所有进入布达佩斯的新闻记者都在问同一个问题："美国人什么时候来？"起义者相信或被引导着相信，也许在自由欧洲电台广播一下，西方国家就能帮助匈牙利。

当然，美国人没有来。艾森豪威尔总统不会冒险和苏联正面交锋，为了匈牙利引发第三次世界大战。

世界的反应

匈牙利人希望联合国干预的想法也落了空。星期日拂晓前，苏联发动进攻几个小时后，联合国在纽约召开了安全理事会紧急会议讨论匈牙利的情况。美国代表亨利·卡波特·洛奇说："如果某个时候联合国的行动能够决定一个国家的生死，那么现在就是那个时候。"

苏联代表则表示，匈牙利被法西斯分子控制了。经过两小时的辩论，苏联否决了那些谴责攻击匈牙利的意见，否决的理由是这样做"干涉了匈牙利的内政"。当晚，大会就美国的动议进行表决，要求苏联"停止所有进攻匈牙利人民的行为，停止任何对匈牙利内政的干预"，还要"立刻从匈牙利领土撤出所有军队"。尽管支持与反对的票数是50：8，另有15票弃权，但可以看出，联合国没有办法强制动议通过。

国际各界纷纷对匈牙利表示同情，谴责苏联。《泰晤士报》在一篇名为"镇压"的社论中表示："苏联给出了他们的回答，匈牙利的悲剧达到了恐怖和痛苦的巅峰，除了自由的灭绝还有什么结局呢？"

世界上没有任何一个国家的首都像巴黎这样关心匈牙利的命运，这里有许多匈牙利移民，也是众多共产党支持者的大本营，匈牙利事件和苏联的反应激怒了巴黎。与欧洲其他国家的共产党不同，法国共产党（PCF）并不欢迎赫鲁晓夫的二月讲话和去斯大林化。在坚定的斯大林主义者莫里斯·多列士的领导下，PCF一直对莫斯科言听计从。多列士和大型共产党日报《人道报》与苏联的口径一致，坚称匈牙利革命是由法西斯分子领导的，必须被粉碎。在苏军入侵第二天的《人道报》所发表的文章中，PCF表示赞同苏联的做法。

PCF及其领导人立刻成为反苏抗议者的目标。

11月7日，巴黎出现了支持匈牙利的示威游行。晚上6点，三万人聚集在艾多丽广场，包括很多国民议会成员和巴黎的民选官员。他们从香榭丽舍大街出发，举着法国和匈牙利国旗，还有"解放布达佩斯""宣布共产党非法"和"枪毙多列士"等标语。6点30分，游行队伍前列抵达凯旋门，无名战士墓前已经有人摆放了很多鲜花。一些名人也来到现场，包括政府成员，如弗朗索瓦·密特朗、前议会主席保罗·雷诺等。

一些年轻的示威者冲出队伍，并高喊着"烧掉共产党"，朝PCF总部跑去。第一拨游行者在7点30分到达PCF大楼，人数很快超过了保护那里的少数警察，他们在大楼里遇到了大约五百名共产党员。示威者和共产党员在人行道和楼梯井里打了起来。大楼守卫用水管对付袭击者。20分钟内，一楼就被攻占，袭击者把这里搜了个底朝天，并把家具和文件扔到了街上。三楼起火，又被消防队员扑灭，很多肉搏战的伤者被送到附近的酒吧照料。

抗议者高唱着《马赛曲》离开了PCF大楼，冲到附近的《人道报》办公室。接到电话警告的守卫们用水管、酸瓶等武器迎接抗议者。抗议者捡起街上的砖头扔到窗户里，还从旁边的工地上找到了一些镐头充当武器。一小群人来到房顶放起了火。其他人想冲进印刷室但并未成功。共产党的援军从巴黎郊区赶来，大街上展开了一场激战。等大家终于恢复冷静，已经有30人受伤，后来有三个人，包括两名共产党员和一名工会工作人员因伤死于医院。

冲突使巴黎的气氛进一步紧张起来。共产党在国民议会的代表在《人道报》上指责抗议者为"法西斯纵火犯和野蛮人",将其保卫大楼的举动美化为与抵抗运动相提并论的英雄主义行为。国民议会则一整天都在讨论匈牙利问题,谩骂、威胁和愤怒的声音不绝于耳。在投票的时候,共产党的代表们被喝倒彩,与会者告诉他们:"你们是世界上唯一在别人尸骨未寒的时候就侮辱他们的共产党员。"

匈牙利国内的人很难理解美国和联合国的不作为。他们继续求援。11月8日,加缪接到一封来自匈牙利移民作家组织的电报,其内容包括一位幸存的起义者通过电台广播的求救信息:

全世界的诗人、作家和学者们。匈牙利作家向你们求救,请听从我们的呼唤。我们正为了祖国的自由、为了欧洲和人类的尊严而战。我们快要死了。但我们不应白白牺牲。在这关键时刻,以一个惨遭屠杀的国家的名义,我们请求你们,加缪、马尔罗、莫里亚克、罗素、雅斯贝尔斯……以及众多其他思想战士。情况紧急,长篇大论的时间已经过去,应该采取行动了。请做点什么。行动。摆脱西方人的懒惰。行动。行动。行动。

11月9日,自由主义左翼报纸《自由射手》刊登了这篇求救信息。由于其中提到了自己的名字,加缪认为他有责任亲自做出回应。他的回应刊登在第二天的报纸上:

我们的匈牙利兄弟被困在死亡的战壕中,大部分人可能不知道所有法国作家已是怒不可遏。但他们认为只说空话是没有用的,这一点绝对正确。现在,我们不能只是为匈牙利的命运而悲叹。实际上,国际社会……对匈牙利坐视不管。20年前,我们眼看着西班牙共和国被外国独裁者的军队毁灭。如此伟大的勇气为我们带来了奖赏:第二次世界大战。联合国的软弱和分裂让我们逐渐走向第三次世界大战,现在它正敲响我们的房门。如果国际法不能保护世界上的国家和个人，它就会冲进我们的房子。

加缪请求每一位被提到名字的知识分子联名给联合国大会写信，要求调查"匈牙利目前遭受的种族灭绝"，每个国家都参加是否让苏联撤军和释放被拘留者、允许被驱逐出境者返回的投票。如果联合国不负责任，联名信的签名者不仅要抵制联合国及其文化组织，还要在各种场合下对其表示谴责。

加缪还建议欧洲的作家们收集其他知识分子的签名，将其交给联合国秘书长。他请求知识分子们各尽所能，制止苏联对匈牙利的"屠杀"，"向世界表明，尽管我们的政府懦弱无情，上有独裁者的压迫，下有左翼运动的破灭，真正的欧洲仍然屹立不倒，团结在正义和自由周围，正视所有暴行。匈牙利的战士们现在正为这样的一个欧洲献出生命。为了不让他们的牺牲白费，我们……有责任表示我们的忠诚和信念，将布达佩斯的请求转达出去"。

接下来的一年，加缪经常公开发表讲话，介绍匈牙利的情况。

不足为奇，在公众的愤怒与谴责中失声的，是共产党员及其支持者。只有少数几个例外。1956 年，在《真理报》上向"我们的苏联朋友"发表新年致辞的萨特曾经表示，"拥有客观理智的共产党很少犯错"，而现在看到莫斯科体制的错误，他在《快报》上宣布，"我严正且无条件地谴责苏联的侵略"，"横加干涉是一种罪行"。"这种罪行，"萨特补充道，"也许是由 12 年的恐怖和愚蠢造成的（自然是从苏联的角度出发的）。"

"我遗憾而坚决地宣布断绝我与那些没有谴责（或无法谴责）匈牙利大屠杀的苏联作家朋友的关系。没有必要再对苏联官僚主义表示任何的友好。"他补充说，"与现在领导法国共产党的人重建关系是永远不可能的。他们的每一句话和每一个姿态都是 30 年来的谎言和麻木不仁的结果。"

萨特的转向在某种程度上支持和重申了加缪长期以来对苏联政策的谴责——加缪早就明确地表达了意见。但加缪没有站出来说："我早就告诉你了。"他无须这样做，匈牙利事件已经说明了一切。而且，萨特对匈牙利事件原因的分析与加缪的十分不同。萨特认为苏联的行动是其战略失误和匈牙利的软弱导致的，是外部原因，而非加缪相信的极权主义导致的后果。

萨特在《快报》上详细说明了自己的观点。他认为："最大的错误也许就是赫鲁晓夫的报告（二月份），因为，在我看来，郑重地公开谴责并罗列一位代表政权如此之久的神圣化人物是疯狂的，这样的坦率无益于提高人民的生活标准。"萨特相信，匈牙利是因为太落后而无法接受赫鲁晓夫的坦白，因此，"向群众揭露他们未曾准备好接受的事实"是个错误。萨特还批评了西方国家和马歇尔计划。

加缪的结论更为简单明确。11月28日，在瓦格拉姆大厅，各种学生组织举行集会声援匈牙利学生。在法国三色旗和匈牙利三色旗面前，他们宣读了来自加缪的发言：

> 今天，我可以公开肯定的唯一事实是，直接或间接地经历二十年的血腥历史之后，我认为最重要的价值之一，至少是值得我们活下去和战斗的价值，就是自由……十年来，我们不得不与希特勒的暴政和支持他的右翼斗争。十多年来，我们不得不与斯大林的暴政和为其辩护的左翼斗争……现在，你们一定意识到，当思想被套上枷锁，行动就被奴役；如果作家的言论被钳制，社会主义就解放不了任何人，反而把每一个人变成奴隶。

加缪发表宣言的时候，匈牙利国内的战斗大部分已经停止。西方国家的谴责并没有制止苏联。法国知识分子的愤怒与同情也没有阻挡苏联的枪炮。1956年11月11日，布达佩斯自由战士的最后据点被攻破。自革命爆发以来，2500多名匈牙利人被杀，大部分都是在苏军二次入侵中牺牲的。

尚未确定的是匈牙利人民在事件之后会过上怎样的生活，由奋斗得来的短暂的自由是否经受得住考验。

最后游行

起义被挫败后，卡达尔接掌政权。他的新政权叫作革命工农政府，他们不得不处理苏军入侵带来的后果，治理破败的国家。新政权面对一些困难的挑战，包括让人们回去工作（抗议苏军入侵的大罢工让国家的经济运转停滞），决定如何处理那些革命者。

苏联入侵时，数千匈牙利人逃离本国，大多数跑到了奥地利和南斯拉夫。但乌尔曼认为自己有责任留在这里，因为她认识的许多学生被苏军俘虏。她不会在学生还未出狱的时候离开。另外，她和她的同胞希望抢救革命可能取得的成果。

然而，几周内，一些熟悉的历史重演。纳吉等逃到南斯拉夫大使馆避难的官员被捕。试图组织起来的布达佩斯工人被坦克镇压，卡达尔逮捕了两百名工会领袖。

所有的抗议被镇压之后，几位编辑地下报纸《我们还活着》的作家——久洛·奥博索夫斯基、伊什特万·厄什和约瑟夫·加利（乌尔曼大学同事维拉·卡多的未婚夫）设法在12月4日组织了一次游行，此时距苏军入侵恰好一个月。考虑到政府可能不愿对妇女使用武力，作家们策划了一次妇女静默游行，悼念革命的死难者。他们在报纸上呼吁："匈牙利的母亲们！现在轮到你们了。你们的力量是巨大的！甚至子弹都伤害不了你们！你们的静默和有尊严的哀悼会促成停火，为我们的神圣事业换来尊重。"

数千名女性冒险列队前往英雄广场，向无名战士墓献上鲜花和常绿树枝。乌尔曼位于第三排。全副武装的苏军士兵在一旁待命。她和其他游行者相信，士兵不会射击参加游行的妇女，特别是一些人还带着孩子。

游行和平结束，但几天后三名组织者全被逮捕。奥博索夫斯基和加利的罪名是编辑含有反政府内容的非法报纸、参加妇女游行的策划、分发怂恿民众反对国家秩序的传单。12月11日，政府取缔了知识分子革命委员会和所有地方的工人委员会；12月12日，颁布戒严令；12月13日，授予法庭无须审判就可以因各种违法行为逮捕公民并判其死刑的权力，包括破坏或藏匿武器弹药；12月15日进行了第一起处决。

新的安全部队组建起来，很多成员都是过去的AVH秘密警察，他们代替苏军上街巡查。由于工人们继续在工厂里进行反抗活动，1月初，政府下令，罢工者或怂恿罢工者都可被判死刑；1月17日，作家联盟被宣布为非法；1月20日，记者联盟也遭到禁止。一周后，很多记者和作家领袖被捕。

因为在革命委员会中的职责——包括分发武器并向逃离国家的人提供文

件，乌尔曼的处境十分危险。这两种行为都是现政权规定的重罪。她尽可能地烧掉了所有证据，然而很多文件上都有她的名字。1957 年春天，委员会主席捷尔吉·亚当被捕。其他朋友也被逮捕，但他们没有供出乌尔曼的名字。

革命彻底失败。再留下去的话，每天都会有被捕的危险。但是没有安全的方式逃离匈牙利。苏军入侵后的几周内，有 20 多万人逃走，平均每天 5000 人。苏联人破坏了通向奥地利的很多桥梁，并在 12 月关闭了边境。试图逃到其他国家现在要冒着坐牢或被枪毙的风险。

恐怖的卡达尔时期

逮捕、不经审判便入狱、处决、压制媒体、粉碎工人运动等行为让民众感到痛苦和愤怒，更加痛恨现政权。随着 3 月 15 日 1848 年革命纪念日的临近，卡达尔更加忧虑全国各地突发的游行活动会危及他的政权。任何公开的抗议活动都会削弱他在苏联主子心目中的权威。卡达尔计划通过展示武力来阻止人们举行任何的集会。

安全部队被部署在大街小巷的拐角处；匈牙利陆军在布达佩斯的大街上列队行进，其他部队则乘坐卡车巡逻。曾经是 1848 年革命标志的历史建筑——议会广场、贝姆雕像和裴多菲曾经在 1848 年朗诵其诗作的国家博物馆——都被警察封锁。乘坐武装载具的苏军士兵也在待命。为了避免煽动者惹出任何麻烦，卡达尔还采取了额外的预防措施。

3 月 14 日午夜时分，乌尔曼和鄂尔多斯位于布达塔拉加图街二楼公寓的门铃响了起来。来自卡达尔安全部队的三个男人出现在门口。他们进入公寓，开始搜查每一个房间，甚至连浴室都要搜查。乌尔曼跟在他们后面，她担心他们会像别人说的那样把枪放到厕所里栽赃。当安全部队的人开始翻腾书架的时候，乌尔曼愤怒至极，让他们对书籍尊重一些。令她惊奇的是，他们同意了。但是他们拿走了一些文件——甚至包括鄂尔多斯从瑞典寄给她的明信片。他们没有发现任何可疑的东西，所有重要文件都已被烧掉了。这些人逮捕了鄂尔多斯，而且没有告诉乌尔曼他们会把她丈夫带到哪里去。

巴黎人在瓦格拉姆大厅举行仪式纪念1848年革命。加缪出现在会场，表达了对匈牙利人民的声援，提醒听众及其读者（他的演讲《卡达尔实施恐怖统治》三天后刊登在《自由射手》上）目前的危机。加缪的发言在某种程度上也是对萨特的回应，萨特几个月前在报纸上发表了长篇文章讨论匈牙利的局势和共产主义的命运。

1月，《现代》推出了一份长达487页的特刊，专门讨论匈牙利革命和苏联对它的镇压。萨特写了一篇120页的文章《斯大林的鬼魂》，详述了对此事的看法。文中，他将大部分责任归咎于苏联的顽固分子和去斯大林化运动。萨特还指责西方国家的反共立场。他宣称，这是冷战继续下去的原因，也令武器生产商获利。

萨特认为苏联在匈牙利的行动是一种犯罪，但是他不肯批评共产党体制。加缪则认为一党制已经从根本上破产了："极权主义（以一党制和对所有反对意见的镇压为特点）所声称的罪恶都比不上极权主义本身的罪恶。"

萨特仍然相信共产主义是通往社会主义的途径："在我们看来，尽管发生了许多事情，但共产主义是唯一的有可能实现社会主义的运动。"加缪则指出了这条道路实际将通向何方：

> 外国坦克、警察、绞死20岁的女孩、解散工人委员会、言论禁止、绞刑架、驱逐和逮捕作家、媒体说谎、劳动营、审查制度、逮捕法官、犯罪合法化，还有绞刑架——这是社会主义吗？这是自由和正义吗？
>
> 不，我们已经知道，而且仍然清楚这是些什么东西；这是极权主义宗教的血腥和一成不变的仪式！

萨特声称，"所有左翼人士"都意识到"苏联必须因为共产主义的缘故存在下去"。加缪完全否决了他的看法：

一个极权社会不可能出现任何进步。恐怖，除了变得更加恐怖，不会有任何改观。绞刑架不会变成自由和宽容的标志。世界上任何一个地方，如果一个党或一个人拥有绝对权力，没有不将其滥用到极致的。

　　无论政府属于左翼还是右翼，定义极权主义社会，首先要看其是否为一党制，大权独揽的党不会自我毁灭。所以，唯一能够自我进化和自我解放的社会必须实行多党制，这样我们的批评和积极的行动才有意义，这样的社会允许个人谴责和纠正不公与犯罪，无论是阿尔及尔还是布达佩斯，只有这样的社会才能允许人们谴责对人类尊严的侮辱和折磨。

萨特仍然否定西方观点，宣称"苏联不是帝国主义，苏联是和平的，是社会主义"。加缪也承认西方社会有缺陷，但它是唯一的希望："西方社会的缺陷难以计数，其罪行和错误真实存在。但是，它让我们不要忘记，我们这些自由人是唯一有可能做出改变和实现解放的力量。"

最后，加缪向匈牙利致敬，并试图指出希望的微光存在之处：

　　我们相信，虽然迫害和死亡给历史带来了阴影，但追求信仰和尊重生命是全世界的大势所趋，一场规模宏大、追求自由创造和自由工作等文化理念的解放运动正在形成。

　　今天我们与匈牙利的工人和知识分子站在一起，尽管抑郁难平，我们仍然会实现目标。因此，如果说他们的苦难也是我们的苦难，那么他们的希望也是我们的希望。他们虽然要忍受贫穷、流亡和锁链，但只用一天时间就向我们证明了自由的价值。希望我们对得起这份价值。

加缪和莫诺很快就有了亲手帮助匈牙利人民的机会。

第二十七章

理性的声音

拯救了一条生命,相当于拯救了整个世界。

——《塔木德》,刑罚法 4:5

加缪对于匈牙利事件的立场引起了许多法国人的共鸣,但他仍然要应付众多批评家的指责。他的公开声明激怒了众多左翼的反对者,他们认为加缪谴责苏联在匈牙利的行动却对法国政府在阿尔及利亚的极端政策保持沉默是一种伪善。在一年多的时间里,加缪发誓对其故乡的危机保持沉默。他认为,在密切参与公共事件之后,他应该对评论保持克制,"避免引起对方进一步的不快或使其发出更加愚蠢的言论"。

阿尔及利亚的冲突一直令加缪气愤。"阿尔及利亚是我现在的烦恼之源,就像别人也许会说心脏是他们的烦恼之源……我一直处于失望的边缘。"他在给老朋友的信中写道,这封信发表在阿尔及利亚报纸上。因为加缪来自阿尔及利亚,所以那些推动阿尔及利亚从法国独立的人都希望得到他的支持。然而,作为出生在法属非洲的法国移民的后裔,加缪理解,阿尔及利亚归法国所有已经 125 年,国内有 120 万法国移民,双方如果不经过一番痛苦波折是无法实现阿尔及利亚独立的。他希望通过改革消除当地阿拉伯人的不满,同时让阿尔及利亚留在法国。

随着阿尔及利亚内部的暴乱升级,加缪的立场使其在"两方都没有立足之地,只能站在中间呼吁双方休战"。对阿尔及利亚的独立和法国政府的压迫都不支持的加缪希望找到双方能够接受的解决方案。平民伤亡的不断增加,对生活在阿尔及利亚的母亲、兄弟和很多朋友的担心使加缪提出"民间休战"的建议，促使双方同意"在战斗期间，平民应一直得到尊重和保护"。

1956 年 1 月，加缪甚至亲自到阿尔及利亚为自己的建议寻求支持。这是个危险的任务。他收到过多次死亡威胁，还担心自己被绑架。加缪和支持改革的法国自由主义者，也和激进的、支持独立的"国家解放阵线"（FLN）成员见面。出于安全的审慎考虑，他邀请了一些持有不同意见的听众并向其发表演讲。反对者在会场外面高呼"加缪去死"并向窗户投掷石块。加缪阐释了他的想法，表示这是他的"责任，来到你们中间唤起纯粹人性的共鸣，至少在某一点上与大多数阿尔及利亚人团结在一起"。加缪承认："我出来表明立场的唯一资格是我经历过阿尔及利亚的苦难，我无法对任何死亡坐视不理。20 年来，通过各种微不足道的方式，我尽全力促使阿尔及利亚和法国人民能互相理解。"

加缪说，他无法"让阿尔及利亚人分裂成两派，互相争吵……或者让任何一派陷入疯狂的排外主义……而不提出最后的合理诉求"。他的核心要求是让双方认识到，如果无法打破暴力对抗的怪圈，就"注定共同灭亡，心中充满愤怒"。加缪希望把保护无辜者作为切入点，在此基础上达成共识广泛的一致。但考虑到当时的情况，他只能请求大家"顾全大局，放过那些无辜的受害者"。

听众们被打动了，一些阿尔及利亚报纸对其演讲表示赞同，但他的建议没有被采纳。从阿尔及尔回来不久，加缪停止了有关阿尔及利亚问题的写作。他知道自己处境危险——被右翼视为叛徒，因为他没有支持法国政府的阿尔及利亚政策；而且还被左翼谴责，因为他不支持 FLN 的暴力革命——所以选择了沉默。

这一转变是战术性的，而非思想性的。加缪没有放弃阿尔及利亚，只要有机会他就会尽到自己的力量。他发现自己经常作为阿尔及利亚的代表出头露面。例如，当他得知自己青年时代在阿尔及利亚的老朋友让·德·梅松索尔——也是帮他呼吁民间休战的委员会成员之一——被法国安全警察逮捕后，加缪立刻采取了行动，他知道，身为自由派建筑师和画家的梅松索尔是不会卷入任何国家阴谋的，所以，加缪给阿尔及利亚总督居伊·莫勒写信，这封信发表在《世界报》上，敦促他们释放梅松索尔。

报纸刊登了加缪的要求，他为梅松索尔的人格和声誉进行了辩护，表示他不会在"如此愚蠢和残忍的动机"面前保持沉默。加缪提出，如果梅松索尔罪有应得，那么他本人、红十字会的工作者以及所有要求停战的人也应被逮捕。由于数天之后仍未出现进展，加缪的态度变得更为强硬，他向政府施压，要求释放梅松索尔并予以赔偿，并威胁说要组织公开行动。最后梅松索尔获释，对他的起诉也被撤销。

人们还是不理解加缪在其他时间的沉默，他经常需要反复解释自己的立场，这意味着要始终保持诚实并冒着触怒老朋友的危险。他向一位自己认识多年的支持 FLN 的阿尔及利亚诗人表示：

> 我应该对你解释……我是怎么想的……你写的关于法属阿尔及利亚的几篇文章让我十分震惊……你有权利选择支持 FLN。对我而言，我认为他们现在的行为就是谋杀，盲目地对未来构成了威胁……我已经放弃在公开场合发出理性的声音……但是，在私下里，我必须告诉我的立场，你不应该忽视那些枪杀，不要为他们杀死法国－阿尔及利亚人辩护，他们这样做等同于伤害我的家人，长久以来他们都在贫穷中生活，没有仇恨，不该与不义的叛乱行为相提并论。无论什么原因……都不能让我和我母亲疏远，她是我在这个世界上奋斗下去的最重要的原因。

鉴于很多人到他的办公室及其出版商伽利玛那里要求加缪出面干预，他不得不权衡轻重，做到不出于私心，以理性为原则进行处理。随着法国对恐怖袭击的态度逐渐强硬，对阿尔及利亚叛乱者的处决增加，加缪决定先从反对死刑开始进行干预。

废除死刑

1956 年秋天，加缪受邀为一本关于死刑的书写一篇文章，获得邀请的作家还包括亚瑟·凯斯特勒和让·布洛克－米歇尔。经过一番研究，加缪在冬天写出了一篇叫作《断头台随想》的文章，这段时间匈牙利的死刑执行数量也在上升。这篇长文首先发表于 1957 年 6 月和 7 月号的《新法国杂志》上，第二年以图书的形式出版。

加缪再次讨论了他曾在《战斗报》社论"既非受害者亦非刽子手"和《反抗者》中提到的谋杀合法化问题。现在加缪详细地提出死刑必须废除的建议，因为它是不人道、不可逆和无效的，实际上"不仅无用而且绝对有害"。法国是"铁幕这一边仅剩的几个保留死刑的国家之一"，加缪希望他的读者们能够理性地推动法国进步。

他的杂文以一个故事为开头，讲述了他的父亲是如何看待阿尔及尔臭名昭著的杀人犯被处决的——这个故事是从他母亲那里听来的。吕西安·加缪早起到镇子另一头去观看处决犯人，这是他第一次看到死刑。回到家中，他一想到自己见到的情景就想呕吐，他以后再也没有提到过这次经历。加缪认为，这足以表明他父亲对待死刑的态度。

加缪指出，自1939年开始，在一张死刑现场的照片被公布后，法国便停止了公开处决。但他认为这样做远远不够，因为惩罚的目的是阻止犯罪。他建议，如果刑罚真的是为了震慑犯罪分子，那么应该在协和广场这样的地方公开执行，并进行电视转播。但他也指出，实际情况并非如此，死刑的震慑效果根本不大。他引用了英国的数据，大多数英国死刑犯过去都曾目睹过至少一次处决。另外，在那些废除死刑的国家，谋杀案也没有增加，总的犯罪率也没有上涨。

所以，为什么要实行无效的政策呢？加缪问。他回答，因为，"让我们承认死刑的根本目的：复仇。不是以阻止恶行为目的的惩罚，实际上应被视为一种复仇。这是社会对违反基本法律者的简单的、一报还一报的惩罚……就是所谓的杀人偿命"。但加缪指出："这是一种特别暴力的情绪，而不是原则。报复来自本性和本能，与法律无关。法律不能遵照本能来执行……它是对本能的纠正。"加缪指出，法律的判决"取决于案件对社会造成的影响"。死刑的缺乏效力使加缪认为"其支持者无法合理地为之辩护"，它是"一种懒惰的失序，应受到理性的谴责"。

加缪认为，死刑应该被谴责的原因还包括它会造成巨大的伤害。他用两点来说明：司法错误及其不可撤销性；死刑是国家支持的谋杀，只会导致更多的谋杀，体现出公义体系的不可靠和将无辜公民判处死刑的可能性。加缪指出，一旦有人被处决,如果发现是误杀,则无法挽回。

更有甚者,加缪认为死刑是一种行政谋杀——"无异于令人厌恶的犯罪,而且,这种新式谋杀不仅无法弥补对社会造成的伤害,还会带来更坏的影响"。尽管有人可能将死刑视为对个体的保护,但加缪指出,从近代史和当前的事件来看,被国家杀死的人已经达到了"天文数字",远超个人谋杀。另外,死刑不仅用于对付谋杀犯,也被应用到政治犯罪。他认为社会必须对抗国家机器,反对这种由"嗜血的风俗"创造的"嗜血的法律"以及大规模的屠杀。加缪提醒他的读者不要忘记德占期间的处决及其后果:"没有死刑,拉伊克事件就不会在匈牙利引起民愤,没有死刑,过去20年,欧洲疲惫的土地上就不会布满尸体。"

关于匈牙利、阿尔及利亚等地的道德败坏问题,加缪宣称,"我们必须全面制止这种情况,并且宣布……个人高于国家",以用来建立一个"基于理性的社会",并远离国家权力过大而造成的无政府状态。

加缪指出,废除死刑是建设理性社会的关键步骤,"在未来,联合起来的欧洲的共同法典的第一条就应该是废除死刑,这是每个人所希望的……如果不废除死刑,人心和社会不会有持久的安宁"。

阿尔及利亚的冲突问题比死刑问题涉及的范围更广——以至于加缪无法偏向任何一方。他信守承诺,以他个人的名义向阿尔及利亚和匈牙利人提供帮助。加缪特别关心的是作家对政治活动的参与问题。1957年6月底,匈牙利方面向他发来了紧急求助,此事与艾格尼丝·乌尔曼有关。

匈牙利的正义

1956年到1957年之间的冬天,卡达尔将参与过革命以及可能对其政权产生威胁的数千人投进了监狱。到1月底,148人在简易法院受审,29人被判死刑,其中14人被立即执行。

为了进一步抹黑革命,政府决定举行一次对西方记者开放的公审,所以,全世界都可以看到,所谓的反抗者像法官所说的那样,是一些"知识分子、学生和失意者",他们"只是出于冒险精神或因为缺乏某些信息"而参加了革命。面临多项指控的11位自由战士一起接受了审判,包括12月4日妇女游行的两名组织者，作家久洛·奥博索夫斯基和剧作家约瑟夫·加利，还有实习医生伊洛娜·托特、一位陆军中尉和另外的七个人。

这些案件之间的联系非常松散。伊洛娜·托特，朋友叫她伊卡，革命开始时，她是桑多尔-普特非医院25岁的实习医生。在医学院上大一的时候，她选过乌尔曼的化学课。托特和乌尔曼的政治观点一致，甚至敢于谈论当时是禁忌话题的拉伊克审判。托特对革命抱有很高的期望。她加入了支援救援队，负责照料伤员。第二次苏联入侵后，她的医院里到处都是伤员，于是医院的一处附属建筑开始接收能够走路的伤患，托特则自愿成为这处分部的负责人。这里也成了起义者的藏身处，托特将他们假扮成病人进行保护。

战斗结束后，托特希望捍卫革命成果，所以她帮助发送地下传单，传单是在医院地下室的秘密作坊印刷的。分发传单的任务十分危险，他们被人报告给警方。11月中旬，医院遭到警方搜查，很多卷入的人被捕，但托特除外。她和剩余的同志决定找出告密者。搜查两天后，他们发现一个仓库的职员曾经是AVH的成员。害怕此人会揭发他们，托特和两名助手决定迅速除掉这个职员。

同日，奥博索夫斯基和加利来到医院地下室印制地下报纸《生活》。他们在托特的办公室见到了她，那名职员正在另一个房间接受讯问，但不知道自己的命运将会如何。有人告诉加利，那名职员已经服下了一颗安眠药，然后会被放走。

11月19日，警察在搜查印刷作坊的时候逮捕了托特。两周后，警察才从托特口中得知，她参与杀死了那名职员。此时，加利和奥博索夫斯基继续印刷和分发他们的报纸。妇女游行结束后，他们被捕。他们将以出版非法报纸的罪名受审。

站在被告席上，白皙、苗条、金发的托特给人们留下了深刻的印象。旁观者和媒体不敢相信托特是个杀人犯，乌尔曼也不相信，大家都以为她是被强迫认罪的。但她的两名助手也承认自己参与了谋杀。托特声泪俱下地请求法庭理解和宽容。她解释说，她厌倦了永不停歇的工作，对革命的叛徒完全失去了耐心，她表示自己的行为违背了个人的信念："我以为，为了革命我可以不惜一切手段。"

奥博索夫斯基则是一副满不在乎的样子。他告诉法庭："我想做个自由人，但我不想要宽容或妥协。我不是与体制或意识形态作对,而是反对那些玷污它和给它抹黑的人。"

4月8日,法官宣布了判决:加利判刑一年,奥博索夫斯基判刑三年,托特及其两名助手被判死刑。所有犯人都表示要提起上诉。加利和奥博索夫斯基的律师希望争取无罪宣判,而公诉人则希望判得重一些。

6月20日,人民法庭委员会确认了托特及其两名助手的死刑判决,驳回了对两名作家的判决,重新判处他们死刑。

知识分子界,或者至少是那些还没进监狱的知识分子被这个消息吓坏了。根据法律,死刑将会迅速执行,所以,如果想救他们的命,就得动作快一些。加利和奥博索夫斯基的同事们感觉向国际上求救可能会起到对政府施加压力的作用,促使其减刑。于是,被禁的知识分子革命委员会的前成员起草了一封信,通过各国在布达佩斯的大使馆转交给世界上著名的作家和艺术家。乌尔曼恰好住在法国领事馆附近,而且每天都会乘车经过那里,所以她自告奋勇去送信。领事馆立刻同意将请求转交出去。

加缪、伯特兰·罗素、路易·阿拉贡和帕布罗·毕加索等人马上做出回应。6月25日,公诉人宣布,延迟对两人的判决,重新审查他们的案情。7月4日,法院将加利和奥博索夫斯基的刑罚分别减为15年和终身监禁。

责任的重担

加利和奥博索夫斯基的死里逃生说明国际社会能够影响到匈牙利,但加缪对此并未感到多少宽慰。毕竟,他们仍然面临长期监禁;另外,还有15名匈牙利作家被关在卡达尔的监狱里。有些在等待审判的人是非常有名的人物,包括小说家迪波尔·德雷(1957年4月被捕)、剧作家居里亚·海伊、记者迪波尔·塔多斯。还有20名左右的作家虽然没有入狱,但被当局要求保持沉默。

不过,匈牙利作家们的处境还没有那么悲观,但加缪将帮助他们视为自己的责任。"其他国家的作家很少有像法国的加缪那样负责任的。"《纽约时报》表示。那些责任不仅压在加缪的良心上,而且占用了他写作的时间。加缪告诉一位记者:"创作……和履行责任之间如何实现平衡是我们唯一需要解决的问题。"然而,对他持续不断的批评和媒体的猜测质疑为加缪解决这一问题带来了更多的困难。

1957 年夏季，因为写作方面毫无进展，加缪逐渐变得灰心丧气。他原本计划在几年内写作一部新的长篇小说，但他感觉到如果自己只是"等待灵感之翼经过"的话，是不会写出什么东西来的。

他隐居到中世纪风格的科德斯河畔的彩虹小镇，阅读尼采、陀思妥耶夫斯基和爱默生等人的书。爱默生在 1850 年写的杂文《作家歌德》提醒加缪，每一位作家都要从其所在的时代的苦难中获得灵感和影响：

> 歌德教给我们勇气，它在任何时代都具有同样的价值；缺乏勇气者都是胆小之辈。哪怕在最黑暗的时代，天才也会在他自己创造的阳光和音乐中飞翔。没有债务，也没有被剥夺财产或自由。世界是年轻的，过去的伟人热情地召唤我们。我们也必须写作自己的圣经，把天堂和世俗的世界融为一体。天才的秘密在于不受虚幻的困扰，实现我们所知的一切；从现代生活、艺术、科学、书籍和人里面提炼出良好的信念、现实和目标；并且从始至终尊重每一个真相。

尽管日子过得悠闲，加缪仍然活在精神的挣扎之中。他把自己的沮丧告诉了过去的老师让·格雷尼尔：

> 整个夏天过去了，我什么都没有做成……我非常失望，甚至不敢坐在空白的稿纸前。对我来说，恐怕放下一切、放弃努力——它多年来一直阻碍我享受完全的欢乐和自由，让我带着愧疚感远离他人、远离自己的贫乏——会更好一些？……这些就是我长久以来的想法，你可能会毫无疑问地认可它们。
>
> 实际上，我处于一种奇怪的状态……甚至连写封信都困难，请原谅我这个夏天的沉默。

尽管遭遇创作危机，加缪并没有放弃他对阿尔及利亚的承诺。宣布无条件反对政府主导的杀戮之后，他认为自己有责任干预死刑案件，但仅限于被告没有参与可能威胁到加缪的家人的恐怖活动的案子。9月底，一位律师联系到他，表示有 12 个人被起诉，大部分人实际上根本没有杀人。了解案情之后，加缪同意干预。注意到一些被告是年轻人并且出身于大家庭后，加缪以他们的名义向勒内·科蒂总统请求对他们减刑：

> 作为一名法国－阿尔及利亚人，我的家人都在阿尔及尔——我深知我的家人和所有阿尔及利亚居民一样处在怎样的恐怖主义危险中。目前的危机令我昼夜难安，作为一名作家和记者，我放弃了所有公共活动和外界的好意，冒着风险对现状出手干预，也许我有权向您，总统先生，请求您运用您的权力原谅尽可能多的被起诉的青年人和无数值得您同情的家庭。我相信，经过长时间的考虑，您的仁慈的愿望最后一定会帮助阿尔及利亚走向我们都希望看到的未来。

加缪想要重获创作力的希望与他对阿尔及利亚现状的关心和干预很快都将被来自斯德哥尔摩的一个惊人消息暂时打断。

一代人的良知

瑞典皇家学院宣布加缪获得诺贝尔文学奖，理由是"他的重要文学作品，清晰而语重心长地阐明了现代人类良心的问题"。学院秘书长指出，加缪的作品中，有着"真正的道德感伤"，"驱使他以鲜明的个人方式勇敢地直面人生的基本问题"。

对加缪来说，获奖的消息既让他高兴又使他恐慌。"一种奇怪的巨大的压力感和闷闷不乐。"他在笔记上写道。他立刻想到了他的母亲和安德烈·马尔罗。

自鲁德亚德·吉卜林之后，他是 50 年来获得诺贝尔文学奖最年轻的作家。实际上之前他已经被多次提名。这一次是被希尔维尔·莫诺提名的，他是雅克·莫诺的远方表亲和卡昂大学的教授。

在伽利玛出版社大楼次日举行的记者招待会上，加缪解释说："我想诺贝尔奖应该颁给已经完成其一生作品的人，或者至少比我高明的人。我想说，如果让我投票，我会选择安德烈·马尔罗，我很欣赏他，和他有深厚的友谊，他是我青年时代心目中的大师之一。"

当时马尔罗年近 56 岁，是法国文坛公认的杰出人物，他向加缪表示祝贺，并告诉他："你的回应同时给了我们两个人荣誉。"马尔罗一生都与诺奖无缘。

加缪的谦逊使他躲过了很多批评家的讥讽，他们没有借此事批判他的政治立场和文学作品。但加缪从知道自己获奖的时候就做好了挨批的准备。也许，最尖刻的批评来自吕西安·瑞波蒂特，解放前，他曾是法西斯主义的支持者，并为合作派报纸《无处不在》写过文章。战后，瑞波蒂特曾被判处死刑。尽管鄙视瑞波蒂特的行为和观点，加缪和另外两名参加抵抗组织的作家还是在 1945 年为其请愿，希望免除他的死刑。瑞波蒂特免于一死，并在 1950 年的大赦中获释。现在，他却忘记了加缪等人的帮助，声称加缪本来是希望处死他的。这个不知悔改、忘恩负义的法西斯主义者也玩文学评论："这个奖通常是颁给年逾古稀者的，而这一次却如此草率，或许是自从写出《鼠疫》之后，加缪就被诊断患有动脉硬化的缘故。"

当然，加缪的忠实朋友们都十分高兴。听到消息后，莫诺立刻给他写了一张便条：

我亲爱的加缪：

　　我发自内心地为你高兴。有很多次，我都希望因为你的友谊、你的为人而感谢你，你用如此的纯粹和力量表达了自己的观点，我也曾体会过这样的感觉。我希望这项了不起的荣誉在某种程度上对你而言是一种友情的奖赏和个人的认可。我现在可不敢直接去看你，但我会像兄弟似的拥抱你。

雅克·莫诺

加缪《战斗报》的前同事们与他一起喝酒庆祝。加缪告诉杰奎琳·伯纳德、罗杰·格伦尼尔等人，他已经准备好了一部分获奖感言："请记住，你来自狗屎，必将归于狗屎。"

加缪非常感激他所认为的那些为数不多的真挚朋友的支持。

很多报纸都刊登了大家对加缪的祝贺。两位曾获得诺奖的法国文学家罗杰·马丁·杜加尔和弗朗索瓦·莫里亚克也在其中。杜加尔的祝贺慷慨大方，热情洋溢。莫里亚克虽然有时候批评加缪，但也承认："这个年轻人是青年人最信服的导师之一……他凭良心做事。"

所有个人和公众的赞扬远不足以平息加缪的自我怀疑。获奖三天后，他在笔记上写道：

> 被发生在我身上的事情吓到了，这不是我所要求的。更糟的是，对我的攻击太低级了，这伤了我的心……
>
> 无论如何，我必须克服这种恐惧，克服这出乎意料的新闻给我带来的难以理解的恐慌。

尽管要应对各方的采访，还要准备12月到斯德哥尔摩领奖，加缪还是企图回到正常生活轨道——帮助向他提出请求的人，拼命写点什么东西。

10月23日，获奖消息公布一周后，为了纪念匈牙利革命一周年，加缪发表了一封公开信《匈牙利人的血》，这篇感人的文章是他1957年3月15日在瓦格拉姆大厅的演讲。一周后，他体验到了身为诺贝尔奖获得者的特权，与莫里亚克一起为四位匈牙利作家的审判奔走呼吁，甚至亲自访问了匈牙利驻巴黎公使馆。

作家的作用和责任

在斯德哥尔摩，作为"充满了怀疑，仍然在不断地进行创作的一个几乎可以说是年轻的人"，加缪从国王古斯塔夫五世手中接过了诺贝尔奖。在获奖感言中，他没有多谈自己的荣誉，而是直接提到世界各地的作家正在遭受的苦难，以及作家的作用和责任。他反问："我该用怎样的心情接受这份荣誉？在这个时刻，很多欧洲作家，其中不乏最伟大者，被迫保持缄默，甚至在我出生的地方，还有作家在受苦。"

加缪承认，为了应付这份"慷慨的幸运"，他不得不依靠曾经支持了他一辈子的东西，"作为一名作家的责任"。加缪接着告诉听众："就是说，出于感激和友谊，尽可能简单地做我自己。"

作为《反抗者》的作者和曾经的抵抗组织记者，加缪表示，作家"有两个任务：为真相服务，为自由服务"。见证了西班牙内战、二战、冷战和阿尔及尔战役的他说："20多年来的疯狂历史让我这一代人失去了希望，但一直有一样东西支持着我：隐藏自己的感情，进行写作，因为这种活动是一份承诺——不仅是对写作的承诺，而且是'和那些共同经历过这段历史的人一起忍受苦难，分享希望'。"

加缪认为，作家的职责是团结尽可能多的人，不能被那些有权创造历史的人所奴役。作家应该为那些受到权力压迫的人服务，让他们的苦难"在他的创作中回响"。加缪声称："我们的工作的高贵之处永远植根于这两个承诺，这是个艰巨的任务：拒绝就自己所知的说谎、抵抗压迫。"他表示，接受诺奖"是向所有与我共同战斗过、没有接受过任何特权但深受苦难与迫害的人的致敬"。

四天后，加缪北上来到乌普萨拉大学，在大学主楼宏伟的奥拉大厅面向全神贯注的听众发表了演讲。加缪谈论了"艺术家及其时代"的问题。他的主题是，与过去的时代相比，现代的艺术家和作家们是否应该做历史的旁观者。加缪指出，"那个崇敬高高在上的师尊和坐在扶手椅里的天才"的时代已经结束了。现代所有艺术家所面临的问题是"如何应对如此之多的意识形态所产生的政治力量"，在此前提下进行重要的创作。

分析了数十年来对自由与艺术的高尚造成过威胁和破坏的所有力量——对暴政的屈从、追求舒适的肤浅、公众的冷漠——之后，加缪指出，时代的动乱将促成伟大艺术的重生。他在这段自传形式的声明中总结了自己的观点：

让我们庆幸……见证了一个说谎和追求舒适的欧洲在面对残酷真相之后的死亡。让我们庆幸……因为一个被延长了的骗局已经崩塌，我们清楚地看到是什么在威胁我们。让我们庆幸，作为艺术家，能够从睡梦中惊醒，正视贫穷、牢狱和血腥。如果在如此景象面前我们能够保持往日的美好记忆，反过来，如果我们能够在世界的美好面前不忘那段屈辱的历史，那么西方艺术就会逐渐恢复它的力量和主权……危机造就第一流的人，毕竟，所有的伟大都植根于危险之中。

第二十八章

生命的逻辑

> 在形式逻辑中，矛盾是失败的信号，但在真正的知识的进化中，它标志着迈向胜利的第一步。
>
> ——怀特海（1861—1947）《科学与现代世界》

就在加缪应付获得诺贝尔奖引来的各种关注之时，雅各布和莫诺也踏上了努力之路，这条道路取得的成果使他们在多年后也获得了诺贝尔奖。

雅各布在勒沃夫手下工作的最初几年，和莫诺几乎每天都会见面。1954年底，成为细胞生物化学系主任的莫诺搬出了阁楼，来到一楼办公，尽管如此，两人的联系并未中断。公共午餐地点搬到了更宽敞的地方——与莫诺的新实验室相连的餐厅。虽然各自的研究是互相独立的——雅各布研究的是噬菌体的遗传，莫诺则是细菌的酶诱导——但他们都会及时了解对方的工作情况。

1957年秋天，莫诺意识到，如果想进一步弄清酶诱导的基因控制过程，就要采用最新的基因分析技术。幸运的是，他能找到的世界上最好的专家就是前阁楼同事雅各布。

过去的三年里，雅各布和埃利·沃尔曼密切合作，已经掌握了比对细菌和噬菌体染色体的基因和变异的先进方法。虽然细菌配对产生的性状是完全无法预测的，但是两人发现了一种被其称为"性感应"的现象："雄性"溶原菌和非溶原的"雌性"在一起会诱导出前噬菌体，令非溶原的菌株溶解。重点在于，雅各布和沃尔曼发现了相反的细菌的配对方向，即非溶原菌的雄性和溶原菌的雌性的配对无法产生诱导。这两种不同的结果使他们意识到，在性感应过程中，前噬菌体的基因被转移到受体上，然后被表达出来，产生了易传染的病毒。为此，雅各布和沃尔曼开始研究基因物质是如何从一个细菌细胞传递到另一个细胞上的。

沃尔曼想出一个主意，打断细菌的配对，观察基因是如何传递的。他们称之为"交配中断"实验。雅各布的夫人发现丈夫从美国买给她的华林搅拌器没有用处，实际上，她讨厌这东西，更不打算用，所以雅各布把它放在实验室，觉得可能会用得着。事实证明这东西非常称手——作为细菌的"避孕工具"。把开始配对的细菌放到搅拌器中搅拌几次后，雅各布和沃尔曼惊奇地发现，搅拌的时间不同，传递的基因也不同。5 分钟后，可以探测到一种基因，再过 10 分钟又能检测到另一种基因，18 分钟后又出现一种，到了第 100 分钟，就能传递整个染色体上的基因。这简直难以置信：只用 20 分钟就能分裂一次的细菌，其配对时间却是自身寿命的五倍。当然，即使对法国人来说，这样的配对时间也算相当长的了。

这一发现是细菌遗传研究的转折点，因为它让整个领域获得了比对细菌配对过程中基因相对位置的方法。莫诺称这种方法为"意大利面条法"：染色体被受体细胞像吃一根意大利面条一样占有，然后在特定的时间点与无法传递的部分分离。莫诺需要这种技术来比对酶诱导的基因突变。他和雅各布决定一起合作。

两人的科学专长和工作风格得到了完美的互补。莫诺更偏向量化的生物化学方面，精通酶的特性和擅长测量。雅各布研究的则是更为抽象的遗传学，基因的活动是间接观察的，如含有特定营养的培养皿中的细菌的生长能力。莫诺是个训练有素的逻辑学家，擅长分析所有可能性，并将观察到的事实提炼为可行的理论。雅各布则是个更直观的思想家。两人在实验设计方面都是足智多谋，不断地在各自的领域做出突破。

在三个极具创造性的年头里，他们通过密切合作将分子生物学推向新的巅峰。在这段具有历史意义的科学生涯中，莫诺还承担了实验室以外的工作，就像当年参加抵抗组织一样，他暗中帮助艾格尼丝·乌尔曼和塔马斯·鄂尔多斯逃离了铁幕另一面的匈牙利。

黑箱

1957年底,生物学家在基因是如何作用的认识方面尚有很多空白。已知的是,基因位于DNA内部,但关键的奥秘之一是基因中的信息是如何与蛋白质——分子——的生成产生联系的,就像莫诺研究的酶那样,它们完全是在细胞和机体内部作用的。

1955年,人们弄清了第一个完整的蛋白质结构——奶牛的胰岛素,该发现说明蛋白质是由20多种不同的氨基酸组成的链条,细胞里几千种蛋白质中的每一种都具有独特的氨基酸排列方式。但是,现在完全不知道每种蛋白质——更不用说细胞中的几千种蛋白质——是如何生成的,或者说基因和DNA从中起到何种作用。理解基因与蛋白质的关系是弄清基因是如何确定所有有机物性状——生长与生理机能——的关键。

9月中旬,雅各布等关注基因与蛋白质的生物学家在伦敦大学学院出席了英国实验生物学会的会议。当时,不同的科学家正在运用各种实验方法研究不同的模型——细菌、病毒、大鼠肝和鸽子胰腺——以及不同的蛋白质。因此,与会者提出了很多设想,包括蛋白质是如何生成的,以及关于蛋白质、组织和物种的一些困扰之处。

这时,弗朗西斯·克里克来到讲台前。

这位理论学家曾经运用别人获得的大量数据协助发现了DNA的结构。现在,尽管其本人没有独自做过一个实验,他还是试图澄清一些关于基因和蛋白质的生成的问题。

在他的发言"蛋白质的合成"的打印稿中,克里克指出,"在生物学中,蛋白质具有独特的重要性","它们几乎能做任何事",因为细胞和机体中的所有化学反应都离不开蛋白质。他声称"基因物质(DNA)的主要功能是控制(不一定非是直接的)蛋白质的合成"。他承认,"支持这一设想的证据不多,但是,我认为,该假说并非一厢情愿。一旦弄清蛋白质独特的核心作用,基因的作用问题就迎刃而解了"。

克里克回顾了当时已知的各种事实,并设法把它们总结为两大原则,他称其为"顺序假说"和"中心法则"。他承认:"两者的直接证据是可以忽略的,但我发现它们对把握这些非常复杂的问题很有帮助。我在这里提到它们是为了让大家也可以利用它们。从它们的名字就可以看出其可推理的性质，据此能够推导出有用的理论，在困惑中找到方向。"

克里克解释了该理论的最简单的模型。顺序假说"假设核酸的特异性仅是通过碱基的顺序来表达的，这种顺序是一段（简单的）**密码**（黑体格式为后加），密码决定了蛋白质的氨基酸的排列顺序"。换言之，DNA 的碱基链条在某种程度上算得上是一种特殊的化学蓝图，氨基酸是根据这份蓝图进行有序排列的，最终组成了各种蛋白质的链条。

克里克接着阐释了"中心法则"，即 DNA 中的这种"信息"，一旦被"传递到蛋白质中……**就无法再次传出**（黑体格式为原有）。"克里克坚信，信息就是这样从DNA传到蛋白质的，但无法从蛋白质传到DNA或细胞内的其他核酸。

两条原则中，克里克假设所有生物的所有蛋白质的形成都取决于一种简单而普遍的逻辑，正是这种逻辑是人们完全不了解的。

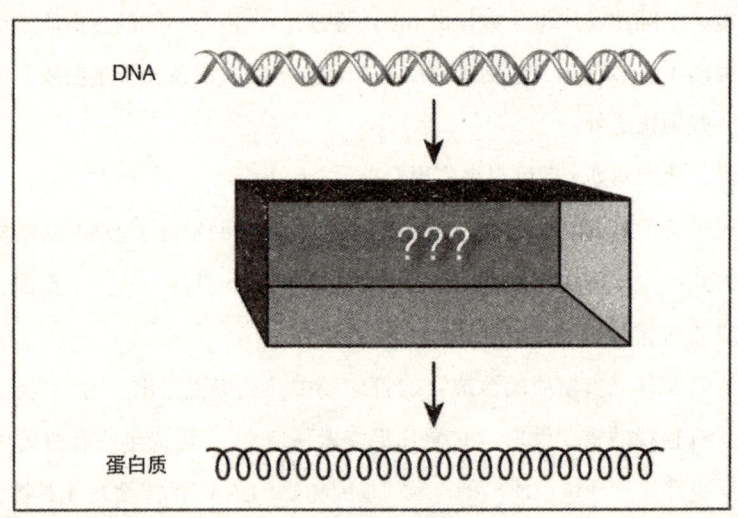

克里克假设了 DNA 和蛋白质之间的黑箱中会出现的几种可能性。有证据表明，核糖核酸（RNA）在蛋白质合成中起到了作用，此种在微粒中进行蛋白质的合成被命名为核糖体。但这些微粒中的 RNA 都是相同的，这便引出了悖论：既然细胞中的蛋白质有数千种，如此一致的微粒怎么能够产生不同的蛋白质？克里克认为，可能存在其他种类的 RNA，即所谓的"模板 RNA"，它在微

粒中为蛋白质携带信息。他还假设某种分子"适配器"将氨基酸运送到模板处，使它们根据模板 RNA 上的信息组成蛋白质。

克里克承认："像顺序假说和中心法则这样的原则是非常值得注目的，它们解释了很多目前的证据无法解释的惊人事实。理论与实验之间的空白是刺激人们提出此类假设的动力。"

克里克的发言激发了人们的想象力。雅各布后来回忆说："与各种困惑以及蛋白质合成的谜题相比，克里克的发言显得特别简明易懂。他将问题直观化，告诉我们应该注意什么地方，以及不应该注意哪些地方。他非常令人惊奇。"

对于那些没能亲自聆听克里克的演讲的人，只能通过别人之口了解他的大胆设想，或者阅读克里克次年发表的文章。

艾格尼丝·乌尔曼的博士研究课题恰好是蛋白质的合成。她非常希望及时赶到英国去参加克里克出席的那次会议，然而最后却错过了。尽管前一年发生了各种事件，卡达尔政权还是允许某些人出国。乌尔曼的论文导师 F.布鲁诺·斯特劳布曾经鼓励她到伦敦参加这个会议。她也提交了护照申请，而且在塔马斯还在狱中时收到了护照。她是用自己娘家的姓申请的护照，所以当局没有把她和丈夫联系起来。乌尔曼想："我的上帝，他们的效率可不怎么高。"

到英国去的障碍并非匈牙利政府，而是英国的移民机构。"英国人很可怕，"乌尔曼回忆说，"他们不给我签证。"虽然有著名的匈牙利知识分子出面作保，乌尔曼仍然碰了钉子："他们说，也许得过两三个月才能批准。"而那时候会议已经开始了，她还没有拿到签证。

不过，她的老板斯特劳布得到了签证，参加了会议。他把乌尔曼的工作成果——淀粉酶（一种能够分解淀粉的酶，可自胰腺分泌）的合成——介绍给了与会者。他们的目标是从鸽子胰腺中提取出能够产生酶的无细胞的化学物质，然后在体外进行研究，确定哪些成分是生成酶所必需的。例如，当乌尔曼提取出核糖核酸酶（能够破坏 RNA 的酶）的时候，酶的合成就终止了。该结果与许多人所做的实验一致——在蛋白质的合成中也需要 RNA。根据克里克的发言，乌尔曼等人的实验的不足之处在于：人们在细胞内部的很多地方发现了 RNA；细胞的不同部分产生和破坏 RNA 的比率都不一样，所以，也许存在不止一种 RNA。粗糙的实验——如将核糖核酸酶加入胰腺提取物——无法弄清 RNA 在蛋白质合成中起到何种作用。

斯特劳布回到布达佩斯后，乌尔曼向他打听会上的新闻，他说："没有什么新闻。"他没有提起克里克的发言。

克里克的发言则令雅各布颇受启发，他决定弄清所谓的黑箱里面发生了什么。但是，和克里克一样高明的他并不急于解决所有关于基因和蛋白质合成控制的基本谜题。克里克以及很多分子生物学家的首要兴趣是基因编码的本质，但他没有提到莫诺多年来研究的问题——蛋白质合成的调节，该问题涉及细菌是如何在特定营养的影响下参与酶的合成的，现在它也成了雅各布感兴趣的焦点。克里克甚至没有提到雅各布或莫诺的任何著作。

但不应说这是克里克的疏忽，他的研究重点在别处。克里克毫无疑问是分子生物学领域内的先驱人物。他没有足够注意蛋白质合成的调节可以归因为他"重要事情先来"的做事原则。我们也有理由相信，在研究更复杂的问题之前，有必要先弄清 DNA、RNA 和蛋白质的基本原理，如特定蛋白质是如何在特定时间生成的。

然而，科学的发展是不按照特定的计划来的。在罕见的时刻，某个实验或许会投射出一道细微的曙光，更为罕见的是，某次实验或许能够意外地打开通往多个发现的道路。在这样一个实验中，雅各布和莫诺出乎意料地开启了通往基因调节谜题答案的道路，找到了解决克里克的黑箱问题的关键配方。

穿睡衣的天才

酶诱导引发的基本生物学问题是：简单的单细胞细菌可以按照某种逻辑，只在必要的时候（如遇到了特定的糖类）生成某种物质（如酶）？解决这个问题有两种方法：通过生物化学或遗传学。生物化学方法可以识别卷入这一过程的分子，但要求从细胞中数千种不同的物质中进行筛选，逐一找出相关的成分。如果不知道有哪些分子参与了该过程，这几乎是不可能的。

与之相比，使用遗传学的方法，实验者可以通过影响某一过程的基因变异来识别。遗传学方法的力量在于，无须猜测相关成分的数量或类型。每次变异都会打破或改变某种机制。实验者可以通过观察基因变异如何影响总的过程或已知成分的活动来推断每种成分的作用。然后就能在无须用试管分离任何成分的前提下理解这种机制的逻辑。

1957年，莫诺及其团队确定了影响大肠杆菌合成β半乳糖苷酶的两种基因变异。其中一种变异叫作"z-"，消除了细菌生成一种活跃的酶的能力。另一种叫作"i-"，改变了酶的合成，使其从可诱导的变成随时可生成的——或者说结构性可生成的——无论是否存在诱导物。如果想弄清酶诱导是如何作用的，莫诺和雅各布需要进一步理解这些变异。

遗传学中有非常成熟的方法来测试特定变异是隐性还是显性的。隐性是指只在某个变异了的有机体中存在性状，而显性的意思是仅凭一个变异就能改变有机体的性状。例如，人类和其他哺乳动物的白化病对于其他肤色或皮色是隐性的。动植物携带有两套基因和染色体（雄性的性染色体除外）。莫诺和雅各布知道，测试一组正常的未变异的z和i基因（标为z+和i+）的z-和i-变异能够帮他们更好地理解这一作用。于是他们选择大肠杆菌作为研究对象，测试每种染色体的基因。

雅各布和沃尔曼在开发细菌配对和基因比对技术的过程中，学会了如何让细胞含有两套细菌染色体。雅各布和莫诺决定将正常的z+和i+基因转换成携带变异z-和i-的受体细菌，从而确定β半乳糖苷酶是否生成。

1957年9月，亚瑟·帕蒂在休假期间从加利福尼亚大学伯克利分校来到巴斯德研究所拜访莫诺。帕蒂的实验室是研究其他种类的酶的合成控制的。多年前他就认识莫诺，并且听其他访问过巴斯德研究所的人说这里的气氛非常活跃。

帕蒂按照雅各布和莫诺设计的配对实验开始了研究。他的新设想是测量携带各种正常和变异基因的配对细胞中的酶合成。莫诺在帕蒂过来之前已经培养好了所需的菌株，但由于各种技术难题而不敢一个人做实验。莫诺、雅各布和帕蒂最初不知道是否会有足量的细胞进行配对，以及在实验过程中是否会一直保持配对，而只有这样他们才能测知酶的合成——如果它真的发生了的话。

帕蒂必须想出一系列巧妙的方法来让实验可行，他面对的问题包括伯克利分校和巴斯德研究所面临的共同的技术和设备难题。例如，帕蒂想将各种细胞的配对量最大化，但为了使细胞在实验中保持健康，培养液必须充分通气。通常，可以在一个旋转的平台上转动长颈瓶，但是过度的晃动会打断配对。帕蒂解决了这个问题，他把少量液体放到一只大长颈瓶里，非常轻柔地摇动它。但当雅各布加入他的实验时，他发现自己的法国移液器太短，够不到瓶子里的液体。帕蒂不太会讲法语，但他理解了雅各布的意思，于是他们换用了短一些的长颈瓶。

解决了重要的技术问题后，帕蒂开始测试各种变异和基因的组合会产生何种结果。在进行系列性的实验之前，莫诺打算先比对各种可能的结果并加以解释。莫诺认为，是 i– 变异导致了酶的诱导物的生成。如果这是真的，那么他希望 z+ 基因向 z– 和 i– 基因传递时，会同时携带能够导致酶的合成的两种变异，因为 i– 受体细胞的诱导物会对被传递的 z+ 基因起作用。

1957 年 12 月 3 日，帕蒂第一次尝试了这个实验。过程非常完美。莫诺和帕蒂高兴地看到，基因传递后的几分钟内，酶被制造出来。

然而，进一步实验的时候他们并没有得到莫诺希望的结果。帕蒂从另一个方向传递基因——将 i– 变异传递到含有正常的两组基因的 i+ 和 z+ 受体细胞——的时候，根据莫诺的模型的预测，这时会发生酶的合成，i– 变异产生的诱导物会促使受体细胞结构性地生成酶。然而，这一切没有发生：没有酶生成。

另外，在重复将 i+ 和 z+ 基因传递给 i– 和 z– 细胞的过程中，他们注意到酶的合成总是会迅速开始，而且在大约两个小时内结束。帕蒂和莫诺对此一筹莫展。

有两个可能性：要么是实验的设计有缺陷，要么是他们的想法不对，因此导致预测是错误的。实验控制说明，当在培养液中加入糖诱导物时，受体细胞完全有能力生成酶。该结果表明被传递的 z+ 基因没有被破坏，能够正常发挥作用。

既然实验没有缺陷，那么也许是莫诺的想法错了。

或许，需要一个特殊的访客来帮助莫诺找出错误。在帕蒂、雅各布和莫诺实验期间，列奥·西拉德访问了巴斯德研究所。这位出生在匈牙利的物理学家二战后转向了生物学，而且一直忙于研究。抵达巴黎之前，他就到剑桥拜访了克里克的研究小组，与他们讨论了基因编码的问题。

巴斯德研究所的三个人希望西拉德的来访能够为他们带来启发。西拉德的风格是向每位科学家提出尖锐的问题，然后记下他们的回应。"审讯"结束后，他会给记录标上日期，把笔记交给科学家们，说："在这里签字！"等下一次来访的时候，他会拿出笔记本问："在某月某日，你曾经这样说，现在这样说还是正确的吗？"

西拉德到访期间，莫诺在实验室中给他腾出了一间办公室，按照惯例，西拉德主持了一次研讨会。他本人也曾研究过酶的合成，并且一直与该领域的其他科学家保持联系。在研讨会上，西拉德谈到可能控制酶的合成的另一种设想：并非是诱导物直接激活了酶的合成，而是酶合成被抑制了，诱导物恰好起到了阻碍这种抑制的作用。

莫诺一点都不喜欢这个假设。他开始的时候觉得这"令人厌恶"。他和西拉德谈话时，气氛往往会变得有点紧张。但是，随着和帕蒂的实验的进行，莫诺意识到西拉德可能是对的，而他是错的。

出乎意料的结果促使莫诺、雅各布和帕蒂重新思考。西拉德离开巴黎后，莫诺在写给梅尔文·科恩的信中描绘了新的设想。他指出，在看着酶合成停止两个小时后，他发现自己、帕蒂和雅各布已然进入了某种"麻木"的状态。他还告诉科恩，当他们把 i− 基因插入 i+ 受体时，"任何酶的合成都不会发生"。莫诺接着提出一条关键推论："i+ 基因是活性的，i− 基因（结构上）是惰性的。"

根据这些观察，莫诺指出，有两种可能的解释。他提出自己认为"较好的"假说：i− 基因决定了合成，它不是诱导物，而是一种抑制基因，阻碍了酶的合成。诱导物对抑制基因的压抑作用促使酶的合成产生。新的模型可以解释为什么酶的合成在插入 i+ 基因后停止了——因为抑制基因的累积达到了一定的量。

莫诺的原始想法恰好倒转过来：酶诱导是抑制基因被压制产生的，而不是被激活出来的。压制说也符合逻辑：在不需要的时候，不会产生酶；当诱导物起到反压制作用时，它们会得到抑制。

逻辑上的倒转是一次巨大的跃进。抑制基因的假说将成为遗传学体系新逻辑的基石。帕蒂、雅各布和莫诺写了一篇论文提交给法兰西科学院。他们做过的一系列实验被命名为"Pa-Ja-Mo"，分别是三个人名字的前两个字母；后来这个名字演化为昵称 PaJaMa（睡衣）。基因调节在逻辑方面的突破只是"睡衣"实验的两大成果之一；酶在受体细胞中的迅速合成也成为揭示克里克的 DNA 与蛋白质黑箱之谜的重要线索。第二个成果需要两年的时间才能面世。

人类尊严问题

帕蒂和西拉德只是组成莫诺的智囊团的众多科学家中的两人而已。

尽管艾格尼丝·乌尔曼与克里克、雅各布等在英国出席了会议的人擦肩而过，她仍然希望使用自己的护照与其他西方科学家见面。她决定到一个自己认为发生着有趣事情的地方去。她认识的几位西方科学家的其中一位就是莫诺——她接触过他的科学著作，多年前读过莫诺发表在《战斗报》上的关于李森科的文章，因此，她决定设法到巴黎去见见莫诺。

从布达佩斯到巴黎就不容易，更何况与莫诺约见了。她需要路上经过的两个国家的签证。当时准备到英国参加会议的时候，由于认识法国领事馆主管科学方面的官员，她得到了经法国到英国去的过境签证。虽然后来没有得到英国签证，但到法国去的文件还在她的手中，她决定乘火车经奥地利和瑞士到法国去，为此她申请到了奥地利和瑞士的过境签证。

现在剩下了买票的问题，她买不起车票，所以一些革命时的同事帮她买了车票。

已经出狱的塔马斯惊奇地发现妻子竟然拥有了护照，不过，他表示："他们不会让你出国的，他们会在边境拦住你。"

无论如何，乌尔曼还是决定试一试。由于只被允许携带 5 美元，所以她在一支牙膏管里藏了 20 美元。塔马斯通知了他的一位住在巴黎的表亲伊娃·埃克瓦尔，如果乌尔曼顺利出境，就拜托伊娃去接她。

1958 年 1 月初，乌尔曼来到巴黎火车东站，伊娃正举着一块写着她名字的牌子迎接她。伊娃把她带到自己和丈夫（美国领事馆的军事参赞）的公寓，给了她更多的钱。夫妇俩准备离开法国到美国去，所以当天正在举行告别派对。乌尔曼十分愉快地享用了丰盛的自助餐，但这时匈牙利领事馆的军事参赞也来参加聚会，伊娃让她悄悄溜走，因为被他看到就不妙了。

乌尔曼开始的时候没有先给莫诺写信，所以她必须到巴斯德研究所约见他。一到巴黎,她就找到了在此定居的塔马斯的叔叔。幸运的是,叔叔认识莫诺的表亲——他曾经和莫诺一起参加过抵抗组织。莫诺的表亲答应给莫诺打电话,约定时间让乌尔曼与其见面。

来到巴斯德研究所的那天,乌尔曼非常紧张。她在莫诺的秘书玛德莱娜·维莱特的办公室等他。后来她听见一个男人吹着口哨从走廊过来,可能是长号版的勃拉姆斯协奏曲。他停下来走进房间,并且出乎她意料地介绍了自己:"我是雅克·莫诺。"乌尔曼也进行了自我介绍,表示她来巴黎是想看看有没有可能在莫诺的实验室中工作六周。

帕蒂也在等候莫诺,想给他看"睡衣"实验的最新结果。莫诺显然急于和帕蒂谈话,所以他建议乌尔曼第二天举行一个研讨会,介绍一下她在布达佩斯的博士研究工作。

次日,她来到巴斯德研究所,向莫诺等人介绍了自己在鸽胰腺淀粉酶合成方面的工作。研讨结束后,莫诺问乌尔曼:"你在巴黎准备干什么,要待多长时间?"莫诺显然已经忘记了前一天乌尔曼告诉他的事情。

乌尔曼鼓起所有勇气,告诉莫诺:"如果您允许我在您的办公室工作,我可以在这里待上六周。如果不行,我很快就得回布达佩斯了。"

莫诺把乌尔曼带到他的办公室,介绍了实验室中正在进行的所有工作。然后问她:"你想做点什么?"

乌尔曼说,她想和弗朗索瓦·格罗斯研究细菌蛋白质合成的抗生素。她严肃地补充道:"如果格罗斯先生接受我的话。"

莫诺笑了起来:"弗朗索瓦?他是地球上最和善的人;他从来不会说不。"于是,乌尔曼第二天早晨就和格罗斯一起工作了。

能够和格罗斯共事并成为莫诺团队的一部分,乌尔曼感到十分激动。她慢慢对格罗斯讲了她在匈牙利遇到过的麻烦——革命的失败、知识分子受压迫、她的同事被捕和受审、秘密警察和塔马斯的被捕。总之,情况非常难以忍受,令人绝望。她告诉弗朗索瓦:"我希望永远离开匈牙利。"她补充道,"我想来法国,继续在实验室工作。"

格罗斯不知道该说什么好,他鼓励乌尔曼和莫诺谈谈自己的情况。乌尔曼表示她不敢，但格罗斯坚持让她试一下，他说，莫诺"是世界上最善解人意和善良的人"，如果她太害怕一个人和莫诺谈话，他可以代表她去谈。格罗斯一定和莫诺说了什么，因为，第二天，莫诺就邀请乌尔曼到他家吃晚饭。

乌尔曼来到莫诺在布尔多奈大街的公寓。莫诺的哥哥费罗也来和奥黛特和弟弟一起吃晚餐。1956年的匈牙利革命期间，费罗一直在外交部工作，他帮助了一些滞留在奥地利的匈牙利难民。晚餐的谈话主题是匈牙利。乌尔曼讲了她所有的难处。

饭后，莫诺、费罗和乌尔曼来到一个小客厅里吸烟。乌尔曼从格罗斯和实验室里的其他人那里听说莫诺曾经参加过抵抗运动。但当莫诺告诉她，他将尽全力帮助她和塔马斯逃离匈牙利的时候，她还是惊呆了。莫诺需要知道如果她被匈牙利政府抓住会有什么后果。他问："如果他们抓住了你，会发生什么？"

"20年监禁。"乌尔曼回答。

"那么，你接受这个风险吗？"莫诺问。

"是的。"乌尔曼说。

莫诺解释说，需要一些时间来制订计划。乌尔曼问："您为什么要帮助我？"

"事关人类尊严问题。"莫诺回答。

乌尔曼感谢了奥黛特的晚餐，并和费罗一起离开。费罗把她带回巴斯德研究所的实验室，她还要在那里加班做些实验。在费罗车上的时候，费罗转过头去对她说："可怜的孩子，你从未在民主制度下生活，甚至不知道那是什么。"

在那个具有历史意义的晚上，听到乌尔曼讲述了她亲眼所见的匈牙利的情况之后，莫诺希望她接触那些在匈牙利被禁止的著作，特别是那些受到共产党谴责的东西。莫诺给了她加缪的书、托洛茨基的自传《我的人生》，还有亚瑟·凯斯特勒的《正午的黑暗》。他还请格罗斯带乌尔曼去看加缪的戏剧《卡里古拉》。

除了在实验室工作和阅读这些著作，"六个星期里，我基本没怎么睡过。"乌尔曼回忆道。

1958年冬天,艾格尼丝·乌尔曼在巴黎,她正准备参加一个郊区的派对,司机身份未知(艾格尼丝·乌尔曼供图)

乌尔曼在实验室里工作到她居留的最后一分钟。一位出生在匈牙利的同事把她送到巴黎东站。回布达佩斯之后的生活令她感到苦恼。但她当时不能逃跑,因为如果不回去,塔马斯一定会为此遭到惩罚。

回家之后,她告诉塔马斯他们在巴黎制订的计划,塔马斯非常谨慎,他说:"我们试试看再说。"

第二十九章

建立联系

> 创建一个新理论和拆除旧谷仓在原址造一座摩天楼不一样。它更像是爬山，看到更新的风景并且视野更开阔，在我们所站的地方和周边的环境之间发现没有预料到的联系。
>
> ——阿尔伯特·爱因斯坦《物理学的进化》

"睡衣"实验的论文提出酶合成是由一种抑制基因控制的，原文只是用法文简单地说明了一下——只有不到三页纸和一张示意图，而一年后才能公布一篇长得多的更加详细的英文论文。这段说明是1958年5月底发布的。

这时候法兰西第四共和国也结束了。

战争爆发以来，过去四年中，有五位总理曾经企图处理阿尔及利亚危机。中央政府想要让阿尔及利亚留在法国，但没有推出有效的解决方案。5月13日，一个由将军组成的联合政府及其军队夺取了阿尔及利亚的大权。还有一些人图谋发动政变，然后占领巴黎，赶走法国政府，并要求夏尔·戴高乐重新出任国家首脑。

雅各布被召唤到解放同盟参加紧急会议，会议的目的是设法让自由法国的领导者戴高乐重新掌权，很多人相信，只有他才能从困境中再次拯救法国。雅各布等二百多名组织成员倾听了言辞激烈的演讲和争辩。最后，他们投票决定是否支持戴高乐。除了雅各布之外，所有人都支持戴高乐，雅各布不想再陷入这种狂热之中，他弃权了。

5月29日，戴高乐同意接棒。

夏天来了，巴斯德研究所的大部分工作人员都出去度假了。7月底，莫诺在地中海航行，沃尔曼在美国。而雅各布留在了巴黎，紧张地准备着一系列的发言稿——为了参加蒙特利尔举办的遗传学大会、哥本哈根的座谈会以及纽约的哈维讲座。后者是一种无上的荣誉，标志着他已经通过自己在细菌病毒和遗传学方面的工作成为实验生物学的领军人物。

一个星期天的下午，孩子们都出去玩了，雅各布和妻子丽兹在家准备他的演讲。丽兹在弹钢琴，雅各布在构思名为"病毒功能的遗传控制"的发言。他还没有头绪；这是一个"感觉工作索然无味"的阶段。下午的时候，他放弃了努力，带丽兹去了电影院。

比起工作，雅各布对电影也不怎么感兴趣。他萎靡地坐在位子上，开始做白日梦。他的思绪却渐渐飘到他想要逃避的演讲的主题上——银幕上的影片被关在思绪之外，他的想象渐渐集中。雅各布感觉他"被一种混合着模糊的快感的激动抓住……突然间有种恍然大悟的感觉。我怎么没有早点想到呢？两组实验——与埃利一起做的噬菌体实验……还有与帕蒂和莫诺对乳糖系统的研究，即'睡衣'实验——是完全一致的！结果相同。结论也一样。"

多年来，没有人发现巴斯德研究所阁楼两头的实验室中所研究的课题之间存在有意义的联系。它们是两个分离的研究项目，研究两种不同的现象。直到雅各布来到电影院之后，才发现了两者的交集。

受到抑制基因控制酶合成的新观点的启发，雅各布将该设想与前噬菌体的控制联系起来——这种现象首先促使勒沃夫同意他到阁楼工作。也许病毒的基因是被同样的方式控制的："在两种情况下，都是由基因来主导抑制基因阻碍对其他基因的抑制，从而要么阻止半乳糖苷酶的合成，要么阻止细菌的繁殖。一个是用乳糖使抑制基因失去活性，一个是用紫外线。这一机制一定是基因调节的基础。"

雅各布在脑中绘制了抑制基因的图像，一个坐在细菌染色体上，另一个在病毒染色体上。他想："有了噬菌体，就不只是两三种蛋白质的合成被阻碍，但是至少 50 种……抑制基因是在哪里发挥作用，一次性阻止所有过程的呢？唯一的不涉及各种复杂假说的回答是：在 DNA 自身！以这种或那种方式，抑制基因一定是在 DNA 上起作用，作为前噬菌体来使其无效，阻止其所有基因发生作用。通过相应的方式，乳糖系统的抑制基因一定也会影响含有其基因的 DNA。"

雅各布现在想出一个有效的新理论。他非常兴奋，似乎"爬到一座山上，来到峰顶，从那里看到了壮阔的全景"。通过头脑风暴，他想出很多有待与同事一起在实验室中验证的推论。

丽兹看到他坐立不安的样子："你不想看了？想出去吗？"

来到蒙帕纳斯大街上，雅各布告诉她："我想我解决了一些重要的东西。"然而莫诺不在，等雅各布去了纽约他才能回来。他还要再等上一个多月才能测试自己的新想法，说服他最需要说服的人。

---

9 月中，雅各布从纽约回来。经过一夜飞行的他没有去睡觉，只是和家人一起吃了顿饭，就直奔巴斯德研究所去找莫诺。他需要好几周来改进自己的想法，而且越来越相信他是正确的。然而，他还没有完整验证过全部设想。他非常激动，但也很疲惫，昏昏欲睡，长途旅行令他眼睛都睁不开。

他开始告诉莫诺关于被诱导的酶的合成和前噬菌体的诱导之间的联系。雅各布没有说得很深，莫诺也没怎么在意，他茫然地微笑着，接着爆发出大笑，他认为"两种现象有着共同的解释"的想法挺傻，甚至"孩子气"，他告诉雅各布，他至少能想出五条理由来驳斥他。雅各布决定不再多讲，等第二天再试，于是回家休息去了。

次日，精神恢复的雅各布又去说服莫诺，这次莫诺更有耐心也更虚心。雅各布列举了酶诱导和前噬菌体诱导的相似之处。是同一种基因阻碍了两种进程：乳糖系统的是 i 基因；至于噬菌体兰姆达（lambda），则是因为他在分离噬菌体时发现的"干净"的基因无法形成溶原菌。两种情况下的遗传分析表明，这些基因的正常功能是生成能够在某种程度上阻碍乳糖酶或病毒蛋白质基因表达的抑制基因。雅各布认为，这一相似性看起来非常显著，两种过程一定是由类似的机制主导的。

如果这是真的，雅各布继续说，病毒诱导就是阻碍了抑制基因的作用，与乳糖系统不同——它只会使用两到三种蛋白质，噬菌体也许会使用 50 到 100 种蛋白质来进行自我复制。但是所有这些蛋白质的合成都被噬菌体抑制基因阻碍了。雅各布认为，看起来每种蛋白质的生成是不可能被逐一抑制的，更合乎逻辑的推测是，抑制作用似乎"锁住了某一作用，整个病毒的活动就被阻止了"。

莫诺继续专注地倾听着。雅各布接着提出，抑制基因是通过作用于 DNA 来锁住全部染色体的。这说明遗传组织的级别似乎高于基因。雅各布（暂时）称其为"活动单位"——它们或许含有能够共同进行表达的多种基因。雅各布问莫诺，他是否认为乳糖系统有可能和酶的生成的调节过程有着相似的机制，它"就像一个全或无、停或走的开关"。雅各布是在看他的儿子皮埃尔玩电动火车时想到这一点的。

莫诺并没有接受开关的比喻以及雅各布的大部分推论。但他承认："实际上，没有直接证据支持或反对这个设想——抑制基因作用于 DNA，我们应该考虑到这种可能性。"随着讨论的进行，莫诺越来越活跃，跑到黑板旁边画了起来，而且走来走去。莫诺考虑了雅各布的模型的结果和相关的实验推测。雅各布感觉到他打动了自己的搭档。

谈话一直持续到下午晚些时候。雅各布累坏了。莫诺打开一瓶威士忌，其他实验室成员也参与到活跃的讨论中。

自那天起，大家就在围绕雅各布的建议——两个系统是对称的，噬菌体现象和乳糖系统是一致的——设计实验。雅各布和莫诺几乎每天都要讨论，经常是好几个小时，在黑板上筹划各种实验和图表。雅各布的实验室还在阁楼上；莫诺在两层楼下的一楼。雅各布老是上楼下楼，他甚至觉得自己应该在楼梯井里设个办公室。两人的谈话总是在莫诺的办公室进行的。

他们需要设计出可以有效地测试雅各布的提议的每一方面的实验，这正是莫诺所擅长的。一天，莫诺指出，如果开关位于受体，控制的是染色体的抑制基因，那么受体位点应该被基因突变控制。而且，受体位点的变异会打破开关，不再受到抑制的影响；它们会导致乳糖酶的"结构的"持续表达。此类变异的隔离在技术上是难以控制的，然而却是模型测试的关键。

讨论的过程中，雅各布意识到他和埃利·沃尔曼曾经在噬菌体兰姆达上分离出十分对等的变异。正常的噬菌体不会影响已经含有前噬菌体的细菌；它们的基因会保持沉默，就像那些前噬菌体一样。然而，在雅各布和沃尔曼多年前分离出的所谓致命突变过程中，噬菌体会在含有前噬菌体的细菌中生长出来，即是说抑制基因的活动范围不再限于噬菌体染色体的受体位点，因为这里被变异改变了。意识到自己过去虽然掌握了关键证据却没有发现这一点，雅各布想："我过去多么愚蠢，没有早点想到！"

不过，这是幸福的尴尬；符合预测的变异的存在让莫诺和雅各布对模型更有信心，也更有动力辨识它在乳糖系统中的对应机制。雅各布立刻开始了影响乳糖酶合成的受体位点的变异。

雅各布把他和莫诺的交流比作智力的乒乓球赛：紧张、你来我往、不停地发球和截击，直到推出确定的实验来证明。他们根据自己的兴趣和专长对实验进行了分工。接着便开始做实验，获得结果后又开始新的"球赛"。两人的机敏对话不仅限于科学，还有许多善意的对双方都有益处的关于文学和政治的讨论；他们会从动物学家和医科学生的出发点分析各种问题，还会探讨他们跟随过的将军（塔西尼和戴高乐）的优点。

1958年到1959年，很多新的实验结果出炉，它们都与雅各布的多种推测显著一致——抑制基因阻碍基因组的表达，乳糖系统的控制和噬菌体兰姆达的控制是基于同样的机制。

1959年3月，莫诺和雅各布认为，已经掌握了足够的证据来加以定论。他们写好了完整的"睡衣"实验论文——与一年前的法文说明相比，这是一篇英文写就的详细论述。与上篇文章相比，作者们对抑制基因的作用进行了更加大胆的推测。除了阐释他们对半乳糖苷酶的观察结果，两人还提出，抑制基因模型"可能会帮助我们全面理解蛋白质合成的调节"，乳糖系统和噬菌体兰姆达的相似之处"非常完整，说明其基本机制是完全相同的"。

实验所运用的高超技术、明确的推理、大胆的联系和莫诺对英文的自如运用几乎是立刻就说服了读者。

可以说，两人的成功跨越才刚刚开始。

生物化学家救援记，A 计划：一条船

1959 年 3 月，艾格尼丝·乌尔曼有机会回到巴斯德研究所进行为期数月的访问。莫诺向她发出了一些讲座邀请，为此她得以离开匈牙利。然而塔马斯却留在国内受到当局的监视，随时都有再次被捕入狱的危险。因为这次乌尔曼在巴黎停留的时间较长，所以塔马斯可以在此期间设法逃出匈牙利，两人就都可以获得自由。最大的困难是边境的防守森严，那时，没有人能够成功地从边境逃脱。

莫诺承诺帮助乌尔曼和鄂尔多斯，但他没有想好具体的操作办法。乌尔曼这次来巴黎之后，一位匈牙利的老熟人过来看她，表示自己有一些可靠的关系。

安德烈·柯维希是个年轻记者和作家，在革命前专门写批评匈牙利体制的文章。革命爆发第一周，柯维希立刻离开了匈牙利，那时候还是有可能逃出去的。孩提时代就生活在纳粹占领的匈牙利的柯维希和另外数百名犹太儿童当时受到了 32 个家庭的保护——整个网络是由路德宗牧师加博尔·杰赫鲁建立的，他给孩子们提供了基督徒的身份证明。尽管有纳粹的搜查，这些家庭没有一个被发现。但柯维希在大屠杀中失去了父母。战后，比柯维希大很多岁的塔马斯几乎成了他第二个父亲。

高大英俊、风度翩翩的柯维希现在定居维也纳，他来到巴黎看望一位女朋友。乌尔曼邀请他到实验室去，把他介绍给莫诺。柯维希被莫诺吸引，当知道莫诺打算帮助他的几位女性朋友永远离开匈牙利时，柯维希自告奋勇成为莫诺和乌尔曼与塔马斯的联系人。柯维希非常熟悉奥匈边境，认识一些经常需要出入匈牙利走私的人。

把塔马斯带出匈牙利需要克服很多困难。其一是交通工具的选择——汽车、卡车、轮船还是火车；其二，找到愿意带他出来的人；其三，根据任务的风险，凑出足够的钱交给走私者；其四，与匈牙利国内的塔马斯联系，把所有计划告知他，告诉他何时需要做好准备。

回到奥地利后的几周里，柯维希想出了一个计划。他认识奥地利林茨的一些走私集团的成员。这个集团愿意安排塔马斯乘坐一艘平时航行于多瑙河——在奥地利和南斯拉夫之间来往，途经匈牙利——的船只，将其带出匈牙利。

1959 年 4 月 18 日，柯维希用蹩脚的英语给莫诺写信说明了此事，他提到费用相当高："去年的价格是——据我所知——一个人大约 3000 美元，而且据说政府正在严查这些活动……这意味着今年会涨价。而且，整件事情办下来是没有固定价格的。"

两天后，柯维希给莫诺的办公室打电话，向他解释付出高价的必要性。莫诺听后立即采取行动，在同事和海外的朋友之间发起募捐。乌尔曼也给塔马斯一些逃出匈牙利的朋友写信。4 月 21 日，莫诺也用英语写信告诉柯维希："我们一直忙于安排资金事宜，不过我们已经向你在维也纳的账户汇去了 3000 美元……我们希望短期内汇入更多……无论如何，你至少会收到 5000 美元。祝你好运。"这个金额是巴斯德研究所一位科学家半年多的工资。

一周后，莫诺表示，从他的"账簿"来看，可以直接给柯维希 4700 美元，另外还有 2500 美元以备不时之需。这些款项来自巴斯德研究所、塔马斯的表亲和其他人的捐款。莫诺告诉柯维希："我非常相信你的能力足以完成此事，如果你发现不可行，尽可以停止。"

有了资金在手，柯维希还需要说服一艘船的船长同意把塔马斯带出匈牙利。柯维希听说这是件难办的事情。5 月中旬，他趁一艘船停靠在维也纳的时候去与船长商量。柯维希向莫诺描述了事情经过：

> 我和船长的会面十分简短，实际上并不怎么愉快。
> 他不太愿意办这件事，总是提到他不应该接触任何与政治或政客有关的东西。我们讨论了各种可能性，最后达成了协议。

船长告诉柯维希"把人私运出国是犯法的事，但如果这个人爬到船上，自己把自己运出去，那么警察就不会追究船主的责任了"。

船长真正关心的是他的报酬，需要先付 1000 美元定金，等塔马斯安全抵达奥地利，再付 4000 美元尾款。柯维希解释说，他还同意给一位"中介人"报酬，他是柯维希的熟人，正是他介绍柯维希与船长联络的，他的报酬是 500 美元定金和 500 美元尾款。柯维希告诉莫诺："如果我们运气不好，那么一开始就会损失 1500 美元。"

和一群"林茨人"达成协议后——包括中介人和少数几个参与者，对方告诉柯维希一个埃斯泰尔戈姆的地址。这是多瑙河畔的一个小镇，位于布达佩斯西北 20 英里处，他们将在那里接塔马斯上船。柯维希告诉莫诺，他把这条消息藏在一块瑞士巧克力中，托人带给了塔马斯，内容包括碰头地点以及通知塔马斯碰头时间的方式：届时林茨人会打电报给柯维希，柯维希再给莫诺打电话，莫诺告诉乌尔曼，乌尔曼给塔马斯打电话，表示她要在某一天到马赛参加讲座——这个日期就是塔马斯到埃斯泰尔戈姆等候上船的时间。

为了确保塔马斯知道行动已经开始，林茨人还会给他拍个电报：

汤姆将在 48 小时内来埃斯泰尔戈姆——个人度假费用已付。

行动日期定于 6 月 10 日到 6 月 15 日。柯维希、莫诺和乌尔曼跃跃欲试。然而多瑙河却不配合他们，河上发了大水，船只无法通过。行动只得延迟。

操纵基因

幸运的是，实验室的工作进展很快。

雅各布拿出整个冬天和春天的时间培养供自己研究所谓的乳糖系统"受体位点"变异的遗传菌株。他还考虑了受体位点会具有何种性质，并且提出一个比喻——一架携带炸弹的飞机上面同时装备着发射器和接收器。飞机就是染色体，炸弹是酶使用的基因。发射器是抑制基因，接收器是染色体上的受体位点。雅各布认为，染色体携带着乳糖基因，好比飞机满载着炸弹到处飞，机上配备着发射器和接收器。只要飞机收到"不要投弹，不要投弹"的信号，它就不会投弹（基因被抑制）。而如果接收器（受体位点）被破坏，飞机就收不到信号，就会投下炸弹。

夏天的时候，雅各布培育出了在受体位点（或接收器）变异方面具有代表性的变异菌株。他和莫诺开始详细研究这种变异的特点，从而确定变异是否具有模型预测的属性。

他们分析了模型实验得出的各种结论。在一篇简短的理论说明中，雅各布和莫诺预测，假说中的受体的变异会减少抑制——接收器坏掉的飞机会投放炸弹。他们建议区分卷入蛋白质合成调节的三种遗传元素：结构性基因负责蛋白质结构编码；调节基因主导结构基因的表达；一种新形式的基因负责受体或受体位点，即抑制基因的作用点——称为操纵基因。他们强调，这些元素中的变异可能具有不同的属性。

这篇文章提出两个有力观点。莫诺和雅各布预测了某种实体的存在和属性，该实体过去没有任何人观察到（但是他们之后会发现相关的证据）。他们发明的"操纵基因"等术语，将在夏季召开的哥本哈根生物学精英会议上被广为采用（而且一直沿用到今天）。

1959年夏天，雅各布还参加了另一个重要会议。6月17日是1940年成立的自由法国组织的诞生纪念日，他和百十名解放联盟的成员到爱丽舍宫参加了年度聚会。戴高乐亲自迎接了他们，他现在是法兰西第五共和国的总统。简短的发言后，昔日的戴高乐将军到席间与大家交谈。他突然出现在雅各布面前，和他握手。

"啊，雅各布，很高兴再次见到你，"总统说，"你最近在干什么？"

"搞科学研究，先生。"雅各布回答。

"啊，很有趣。在什么领域？"戴高乐问。总统最近正在采纳建议支持法国的科学研究。

"生物学，先生。"雅各布回答。

"啊，很有趣。什么类型的？"

"遗传学，先生。"

"啊，很有趣。你在哪里工作？"

"在巴斯德研究所，先生。"

"啊，很有趣。你不缺什么东西吧？"

雅各布迟疑地说："缺，先生。"

"再见！"将军向前走去。

第三十章

可能性与现实

> 科学推理是一种可能性与现实之间的对话，介于可能和真相之间。
> ——彼得·B. 梅达沃（1960 年诺贝尔奖得主）《科学思想中的感应和直觉》

1959 年夏初多瑙河泛滥之后，干旱提前袭来，河水的水位降得很低。极端天气导致数十年来时间最长的断流。"林茨人"偷渡团伙在数周的时间内根本没有机会行动，绝望之下，柯维希决定找一条陆路，在艾格尼丝·乌尔曼不得不返回匈牙利之前，把塔马斯·鄂尔多斯从匈牙利送到巴黎。

B 计划：福特菲尔兰

柯维希打算改装一辆车，把塔马斯安全地藏在车厢里，开车越过边境。为了腾出足够大的车厢空间，必须找一辆大型车，最好是大型的美国车。在莫诺的支持下，他用莫诺募集的钱买了一辆二手福特菲尔兰，花了大约 1600 美元，又拿出几百美元在车厢里安装了一个秘密舱室。

然而时间已经不够了。

乌尔曼只能在巴黎待到 1959 年 8 月底。如果她未经许可继续留下去，塔马斯就有回到监狱的危险。她必须返回布达佩斯。相反，如果乌尔曼回到匈牙利的时候，塔马斯恰好逃了出来，那她也有同样的危险。因此，行动被取消。

莫诺已经承诺帮鄂尔多斯和乌尔曼获得自由。他和柯维希必须另想办法，把两人一起弄出来，还要在不引起当局怀疑的前提下和在匈牙利的两个人取得联系。

离开之前，乌尔曼想出了如何一边躲避秘密警察，一边和莫诺商讨逃离计划的办法。她研究了很多年的淀粉酶，这种酶能分解淀粉。乌尔曼知道用一种碘溶液可以简单地测试淀粉的存在：这种溶液遇到淀粉会变蓝。她告诉莫诺，自己会用淀粉溶液当作隐形墨水给他写信，莫诺或他的秘书玛德莱娜可以把碘涂在纸上使字迹显影。听了乌尔曼的讲述，莫诺表示喜欢这个主意。

莫诺认为他们还应该使用一种编码写信，以防信件被截获。他想出了一套代码，让外人以为他们的通信是在讨论研究问题。莫诺的"艾格尼丝编码"如下：

提取（"EXTRACTION"）= 逃离（EVASION）
水（"H_2O"）= 船（BATEAU）
组织（"ORGANIQUE"）= 汽车（AUTO）
沙门氏菌（"LA SALMONELLE"）= 艾格尼丝·乌尔曼（AGI）
大肠杆菌（"LE COLIBACILLE"）= 塔马斯·鄂尔多斯（TOM）

"提取大肠杆菌"的意思是帮助塔马斯逃离，"提取沙门氏菌"则是乌尔曼的逃离。此外还有一些暗指警察活动的代码。乌尔曼会用"学生阻碍讲课"指代警察的骚扰。

返回布达佩斯的路上，乌尔曼在维也纳停留，看望了柯维希。两人对于前五个月里未能把塔马斯救出来感到非常失望。他们共同给巴黎的莫诺写了一封信。乌尔曼想尽量客观地看待目前的情况。她写道（用法语）："这就像玩纸牌游戏，如果一直赢不了，那么玩家就要在恰当的时间离场，以免全部输光。而有时候一切都很顺利。我们前五个月失败了，应该是时来运转的时候了。"

她表示，自己和柯维希谈了很多。柯维希告诉她，还是有乘船逃走的可能性。她向莫诺提出一个请求："如果可能，最好在关键时刻之前告诉我们具体日期。"她补充说："我希望我不会给你带来太多的麻烦和打扰。不要担心，事情顺利固然很好，如果不顺利我们也可以根据情况想出权宜之计。"

柯维希在乌尔曼的信后面写了几句话，告诉莫诺："如果出现紧急情况，我会给你写信或者打你办公室的电话……我知道自己尽了力，我不会感觉很坏——至少现在是这样。我没有放弃希望。"

"X"

在着手处理帮助乌尔曼和鄂尔多斯逃离的新挑战之前，莫诺和雅各布前往哥本哈根参加一个小型会议，主题是解决克里克的黑箱之谜：DNA 和蛋白质的关系。大多数分子生物学领域的其他领军人物都参加了会议，包括吉姆·沃特森和西摩·本泽，两人现在都在美国；弗朗西斯·克里克也从剑桥过来；甚至连丹麦的诺贝尔奖得主尼尔斯·玻尔也来了。

自从"睡衣"实验首次取得成功，推出"抑制基因"理论之后，雅各布和莫诺一直在研究黑箱问题。如果没有人知道蛋白质合成是如何作用的，他们就难以确定酶合成的抑制基因的作用方式。已知的是，蛋白质合成是在核糖体中进行的，这些结构非常稳定，也不受多次细胞分裂的影响。大家普遍认为，不同的核糖体分别在不同的蛋白质合成中起作用。

然而这个想法却无法解释雅各布和莫诺在将基因加入"睡衣"实验后观察到的半乳糖苷酶的迅速合成。他们怀疑，这样的结构可以迅速组建起来。另外，他们提出，如果核糖体是稳定的蛋白质工厂，那么抑制过程为什么能在配对后 90 分钟就开始？抑制基因是否通过核糖体起作用？他们也怀疑这一点。在向这群精英级别的听众宣讲时，雅各布介绍了他们最近的研究成果，指出了他和莫诺对目前的蛋白质合成假设的一些质疑。为了协调他们的酶诱导和抑制基因理论，雅各布提出一个大胆的假设：存在某种不稳定的介质，它在 DNA 和蛋白质之间传递信息。因此抑制基因得以通过抑制介质的生成来发生作用。雅各布用"X"指代这种介质。

听众们没有什么反应，也没有就他的假设提出问题。实际上，在开会的时候，沃特森一直在看报纸，直到轮到他发言才把报纸收起来，其他听众也在看报纸。黑箱问题并没有在哥本哈根得到解决。

C 计划：家具卡车

莫诺回巴黎后，乌尔曼和柯维希发来了信件。乌尔曼告诉他，她准备通过一位来布达佩斯的法国妇女给他捎一张唱片，"同时给你一份色谱……我想知道你对结果的看法"。这是他们的暗语，色谱就是用隐形墨水写的消息。她还提到柯维希写来一封信，表示"他对自己的工作很失望"。

柯维希告诉莫诺他过去六个月资金花费的情况。给"林茨人"的定金、改装福特车的费用以及他往返巴黎的路费加起来超过了 8000 美元，莫诺给他的钱只剩下 300 多美元。而乌尔曼和鄂尔多斯仍然在布达佩斯。

不仅是钱快用完了，柯维希的神经也快崩溃了。他一直在和"林茨人"交涉，想让他们还回定金。他的中介人告诉他，好几个"林茨人"因为个人问题无法还钱：船长的妻子因为和另一个女人吵架自杀了，还有一位参与者被匈牙利海关扣留了。中介人也想退出，但他同意把柯维希介绍给几个可能帮助他的船主。

柯维希写信给莫诺："我不能再等了……我忍受不了了。七个多月来一直担惊受怕，却毫无进展——我必须休息，真的。我非常抱歉。"

莫诺设法安慰柯维希和乌尔曼，承诺解决钱的问题。

他用代码写了一封鼓励乌尔曼的信：

> 谢谢你通知我你的工作进展，使我们得以进行远距离合作。关于提取微生物的最好方法，我没有什么新闻要告诉你。然而，幸运的是，我的同事兼朋友安德鲁斯教授（安德烈·柯维希）针对这些问题做了很多工作，你知道，他最近看望了我，我们进行了长谈。和我们一样，他也发现提取大肠杆菌（鄂尔多斯）和沙门氏菌（乌尔曼）方面的问题，而且发生了多次失败。为了解决难题，我们决定使用你已经知道的过去的技术来操作，可能会有用。他很快就会设法改变提取（逃离）时的 PH 值和温度，但以水（船）作为首选溶剂。他会给我发来进展报告，若有必要，我会与你沟通。
>
> 无论如何，请随时告知我你的工作进展，我会通知你实验室的情况。你知道我有多么希望这次合作能够继续，以及我有多么依靠你。

莫诺接着解决了钱的问题，他向安德烈·勒沃夫借了 5000 美元。勒沃夫立刻同意把钱借他用一年，不收利息。莫诺打电话告诉了柯维希，又写了一封信鼓励他："我非常有信心，要是该死的多瑙河能够暂时通船，我敢肯定你能成功地把他们带出来。我完全理解你上个月的苦恼。但当你把朋友救出来之后，奖赏也是可观的。为了这个目标,我们已经成为真正的朋友,这已经是一种奖赏了。"

在给莫诺的回信中,柯维希表示了感谢和同样的想法:

> 感谢你的良好信念和友谊。我可能失败,但我不会令你失望。
>
> 你诚挚的,
>
> 安德烈·柯维希

莫诺收到了乌尔曼托人捎来的贝拉·巴尔托克的唱片。为了隐藏敏感信息,她把唱片套拆开,在里面用淀粉溶液写了一封信,然后把封套粘好。莫诺用碘溶液使字迹显影。在信中,乌尔曼提出了她对"林茨人"的可靠性的担心。她告诉莫诺:

> 如果你认为我们今年无法成行,那么也许应该考虑其他可能性,伊娃(柯维希的女朋友)可能过来讨论这些问题。
>
> 情况(警察的活动)没有改变,事情非常不确定。无法预测春天

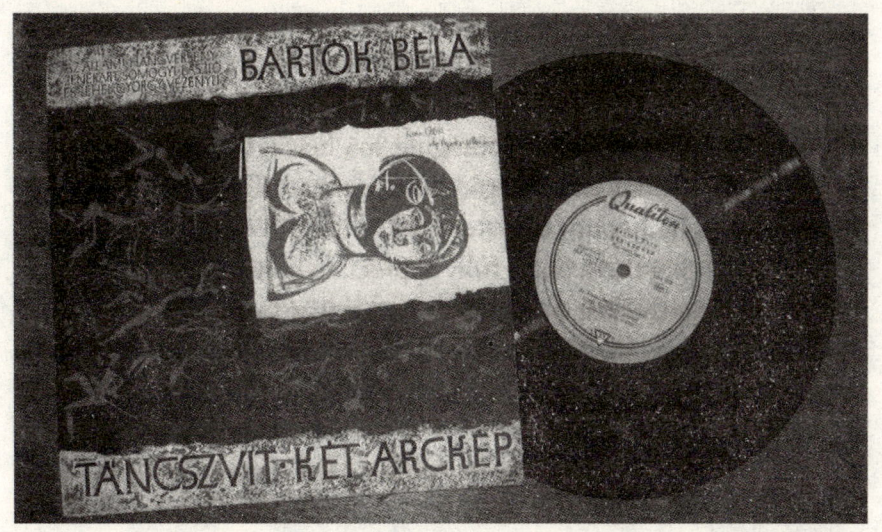

1959年10月,乌尔曼送给雅克·莫诺的贝拉·巴尔托克的唱片。为了传递有关逃离匈牙利的消息,乌尔曼用淀粉溶液在封套里面写了一封代码信,用碘溶液才能使其显影(巴斯德研究所档案)

之前会发生什么。

不过，我们已经做好准备做你认为合适的任何事。

玛德莱娜给乌尔曼发了一条通知，告诉她唱片和消息已经收到了。表示问候之后，她告诉乌尔曼："我喜欢莫扎特。但是，我现在开始对贝拉·巴尔托克很感兴趣。"

莫诺把乌尔曼的代码信的内容告诉了柯维希。乌尔曼又给他写了一封信，表示她已经收到了"安德鲁斯教授的前同事"（林茨人）的消息。乌尔曼说："他们还是从事老行当，但我怕他们是骗子，他们的工作可能不利于生物化学。"

10月底，乌尔曼和鄂尔多斯出逃的前景更加黯淡。不仅事实说明"林茨人"不可靠，而且寒冷的天气也快来了。多瑙河冬天是无法通船的。柯维希想出了新方案。他告诉莫诺：

我遇到一个人……他和铁幕另一面的多个国家做各种生意。他可不是小走私贩子，而是正规的进出口商，获得了铁幕那面的国家的许可，但在我们这面是不正规的。虽然他说从未干过帮人非法偷渡的事情……但他现在想尝试一下。

他很有能力。他有一辆大型的运家具的卡车，在一位"友好的"海关官员的控制下，他可以随便往车上装东西。卡车经过奥地利边境、布拉格或布达佩斯的时候都无须接受检查。这辆车申请了自由通行证，到了工厂或特定的目的地才会停车卸货，然后装上新货，由共产党的海关官员加封，然后再次经过边境，无须接受另外的检查。

我准备与他合作，如果他愿意尝试的话……我猜你会同意……我只是需要你的确认……因为目前和未来的困难……

晚安，雅克。向你致意。

安德烈

莫诺同意了：

这个新计划听起来相当不错，我相信你应该干下去。我安慰地得知这次行动无须指望该死的多瑙河。

关于提醒我们的朋友，我认为最好把这个完全与林茨人无关的新计划告诉他们（免得他们担心）……最好的办法是由我使用"实验"代码通知他们……请在实施计划的时候通知我。

致意与祝福
雅克·莫诺

柯维希过了几天就告诉了莫诺新的进展。他写信说，他已经"用无害的德语"给乌尔曼写了一封信，信由那位进出口商转交给她。但是在信的反面，还有用淀粉写的消息，供乌尔曼破译。在消息中他告诉了她放弃乘船而是改乘卡车逃离的计划：

> 有一辆由布达佩斯海关控制和封装的汽车。如果车主提出其他要求，请婉转拒绝。他将告诉你新的计划。你有权利决定是否接受，但请尽快决定。如果你现在不想接受：没有关系。若是那样，就给他一张参观证，写上"对不起，我们很忙"，过后再解释原因。水溶液行不通：我们必须把所有材料扔掉，你也不要碰它。

柯维希告诉莫诺，卡车司机不会知道他携带着秘密消息。司机会带着乌尔曼9月份忘在柯维希家里的派克笔去找乌尔曼，以此证明他是柯维希派去的。如果司机把乌尔曼和鄂尔多斯带出来，柯维希就付给他5000美元。如果他们拒绝这个计划，就给司机一张参观证，上面写着"对不起，我们很忙"，他将付750美元。司机在实施计划之前想先调查一下，所以现在具体的行动日期还定不下来。

莫诺一边盼望好消息，一边处理新的问题。偷渡计划的资助者之一阿帕德·萨坡非常关心资金的损失情况，担心计划无法成功。阿帕德是个匈牙利出生的科学家，也是塔马斯的前同事和朋友，他已经移居美国。1959年，他在纽约的洛克菲勒研究院工作，乌尔曼曾经找他帮忙提供偷渡资金。萨坡从希伯来移民互助会（HIAS）借来2500美元打给了柯维希。

10月底，莫诺给萨坡写了一封信，详细地介绍了整个行动的情况——多瑙河断流、乌尔曼必须返回布达佩斯、通信代码的编制、与多瑙河无关的新计划以及资金的使用。莫诺告诉萨坡："主要困难，或者说曾经的主要困难是我们的几乎所有投资都损失在一个不可行的计划中了。"不过，莫诺告诉萨坡，他已经以个人的名义借了5000美元供柯维希使用，他确定当鄂尔多斯和乌尔曼获得自由之后，他就设法把研究院的钱还上。尽管有资金和交通方面的困难，莫诺还是表达了志在必得的决心："我不相信所有这些努力会白费，我们的朋友会在危险和紧张中继续痛苦地生活下去。"

萨坡仍不放心。他写信给莫诺，表示钱的损失让他陷入"最困难和尴尬的境地"，因为钱是从HIAS借来的，必须偿还。萨坡解释说，他相信只有乌尔曼夫妇逃出匈牙利之后才能使用HIAS基金，而在他看来，莫诺应对钱的事情负责并应安排好资金该如何使用："因此，我必须请您赔偿这笔钱，因为我已经因为延迟还款而陷入尴尬的境地。"

莫诺立刻给萨坡写了回信：

亲爱的萨坡博士：

谢谢你10月28日的来信。恐怕我们之间出现了很大的误会，我希望澄清一下。

为了帮助T（塔马斯）的逃离，您慷慨地向A（柯维希）提供了资金。在请求您提供帮助一事上，我没有参与。以我的理解，您之所以会这样做，是出于您与T的个人友谊，还因为他曾经在非常类似的情况下帮助过您。然而，您认为您需要确定资金用在适当的方向，这是无可厚非的。这也是我能给您的唯一保证。为此，我不仅要对您负责，还要对另外好几个为此事做出贡献的人负责，所有这些人都接受了与此相关的不可避免的风险……

在目前的情况下，如果我有能力，会尽快补偿您。但是，目前看来尚不存在这个可能性。

然后，莫诺像他和雅各布分析实验结果和理论模型那样分析了行动的各种可能性：

　　因此，我们目前只能考虑两种可能的情况：

　　一是，T和A成功逃离。首先，来到自由世界的他们会发现自己是在很多人的资助下逃出来的，包括您本人。如果他们一直背负着很多人的债务，那么他们未来的生活会很困难。所以，我建议当他们逃脱之后，他们所有的朋友……可以尝试募集一大笔款项，帮助他们还债，让他们在自由世界中真正享受自由……

　　二是，逃跑计划再次失败，所有的新计划也被放弃。若是这样，就把剩下的钱全部还给资助者……

　　与此同时，所有资助过他们的人，包括我和您本人，会不得不陷入债务危机，我充分理解您的不愉快的处境——独自承担这样一笔债务……

　　让我再次表达我的信念，我相信我们的朋友一定会获得自由，我们的努力不会白费。

一周后，家具卡车行动没有任何进展。柯维希写信告诉莫诺，他准备来法国，会在塞纳河畔的伊皮奈停留。他急于和莫诺见面。

莫诺告诉他："我这些日子非常忙，但是我当然愿意与你谈谈。"

开关与操纵子

莫诺确实很忙。他们的实验出现了很大的进展。雅各布在夏天提出的可能存在的受体位点变异——现在被称为操纵基因变异——被证明具有他们预测的属性。

他们预测，操纵基因变异会导致半乳糖苷酶的结构性表达，无论诱导物是否存在，这条假设已经得到了证实。

另一条预测是，如果操纵基因是抑制基因发生反应的位点，而且操纵基因是邻近的结构基因抑制所需的元素，那么操纵基因变异就会影响同一染色体上多种邻近基因的表达。几个月前发表的"睡衣"实验论文中，雅各布和莫诺报告说，半乳糖苷酶的结构基因（z）和另一种基因——叫作透性酶（y）能够编码蛋白质，允许乳糖进入细胞，这两种基因在染色体上的关系相当密切，而且它们中间存在一种未知基因。令他们高兴的是，雅各布和莫诺接着发现了会同时导致半乳糖苷酶和透性酶的结构性表达的同样的操纵基因变异——两颗炸弹是一起投放的。

操纵基因变异对半乳糖苷酶和透性酶的表达的作用恰好像预测的那样，好比一个"开关"，基因参与的乳糖的新陈代谢是由它进行控制的。抑制基因就像拨动开关的"手"，在没有诱导物的时候保持基因关闭，出现诱导物的时候允许基因进行表达。

半乳糖苷酶和透性酶基因以及控制抑制基因合成的 i 基因染色体之间的如此相似的特性是另一个惊人的发现。这三种基因都会参与乳糖的新陈代谢，位置十分靠近，显然是互相紧挨的。这一发现首次证明了雅各布的观点：存在比个体基因级别更高的基因组（即他所谓的"活动单位"）。这种由普通的操纵基因和抑制基因控制的乳糖新陈代谢结构基因的联合表达，是证明更高级组织存在的进一步证据。莫诺和雅各布对参与色氨酸合成的其他种类的酶的各自研究，也揭示了在抑制基因的控制下存在密切相关的结构基因。所有这些证据说明，这些高级的基因单位——基因组——实际上起到了综合在一起控制特定过程的作用。

一个新的术语进入了雅各布和莫诺的词汇表。雅各布给这些由普通操纵基因和抑制基因控制下的结构基因单位命了名——操纵子。

仍然有更多的工作要做。需要检验和重新检验更多的结果，还要撰写论文来介绍这些新概念。但是，雅各布向莫诺讲出自己的设想（一场电影的副产品）之后，仅在一年多的时间里，他就掌握了把设想变为现实的方法。操纵子的发现得益于十分巧妙的实验设计，更重要的是，它是想象力的胜利。雅各布意识到，与他最初的想法相反："科学的过程并非是根据已知解释未知……而是恰好相反——用想象出来的事物解释观察到的结果，用不可见的事物解释可见的。而且……通过探寻新的隐藏结构，在提出假说的基础上，科学才能得以发展。"

从未有人见过或提取过这些新物质——抑制基因、操纵基因或操纵子。那些先是依靠想象力设想出某些东西，然后有力地证明它们的存在的人，在科学史上十分罕见。拥有这种独特的创造力和洞察力的人，也许可以称之为天才。

第三十一章

未完成

两种东西可以剥夺人类的心灵平静：未完成的工作和没有开始的工作。

——佚名

虽然发现了操纵子，但莫诺和雅各布还有重要的事情要做。雅各布一直想解决克里克的黑箱问题——神秘的 X，而莫诺则要实现他的承诺，帮助乌尔曼和鄂尔多斯逃出匈牙利。

莫诺需要解决的不仅是交通问题。阿帕德·萨坡仍然因事情的转折感到不安并一直询问莫诺。他给莫诺写了一封长信，详述了他们的"根本性错误"。萨坡抱怨说，他借给乌尔曼和鄂尔多斯的钱是供他们逃到西方世界之后使用的，不是当作他们实施逃离计划的资金的。萨坡宣称，他没有授权莫诺在鄂尔多斯和乌尔曼逃出之前使用这笔钱，所以莫诺这么做是不符合他的本意的。萨坡提出两个选择：要么请 HIAS 延长借款时间，告诉他们钱去了哪里，要么立刻偿还 2500 美元。

莫诺试图安抚萨坡。他首先向萨坡介绍了行动的情况。他再次解释说，他已经筹借了 5000 美元帮助乌尔曼和鄂尔多斯逃跑，他们拟订了三个方案：首先是乘运输家具的卡车偷渡；其次是使用改装的福特菲尔兰；第三个方案是一个新的可能性：1960 年初，莫诺将被邀请到匈牙利科学院参加讲座。莫诺告诉萨坡："如果前面的方案届时不可行，我的旅程可能会帮助他们组织一次新的逃跑行动。"

莫诺建议萨坡要求借款延期，并允许他以自己的名义提出要求。但萨坡想要莫诺提供经济担保，这是莫诺无法做到的。

莫诺受够了萨坡的抱怨和要求，但他仍然礼貌地回复了对方：

> 我必须指出的是，T是您的朋友，不是我的。我从未见过他。他是您的同胞，不是我的。在我看来，帮助他逃出是我的原则问题，是为了人类的利益和基本的尊严。
>
> 我不后悔我所做的。如你所知，我一直在尽力做好这件事——就是说，在物质和精神上尽最大的可能帮助A·K（安德烈·柯维希），他住在维也纳，是T的忠诚朋友，也是我认识的唯一能组织他们逃离的人。A·K是和你一样的匈牙利难民，他申请了奥地利公民身份，但未被批准。您的"要求"可能会严重地伤害到他，迫使他放弃此次行动。
>
> 如果您准备从A·K和我本人这里接手此项工作，对我们是很大的解脱，我也会把剩下的钱供您使用。这意味着您必须请上三到六个月的假，我认为这不是不可能做到的。
>
> 不过，要是您不打算这样做，那么，看在上帝的分上，让我们继续进行这项工作，直到我们完成它或者放弃它。然后我们再讨论。

一口气写完这封信后，莫诺暂时放下帮助匈牙利人偷渡和实验室的任务，享受新年假期去了。

寻找第一个人

加缪也在他的承诺和创作生活之间挣扎。诺贝尔奖给他生活的各个方面带来了不必要的麻烦。人们甚至给他提出了更多的政治要求，特别是在与阿尔及利亚有关的问题上。他继续向被起诉和判罪的人提供帮助，干涉大量的案件。他给勒内·科蒂总统写信求情。在戴高乐可能重新掌权之际，他私下拜访了戴高乐。加缪指出了如果失去阿尔及利亚会出现何种危机——比如，可能激怒法裔阿尔及利亚人。但戴高乐没有对此事表态。

加缪还承接了新的任务：反对将不愿到阿尔及利亚服兵役的法国人判处长

期监禁。他帮助起草了处理这些反对者的法案。戴高乐成为总统后,加缪写信请求他的支持,戴高乐表示会关注此事。

加缪继续关注匈牙利。他公开请求保住桑德尔·伊干和桑德尔·巴里的性命,他们是大布达佩斯地区的工会领袖,1956年12月被卡达尔逮捕。加缪表示:"保持沉默就是对卡达尔的支持。"他还为《纳吉事件真相》一书作序,这本书剖析了卡达尔政权的谎言。

所有这些政治活动对减少加缪在写作方面的挫折感没有任何帮助,他怀疑自己的创作能力,这种能力在他获得诺奖之前就似乎干涸了,从他的笔记中就可以看出,获奖一年多来他的创作没有丝毫进展。

在努力克服写作困难的同时,加缪将陀思妥耶夫斯基的《群魔》改编为剧本。他认为这本小说批判了左翼革命者(群魔)的虚无主义,他们企图实施政治谋杀。加缪也是这部剧的导演。这部剧时长三个半小时,于1959年1月底首演。在莫诺手中的剧本扉页上,加缪写了两句幽默诗——将"群魔"改成了"这些妖魔":

> 这些妖魔仍然在迫害我们
> 致以诚挚的友谊的问候
> 阿尔贝·加缪

巴黎生活的节奏和各种要求对时间的占用消耗了加缪的精力,损害了他的健康,他意识到自己需要休息一下才能继续工作。他在日记中给自己开了一系列的"药方":

> 不要再说"你必须怎样"。
> 完全将思想非政治化,从而使其人道化……
> 与现实的人物和事物保持密切联系。尽量多享受个人的幸福。
> 恢复精力——这是核心力量。

他提醒自己:"我的工作是写书,在我和我的人民的自由受到威胁的时候抗争。这就是全部。"

为了实现上述目标,他认为自己必须到一个远离巴黎的地方去独自创作。他选择到普罗旺斯省宁静的卢马罕村去。这里远离巴黎,位于法国东南部。他和弗朗辛用诺奖奖金在村子中部买了一座房子,卖主恰好是雅克·莫诺的远亲奥利弗·莫诺。

1959年春天,《群魔》开演后,加缪再次隐居到卢马罕,想开始写一本新书。征服怀疑他和批评他的人的唯一途径是创作一些符合他的名气的作品。加缪为新小说列出了大纲,做了一些笔记。早在1954年,他就想好了书名《第一个人》,并设计了总纲。这本书是一个自传式的故事,加缪想借这本书讲述他从青年到成年的人生旅程,描写所有那些塑造过他的人生的人——家人、朋友、老师和情人。他告诉让·格尼雷尔,这是"一本'直接'的小说……与过去的书不同,是一个有条理的神话。是一种'说教'或者类似的东西"。加缪想写一个符合时代的故事。

多年来,加缪的野心不断增长,他希望通过塑造各种虚构的人物形象写出一本超出他自身经历的小说,受到他的主要文学偶像托尔斯泰的启发,加缪把《第一个人》这本书定位为描写阿尔及利亚的史诗小说。就像《战争与和平》从拿破仑入侵俄国时代的人的视角讲述书中人物的故事一样,加缪打算以他的同胞——把阿尔及利亚作为自己的故乡的法裔阿尔及利亚人——的历史作为他的故事背景。

这本书与托尔斯泰的大作的区别是明显的。加缪告诉一位阿尔及利亚密友,他想描写的是"当代人物的群像",像《战争与和平》那样。加缪一直对他所崇拜的伟大作家——陀思妥耶夫斯基、尼采和托尔斯泰——的创造力和写作生涯印象深刻,经常将他们在什么年纪创做出什么作品与自己的情况对比。36岁时,加缪在笔记本上写道,托尔斯泰"在1864年到1869年写出了《战争与和平》,那时他在35到41岁之间"。

尽管为这本尚未动笔的书辗转反侧,加缪通常都会对媒体坦言相告自己的写作计划。1957年2月,令《纽约时报》的一位记者吃惊的是,加缪向其透露了新书的名字。后来,在当年的诺奖授奖仪式上,人们也询问过加缪他在创作什么作品,他回答说,是一本传统的小说——这是他第一次用这个词形容自己的作品。他补充说:"这也是标志我的创作进入成熟期的作品。所以,与其他书相比,我加入了更多情感的元素。"当然,这样说增加了人们对这本书的期待。

加缪将《第一个人》归入他的"爱情三部曲"的一部分,前一个系列是"荒谬三部曲"(《局外人》《反抗者》和《卡里古拉》)。这第三个三部曲还包括一部戏剧和一本杂文。

加缪既享受卢马罕的静谧,又受不了这里的孤寂,但他知道与世隔绝是唯一能写出东西的创作方式。他写信给让·格雷尼尔:"我在这个充满工作的多事之秋重又找到了一点平静和内心的安宁。我像需要面包一样需要独处。或者说,独处是我找回个人灵感的最后机会,其他的努力都失败了。"他将卢马罕比作一间修道院,甚至在给朋友的信上署名"阿尔贝修士,O.D(这是多明我会修士的缩写)"。

他非常想念家人和朋友的陪伴。弗朗辛在巴黎教书,双胞胎要上学。他们只有放假时才能在卢马罕重聚。加缪通过与最亲密的朋友通信来减轻孤独感。因为新书的内容是关于他和最好的朋友们的,所以他一直想着他们,还有他的文学偶像们。他告诉让·格雷尼尔:"尼采在……这本书里,你也在。"卢马罕对于格雷尼尔和他的学生加缪来说具有特殊的意义。格雷尼尔也受到过此地的启发,1936 年,他发表了杂文《卢马罕的智慧》,他甚至是在卢马罕的镇公所结的婚。加缪告诉格雷尼尔:"我的脚印重叠在你的脚印上。"

加缪通过阅读获取灵感。从诺贝尔文学奖的最新得主帕斯捷尔纳克(加缪赞赏他能在苏联的高压统治下发挥自己的创造力)的书中,他发现了自传的创作技巧:"世界上最伟大的作品,在描述形形色色的事情的同时,其实是在讲述它们是如何诞生的。"

他很喜欢在"奇妙的玫瑰丛"中散步,他的花园里盛开着迷迭香和鸢尾花,他也喜欢到村子里探访,和乡民们混在一起。5 月底回巴黎之前,他取得了一些创作进展,但是并未克服自我怀疑。他告诉一位朋友:"我认为已经结束了,它不会再来了。"

—❦—

在夏天到秋天的这段时间里,加缪曾多次返回卢马罕试图写作。到了 11

月，隔绝在他的"修道院"里的加缪终于获得了动力。他塑造出了书中主要人物雅克·科尔莫里，29 岁（加缪写出《局外人》的时候就是 29 岁），加缪将其性格描述为"冷漠、紧张、顽固、感性、梦幻般的、玩世不恭和勇敢"。科尔莫里和他一样"同时拥有四个女人做情人，过着空虚的生活"。

但加缪的生活却没有那么空虚，而且远非修道士那样。他轮流给自己的四个情人写信，其中包括新欢——年轻的画家米、演员玛利亚·卡萨雷斯和凯瑟琳·塞勒斯（最近演出过《群魔》），还有他的妻子弗朗辛。他向她们通报自己的写作进展，讲述自己的沮丧，有时候也会报告一些小胜利。

他给米写信说："我从未依据如此多的素材写作，今天下午，我突然感觉我的人物已经担当起了这份重量，20 年来，我第一次感觉到我最终抵达了艺术的真相。这是一道直击内心的愉快的闪电，但也是稍纵即逝的，其后便是盲目的工作和持久的怀疑。"

书名具有双重意义。"第一个人"是指加缪/科尔莫里，当年夏天，加缪告诉一位记者，书中的每一个人都是"第一个人"。"第一个人"也同样指所有离开法国到阿尔及利亚去，白手起家展开新生活的殖民者。

启发加缪写作这本书的关键事件之一发生在 1947 年，他去圣布里厄探访父亲的坟墓。他父亲为法国作战牺牲，却从未踏足过法国的本土，他是在马恩河战役中负伤而死。加缪的母亲曾经请求儿子去给父亲扫墓。在他新小说的第二章，加缪让科尔莫里重复了他的这段经历。

寻访父亲是《第一个人》的主题之一。加缪爱他的母亲，他认为母亲的心是"世界上最好的"。在手稿的第一页上，他写上献给目不识丁的母亲的献词："献给您，尽管您永远没法读这本书。"

随着新年的来临，加缪暂停工作与家人和好友享受假期。伽利玛一家，还有其他朋友都打算来卢马罕看他。他已经写了 144 页，仍然还有很多要写。他告诉一位剧院的朋友，需要再过一段时间他才能重返舞台："我必须完成故事的第一遍草稿，距离完成还早……我需要八个月的时间来完成，然后才能回到剧院，只要八个月……我会尽量多坚持一段时间。"

书的进展改善了他的情绪，他打算新年过后就到巴黎去看望情人们。

12月29日，星期二，他给米写信，表示他很快就会去巴黎看她："你读到这封信的时候，再过两三天我们就会见面了。"

第二天，他给玛利亚·卡萨雷斯写信，也表达了同样的意思："好的，这是最后一封信。下个星期一我将和伽利玛一家一起乘汽车到巴黎去，星期二抵达。他们周五离开。我到达之后会给你打电话，但也许我们可以预约星期二的晚餐。让我们基本定在星期二，考虑到路上可能发生的事情，我会用电话与你确认晚饭的时间。吻你，拥抱你，星期二见。"

12月31日，他写信给凯瑟琳·塞勒斯："这是最后一封信，我温柔的爱，祝你新年如意……星期二见，我亲爱的。"他补充说："只要这本大书不写完，我的心情就无法平静。"

伽利玛一家——麦克、珍妮及其女儿安妮——新年当天抵达卢马罕。两家人共同庆祝了安妮的18岁生日。加缪送给安妮（他亲昵地称其为"安努史卡"）一本书——正在上演的戏剧《群魔》的剧本——作为生日礼物。

次日，他们在村子里一起吃了午饭，然后把弗朗辛和双胞胎送到阿维尼翁车站，让他们搭火车去巴黎。加缪也买了一张火车票，但伽利玛一家说服他与他们一起乘汽车。他们希望通过悠闲的公路旅行来度过假日，这样可以随时停下来在路旁的饭馆享受美食。

1月3日离开卢马罕之前，伽利玛一家和加缪在当地加油站给麦克的法赛尔－维加HK500型汽车加满了油。加油站老板拿出一本加缪的《局外人》请他签名。加缪欣然同意，他还告诉对方："你不用亲自买的，你想要几本我都可以送你。"

他们把长达470英里的旅程分为几段。第一段的终点是特尔西村，他们在那里的饭店吃了晚餐并过了夜。1月4日，他们开始了第二段旅程，驱车180英里来到森恩，在那里的巴黎波斯特酒店吃了午餐，加缪过去听说过这里。

接着，四名旅行者开始了最后一段旅程，距离巴黎还有65英里。

快到下午两点的时候，他们已经开出森恩15公里，行驶在5号国家公路上，汽车突然向路的左侧滑去，撞在了路边的一棵树上，接着拖着旁边的一棵树向前移动了40英尺。猛烈的撞击使汽车变成碎片，散落的部件甚至被抛到了500英尺之外的地方。

麦克、珍妮和安妮都被抛出车外。

坐在前排的加缪被甩到后窗上。

他当时就死了。

警察到达车祸现场时，他们发现麦克躺在地上流着血，伤势严重（六天后他死在巴黎的一家医院），珍妮和安妮也被送到附近的医院——她们活了下来。

警察收集了散落在现场的行李和其他个人物品。在路边的一棵树旁边，是加缪沾满泥巴的手提包，他们把这个包和加缪的遗体运到附近的维尔布雷文村。在加缪的大衣口袋里，警察发现了他没有用过的去巴黎的火车票。在黑色的皮包里，有几封信件、加缪的护照、一些个人照片、一本尼采的《快乐的科学》，还有只写了144页的《第一个人》的未完成的手稿。

加缪的遗体被放到镇公所的一间小屋里，盖上了被单，遗体上放着一束花。他在法国、阿尔及利亚和全世界的家人和朋友知道他的死讯时，镇议会的成员们正守护着他的遗体。

这样一位著名人物的离去令法国政府和巴黎人震惊不已。戴高乐的文化部长安德烈·马尔罗迅速发表了声明："20多年来，阿尔贝·加缪的作品一直代表着正义的呼声，我们向他致敬，他将永远留在法国人的心中。"当晚，消息传到巴黎，当时恰好是剧院开演的时间，法兰西剧院的负责人立刻宣布暂停营业，把票钱退还给观众；其他剧院也在开演之前为加缪默哀一分钟。

"荒谬"是《巴黎新闻报》的头版标题，而《战斗报》特刊则用大号的粗体字宣布"阿尔贝·加缪去世"。虽然加缪与这份报纸的联系已经结束于13年前，但它的头版献给了他，而且，两个头条新闻都是他的消息，一篇名为"混乱中的良心"，另一篇为"我们中最杰出的"。《纽约时报》除了在头版报道了加缪的死讯，还以一篇短文概括了加缪的哲学——"号召人们拿出最具英雄主义的精神热爱生活"，表示加缪的"不朽是很少有人能够达到的"。

令人震惊的消息传开后，法国文坛和政坛的很多正常活动都停了下来——加缪的批评者纷纷开始对他表示怀念和赞扬。曾经批评加缪对阿尔及利亚问题保持沉默的弗朗索瓦·莫里亚克说，加缪的死"是一大损失，将会影响目前的法国文坛，一整代人都通过加缪认识了自己，认识到他们的问题……几乎所有年轻人都在悼念他"。

甚至连萨特——自从两人分道扬镳后，他已经整整八年没有见过或谈论过加缪了——也加入了公众的悼念行列。他赞扬加缪的作品和人生："我们应该意识到，在他的作品和人生中，他抓住了一个人存在的每一方面的意义。"

而对加缪的朋友和长期的崇拜者来说，这个损失，是"灾难性的"（杰尔曼·布雷）。另一位批评家表示："我们不只是为当代最伟大的一位杰出人物的过早陨落而哭泣，加缪的死简直令人的价值黯然失色。感谢他，我们不再像过去那样困惑和犹疑。"

那些知道他已经重新开始写作并了解他在小说方面的野心的人——格雷尼尔、布洛克-迈克尔和莫诺——既为朋友伤心，又为他未完成的作品感到惋惜。

柯维希写了一封短信，向莫诺表达了他的慰问，这是他第一次用法语给莫诺写信："我为你感到悲伤，可怜的阿尔贝·加缪。"

莫诺回复说："加缪的死对他的朋友是可怕的打击。那些了解他的人都知道，他最伟大的作品还没有问世。"

第三十二章

信 使

幸福取决于自由,自由取决于勇气。

——修昔底德《伯罗奔尼撒战争史》

两个月来,"家具卡车"的偷渡方案没有任何进展。2月18日,莫诺收到了一张打字机打出的明信片,是维也纳的柯维希发来的。明信片背面写着:

亲爱的雅克:

2月29日或者3月1日,我们的朋友会有好消息。细节无须赘述——请为我们祈祷,大约十天内我会告知更多消息。

爱你的,安德烈

D 计划:马戏团

关于这个计划,柯维希并没有提前为莫诺提供多少细节,他这一次的安排在乌尔曼看来就像是一出尤涅斯库的戏剧。其基本方案是将乌尔曼和她丈夫塔马斯·鄂尔多斯伪装成到波兰和捷克斯洛伐克表演的马戏团的成员。为了获得方案的细节,乌尔曼在布达佩斯与马戏团的联系人见了面。联系人提议,让她藏在狮子笼里……和狮子在一起!他们会给狮子喂安眠药,让它昏睡。联系人向乌尔曼保证说,这只大猫不会乱动的。乌尔曼首先想到的是这人在开玩笑,她问:"要是狮子醒来,感到饿了该怎么办?"

乌尔曼告诉塔马斯,她认为这是个疯狂的主意。马戏团团长最终也认为该方案风险太多，否决了这个计划。

计划取消后，柯维希通知已经不抱太大希望的莫诺：“A 和 T……明白事情一直在进展之中，他们没有被抛弃，而且你一直在为他们帮忙。现在应该让他们耐心等待下一个机会。”

莫诺一直希望亲自到匈牙利去安排一次行动。3 月 7 日，他告诉柯维希，他收到匈牙利科学院到布达佩斯演讲的官方邀请，他问柯维希：“你是否知道有没有什么组织或者理由能够让我在 5 月或 6 月多在匈牙利停留一周？”

“X”是一种消息

除了做准备到匈牙利去并和柯维希制订一个计划，莫诺还有很多任务。他和雅各布与亚瑟·帕蒂的越洋合作取得了新的重要进展。

1957 年底的“睡衣”基因传递实验结果表明，酶合成是在半乳糖苷酶基因转化成细胞之后立刻开始的——在几分钟之内。得出这些观察结论后，莫诺、雅各布和帕蒂对过去生物学界的主流看法——单个核糖体是与特定蛋白质的生成对应的——产生了怀疑。核糖体似乎不会生成得如此之快，然后被用于新蛋白质的生成。他们的怀疑令雅各布提出存在一种不稳定的介质“X”，它负责携带信息，在 DNA 与蛋白质之间传递。

莫诺、雅各布和帕蒂面临的挑战是，找出一些方法来确定基因是不是这种介质的生成原因——无论其稳定与否，都是蛋白质合成的必要元素。基本的实验理念是，在传递后的基因被移除后，确定酶合成是否会在细胞中继续。如果酶合成停止了，那就说明核糖体不能在没有基因的情况下生出蛋白质，就排除了稳定介质存在的可能性。也说明 DNA 和蛋白质之间的介质是不稳定的。测试这些想法的问题在于，没有能够在基因传递后将其移除的物理方法。

返回加州大学伯克利分校后，帕蒂及其研究生莫妮卡·瑞利通过一种巧妙但技术难度很高的实验解决了这个问题。他们使用的方法是，在配对之后使用放射线将传递后的半乳糖苷酶（z+）基因摧毁，然后观察酶合成是否继续。

瑞利将供体细胞放到介质中培育，磷的唯一来源是含有放射性的磷 32（^{32}P）。因此，供体细胞的 DNA 含有高度放射性。然后将细胞与 z– 和 i– 受体细胞配对。在允许的配对时间之后，放射性的 z+ 基因已经完成传递，酶的合成开始。瑞利打断了配对，将细菌冰冻在防护层中。当细菌的新陈代谢停止后，其 DNA 中磷 32 的放射性衰变还会继续。磷 32 释放出的 β 粒子会打破传递后的 z+ 基因的 DNA 联结。冷冻数日后，被传递的基因就会分崩离析。

然后，瑞利将配对细胞解冻，把它们的酶合成情况与接收了没有被放射物影响的基因但经过类似处理的控制组的细胞比较，她发现，在传递后的基因失去活性的细菌中，其酶合成实际上已经被阻断了。结果说明，基因的一直存在是蛋白质合成的前提；不存在稳定的介质。

目前尚存两个可能性：要么根本不存在什么介质，DNA 会直接控制蛋白质的形成，但这在有细胞核的细胞中似乎是不可能的，例如，动物细胞的 DNA 位于细胞核，而蛋白质的合成是在外部的细胞质中进行的；或者更有可能的是，介质是不稳定的。确定这种介质是打开克里克黑箱的钥匙。

4 月中旬，雅各布到伦敦去参加一个微生物学会议，然后顺便到剑桥与弗朗西斯·克里克和西德尼·布伦纳见面讨论最新的研究进展。布伦纳是移居剑桥的南非遗传学家。耶稣受难纪念日下午，他和另外几位访问者来到布伦纳在国王学院的公寓。与其说是讨论，雅各布感觉这更像是一场考试，以克里克为首的提问者向他连珠炮般地不停发问。

但雅各布知道自己处于有利地位：他拥有数据。他介绍了操纵子的模型，该成果最近才在法国发表。接着他描述了瑞利和帕蒂的新实验及其结果。雅各布解释了大家关心的磷 32 实验的每一个步骤和细节。布伦纳和克里克虽然早已知道帕蒂和巴斯德研究所的团队是出色的实验学家，但他们还是被震惊了。当雅各布指出实验结果及其推论——不存在稳定介质——的时候，克里克和布伦纳立刻意识到该实验的重要性。"这是决定性的时刻。"克里克后来回忆道。

布伦纳和克里克展开了热烈的讨论，雅各布几乎跟不上他们的速度，好几分钟过去后，他才明白论战的要点。布伦纳、克里克与大多数分子生物学家一直都怀疑核糖体和核糖体 RNA 的稳定性。诚然，核糖体是稳定结构，但新的实验证明来自基因的信息并不稳定。克里克意识到，核糖体只是用于读取来自基因的信息的机器；不像很多人所相信的那样，其 RNA 并不携带基因信息。

那么，这种信息的本质是什么呢？根据雅各布的实验数据，布伦纳和克里克想起两名美国研究者艾略特·沃尔钦和拉萨路·阿斯特拉罕曾在田纳西州橡树岭国家实验室做的实验。1956年实验结果发表出来的时候,人们尚未意识到其重要性,而现在它成了关键线索。沃尔钦和阿斯特拉罕发现,当某种叫作"T2噬菌体"的细菌病毒感染大肠杆菌细胞之后,生成的RNA的组成与病毒DNA相似,与核糖体RNA迥异。克里克和布伦纳意识到,新生成的病毒RNA一定含有来自病毒DNA的信息。

雅各布的"X"一定是某种存在于DNA和蛋白质之间的不稳定的RNA介质。

雅各布有点不好意思:他在看到阿斯特拉罕和沃尔钦的病毒RNA实验结果时为什么没能想到存在不稳定的介质?他、莫诺和帕蒂不知怎么忽略了这个巨大的线索。但这正体现了科学游戏的本质——你必须在看上去无关的观察结果中找到联系,而有些联系似乎并不明显。毕竟,雅各布提出X理论的时候,克里克和布伦纳也在哥本哈根听他的演讲,但他们那时也没有注意到这一点。现在,七个月后,谜题的碎片拼在了一起。

雅各布感到满意的是,那个下午他们把某种抽象的东西确定为实际存在的物质,"纯粹理性的产物再次获得生命"。

"X"被物质化了,但还有很长的路去证明它。

当天晚上,克里克家有一场聚会。不善交际的布伦纳和雅各布拿了一些啤酒和三明治躲到角落里讨论下一步该如何寻找这种不稳定的RNA介质,结果发现他俩竟然都受邀在当年夏天参观加州理工学院:雅各布的邀请人是马克斯·德尔布吕克,布伦纳的邀请人是马修·梅塞尔森;后者是放射性标记和分离大型生物分子的专家。布伦纳和雅各布意识到,他们在加州理工学院可以找到能帮助他们找到所需证据的工具和专业人士,证明新合成的RNA携带基因信息,而且与之前存在的核糖体相关。

他们决定一起到加州理工学院做实验。在嘈杂混乱的聚会上,布伦纳做了大量笔记——很多页的图表和计算,用于设计实验。雅各布受宠若惊,因为他现在拥有了另一位杰出的科学家搭档。

下一步是请加州理工学院的东道主帮忙。回到巴黎,雅各布给梅塞尔森写信,说明他们需要测试的假设:"RNA微粒(核糖体)中可能不存在基因信息,而基因会把一些不稳定的分子输送至这些RNA微粒,对微粒而言,此种分子是一种**消息**(黑体格式为后加),负责携带基因信息,用于特定蛋白质的合成……该假说可以利用受到细菌感染的 T2 噬菌体来进行简单证明。我想西德尼会给你写信详细介绍。"

布伦纳还给梅塞尔森写信，他请东道主提供他们需要的所有放射性标记和器材："你完全知道我们将需要什么。"

E 计划：野营拖车

雅各布计划到加利福尼亚去的时候，莫诺也敲定了他 5 月中旬到匈牙利去的细节。乌尔曼给他写信说，他们正激动地等待他的到来，布达佩斯的每个人都希望见到他。她告诉莫诺，警察仍然在密切监视她和鄂尔多斯。她补充道："我相信，你的访问时间不足以让我们做任何实验。"这是暗示他们没有时间实施逃跑计划。

虽然由于各种原因放弃了之前的所有计划，柯维希仍然在制订全新的方案，而莫诺也会在访问期间帮他安排这个方案。在 4 月的一封信里，他给莫诺描述了新计划，还有他精神方面的疲惫。

柯维希表示，他可以修复一辆二手的 22 英尺长的英式野营拖车。如果他能使用莫诺提供的资金买下这辆拖车，就可以用它把乌尔曼和鄂尔多斯偷运出国。他需要一位愿意冒险的司机。鉴于以前多次被人蒙骗，柯维希认为他应该找一位需要钱的诚实的工人。他写道：

> 我和我的一位新朋友谈过，他没怎么犹豫就答应了。他的名字叫赫尔姆，大约 36 岁，是个汽修工……任务很简单，没有任何不确定因素……拖车上有两张单人床和一张双人床，两个房间，一个厨房和一个浴室。我现在还未决定是否要建造一个能藏两个人的秘密舱室，还是让他们使用现成的床。赫尔姆要带着他的妻子、两个孩子和岳母到南斯拉夫度一个星期的假，还要访问布达佩斯集市。他每次都在晚上经过边境，那时孩子们都会在单人床上睡觉。当然，他的家人不知道这次旅行的真正目的……
>
> 在最后一晚，他将让家人出去观光，然后把我们的朋友带到车上，送孩子上床睡觉，大约四五个小时后就会进入奥地利。

计划就是这样的。

无论如何，我们都不急于求成，我们可以安静地等待赫尔姆一家得到签证。但如果你可以尽快到那里去，那是最好的——去了之后你会知道原因。

如果你有任何想法或确定了访问的时间和抵达维也纳的可能时间，请告诉我。

莫诺立刻给乌尔曼写了一张便条，表示他期待见到她与鄂尔多斯，"这样我们就能讨论我们正在准备的实验了"。

为了了解行动的细节，从而向乌尔曼和鄂尔多斯解释，莫诺决定先飞到维也纳见柯维希。他还打算在从匈牙利返回的路上再次和柯维希碰面，以便把乌尔曼和鄂尔多斯的意见告诉柯维希。

莫诺动身到匈牙利之前，玛德莱娜事先重新抄写了莫诺的地址簿——去掉了柯维希和乌尔曼的条目——以防莫诺被匈牙利当局搜查。他告诉玛德莱娜，如果他必须延长行程来安排偷渡计划，他会给她打电话，让她通知柯维希。

出发之前他还有一个重要任务——与瑞利和帕蒂完成他们的基因破坏实验的论文，提出 DNA 和蛋白质之间存在不稳定介质的假说——雅各布将很快到加州理工学院测试该假说，伯克利和巴黎两地的科学家们将互相寄送各自撰写的论文草稿。最后，经过七个月的起草和修改，论文被寄到《分子生物学期刊》。

5 月 13 日下午晚些时候，把一切准备工作都做好了的莫诺提着他的行李，从巴斯德研究所的办公室出发了。所有知道他此行目的的同事，包括勒沃夫，都在走廊上目送他离开。

布达佩斯观光

在维也纳见到柯维希并讨论了行动的各个方面之后，莫诺 5 月 14 日抵达布达佩斯。他计划访问多家研究所和塞格德大学，会见科学家和学生，在匈牙利科学院举行讲座。

乌尔曼和鄂尔多斯作为东道主全程为莫诺服务，这样他们就有机会私下谈话，讨论行动的每个细节，考察柯维希的司机和乌尔曼一家可能在布达佩斯碰面的地点。

但是在不引起怀疑的情况下做到这些并不容易。来到布达佩斯的第一天，莫诺就去了乌尔曼和鄂尔多斯的公寓。莫诺刚开始提到行动的事情，乌尔曼就用枕头把电话盖住，她怀疑那里安装了窃听器。

莫诺理解她的用意，笑着说："噢，我们去散个步吧，这里的环境很漂亮。"他仿佛又回到了抵抗运动时期。于是，三个人到附近的公园里散步。

莫诺过去从未与鄂尔多斯见过面，两人相处十分融洽。鄂尔多斯的才智和健壮的身体给莫诺留下了深刻的印象。莫诺发现鄂尔多斯为人冷静，特别是在随时有可能被捕的情况下。莫诺看出鄂尔多斯逃离匈牙利的决心，即使面临终身监禁的风险也在所不惜。当时，匈牙利的边境警卫森严，没有人能够偷跑出去。

他们接下来要商讨行动的细节。最重要的事情之一是确定乌尔曼和鄂尔多斯与赫尔姆的碰头地点，让他们在不被发现的前提下进入野营拖车。莫诺无法租到汽车，因为匈牙利没有这个服务，所以乌尔曼从匈牙利科学院找来一辆汽车和一位司机。莫诺告诉司机，他想去多瑙河看看，于是他们假装观光，到河边选择碰头地点。

司机不理解莫诺为什么对多瑙河感兴趣。因为莫诺频繁要求他停车："噢，我想要看看这里的风景。"

司机总是告诉莫诺："这里没什么好看的。"

莫诺说："我喜欢河。"

多瑙河沿岸有很多无人居住的狭长地带，只有树木和小块空地。关键在于找到一个隐蔽得很好又靠近公共汽车站的地方，以便乌尔曼和鄂尔多斯到那里去。莫诺把一处地方指给他们看，三人下了车，记下了路标上写的公里数。

司机后来表示，法国教授对大自然的热爱令他印象深刻。

鄂尔多斯在行动清单上补充了好几条。其中之一是，边境守卫是否会搜查拖车。他建议莫诺，让赫尔姆首先开车到边境试一下，看守卫会不会搜查。莫诺同意了，后来他把此事告诉柯维希，让赫尔姆把测试情况通知乌尔曼和鄂尔多斯。

莫诺对匈牙利的正式访问大获成功。他用英语在匈牙利科学院进行的演讲是 1948 年以来"基因"这个词在一个仍然受到李森科主义影响的国家首次被公开提起——李森科一直否认 DNA 的作用，甚至在沃特森和克里克做出发现多年后仍是如此。匈牙利很少有科学家熟悉细菌遗传学，所以莫诺为他们带来了全新的视角。与会者纷纷表示，他们从未听过莫诺这样的演讲。他让全体听众入了迷。

莫诺还有其他的官方任务。他与法国驻匈牙利大使共进午餐，对方提醒他，与乌尔曼说话时要格外小心，因为她显然是匈牙利秘密警察派来的特务！莫诺觉得很好笑。他后来告诉乌尔曼时忍不住笑个不停。

访问塞格德大学期间，莫诺和几位同事共进晚餐，还有一位出色的吉普赛小提琴家为他们演奏乐曲。当莫诺得知这位音乐家不会识谱时，他想知道对方是否仅仅通过听别人吹口哨就能把口哨的调子演奏出来，对方表示可以。于是，莫诺用口哨吹出了莫扎特和巴赫的调子，小提琴家则完美地将它们演奏了出来。

在维也纳停留并将来自乌尔曼和鄂尔多斯的信息转告柯维希之后，莫诺 5 月 20 日返回巴黎。

莫诺用代码给乌尔曼和鄂尔多斯写信，告诉他们柯维希和赫尔姆正在实施计划："我们打算有条不紊而积极地进行。为此，汤姆认为，将分歧杆菌的实验由他负责对我们会有很大的帮助。"

莫诺告诉柯维希，他会打给他 50000 奥地利先令，以供支付拖车费用和赫尔姆的佣金。他还要柯维希与之保持密切联系：

> 我一直在考虑我们的计划以及如何使其生效。如果你能够及时告诉我各种信息，如日期、组织和藏匿地点等等，我将不胜感激。
> 我越是考虑越觉得边境方面的两次测试具有极高的重要性。应该让赫尔姆告诉 A 测试的情况，这样他们就能自行决定是否实施计划。

这位前抵抗组织的军官还担心保密问题：

> 另外，我想强调的是，罗毕奇尔车库（柯维希和赫尔姆工作的地

方）周边的保密问题，虽然不太可能泄密，但存在很大的潜在风险。必须让赫尔姆明白这一点。

　　向你和伊娃致意。我向上帝祈求很快见到你们四个人。

藏在浴缸下来到奥地利

6月初，赫尔姆首先去了一次布达佩斯，拜访了乌尔曼的学院，但他只会讲德语，乌尔曼怕他引起同事的怀疑，就顺便找了个借口：她正在用德语给来自东德的大一医学生讲课，所以赫尔姆的来访和这些课程有关。尽管如此，她还是希望尽快送走赫尔姆。

他们简短地讨论了行动细节。行动当日，乌尔曼和鄂尔多斯只有几个小时来做准备。会面地点安排在布达佩斯和埃斯泰尔戈姆之间的路上，赫尔姆届时会在那里等候他们。乌尔曼和鄂尔多斯将乘坐公共汽车到碰面地点。他们走的时候将只带着衣服。

—— m ——

行动日期定在6月18日，星期六。

17日，赫尔姆及其妻子入住布达佩斯的一处旅馆。然后赫尔姆到乌尔曼家，让她知道他已经来了，并且次日到约定地点碰头。乌尔曼和鄂尔多斯知道，如果他们消失不见会引起怀疑。为了不让秘密警察跟踪，他们告诉一些朋友，说准备到某个湖边游玩。

他们乘上从布达佩斯开往埃斯泰尔戈姆的公共汽车，在碰头地点下了车。赫尔姆不在那里。乌尔曼和鄂尔多斯知道时间紧急，因为到奥地利边境需要开很长时间的车，他们必须在天黑之前赶到。

终于，在两人焦急的等待中，赫尔姆和妻子开着他们的汽车来了，后面拖着野营拖车。乌尔曼和鄂尔多斯上了汽车。乌尔曼吃了一片镇静药，这样既可以保持冷静，又能防止藏在拖车里的时候咳嗽。

抵达边境前两个小时，赫尔姆停下车，他妻子和两个孩子到多瑙河边散步拍照。赫尔姆打开野营拖车，让乌尔曼和鄂尔多斯上去。

拖车里面很大，有一个厨房、一个起居室、一个浴室和一个能放下两张床的卧室。见此情景,乌尔曼立刻否定了这个计划,她对赫尔姆说:"我不会进去的,他们一定会先搜查这里。"

然而没有多少时间实施任何备用计划了。乌尔曼注意到浴室里有一个大箱子,便问赫尔姆:"箱子里有什么?"

"就是一些东西。"他说。

乌尔曼问:"能不能藏下两个人?"

赫尔姆迟疑了一下。"比较难,"他说,"不过,有可能挺安全。"

大箱子就像一个衣柜一样,里面装满了旧衣服和毛巾,上面还放着一个浴缸。乌尔曼感觉那个浴缸还没有被用过。赫尔姆迅速把衣服和毛巾扔出拖车,为乌尔曼和鄂尔多斯腾出地方。箱子里的空间恰好够两个人塞进去,他们每人随身带着一小罐水,渴了就用吸管吸水喝。乌尔曼在头上包了一块亚麻布。鄂尔多斯告诉乌尔曼:"不要动,不到最后时刻不要说话。"

赫尔姆关上箱子,把浴缸放在上面,回到汽车里,朝边境开去。

在奥匈边境,两位海关官员拦住了赫尔姆的车,表示他们要检查野营拖车内部。赫尔姆同意了,他把妻子留在汽车里,打开了拖车的门。

一位官员用手电筒照过了拖车的所有部分,还问赫尔姆每个房间是干什么用的:"这是干什么的?"

"起居室。"赫尔姆回答。

"那这里呢?"警察接着问。

"厨房。"赫尔姆说。

乌尔曼和鄂尔多斯可以清楚地听到他们的对话。乌尔曼的心狂跳起来。

"这里呢?"警官问。

"这是浴室。"

"还有浴室?"警察惊奇地说。

"是的,我们有个浴室。"赫尔姆说,"我给你看看。"

浴室太小,两个人同时进不去;赫尔姆占据了几乎全部空间,身体无法转动。

警官指着浴缸下面的东西说:"浴室里有什么,浴缸下面?"

"没什么，"赫尔姆说，"就是我们放脏衣服的地方。"赫尔姆敲敲木头箱子。

"打开它。"警官命令道。

赫尔姆费力地把盖子打开半英寸。乌尔曼发现警官的手电筒的光线照到了她的手，她想慢慢把手收回去，但警官没有看到她，反而看到了她用来遮头的亚麻布，他想知道为什么在浴缸下面的箱子里会出现布料，便让赫尔姆打开箱子。

"我不会打开它的。"赫尔姆抗议道，并宣称他在南斯拉夫的时候已经打开过了。"我会为你锯开它。"他提议道。

赫尔姆抓过一把锯子，做出一个要锯开这个隔间的举动。

"好了，可以了。"警官满意地说。

两名警官又检查了卧室，让赫尔姆把床拆开——不出乌尔曼和鄂尔多斯所料。

对搜查结果表示满意的警官们离开了拖车。

躲在箱子里的乌尔曼和鄂尔多斯感觉拖车开始慢慢移动，但接着又停了下来。

乌尔曼听到警官说需要填写一些表格。

在边境待了将近一个小时后，拖车又开始前进。过了一会儿，乌尔曼闻到了汽油味。她知道匈牙利那一边没有加油站——他们进入了奥地利！

距离奥匈边境足够远后，乌尔曼和鄂尔多斯的四肢已经麻木，他们慢慢爬出箱子，呼吸着奥地利的新鲜空气，感受着自由的气息。

拖车第二天才能到达赫尔姆家，所以他们决定先睡一觉，并且给莫诺和柯维希打了电话，告诉他们乌尔曼等人已经顺利逃了出来。

莫诺给伯克利的帕蒂、在帕萨迪纳的雅各布、纽约的萨坡，以及其他为行动提供过援助的人发了电报，告诉大家这个好消息。

当周一玛德莱娜来到巴斯德研究所时，莫诺已经到了。他对她喊道："艾格尼丝和汤姆在维也纳了！"

玛德莱娜大喜过望，跑过去给了莫诺一个吻。

几天后，莫诺收到了乌尔曼从维也纳写来的信：

你组织了一次看上去绝对不可能成功的行动。你不仅组织了它，而且考虑到了所有细节。为此你付出了多少辛劳的时间？对于占用了你的时间和精力，我感到非常愧疚。你是个非凡的人。如果我没有见过你，你这样的人只会存在于我的想象中，是虚幻中的人物。有些人是永远感谢不完的，有些事永远无法让人忘怀。语言无法完全表达我的感激之情，也无法描述自由对我来说意味着什么……而这份自由因为有你我才能够得到。

第三十三章

合 成

> 我们对自然的观察一定要勤快,我们的反思一定要深刻,我们的实验一定要精确。但我们很少看到这三种手段被结合起来,基于这个原因,创造性的天才并不常见。
>
> ——狄德罗《对自然的解释》

雅各布没有在巴黎庆祝乌尔曼和鄂尔多斯的解放。他仍然在帕萨迪纳和布伦纳在一起,他有些沮丧,因为经过三周的实验,他们没有取得什么进展,对于两个从未合作过的人来说,从相距六千英里的地方飞到同一个实验室,进行短期的复杂实验并不是一件容易的事。对雅各布来说,他是第一次在巴斯德研究所之外的地方工作。

而且,很少有人相信他和布伦纳的理论。来帕萨迪纳之前,雅各布在美国西海岸召开了一系列研讨会,他和莫诺的基因调节理论得到了大家普遍的接受——包括他们提出的抑制基因、操纵基因和操纵子的概念——然而他们提出的某种介质在基因与核糖体之间传递信息的设想却没有被接受。邀请雅各布到加州理工学院去的马克斯·德尔布吕克两手一摊,表示:"我不相信它。"

但是没有人劝阻布伦纳或雅各布尝试他们的实验。他们的设想是用放射物"标记"新合成的噬菌体 RNA,然后看它是否与已经存在的核糖体相关。他们打算凭借梅塞尔森的独特专业技术标记成长中的细胞的分子,根据其密度将大分子和化合物从高速离心机中分离出来。

但进展并不顺利,在使细菌在重同位素碳(^{13}C)和氮(^{15}N)中生长以便标记核糖体时，他们遇到了困难。在分离过程中，核糖体总会在高浓度氯化铯中解体。为了设置关键的测试，布伦纳和雅各布一直在修改实验条件。而且，雅各布在战争中受伤的腿在加利福尼亚的高温中又疼痛起来。即使德尔布吕克一直对他耳提面命，并且开玩笑地问他对X物质有什么新发现也无济于事。

布伦纳和雅各布的东道主虽然怀疑他们的设想，但对他们的招待非常周到，他们邀请两人参加很多聚会、午餐和晚餐。然而，由于尚未取得任何成果，布伦纳和雅各布开始商量是否应该留在这里继续下去。最后，他们决定再待几天，6月底的时候离开。

虽然时间快要用完了，但获得成果的希望不大，于是他们决定去海边放松一天。即使在海滩上，雅各布和布伦纳还在继续讨论他们所做的实验改进。突然，布伦纳叫道："是镁！是镁！"布伦纳意识到是镁将核糖体凝聚在一起，而极高浓度的氯化铯的浓度是镁的8000多倍，在实验中取代了镁。

布伦纳和雅各布迅速赶回实验室，用高浓度的镁重复了实验，这是他们最后的机会。布伦纳问雅各布应该加多少镁，雅各布建议把镁的浓度提高十多倍，布伦纳说："好吧。"但他也提议在另一个试管里把镁的浓度提高一百多倍："多放点不会有什么坏处。"

他们急于开始实验，因为离心机工作的时间非常长，匆忙之中，雅各布找不到他的试管和移液管，而且把大量的放射性磷洒到了水槽里，他们虽然冲洗了水槽，但它仍然带有放射性，所以他们溜进大楼的地下室，把受污染的器械藏在一台可口可乐机后面。

然而又出现了一个问题。因为长期运转，离心机坏掉了，为了拯救实验，他们不得不把沉重的离心机转子安装到另一台离心机上，把装有样本的各种试管移过去。这样做的危险在于，用离心机分离核糖体DNA必须在低温环境下进行。如果转子发热，他们的实验就毁了。布伦纳设法快速而小心地把转子拿到另外一个低温房间，把它安装在另一台离心机上。

离心机运行结束后，他还要把转子拿回实验室。样本在离心作用下已经变成了液体的多层糊状物，如果布伦纳摇晃或者撞到了试管，分离过程就白费了。他万分小心地拿着转子穿过大楼，就像那是一件神圣之物。

布伦纳紧张而娴熟地把试管底部刺穿，让试管里的每一滴液体都通过盖革计数器，测量其放射性。如果实验有效，而且布伦纳和雅各布的设想正确的话，放射性 RNA 将与较重的、预先存在的核糖体有关，而与较轻的核糖体无关。他们看着一件件样本逐一通过计数器。在多加了镁的第一个试管里，他们发现当含有较重的核糖体的样本滴入计数器时，放射性读数上升，较轻的样本通过时读数则下降。见此情景，两人高兴地叫起来，跳起了双人舞。

他们得到了证明存在某种把信息从 DNA 携带到核糖体的 RNA 介质的第一项证据。

两人的加利福尼亚之旅终于不虚此行，时间也刚刚好。克里克的黑箱被打开了。

两天后，雅各布飞回巴黎。

杰作

莫诺没有在巴黎庆贺雅各布的凯旋。解决了乌尔曼和鄂尔多斯的逃离问题后，他到夏纳度假一个月。此外莫诺还为两人没有身份证明、钱和住的地方而担心。

因为莫诺的哥哥费罗在外交部工作，所以他相对容易地为乌尔曼夫妇取得了法国签证。两人安全抵达奥地利后，莫诺就请费罗为其安排签证，因为费罗准备担任法国驻奥地利大使，所以他慷慨地让乌尔曼夫妇在他的公寓里住一年。

至于生活费用，两人可以使用之前莫诺为他们募集的出逃资金剩下的钱，足以供他们在奥地利等待移民申请被批准期间使用，等他们定居巴黎后，还能再用几个月。

获得法国签证后，乌尔曼夫妇终于在 8 月 10 日抵达巴黎东站，此时距离他们逃离匈牙利过了两个月。在车站等候的玛德莱娜把他们带到附近的一家咖啡馆吃早餐。鄂尔多斯把那里的一种面包命名为"自由羊角面包"。次日，乌尔曼和鄂尔多斯来到巴斯德研究所，与度假归来的莫诺共进午餐以示庆祝。

当然，两位科学家还需要找工作。莫诺再次亲自出马，给各地的同行写信，他很快为乌尔曼争取到了一个洛克菲勒基金会资助的巴斯德研究所研究员的职位，鄂尔多斯则在巴黎以外的一处研究所找到了工作。

这件事情解决后，雅各布也从加利福尼亚回来了，莫诺又与雅各布展开了合作。

三年来，他们已经取得了惊人的进展。雅各布的噬菌体诱导与酶合成诱导的联系假说促使他们证明了抑制基因、操纵基因和操纵子的存在，还提出了基因调节的普遍模型。而现在，有赖于布伦纳的巧妙设计，他们发现了雅各布的"X" RNA（从基因携带信息到核糖体，用于生成蛋白质）的存在证据。

然而他们的进展或许太快了，以至于科学界还来不及完全理解和消化莫诺与雅各布的发现。自从与帕蒂发表第一篇"睡衣"论文以来，他们每隔几个月就会推出一系列的新论文，证明一项刚提出来的假说、证实某种新物质或者提出新假设，而这些假设又会很快在实验室中得到证明。鉴于多篇论文是由法语写成，可以理解的是，甚至一些著名的同行都尚未理解他们的成果的意义，遑论其他生物学家。实际上，雅各布和布伦纳的新实验结果还没有发表，到第二年才会面世。

莫诺和雅各布认为他们应该用英文写一篇综合论文，提炼所有数据，总结所有观点，在历史背景下进行论述，探讨更为深刻的可能性。

这意味着莫诺需要投入更多的时间和精力，进行更全面的安排，其挑战在于如何把各项工作成果统一起来，既说服别人接受他们的观点，又促进新的研究的展开。

为了说服别人，莫诺进行了很多尝试。他曾经成功地把酶适应的概念更正为酶合成的诱导，而且在关于李森科的论战中获胜。莫诺的语言才能令其很有自信，他可以写出漂亮的英文论文。雅各布则觉得自己的英文很蹩脚。光是完成英文论文就需要他们好几个月的时间。

但是，两人都知道这样的努力是值得的，会得到极高的回报。玛德莱娜也深知这一点，她将帮助他们把文章打出来。一年前的1959年10月，梅尔文·科恩曾经偷偷给她写信，索要莫诺的履历，以便重新发表他的论文。最初，他告诉她这些文件是用来支持莫诺与勒沃夫共享某个科学奖项的提名的，后来玛德莱娜问科恩这些文件是不是用来申请诺贝尔奖的，科恩证实了她的疑问，并且拜托她保密。

玛德莱娜遵守诺言没有将此事告诉任何人,并且满怀希望地等待诺贝尔奖的公布。一年后,在宣布诺奖获奖者的当天,她正在莫诺办公室处理信件的时候,电话响了,是一位记者询问赢得1960年诺贝尔奖的两位免疫学家的事情。

次日上午,莫诺让玛德莱娜给那两位科学家写信道贺,接着他问她:"你知道吗,玛德莱娜,还有谁是今年诺贝尔奖的候选人?"他压低声音说:"勒沃夫先生和我。"

"我知道。"玛德莱娜微笑道。

莫诺露出吃惊的表情。

"十个月前我就知道了。"她说。

"谁告诉你的?"莫诺问。

第一次占到老板的"上风",玛德莱娜非常愉快。她回答说:"抱歉,先生,我不能告诉你。"

接着玛德莱娜从桌前转过身,问莫诺是谁告诉他的。

"科恩!"莫诺说。

她的老板对诺奖很是憧憬:"当然,得奖会让我开心,我可以买条船……提高声望。但获奖者也有不便之处。"

莫诺说,获奖会在科学家之间招致敌视。他还害怕像他的朋友加缪那样,因为获奖而终结了创作生涯。莫诺告诉玛德莱娜,他不认为自己已经无所作为了,也不觉得他会赢得这个奖。玛德莱娜表示,她敢肯定他能得奖。

此后的每年10月,诺奖评选结果公布的前一天,巴斯德研究所的人都会虔诚祈祷他们之间会出现获奖者。

即使没有获奖,莫诺也不会太失望。毕竟,沃特森和克里克也没有获得诺奖,而他们做出那个伟大发现已经七年了。莫诺的工作——包括与雅各布合作的部分——取得成果的时间比他们晚得多。实际上,有些成果还不被人理解,需要进一步的宣传。

1960年秋天,他们把论文标题定为"蛋白质合成中的基因调控机制"。文章对蛋白质合成是如何控制的等相关问题进行了综合性的概述,在很大程度上也是对假设–演绎的科学方法的出色展示。

之前论文的论述风格都是莫诺确定的,即"如果 X 是真的,那么应该观察到 Y。但我们却观察到 Z,所以 X 一定不是真的,所以必须考虑备选方案 A"。然后应该检验是否出现了 A 的衍生物。像往常解决科学问题一样,莫诺和雅各布在文章中明确地阐释了各种备选假说,枚举了每种假说的各种推论,回顾了支持或反对各项假说的实验证据的细节。提出主要结论之后,他们才会论述下一个问题。他们对基因调节的新构想是一块一块地拼接而成的,建立在接连不断的充分结论的基础上,阐释了他们三年来假设、发现和命名的各种物质(抑制基因、操纵基因、操纵子、结构基因、调节基因)。尽管雅各布和布伦纳的"X"RNA 研究成果尚未公布,他和莫诺还是在综合论文中引入了一个新的术语,将 DNA 和蛋白质之间的不稳定的 RNA 介质称为"信使 RNA"。(更多细节和论述请参考本书附录。)

从他们对细菌中基因调节模型的缜密和详尽的阐述中可以看出,莫诺和雅各布急于确定其成果对于解决其他生物学奥秘的普遍意义。他们使科学界对细胞分化和胚胎发育产生了格外的重视。例如,动物的肝脏细胞比肾脏、皮肤等细胞制造的蛋白质种类更多,但每种细胞都含有相同的 DNA,这一组相同的基因叫作"基因组"。他们找到了胚胎发育的主要问题的原因,并再一次确定,需要解决的核心问题是"找出细胞总是无法表达基因组的所有遗传特性的原因"。莫诺和雅各布指出,他们在细菌方面的发现也适用于这一普遍问题,因为细菌基因在不需要的时候也会被抑制,所以区分各种细胞类型的基因在某种程度上被抑制在其他细胞类型之内。他们后来用一句双关语作为总结——"大肠杆菌如何,大象也如何。"

莫诺和雅各布计划在假期到来之前完成和提交综合论文。终于,在圣诞节前一天,他们写完了论文并交给了《分子生物学》,该刊物是这一尚显年轻的学科的主要期刊。

大部分文章在这本刊物上都只占几页,而雅各布和莫诺的论文占了整整 39 页,这是《分子生物学》有史以来最长的文章,其后多年也没有类似的文章在长度方面与之媲美。

这是现代生物学的一个里程碑。

他们新颖的思想、缜密的逻辑以及全面的解释能力立刻给读者留下了强有力的印象。沃特森和克里克发现的DNA双螺旋揭示了基因的结构和遗传机制，而雅各布与莫诺的合成理论说明了基因是如何进行调节的。凭借这些成就，他们实际上已经把未来的诺贝尔奖收入囊中。

两人的共同成就也分别是各自的个人职业生涯的里程碑。自1940年12月莫诺与勒沃夫进行了那次决定他命运的讨论——莫诺第一次知道"酶适应"这个术语——之后，他就把所有精力都投入到理解这一现象上。现在他在这方面已经达到了相当的高度。

对雅各布而言，此项成就伴随着他的两大人生纪念日的到来：20年前，这位年轻的医学生在法国战败之际无奈离开祖国；十年前，勒沃夫同意毫无经验、背负战争伤痛的雅各布加入他的实验室。

在那个寒冷晦暗的圣诞前一天的下午，雅各布走出实验室，来到覆盖着积雪的红发博士街。他在巴斯德本人监造的研究所原建筑前面向左转，空旷的街道上只有他一个人踩着积雪的脚步声，他深爱的巴黎城里的这座建筑是他人生过去十年的见证。遥想当年的经历，他有一种如梦似幻的感觉。

他向右走，来到巴斯德大街，又左转到拉蒂路，街上拥挤着刚刚完成圣诞购物的巴黎人。雅各布大步走过蒙帕纳斯火车站，1944年8月25日，肖尔蒂茨将军曾在这里向"雅各布的将军"勒克莱尔投降，当时雅各布躺在瑟堡的医院里，错过了见证这一历史性的时刻。他向右走，来到蒙帕纳斯大街，前方就是1958年夏天让他灵光一现的那家电影院。他又经过圆顶餐厅、紫丁香咖啡馆和恩宠谷军事医院——他在那里度过了1944年的圣诞节。雅各布又向卢森堡花园走去。

街道两旁再次变得空寂冷清。他走进花园。又开始下雪了，地面上纯白的雪毯不断加厚。接近库贝万街时，可以看到他的公寓俯视着楼下的花园。这时天黑下来。街灯和各家的灯火亮了起来，如同给巴黎施了魔法，它仍然是世界上最美的城市。

尾声
法语课

> 对于智者来说,世界上没有秘密,他为什么要流浪在通往永恒的路上呢?
>
> —— 阿尔贝·加缪《笔记:第三卷》

第三十四章

穿实验服的加缪

> 我熟悉一些人,我能够通过他们的行为、他们总体的行动以及他们的经历在生活中造成的结果分辨出他们来。
>
> ——阿尔贝·加缪《西西弗神话》

巴斯德研究所每年的诺奖祈祷结束于 1965 年 10 月 14 日下午一点——那时,莫诺、雅各布和勒沃夫分别收到了来自斯德哥尔摩卡罗林斯卡学院的电报,通知他们"因为在酶和病毒合成的基因控制方面的发现"而获得了诺贝尔生理学或医学奖。

自从 1935 年弗雷德里克·约里奥和伊伦·约里奥-居里(皮埃尔和玛丽·居里之女)获得诺贝尔化学奖以来,他们是 30 年来第一批获得此项诺贝尔奖的法国人,因此三位分子生物学家立刻成了名人。《巴黎快讯》的头版头条是:

我们伟大的诺贝尔奖三人组

该报的刊文表示,"三位法国人在生活和工作中密切合作,进行了美丽而艰辛的努力",头版上还附有一张获奖者的照片。

媒体不仅称赞三人组是法国科学界的骄傲,还报道了他们在二战期间的事迹。《巴黎晚报》在其头版以"三位法国朋友的辉煌历史"为题刊文,讲述了莫诺和勒沃夫在抵抗组织期间的活动以及雅各布在法国解放战争中的事迹,还刊登了一些照片:莫诺和儿子菲利普航海的照片,在这张照片中,莫诺拿着绳子，嘴里叼着香烟；雅各布和他的妻子丽兹以及其孩子们的照片；还有勒沃夫和他妻子玛格丽特的照片，在这张照片中，玛格丽特举着勒沃夫的一幅画作。

杰出的科学家、勇敢的爱国者、热爱家庭的人、坚强的航海者、才华横溢的艺术家——媒体再也找不出比他们更有典范意义的榜样。与早就出名的加缪（他获奖后遭到各种毁谤和中伤）不同，这些科学家过去一直在学术圈外默默无闻，现在他们收到的只有赞美和钦佩（当然，共产党员们的态度除外）。报纸对他们的宣传使这三名勇敢的法国人成为全国家喻户晓的人物。

记者们纷纷来到巴斯德研究所要求采访他们，各种科学、政治甚至哲学方面的场合都会邀请他们。三个人中对此最有准备的是莫诺。他们获得诺贝尔奖的消息公布后，莫诺在接受《新观察家》（让·丹尼尔等人新创办的周刊）的采访时表示，获得诺贝尔奖意味着责任，而他会立即履行这一责任，他的坦诚和直率的表白立刻成为该杂志下一期的主题新闻。

莫诺的获奖不仅是对他多年来科学追求的认可，也为他作为公众人物的生活开启了新的篇章。可以发现他受朋友加缪的世界观影响很大，从这段时期他在国际上的发言、他的畅销论文集《偶然性与必然性》中均可见一斑。例如，莫诺说："加缪的存在主义，从最普遍意义上来说，是我所赞同的。"他对人权、个体自由，甚至必要性反抗的公开承诺使其成为朋友加缪的新化身——穿着实验服的科学家版本的加缪。

此外，莫诺明确地接受和发展了加缪的哲学思想。加缪去世后，《纽约时报》曾经把他的工作主题总结为"思想家对于生活给予的困境的适当回应"。莫诺完全支持加缪的理念，他通过在分子生物学方面揭示生命的奥秘来为这一思想提供了科学方面的支持。

承诺

莫诺等三位获奖者到斯德哥尔摩领奖之前，他们就做出了获奖后的第一个主要承诺——担任法国计划生育运动（MFPF）名誉委员会的联合主席。虽然避孕药在美国早在1961年就开始出售，但在法国却一直被禁止。实际上，1920年法国就立法宣布医生处方、药店和广告中均不得涉及避孕药具，这样做是为了提高生育率，补充一战中损失的人口。

禁令不仅得到了罗马天主教会的支持，而且法国共产党和医学界也表示欢迎。PCF 领导人莫里斯·多列士反对限制劳动阶级的生育："共产党员谴责那些想要限制生育的人，他们这样做就是反对劳动阶级寻求面包和社会主义。"医学界则认为，他们的任务是医治病患，而不是健康人，因此生育控制不属于医疗事务。禁令如此严格，以至于法国的妇科医生在培训期间根本不知道生育控制方面的进步。

由于缺乏最基本的避孕手段，堕胎现象非常普遍，虽然这样做也是非法的，但法国每年的堕胎数量达到 40 万到 80 万，几乎等于新生儿的数量。1956 年，由于担心堕胎引起的风险和各种后果，玛丽-安德里·威尔-哈勒医生创建了"快乐母亲"组织，目的是引起全国对该问题的关注，在该组织的影响下，MFPF 运动应运而生。

得知三人获奖后不久，威尔-哈勒医生就请求莫诺、雅各布和勒沃夫提供支持。三人接受了她的邀请并申明了他们这样做的原因。反对生育控制往往是出于宗教或者政治的意识形态。科学家们不会容忍法律将意识形态置于科学和个体自由之上，这也是莫诺一直信奉的理念。他们写道：

> 因为科学与技术的发展，法律对人的管理不应再遵从两千年前的陈旧伦理。现代社会的基本价值观之一，就是法律必须保障个体的自由。这样一个社会无法容忍用陈旧的原则对妇女进行奴役的行为。
>
> 如果您领导的运动实现了它的目标，很多女人和男人就会知道还有更和谐与平衡的生存状态，很多悲剧也会得以避免，特别是可以杜绝成千上万的堕胎现象，这种现象已经成为严重的社会问题。
>
> 那些反对您的人，无视严峻的现实中的那些悲剧、损害与死亡，他们对此负有巨大的责任。没有人有权牺牲其他人的幸福、健康或生命，无论其信条是多么诚挚与高尚。

莫诺不久便应邀给一本关于生育控制的生物学与心理研究的书作序。他抓住机会为作者叫好，表示他对 1920 年法案的谴责，并且指出科学进步与过时的伦理之间的鸿沟阻碍了社会的进步："毫无疑问，我们的很多同胞会受到你的书的启发，他们会意识到法律在压制科学信息的传播并阻止医生按照其知识和良心行事，这是一种反现代社会伦理的行为，甚至也是违反我们的立法原则的做法。"

MFPF 大规模的行动终于促使 1967 年底纽沃斯法案的出台，反避孕禁令得以停止施行。

莫诺频繁在公众场合露面，最引人注目的一次是 1966 年 3 月底他在马丁·路德·金博士访问巴黎期间的表现。金博士获得过 1964 年的诺贝尔和平奖，那是表彰对他对美国人权运动的领导和对非暴力的承诺。他此行访问斯德哥尔摩、里昂和巴黎，是为其活动募集资金。

如果加缪还活着，他就是最合适将金博士介绍给巴黎人的候选人，而现在这个殊荣交给了莫诺。1966 年 3 月，莫诺在巴黎运动馆面对近五千名精英云集的观众发表了演讲：

"崇尚人权的国家"。

"自由的土地"。

法国和美国的历史上有许多美丽的名字，他们为两国的文化带来了启蒙。

但是，哪个法国人敢说现在法国的人权得到了充分的保证？

还有，谁能够断言现在美国宪法所保障的所有公民的平等原则在法律中得到了充分的施行？

法国和美国这两个国家要想实现这些荣耀的目标，离不开成千上万甘愿奉献其才能、精力和毕生奋斗的公民，甚至要付出令人心碎的代价，才能捍卫自由和正确的信念。

我今晚有幸介绍给大家的正是这样一个人。他就是马丁·路德·金牧师。

金牧师将其生命奉献给他的弟兄——美国黑人——的正义事业。他不是第一人，也不是唯一的战士。在美国，成千上万的黑人和白人都在为同样的目标努力。

而在他们之中,金博士享有无可比拟的声誉,他的权威来自崇高的道德和政治标准,他是黑人兄弟的保卫者和领袖,他有能力指引他们在当前的条件下争取所有人的自由、尊严和权利。1964年颁发给这位甘地信徒的诺贝尔和平奖是有史以来最美的一次。

1968年4月4日金博士遇刺后,在巴黎冬之马戏团馆,反种族主义与反犹太主义和平组织集会悼念金博士,莫诺再次应邀发表对金博士的赞扬。莫诺继续将金博士比作甘地,两人都因为他们坚持的事业而遭到刺杀。

20年前的1948年1月30日,印度民族解放者甘地被一名印度教狂热分子刺杀。这位瘦骨嶙峋的老人流淌鲜血的皮肤下藏的是给我们这个恐怖的世纪带来启示的最伟大的灵魂。这样的灵魂是不朽的;马丁·路德·金这样一个有力量的人物的布道,他对人权、自由和尊严的争取,使得甘地的灵魂找到了新的躯体。这个一度充满活力的躯

1966年3月29日,雅克·莫诺在巴黎运动馆与金牧师的夫人科雷塔·司科特·金握手。莫诺将金介绍给听众。两年后,他在金遇刺后出席悼念仪式并对其表示了赞扬。莫诺的左边是演员西蒙娜·诺雷特(左一)、歌手哈里·贝拉方特(左二)和演员伊夫·蒙当(左三)

体现在倒下了。20 年后,像他的前辈甘地一样,路德·金如自己准备的那样成为殉道者。我知道这一点:他告诉过我。

莫诺赞扬了金对非暴力理念的坚持,提醒听众们美国黑人所遭受的侮辱和不公也出现在法国的土地上。他向听众们提出:

> 让我们听从马丁·路德·金的召唤:
> "我们的运动的目的不是为了通过消除白人的侮辱来解放黑人,而是希望解放美国社会,帮助所有人解放他们自己。"
> 让我们听从这一召唤,这是对我们说的,也是对其他人说的:我们是否完全获得了这样的解放?我们是否永远砸断了愚蠢的民族骄傲加给我们的锁链?我们是否完全理解对他人的蔑视无法换来对自己的尊重?我们是否相信生活在我们的土地上的每一个人都有权获得公正、兄弟之爱和自由?
> 对我们今晚悼念的这位伟人的真正纪念,是我们每一个人都保有一颗这样的良心。

毫无疑问,加缪如果在场,他也会站起来为他的科学家朋友鼓掌。

再次到路障去

马丁·路德·金的非暴力信条不久却蒙上了阴影。1968 年 5 月,金遇刺和莫诺发表悼词只有几周后,巴黎和整个法国都陷入了一场非常近似于革命的抗议和暴乱中。莫诺也被卷入(或者更确切地说是走进)了这场运动,他不仅出现在政治的聚光灯下,还出现在抗议的第一线。

运动的导火索是 5 月 2 日巴黎大学农泰尔分院的关闭。过去的几周,学生和当局之间发生了一系列的冲突,学生们占领了政府建筑并停课一周,警察逮捕了学生领袖,关闭了学院。5 月 3 日,星期五,愤怒的农泰尔分院的学生们因为校园被关闭而涌入拉丁区并向索邦大学校园进发。

索邦大学的学生们加入了他们。下午晚些时候,校长报警,警察立刻赶来清场。冲突在拉丁区爆发。学生们筑起街垒与警察对峙。五百多名学生被捕，一百多名警察和学生受伤。

次日，索邦大学也宣布暂时停课。为了回应，学生联盟（UNEF）宣布在5月6日发动游行，抗议警察对索邦大学的干预，他们认为这是对大学规则的破坏，并要求大学重新开课。

两万多抗议者向索邦大学行进，结果遇到警察组成的坚固人墙的阻击。因为警察对示威者使用催泪弹和水炮来驱散他们，暴力事件再次发生。数百名学生被捕，多人受伤。

政府被学生叛军以暴力的手段出其不意地攻占，他们的驱动力不仅是年轻人的冲动，其根本原因是警察的战术触发了学生们长期以来对法国陈旧过时的高等教育制度的憎恨。大学里的学生人满为患，而师资和工作人员却严重不足，教育管理者极度官僚主义且不负责任。大量的学生在获得学位之前就被开除或劝退。因为大学学位是获得好工作的必要条件，所以学生们普遍对整个教育系统充满敌意。

莫诺等教授长久以来都要求大学改革。他在接受《新观察家》采访时，曾经坦率表达了对法国大学状况的担忧和批判。莫诺认为他们三人的获奖与当前的体制无关。他明确表示，现政府和前政府对他们的获奖毫无贡献，与其他西方国家相比，法国科学是"发展不完全的"。他将法国科学的问题归咎于受到中央政府控制的大学的不景气以及可以追溯到拿破仑时代的落后的教育政策。例如，没有教育部长的批准，莫诺甚至不能自己创立一门课程。这种官僚主义的积弊扼杀了年轻人才的发展。莫诺的率直使他得罪了戴高乐、总理乔治·蓬皮杜和教育部长阿兰·佩雷菲特。

莫诺担心的是即使街头出现了暴力抗议，政府仍无力从根本上解决危机。5月8日，星期三，以莫诺为首的一个教授代表团前往国家议会，他们的目的是向佩雷菲特传达一条紧急信息。莫诺请这位教育部长公开宣布赦免那些在抗议中被捕的学生。部长礼貌地表示，政府正打算这样做，但在部长会议的讨论结果出来之前，他不会这样说。

国家议会的成员们似乎没有一个人察觉到情况的危急性。"这些所谓的人民代表什么都不懂。"莫诺告诉媒体。

莫诺感觉到，既然索邦大学的代表团没有说服国会，那么也许他和其他诺贝尔奖获得者的公开陈情能够引起当局的注意。同天晚上，莫诺给诺贝尔物理学奖获得者阿尔弗雷德·卡斯特勒打电话，请他自愿加入莫诺、雅各布、勒沃夫和弗朗索瓦·莫里亚克，联名向总统戴高乐发出陈情电报。卡斯特勒同意了。电文如下：

> **共和国总统戴高乐将军：**
> **我们请您针对学生的叛乱以个人名义表态。赦免被捕的学生。大学重开。此致敬礼。**
> 签名：雅各布——卡斯特勒——勒沃夫——莫里亚克——莫诺。

他们还把电文副本发到法国各大通信社、报纸和电台。

然而总统却没有任何回应，于是莫诺试图用其他方法引起政府的注意，避免进一步的暴力。5月10日晚上，学生们再次聚集。晚上8点，莫诺试图说服索邦大学校长威胁教育部长，如果政府不同意学生的要求，索邦大学校长就辞职。但校长的态度犹疑不定。

抗议者在拉丁区的街道上修筑了数十个路障。莫诺再次催促校长。全巴黎，乃至全法国都通过广播关注此事。拉丁区里满是记者。莫诺建议校长通过广播向教育部长发出最后通牒，然而校长却无法做到。

在与警察的冲突中受伤的学生们躲进大学校园。莫诺意识到医疗救援队无法通过被封锁的街道进入校园实施救治，于是便给艾格尼丝·乌尔曼打电话，请她到巴斯德研究所的医院，拿些急救物品到他所在的大学理学院来。

"好的，但我怎么才能过去？"她知道圣米歇尔大街上有战斗，"我不知道我的汽车能否通过。"

莫诺生气了。这是乌尔曼到巴黎八年来第一次见到莫诺生气。他告诉她："听着，你既然在1956年能够逃出来，现在也能把车开过来。"

乌尔曼不是很愿意承担这个任务，但她还是来到医院，拿了补给，设法通过了街道。她下了车，步行把东西送到学生和莫诺手中，在大学里过了一夜。

11日凌晨2点15分，警察向街垒发起进攻，在大街上投放催泪弹，汽车被掀翻点着,汽油弹在空中乱飞,抗议全面升级为暴乱。

莫诺和雅各布给教育部长佩雷菲特打电话,对方的态度非常令人不快。缺乏危机感的佩雷菲特还在一直解释他的立场,根本没有考虑到学生,而是强调恢复法律与秩序。比起暴乱,他显然更害怕戴高乐的反应。莫诺只好打断他说:"部长先生,你根本没有担负起与你的政治地位相符的责任。"

莫诺加入了学生们的街垒战。他希望公开支持学生。他给阿尔弗雷德·卡斯特勒打电话:"你同意我们现在宣布完全支持学生吗?"卡斯特勒同意说:"当然。"

莫诺又去见佩雷菲特,给他最后警告:莫诺本人、卡斯特勒、雅各布等人将宣布完全支持抗议者。对方还是不为所动。于是,莫诺从受伤的学生中站出来,通过广播宣布:"在目前的情况下,卡斯特勒、雅各布和我决定与学生们站在一起,情况紧急,出口被封锁了,我们有必要为学生们和伤员让出一条路。"

暴力让莫诺感到恐惧,他非常希望伤者得到救治。当他听说一个年轻女学生在盖-吕萨克街被催泪弹伤到后,便直接去了那条街。找到那名眼睛缠着纱

1968年,在学生运动中,莫诺护送一名受伤的索邦大学学生。莫诺在学生与政府之间担任居间调停人的角色(巴斯德研究所档案)

布的学生后，莫诺拉着她的手走了出来。星期六一早赶来的记者们拍下了还没有换下衬衫领带的莫诺护送学生的照片。

四个小时的战斗造成了数百人受伤，拉丁区的街道上到处是被烧掉的汽车、碎玻璃和冒烟的路障残片。

11日下午，莫诺在理学院主持了一次会议。他提出一项简短动议："请教授们自愿签名，声明他们不再信任教育部长阿兰·佩雷菲特先生。"动议以高票数通过，只有七票反对。法国大学有史以来第一次发起不信任投票。

当天晚上，总理蓬皮杜在国家电视台宣布警方的行动将停止，索邦大学重新开课。

政府的让步意味着学生的胜利，但政府尽到的责任太少，回应太晚。大学以外也出现了骚乱。出于对学生的同情，工会决定罢工一天，在5月13日发起游行。当天下午，数万名工人和学生从共和国广场向丹费尔-罗什洛广场进发。外省地区的学生们也在法国各地的20多所大学校园中示威，南特、克莱蒙特和勒芒的学生还与警察发生了冲突。暴乱一触即发，并且迅速在全国蔓延。

索邦大学重新开课后，数千名学生攻占了校园，开始了关于大学改革的激烈讨论。莫诺是自5月13日起唯一全程出席这场通宵达旦的讨论会的系主任级别的教授。一名学生建议莫诺向学生们讲话。这是个危险的任务，因为随着形势的剑拔弩张，学生们的矛头开始指向教授群体，不再把他们视为同盟。莫诺因为他的威望和头衔也遭到学生的怀疑。

凌晨3点，莫诺告诉学生们，他们取得的进展是"惊人和超乎想象的"，接着，他难得地用颤抖的声音说，学生们现在应该一鼓作气，夺取最后的胜利。他补充道，他认为起义最好从大学校园开始，不要一上来就试图从大学以外的各处发动。

学生们向他发出热烈的欢呼。

然而，大学之外的紧张形势正在升级。快到周末的时候，全国的很多工厂已经发生了罢工。后来又有更多的工人放下工作，到了周末，火车和地铁已经停运。法国航空公司取消所有航班，邮政服务停止。5月20日，星期一，一千万法国工人——约占全国劳动人口的三分之二——参加罢工，要求提高工资、缩短工作周和更好的福利待遇。国家的经济运转停止。学生危机变成社会危机，而且有可能很快变成一场推翻戴高乐政府和法兰西第五共和国的政治危机。

面对示威游行和暴乱，戴高乐却一直保持沉默。他最后才从罗马尼亚回国，并试图镇压叛乱。但戴高乐将军本人也许就是法国陈旧僵化的家长式制度的最大代表。5月24日，他通过电视台和广播向全国发表讲话。戴高乐承认最近的事件说明社会需要改革，但他警告说，改革必须有序："否则我们会引起内战，导致巨大的破坏和对于权力的篡夺。"他承诺在6月举行全民公决，处理一些关于大学改革和工人要求的悬而未决的问题。

戴高乐的含糊表态不仅没有平息骚乱，反而火上浇油，引起全巴黎的暴乱。股票市场陷入火海，人们在巴士底狱筑起街垒，警方再次出动，用催泪弹和警棍对付人群。戴高乐的处理不力让人严重怀疑他的政府能否在暴乱中生存下去。

意识到棋错一着的政府立即同意大规模上涨工人工资，接着戴高乐宣布了一项更大胆的决定：解散国家议会，在6月进行选举。

随着选举日的临近，公众对各种暴力事件愈加厌烦，暴乱的学生们逐渐失去大众的同情和耐心。暴乱发生一个月后，莫诺和雅各布在《世界报》上发布公告，呼吁学生致力于积极解决眼下的问题。莫诺拟定的标题具有加缪的风格——"街垒时有必须，但却并非一劳永逸"。莫诺和雅各布敦促学生们：

> 在大街上表现勇气的时候已经过去了，现在真正的勇敢之举是反对破坏的行为。
>
> 因此，我们呼吁信仰5月运动的所有师生组织起来，共同建设新的大学和未来的社会，不要把我们的校园变成废墟。

人们清除了各种路障。两天后，警察重新控制了索邦大学，清理了自5月13日开始便占据在这里的学生。大罢工结束了，公众的注意力转向即将举行的全国选举。法国投票人出于对暴乱的恐惧和对恢复秩序的要求，大部分将选票投给了戴高乐所在的右翼政党（保卫共和联盟），该党以绝对多数胜出。

莫诺向学生和教师们提出了其个人的建议，5月风暴之后的几个月里，莫诺花了很多时间和精力致力于促进大学改革的展开。他和少数同事获得了理学院全体成员的信任并继续呼吁进行全国范围内的综合性深度改革。11 月，政府正式推出法案进行全面的大学改革。

至于建设更好的未来社会的问题，莫诺面临两难选择。诺贝尔奖带来的名声、他对公众的承诺、他在 5 月风暴期间的行动以及在此期间他几乎每天都出现在报纸上，使他成为一个重要的公众人物和全国性的政治人物。因此，实现其政治承诺的可行道路之一就是从政。

实际上，莫诺的一些与他长期交往、在政界的朋友——大部分在抵抗运动中表现突出——都试图劝说他参加 1969 年春天的总统竞选。凭他的科学成就、二战经历、人格魅力和领导才能，当选并非不可能。但当莫诺告诉艾格尼丝·乌尔曼此事的时候，她脱口而出："他们疯了！"

"不，不，他们是认真的，"莫诺说，"也许我该考虑一下。"

虽然莫诺最后没有参加竞选，但他一直在考虑科学如何能够推动社会的进步——这是他最终的目标。

第三十五章

偶然性与必然性：西西弗回归

> 一个好的作家不仅主宰自己的灵魂，还影响其朋友的灵魂。
>
> ——弗里德里希·尼采《人性的，太人性的》

获得诺贝尔奖之前很久，雅克·莫诺就宣称科学家负有特殊的责任。他曾经在《原子科学家公报》上写道："当客观性、真理和正义受到损害的时候，科学家有责任提出并捍卫自己的观点。"20多年来，莫诺一直坚守自己的信念。在李森科的影响大行其道的时候，除了科学家，没有任何人能够证明李森科是个骗子并提醒公众盲从苏联意识形态的危险。做到这些需要勇气——面对共产党员同行的愤怒——和科学推理的客观性。

另一方面，莫诺不认为科学家的主要贡献是为人类带来舒适和幸福，他觉得科学的最重要贡献通常让人类不舒适——因为科学经常会改变人类对自己的看法。他告诉一位BBC的访谈者："外行总想知道基础科学家的工作有什么实际应用，我认为他们误解了基础科学的作用，这是现代社会的通病：人们认为科学必须得到应用并能够创造技术，而实际上技术和应用只是科学的副产品。我认为科学最重要的成果是改变人与自然的关系，或者改变人类看待自己在宇宙中的位置的方式。"

莫诺以天文学为例："天文学是最不实用的科学，你或许会认为它根本无法应用到现实生活中……但它很有可能是最重要的科学，因为比起其他学科，它更能从根本上改变人的世界观。"莫诺声称："如果我们仍然认为人类生活在一个平坦的圆盘上，世界是由地下或者山上的神灵创造，那就不会发展出今天这样的科学了。"

但是，访谈者指出，公众可能不会接受科学中的那些最基本的观念，他问莫诺这种情况是否有所改观。

"我不这么认为，我觉得这种情况很危险，而且是个悲剧。"莫诺回答，"科学和技术塑造了我们的整个社会，但更重要的是创造了我们观察和看待宇宙的新理念和价值观。实际上，民众、政府、教会、大学和哲学家们并不完全理解这一点。这可称之为现代科学的神经官能症。"

访谈者问："作为获得诺贝尔奖的杰出科学家，你是否有能力与你的同行一起改变现状？我是说，科学家难道不应该为此做出更多努力吗？"

"我完全同意。"莫诺回答。

实际上，这也是莫诺抓住每个机会在做的事。幸好获得了诺贝尔奖，很多机会纷至沓来。在各种公开演讲和发表的文章中，以及他的著作《偶然性与必然性》（1970 年）中，莫诺试图从哲学、精神和思维的层面论述生物学。

莫诺对人类存在问题的拷问体现出加缪对他的影响，他的出发点正是加缪在《西西弗神话》中提出的问题。加缪认为人类总是试图求得理解："从最深刻的欲望角度来看，即使运用最文明的方法，一个人的精神也会与依附于环境的潜意识互相汇合：它是对亲密友爱的要求，是对光明的渴求。"

27 年后，莫诺回应了他的故友："那种希望理解我们的生存意义的冲动与痛苦、将存在合理化和公正化的要求，仍然是人类精神最强大的驱动力。"

莫诺承认加缪的阐释更明确和平实。他的《科学时代的价值》和《偶然性与必然性》的前言中都引用了《西西弗神话》的最后两段：

在这微妙的时刻，人回归到自己的生活之中，西西弗回身走向巨石，他静观这一系列没有关联而又变成他自己命运的行动，他的命运是他自己创造的，是在他的记忆的注视下聚合而又马上会被他的死亡固定的命运。因此，盲人从一开始就坚信一切人的东西都源于人道主义，就像盲人渴望看见而又知道黑夜是无穷尽的一样，西西弗永远行进。而巨石仍在滚动着。

我把西西弗留在山脚下！我们总是看到他身上的重负。而西西弗告诉我们,最高的虔诚是否认诸神并且搬掉石头。他也认为自己是幸福的。这个从此没有主宰的世界对他来讲既不是荒漠,也不是沃土。这块巨石上的每一颗粒,这黑黝黝的高山上的每一颗矿砂,唯有对西西弗才形成一个世界。他爬上山顶所要进行的斗争本身就足以使一个人心里感到充实。应该认为,西西弗是幸福的。(以上译文引自杜小真译《西西弗神话》)

这并不是说莫诺除了转述加缪的观点就没有原创的想法。加缪的唯一出发点是哲学推论,他是在过去的哲学家和作家——例如雅斯贝尔斯、海德格尔、克尔凯郭尔、陀思妥耶夫斯基、尼采和卡夫卡——的观点基础上发展出自己的理论,他的思想基础并没有实证科学的成分。

而莫诺的思想基础则是现代实证科学,他以逻辑为指引,在哲学领域进行深刻探索。加缪写作《西西弗神话》(出现在薛定谔的著作《什么是生命?》之前)的时候,莫诺在 DNA 方面的进展还完全不为世界所知。莫诺从现代科学中总结出最深刻、最富逻辑性、最难以回避的结论,正是这个结论促使他与加缪的观点——如何回应生命的馈赠——不谋而合,使其探索加缪没有触及的二战以来的科学快速发展提出的问题,即科学在塑造现代社会中的价值。

为了说服受众,莫诺提出了四个基本观点:

1. 生物学揭示了人类的出现是偶然性的结果,而不是预先注定的计划。
2. 所有建立在后者基础上的信仰不再无懈可击。
3. 所有建立在此类传统信仰基础上的道德和价值系统是毫无道理的,只能对现代社会造成无法容忍的束缚。
4. 人类必须决定如何生存和如何行动。一个重视知识、创造力和自由的社会是最能够发挥人类潜能的。

人类的出现是偶然性的结果

是查尔斯·达尔文首次改变了我们对人类在自然中的地位的看法。莫诺承认，进化论改变了人类思想的方方面面——"哲学、宗教和政治"。然而，虽然 19 世纪末进化现象就普遍被人们（至少是科学界）接受，但莫诺提出，进化论"需要得到物理理论的进一步证实"。当时莫诺刚刚开始他的酶适应研究，似乎无法用进化论来解释该领域的问题。"30 年前，这种想法接近于错觉。"但确定了某些革命性的进步——DNA 是一种遗传物质、弄清了 DNA 的结构、揭示基因调节的原理并破解遗传密码——之后，生物学从基因密码的分子理论方面对遗传有了确切的了解。

"'生命的奥秘'……向我们显明，"莫诺宣称，"这一事件足以引起当代人的重视，该理论的普遍重要性需要被专业人士之外的大众理解。"

莫诺认为，新揭示出来的生命的奥秘的重要性在于它支持了进化论——莫诺所说的"偶然性与必然性"的相互作用。这本书的标题取自德谟克利特的名言——"宇宙中的每一样事物都是偶然性和必然性结出的果子"。现在人们了解了 DNA 的千变万化、生物的多样性和基于 DNA 的变异，它们都是"偶然"出现的——无法预测、随机地出现在 DNA 单个分子的复制过程中，可能对组织的功能产生各种影响。

只有通过 DNA 复制将变异特征遗传给子代，其必然性才会通过非随机的自然竞争和选择体现在组织层面上。变异也许对组织的生存和复制具有正面的效应、不利的效应或者没有任何影响。莫诺指出："从纯粹偶然性的领域中撤离，进入必然性的领地，是一个不可改变的趋势。"

我们没有必要也没有证据说明存在某种神圣力量的干预和创造。偶然性和必然性、变异与自然选择的力量足以产生和解释这个星球上的所有物种及其多样性，包括人类的存在。

可以肯定的是，人类与其他物种一样不仅依赖于 DNA 这种化学物质，而且分子生物学证明人类与其他物种都通过基因编码来利用 DNA 中的信息。人类与其他物种的解剖学、生理学和行为学差异取决于 DNA 长期以来的无数种变化。

对 DNA、变异和基因编码的最深刻的理解说明"人类是一系列偶然事件的产物"，人类的出现是基于偶然性的过程。"人类的出现只能是一场庞大的蒙特卡洛游戏的结果，我们最终以数量优势获胜。"莫诺写道，"而且，高深莫测的宇宙根本对我们不屑一顾。"

当然，莫诺承认，"这一基础性的科学成果也是最难被大多数人接受的"，因为它推翻了认为人类在宇宙中是非常重要的物种的观点。

分子生物学令莫诺充分理解了加缪的"荒谬"理论——人类渴望意义，宇宙保持沉默。莫诺想知道人类在偶然性的存在中应该怎么做："他应该绝望吗？或者拒绝科学向我们指出的这个结论？人对荒诞的肯定和拒绝荒谬的努力是很多最伟大的当代作品的主题。"

他引用了加缪的《西西弗神话》中的话："永远不应该希望重新恢复那给予我们心灵平静的熟悉而又安宁的平面。"

莫诺从荒诞的角度表明了他对科学的看法，他引用了一位据说名叫麦克格雷格的苏格兰哲学家的话："科学的每一个征服都是荒谬的胜利。"

这是一句简练的评论，但实际上并没有这样一位哲学家。莫诺在写作时总结了很多杰出人物——海德格尔、帕斯卡、孔德、尼采、康德以及加缪和德谟克利特——的思想的精华，当他没有找到合适的话语来引用的时候，就虚构了一个"麦克格雷格"来说出他心中所想，这个名字其实是他苏格兰－美国血统的母亲的娘家姓。

所有建立在"人类的出现是预先注定的计划"基础上的信仰不再无懈可击

莫诺认为，分子生物学从哲学角度阐释了人类的出现原因，进而对所有传统信仰提出了挑战。莫诺指出："事实上，所有神话、宗教或哲学体系通常认为人类的存在是有特定目的的必然结果：人类是由神话里的英雄或抽象中的神灵创造的，抑或是根据某种'自然规律'演进而来，认为人类历史的出现有其必然性。"

莫诺强调，以上所有信仰体系的共同缺陷是，它们假设"在人与自然之间，宇宙论和历史之间存在一种无法打破的连续性和深刻的内在联盟"。然而，莫诺指出："科学向人类揭示，他们是偶然出现的，几乎完全被宇宙所漠视，所谓的'古老联盟'是经不起推敲的。"

此外，莫诺还声称，分子生物学已经斩断了最后一丝所谓的联系："现代生物学发展为分子生物学，发现了生物圈（DNA与变异）的终极来源与进化规律，打破了古老联盟的神话。"

因此，莫诺指出："人类梦想的任何神话、他们所坚持的各种希望以及几千年来构成其道德与社会生活基础的所谓确定性都不再站得住脚。"

所有建立在此类传统信仰基础上的道德和价值系统是毫无道理的，只能对现代社会造成无法容忍的束缚

莫诺跟随逻辑的指引越走越远，他想知道，既然所谓的确定性和传统的指引人类社会进步的信仰体系已经不再可靠，人类又该怎么办。

所有的传统所推崇的价值、责任、权利和禁忌，其基础是各种所谓的历史和神圣事物，或者纯粹源于自然，莫诺意识到它们的哲学功用是满足个体对意义的渴求，使其具有稳定的社会功能。如果拿掉这些来源，正如莫诺认为的现代科学所做的那样，个体与社会的功能便不复存在。

莫诺相信，对社会的最大威胁并非具有各种技术能力的科学本身，而是坚持传统的同时进行现代科学研究。初次接受《新观察家》采访时，他表示："社会从其定义上就是不喜欢被质疑的，各个群体总想处于最有利的位置，他们从本质上是反对科学的。"他举例说："教会和伽利略、斯大林和李森科、希特勒和'犹太科学'都能说明这一点。"此外还有美国的原教旨主义者对达尔文主义的谴责。

莫诺宣称："现代社会已经接受了科学带来的财富和力量。但他们还没有接受——而且几乎没有听到——科学带来的深层次信息：新的、独特的真理来源。"这个来源是由科学方法提供的客观知识。莫诺哀叹，社会不仅没有放弃传统的知识与价值的来源，"反而一直试图按照这些早已被科学摈弃的说教体系生存下去"。莫诺谴责西方世界的自由资本主义国家仍然鼓吹"肉麻的犹太-基督教信仰，'天赋的'人类权利、传统的功利主义和19世纪的进步主义"，同时"马克思主义国家仍然在释放无厘头的历史主义和辩证唯物主义的愚民烟幕弹"。

"他们都在撒谎，而他们清楚这一点，"莫诺写道，"任何社会的有知识的文明人都不会真正相信这些教条。"

然而，他承认："没有被其大多数成员所理解、接受和尊重的道德体系，任何社会都无法存在。"因此最关键的问题就是：在否定了所有传统源头之后，价值从何而来？

人类必须决定如何生存和如何行动

"人类必须从幻梦中醒来……意识到自己的孤独和隔绝。"莫诺敦促说,"人类要认识到,自己就像一个吉普赛人一样居住在一个冷漠宇宙的边缘。这个宇宙对他的声音充耳不闻,就像对待他的希望、苦难和罪恶一样。"

通过分子生物学提供的事实及其笛卡儿式的逻辑,莫诺也来到三年前加缪由哲学角度抵达的十字路口。加缪写道:"一个哪怕可以用极不像样的理由解释的世界也是人们感到熟悉的世界。然而,一旦世界失去幻想与光明,人就会觉得自己是一个异乡人,一个陌生人。"

所以莫诺探讨了和加缪一样的问题——如何在上述前提下生活。加缪通过《局外人》里的莫尔索和西西弗给出了答复:莫尔索"向宇宙的善意的冷漠敞开心胸";西西弗认为"这个没有主人的宇宙看起来……既非贫瘠亦非无用"。莫诺认为,在一个经过科学启蒙的世界,人类必须意识到不存在价值的来源,"只有人自己才能创造、定义和塑造价值"。

那么,人类应该选择哪些价值呢?

结合加缪对艺术的作用的看法和自己对科学的作用的看法,莫诺提出一个"最高价值"——对创造和知识的追求。

加缪曾经写道:"所有推崇耐心与清晰易懂的学派都认为创造是最有效的活动,它也是人类尊严的独一体现:对环境的顽强反抗和徒劳中的不屈不挠。"而且,他宣称"胜过荒谬的喜悦的东西是创造","真实的创造是给未来的礼物"。莫诺同意加缪的观点,认为它们适用于科学创造和对客观知识的追求。莫诺写道:"除了创造,还有什么来自人类的行动能够超越其创造者,而且大于任何个体与所有人一次可以认识到的事物的总和?我是指那些伟大、已经完成的历史性创造和知识,它们都是艺术与科学的硕果。"

莫诺称,"一个能够接受这些超然价值,将其作为最高标准的社会,势必会将为人类的价值服务作为其准则,捍卫知识、政治和经济自由,将教育作为第一要务",从而实现更多的自由和创造,获得更多的知识。

"这也许是个乌托邦,"莫诺在书的结尾中承认,"但它并非不合逻辑的幻想,它是纯粹的逻辑的产物,是真理引导得出的结论。古老的协定已经被打破；人类意识到他在宇宙中的孤独，他们的出现纯属偶然，其命运和责任未曾注定，是前往上方的自由王国还是下方的黑暗，取决于人类自己的选择。"

出乎意料的畅销书

1970年10月，《偶然性与必然性》在法国出版，但公众是否能够接受这本书还十分不确定。谁会去读一本其中的五个章节都是在描述技术、还要查阅附录中的化学图表才能理解的书呢？谁愿意听作者谈论所有宗教体系都是幻想的观点呢？而且，莫诺出版这本书完全是冒着名誉受损的风险，闯入了某些哲学家和大部分神学家认为应该是属于他们的领地。

然而这本书却引起了轰动。

它迅速而广泛地拨动了法国人的神经，成为一本畅销书。第一年卖出了近20万本，销量仅次于埃里希·西格尔的《爱情故事》，在图书排行榜上位居第二。其外文译本也很快推出，成为德国和日本的畅销书。

该书不仅在法国获得好评，其英文译本也得到《经济学家》《大西洋月刊》《生活》《新闻周刊》的推介。莫诺接受了《纽约时报》的两次采访，详情都得到了刊登。

批评者也对他的作品展开大范围的攻击，很少有人处于中立。很多教会人士和《人道报》的共产主义者对其表示抗议。因为缺乏科学素养而无力辩驳莫诺对人类生物学起源的看法，所以多数批评家都围绕莫诺反宗教的观点展开批判，质疑他讨论道德问题的资格。

不那么具有党派性的评论家则赞扬这本书。《费加罗报》的一位评论家说："我带着与雅克·莫诺一样的热情和紧张读了他的书，他仿佛来自一颗遥远星球，在几百万年前清晰地见证了生命的诞生和人类的起源。"这位批评家虽然不同意莫诺的结论，但还是赞扬他的"深刻的洞察力、丰富的经历和勇气"。另一位批评家写道："连用词最谨慎的批评者，有时都必须用'伟大'来形容这本书，它很有力量，明白易懂。"

这本书的成功导致电台、电视台和报纸竞相采访莫诺，从而使他有机会阐明自己的观点，他再次承认加缪对他写作这本书产生了很大的影响。人们普遍认为莫诺的这本书过于冷酷、悲观。一位采访者问他："既然书中这样说，那么一个人为什么要活着？反正都是要死，为什么要生孩子？为什么要渴求知识？"

"对此我没有自己想出答案。"莫诺回答，"我会用放在我的书最前面的引述回答你，我想请你去读一下，因为我完全同意加缪的想法，我认为他说得很好。"

采访者读了莫诺引用的《西西弗神话》里的话，表示："这段话确实很精彩，但是不具有我想要的教育意义。"

莫诺反击："我相信它有，我的确相信，我相信它提供了唯一的意义。"他继续说："我相信它阐释了对一个人来说最重要的东西。我相信人拥有一个超乎一切的需要，他想要超越。加缪指出人类存在的意义就是超越自己……我认为这很美，所以我们应该接受。"

最后的话

对《偶然性与必然性》的成功最感到惊奇的是莫诺本人。然而，他无法完全享受这一成功。该书出版几个月后，奥黛特被检查出晚期癌症。此前，莫诺曾打算出国旅游，甚至驾船远行，因为奥黛特患病，他决定留在家中支持妻子。这时他已经担任了巴斯德研究所的第八任主管。莫诺的父母就曾认为他们才华横溢的儿子要么会成为下一个贝多芬，要么是下一个巴斯德，现在看来，他更接近后者。

1973年，巴斯德研究所庆祝其创立者150周年诞辰的时候，莫诺有幸在庆典上讲话。这位著名的科学家、作家、政治家和哲学家表示：

> 天才来自哪里？我们经常认为他们是些拥有独特而神秘的思想的人。然而，与之相反，从巴斯德的例子中，我们可以清楚地看到他的天才来自智慧和性格。他是个艺术家和梦想家。他允许自己幻想和追逐那些看上去远超于科学的所谓的海市蜃楼。他有野心，只有纯粹而完全的胜利才能令其满意，他对自己要求严格，却从来不用无谓的纪律约束自己。

担任主管对他来说却是困难重重，奥黛特确诊后11个月就去世了，此后莫诺患上了严重的病毒性肝炎。虽然他最终康复，但对自己的严格要求却无法令他享受安闲的生活。他是出于巨大的责任感才接受了巴斯德研究所负责人的职务，这个职务可以让他得到法国其他地方没有的科学研究的自由。然而严重的经济问题却威胁着研究所的生存，于是莫诺以拯救巴斯德研究所为己任，进行管理和结构方面的改革，这样做得罪了很多一度与他亲密无间的同事。

管理工作的困难迫使莫诺放下了自己的科研工作，他怀念与自己的科学团队共事的日子。六年任期结束前的两年，莫诺决定不再继续担任主管，他希望回到创造的生活。他告诉自逃出匈牙利后15年来一直在巴斯德研究所工作的艾格尼丝·乌尔曼，他想要写一本叫《人与时代》的书。

1975年底莫诺患上了再生障碍性贫血，他的身体无法补充红细胞而且愈后很差。尽管很容易感到疲劳，他还是一边输血维持身体机能，一边坚持尽到主管的职责。

尽管时代和疾病的重担都压在他的身上，莫诺还是找时间回复来自世界各地的信件。1976年1月，他收到一封来自格勒诺布尔的手写信件：

先生：

我是个13岁男孩，对科研非常感兴趣。我知道您是世界上最伟大的研究者之一（我们科学老师告诉我们的）。

很抱歉打扰您，但我想知道您一生的座右铭是什么，也许等我长大了它也会对我有用。

您能否给我寄一张签名照，我可以把它放到我的卧室里……

再见，莫诺先生，祝您1976年新年快乐。

布鲁诺

莫诺回信：

亲爱的布鲁诺：

非常感谢你的来信。它令我非常感兴趣。但是，你的问题难以回答，因为我不认为一个人能够找到一句可以指导他一生的座右铭，特别是在需要做出痛苦抉择的时候。

我能告诉你的只有我认为的那些最重要的品质，如果有人问我它们是什么，我会毫不犹豫地回答：勇气，精神和身体上的勇气，还有对真理的爱和对谎言的恨。

比起对真理的爱，我更愿意谈论对谎言的恨，因为一个人永远不知道自己是否掌握了真理，而对于谎言，他们总能够认清和发现，也能够谴责它们。

如你所愿，我寄给你一张签名照。

谢谢你的新年祝愿。祝你新年快乐，顺致美好祝福。

雅克·莫诺

莫诺的病情愈加严重。1976 年 5 月，他感到有所好转，便去戛纳的莫诺家的房子和朋友们共度周末。5 月 27 日，星期四，他和作家乔治·科辛斯基参加了一个著名电影节的开幕式，科辛斯基的书《在那里》是与《偶然性与必然性》同时出版的，《在那里》的主角名叫"偶然"。莫诺当天穿浅色外套，系黑色领带，这是他一贯的精致打扮。他和其他宾客享用了美酒和香烟并且谈天说笑。

次日，莫诺给巴黎的乌尔曼打电话，说他打算到美国旅行，还要与她一起完成一篇研究论文。莫诺表示，度完周末回到巴斯德研究所后他们还要再谈。"星期一实验室见。"莫诺说。

星期六晚上，正在家里招待客人的时候，乌尔曼接到了费罗从戛纳打来的电话。费罗说雅克住院了，情况危急，乌尔曼需要快些过去。

乌尔曼、鄂尔多斯、莫诺的儿子们——奥利弗和菲利普赶到了戛纳。奥利弗和菲利普乘坐的是当夜的火车，乌尔曼是第二天早晨坐飞机过去的。

在戛纳的医院里，莫诺的医生和费罗正在密切关注着他与死亡的格斗。

费罗听到弟弟虚弱地说："奥黛特……巴斯德……"

接着，他停顿了一下，说："我想要理解。"

他再也没有恢复意识。

雅克·莫诺的葬礼结束后，人们在他书桌的抽屉里发现了《人与时代》的草稿。

附录：科学原理

莫诺和雅各布的观察资料、发现与观点散布在这本书的很多地方。由于大多数读者并非生物学家，我想，简单地介绍一下与本书相关的科学原理可能对读者理解这些观点有所帮助。本附录分为三个要点：他们的研究开始的时候，生物学界对基因、DNA 和蛋白质的了解；本书提到的莫诺和雅各布的发现；其发现的重要意义。

基因、DNA 和蛋白质

染色体和基因

托马斯·亨特·摩根（1933 年诺奖得主）的先驱性研究证明染色体是遗传的物理实体，特定的基因位于染色体的特定位置。奥斯瓦尔德·艾弗里的研究（1944—1946）阐明，脱氧核糖核酸（DNA）是染色体上与遗传相关的化学组成成分。每个染色体含有一个长分子 DNA。

DNA

1953 年，詹姆斯·D. 沃特森和弗朗西斯·克里克破译了 DNA 的结构。细胞中的 DNA 分子由两股四种碱基组成，这种化学结构分别由 A、C、G 和 T 四个字母代表。DNA 链由位于不同链条上的每一对碱基之间的紧密联系连接——A 总是和 T 配对，C 总是和 G 配对——如下所示：

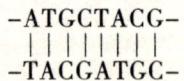

弄清 DNA 的结构之后，人们立刻就能解释分子水平的遗传和变异这两大

基本过程。就是说，链条上的碱基可以通过配对的形式将 DNA 序列忠实地传递下去，而变异是 DNA 转录过程中的差错造成的。插进了错误的碱基或多余的碱基，或者删除了必要的碱基等情况都会导致 DNA 序列的改变。

蛋白质

蛋白质是作用于细胞的一种分子，能够分解营养物质、组合细胞成分、复制 DNA 等。蛋白质由氨基酸链组成。有 20 种不同的氨基酸，它们能够组成 400 种氨基酸链，其不同的化学性质决定了各种蛋白质的独特作用。酶是一种催化特定化学反应的蛋白质。

莫诺和雅各布从事研究的时候，人们尚未理解 DNA 中的碱基序列与蛋白质中氨基酸的序列之间的关系。克里克认为 DNA 的主要功能是编码蛋白质，但 DNA 信息是如何解码的以及"基因编码"的本质是什么尚未可知（克里克的"黑箱"），直到 20 世纪 60 年代初人们对此才有所认识。

莫诺与雅各布的发现

二次生长

莫诺的观察结果促使他研究细菌在单一糖类中的生长表现，这也是诺贝尔奖评选领域关注的问题。当细菌在某一种糖分的环境中生长，例如葡萄糖，在糖分消耗光之前，其数量会呈指数级速度增长。但莫诺注意到，当细菌在存在两种糖的环境中生长时——例如葡萄糖和乳糖——其数量会先呈指数级速度增长，然后短暂停顿一下，再以指数级的速度增长。他将该现象称为"二次生长"。通过改变糖的相对比例，他发现可以改变二次生长的每一段周期的长度。因此他推测细菌在利用另一种自己不太喜欢的糖类之前，会先把最喜欢的糖类用光。

酶适应与酶诱导

细菌在遇到比较不喜欢的糖分时出现的生长时间延迟证明了"酶诱导"理论，在这一过程中，细菌生长被短暂延迟，直到分解特定养分所需的酶出现。

莫诺特别关注的是乳糖代谢。乳糖是一种双糖，由单糖葡萄糖和半乳糖组成。乳糖本身不能被大肠杆菌用作能量来源，必须被分解为葡萄糖和半乳糖——这是 β 半乳糖苷酶的职责。重点在于，酶通常不会在没有乳糖的情况下产生，只有乳糖是细菌能量的唯一来源的时候才会出现（酶适应）。因为只有在它们能够分解的糖分存在的情况下，酶才会出现，所以莫诺等人将该现象更名为"酶诱导"，将能够引出酶的物质称为"诱导物"。

乳糖操纵子

细菌是如何"知道"用哪种糖以及什么时候生成 β 半乳糖苷酶的呢——这是莫诺准备解决的关键问题。

他的切入点是基因。二战期间，莫诺和爱丽丝·奥杜罗发现无法利用乳糖的大肠杆菌中偶然会产生一些能够依靠乳糖生长的菌株，这是因为发生了基因突变。这是证明乳糖代谢能力是由基因控制的关键证据。所以，可以通过基因变异判断酶诱导是否发生。

为了弄清这种变异是否出现在大肠杆菌染色体中以及它们是如何影响酶诱导的，莫诺和雅各布在 1957 年展开合作。雅各布一直在研究一种叫作兰姆达的噬菌体，他是细菌基因比对方法方面的先驱。雅各布对溶原性现象非常感兴趣——病毒藏身在细菌宿主中，通过特定方法可以将它诱导出来。雅各布认为酶诱导和细菌诱导是相似的——没有诱导物出现的时候，抑制基因对基因起抑制作用。

从 1957 年到 1960 年，在与亚瑟·帕蒂、莫妮卡·瑞利和西德尼·布伦纳的合作下，莫诺和雅各布确定了若干种大肠杆菌中控制乳糖代谢的成分，提出了很多应用至今的术语：

> 结构基因：决定蛋白质的结构编码，如酶。
> 调控基因：管理结构基因的表达。
> 抑制基因：关闭酶的声场，如由 i 基因编码的蛋白质。
> 操纵基因：DNA 对抑制基因的受体位点。
> 操纵子：一组结构基因，由常见的操纵基因和抑制基因控制，通常与生化途径有关。

信使RNA：一种介质，将DNA中的基因的信息携带至核糖体，以便合成特定的蛋白质。

莫诺和雅各布弄清了解码特定变异的基因开关。例如，抑制基因i中的变异可以关闭抑制，但在细胞中存在另一种正常的基因表达时就不会生效。操纵基因中的变异也会关闭抑制，无论是否存在其他操纵基因。特定结构基因中的变异阻碍了特定酶的生成。

根据上述观察，他们绘制了基因调节的整体图：

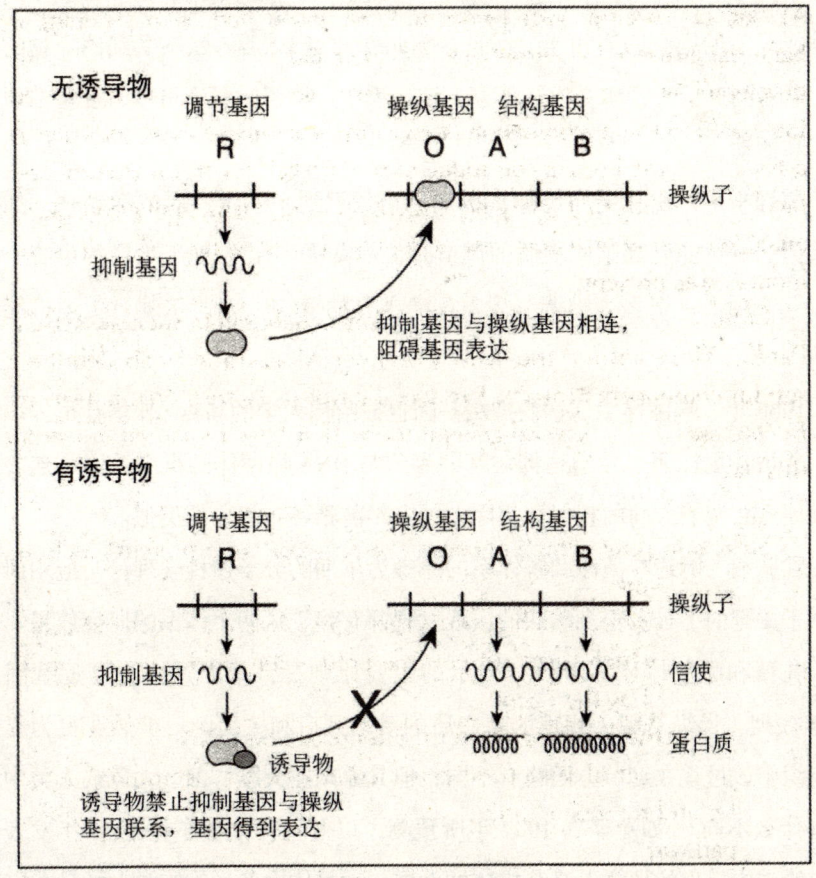

莫诺和雅各布的基因调节模型。基因开关的钥匙是诱导物和抑制基因的互动。当没有诱导物的时候，抑制基因占据了结构基因A与B旁边的操纵基因，保持其关闭状态。当存在诱导物时，抑制基因无法与操纵基因联系，允许基因A和B开启，导致信使DNA的产生，它携带的信息使蛋白质A和B得到合成。雅各布和莫诺1961年发表的论文对这幅图进行了修改（绘图：利亚·奥德斯）

上图也出现在雅各布和莫诺的里程碑式的论文中，这篇文章阐释了操纵子是如何在诱导物（如乳糖）不存在和存在的情况下得到调节的。控制这一基因开关的钥匙是诱导物和抑制基因的互动。当不存在诱导物时，抑制基因会保持操纵子关闭。存在诱导物时，它会阻止抑制基因与操纵基因联系，操纵子的基因会打开。例如，这样可以使得某些特定的酶只在存在特定养分的时候产生。

后续发现

抑制基因蛋白质是乳糖调节系统的关键成分，直到1966年才被哈佛大学的沃尔特·吉尔伯特和本诺·米勒希尔提取出来，他们指出，抑制基因专门与乳糖操纵子的操纵序列相连。而且，抑制基因与DNA的联系受到诱导物的抑制。后者的例子有"酶变构"现象，该过程中，分子的联系可以改变蛋白质的形状和活动。

酶变构也是由莫诺构想和提出的。当意识到一些蛋白质的活动——如抑制基因——可能受到某些物质的调节时，他宣称："我发现了生命的第二个奥秘！"实际上，很多生物调节现象都离不开酶变构，如荷尔蒙对生理机能的调节。

1966年，噬菌体兰姆达的抑制基因也被哈佛大学的马克·普塔什尼提取出来。普塔什尼证明了兰姆达抑制基因专门与DNA噬菌体的操纵基因相连。这两种体系在调节方面的相似性实际上与多年前雅各布想象的类似。

乳糖和兰姆达噬菌体调解体系的原理为早期的分子遗传学理论与应用研究提供了关键的工具。很多最初的实践发现都有赖于这两个体系的研究成果。

乳糖和噬菌体操纵子研究揭示的主要原则是，基因是由与靠近基因的DNA序列（操纵基因）相连的蛋白质的活动开启和关闭的。虽然在更为复杂的组织中该过程在细节方面略有不同，但其原则在大肠杆菌、大象或人类中都没有什么不同。如莫诺在1947年所预测，以及他和雅各布在1961年发表的杰出论文中提出的那样，复杂机体的发展与动物体中各种细胞类型的分化是由不同基因组决定的。这类过程大部分是由调节蛋白质与基因周围的特定DNA序列的联系实现的。

鸣 谢

一个人到中年的美国生物学家，怎么会想写一个发生在70多年前、关乎世界历史的转折和众多法国名人的故事？

说来话长，当然，我可以保证，绝对没有这本书那么长！

伟大的传记作家大卫·麦卡洛在解释他是如何选择书的主题的时候，曾经说过："我有时候感觉是主题选择了我。"我在这里亦有同感：写作此书的缘由纯属偶然，而将它写出来则成为一种必然。

事情还要从很久以前说起。1977年，我在圣路易斯华盛顿大学的新导师西蒙·西尔沃给我一本关于操纵子的书，后来我意识到，他想测试我的好奇心，看我是否愿意进行一些课外方面的阅读。我当然愿意。西蒙又给我一本佐罗斯·梅德维德夫写的关于李森科的书，并且告诉我苏联政府对持有异见的科学家的所作所为。

与此同时，我选修了一门法语课，这是大学的要求，可以作为预修课程获得学分，因为学生们接下来还要修习更高一级的相关科目。从未真正打算学法语的我去听了一节课，然而，富于才华和魅力的詹姆斯·琼斯教授改变了我的想法，我将法语作为自己的第二主修课（而且已经基本完成了修习）。通过学习法语，我接触到很多伟大的法国思想家，包括狄德罗和伏尔泰，当然还有萨特和加缪。我也掌握了一些语言技能，虽然并不熟练，但后来的事实证明它们还是非常有用的。我本人恰好是个二战历史迷，这为我写作本书提供了充分的知识准备，我曾经读过几十本相关书籍，访问过多个关键战场和博物馆，当时，我根本不知道自己将来会写这样一本书。

这些素材加上我30年来研究生物学的经验，构成本人写作此书的背景。

读研究生的时候，我就非常羡慕雅各布和莫诺做出的科学成就，我自己的研究课题是动物发育和进化的基因控制，在某些方面与他们的工作相关。然而，当我从书中读到莫诺曾经"参加法国抵抗组织"，而且是"阿尔贝·加缪的朋友"，以及雅各布差点在诺曼底被杀的时候，我开始产生好奇，想知道书上没有提到的更多故事。战争经历是如何影响了他们未来的工作和世界观的？加入抵抗组织需要承担怎样的责任？莫诺在法国被德军占领期间的日常生活是怎样的？多年来，我积攒了很多问题：什么机缘把莫诺和加缪带到了一起？他们的友谊有多深厚？这份友情对两人来说分别意味着什么？作家-哲学家加缪和科学家莫诺之间有什么共同点？

我必须知道更多。

最终，我得以找到和见到一些能够告诉我答案的人，进而开始我人生中最令人激动和满足的冒险。实际上，没有他们的帮助，我就无法讲述整个故事，书中提到的一些了不起的人对我的信任是最重要的。特别需要感谢的是，艾格尼丝·乌尔曼（Agnes Ullmann）与我分享了她大胆逃出匈牙利的故事，她帮我联系到很多与莫诺和雅各布有关系的人；感谢吉纳维夫·诺弗拉德（Geneviève Noufflard），她允许我在本书里讲述她尚未发表的战争回忆录中的故事，与我分享了很多法国抵抗组织的原始文件；感谢奥利弗（Olivier Monod）和菲利普·莫诺（Philippe Monod），让我看到他们珍藏的家庭信件、文件和照片，帮助我理解它们的重要性，为我讲述他们杰出的父亲和家庭的故事。能够认识这些了不起的人并且应邀到其家中拜访，是我很大的荣幸。

很多身在法国的人士也提供了关键的帮助，包括莫诺的长期秘书玛德莱娜·布鲁内利（Madeleine Brunerie），她在巴斯德研究所的档案馆里保留了几十年来的珍贵文件。我也得到了巴斯德研究所档案服务处的多米尼克·杜佩尼（Dominique Dupenne）和丹尼尔·德米利尔（Daniel Demellier）的大力协助，他们拨冗接待了我，帮助我找到了大量的关键资料。

我还要感谢普罗旺斯省埃克斯阿尔贝·加缪基金会的马塞丽·马哈塞拉（Marcelle Mahasela），她协助我获取了很多资料；还有凯瑟琳·加缪（Catherine Camus），她允许我在书中引用她父亲的信件和数段作品。

特别感谢巴黎警署办公室的秘书伊莎贝拉·塔里斯卡（Isabelle Tarisca），

她帮我找到了关于诺德曼案件的警方档案,还有雅克·莫诺 1940 年参加抵抗组织的记录。还要感谢利奥拉·依斯拉尔(Liora Israel)和朱利安·布兰克(Julien Blanc)在这些文件方面的协助。感谢塞夫林·马雷夏尔(Severine Maréchal)和勒克莱尔－莫林元帅纪念馆档案中心工作人员的协助。

很多人慷慨地接受了我的采访或者回应我信件中的提问。十分感谢已故的塔马斯·鄂尔多斯(Tamás Erdös)、玛德莱娜·布鲁内利(Madeleine Brunerie)、弗朗索瓦丝·本哈默(Françoise Benhamou)、伊夫－马克·艾恩巴姆(Yves-Marc Achenbaum)、梅尔文·科恩(Melvin Cohn)、乔治·科恩(Georges Cohen)、杜纳德·布朗(Donald Brown)、大卫·霍格尼斯(David Hogness)、斯图亚特·埃德尔斯坦(Stuart Edelstein)和亚瑟·帕蒂(Arthur Pardee)的大力协助。

我还参考了多年之前的采访记录。感谢奥莉薇亚(Olivia Judson)和尼古拉斯·加德森(Nicholas Judson)为我提供其已故父亲霍拉斯·弗里兰德·加德森在写作《创造的第八日》时所做的访谈记录,这是记述分子生物学早期历史的权威著作。感谢费城美国哲学协会的图书管理员和文献馆长查尔斯·格雷芬斯坦因(Charles Greifenstein)提供的文件。

美国方面,我要万分感谢的是那些提供了关键协助的人士。赫罗西·杜福尔博士(Dr. Héloïse Dufour)——我在威斯康星大学实验室的同事,她为本书的写作充当了导游、译者和研究者,她带我在巴黎与相关人士会面、在各处档案馆发掘了大量信息,还原和解读了很多模糊的史料。她在法国历史、文化和风俗方面的知识令我获益匪浅。

本杰明·普鲁德赫姆博士(Dr. Benjamin Prud'homme)是我实验室的前同事,他促成了本书的写作——帮我找到吉纳维夫·诺弗拉德(Geneviève Noufflard),为我安排了与诺弗拉德女士的一次关键访谈。

在整本书的准备过程中,我得到了梅根·马什－麦克格隆(Megan Marsh-McGlone)的协助,她搜罗了无数相关书籍和文章,承担了考证各种信息资料的艰巨任务,还争取到了引用和转载版权插图和资料的权利。感谢利亚·奥德斯(Leanne Olds)为本书准备插图。

在本书的构思、策划和撰写过程中,我非常幸运地得到了我的经纪人拉斯·加伦(Russ Galen)的悉心指导和鼓励。特别感谢我在皇冠出版社的编辑多米尼卡·阿里奥托（Domenica Alioto）对本书的支持和细心的编辑。特别感谢赫罗西·杜福尔（Héloïse Dufour）、梅根·马什–麦克格隆（Megan Marsh-McGlone）、斯蒂夫·帕多克（Steve Paddock）和吉姆·卡罗尔（Jim Carroll），他们为本书的初稿提供了详细的反馈意见。

本书的完成离不开我的妻子杰米·卡罗尔（Jamie Carroll）的坚定支持、鼓励和理解。杰米不仅要忍受我的长篇大论，还要逐字阅读本书初稿，找出不当之处，她提出了无数了不起的建议。再多的巴黎巧克力也无法表达我对她的爱和感谢。

原书注释

Documents obtained from the archives of the Pasteur Institute Paris are documented as follows: item, date, location, Fonds, SAIP.

All archival letters originally in French are translated by either Sean B. Carroll (SBC), Héloïse Dufour, or both.

Interviews were conducted by the author unless otherwise noted.

引言　偶然性、必然性和天才

1	On October 16, 1957: Todd (1997), 371.
1	"One wonders whether": Lottman (1979), 601.
2	"My dear Monod": Letter, A. Camus to J. Monod, 11/18/1957, courtesy of Olivier Monod.
2	"I have known only one": Brunerie (2008), 162.
4	"Frenchmen, the French Resistance": Camus (2006), 9; Combat 58, July 1944.
5	"at least share": Camus (2006), 2; Combat 55, March 1944.
6	"Four years ago": Camus (2006), 17; Combat, August 25, 1944.
6	"To risk one's life": Bernard (1967), 173.
7	"those accidents which": Aronson (2004), 36.
7	the talk of Paris: Ibid., 46.
7	"judging whether life": Camus (1991a), 3.
7	"Being aware of one's life": Ibid., 62–63.
7	"The first teaches him": Ibid., 66.
8	"the struggle towards": Ibid., 123.
8	"One must imagine": Ibid.
8	"In the depths of winter": Ibid., 202.
8	"between hell and reason": Camus (2006), 237.
8	"Camus taught me": "Roger Grenier: Camus m'a appris des raisons de vivre," NouvelObs.co, January 4, 2010.
8	"the most elevating form": Jacob (1988), 274.
8	"an admirable conjunction": Aronson (2004), 37.
9	"made things that were": Judson (1979), 22.
9	"taste" and "elegance": Cohn, as quoted in Ullmann (2003), 93.
11	"ideological terrorism": Medvedev (1971), Monod preface.

11 "make his life's goal": Cohn, as quoted in Ullmann (2003), x.
11 "Never lacking in courage": Crick, as quoted in Ullmann (2003), 23.
12 "The urge, the anguish": Monod (1969), 19.

第一章 光之城市

17 well below freezing temperatures: Le Matin, January 1, 1940; Le Figaro, January 1, 1940.
19 "extremely powerful bombs": Letter, A. Einstein to F. D. Roosevelt, August 2, 1939, Manhattan Project Heritage Preservation Association, Inc. Available at http://www.mphpa.org/classic/COLLECTIONS/MP- Einstein~Sachs/Pages/Einstein- Sachs- 001.htm.
20 "Par precaution": Song: "Paris Sera Toujours Paris." Words by Albert Willemetz, music by C. Oberfeld, 1939.
23 "I return with": Shirer (1969), 403.
23 "There is not a woman": Ibid., 404.
24 "We can never deal": May (2000), 182.
24 "There is nothing more": Ibid., 187.
24 "We should not devote": Ibid., 187.
25 "War has been imposed": L'Intransigeant, September 2, 1939, cited in Shamir (1976).
25 "The Nazis have compelled": Le Populaire, September 4, 1939, cited in Shamir (1976).
25 "the modern Attila": La Croix, September 3, 5, and 6, 1939, cited in Shamir (1976).
25 "brilliant attack": Le Figaro, September 10, 1939.
27 "Throughout this night": Le Figaro, January 1, 1940.

第二章 计划

28 "Since France, the deadly enemy": Hitler (1939), 14.
28 "The year 1939 was so dramatic": Goebbels (1939).
29 "On September 2": Ibid.
29 "It would be a mistake": Ibid.
29 "harangue": Le Matin, January 1, 1940.
31 "How can anyone believe": Shirer (1969), 186.
31 "must go into Belgium": Ibid., 185.
32 "It is impenetrable": Ibid.
33 "the whole operation": Ibid., 581.
33 "The enemy would take": Ibid., 555; De Gaulle (1964), 29.
34 "At the end of": McIntire and Burns (2008), 339.
37 The Pourquoi- Pas? sank: Debré (1996), 71.
37 "There will be no war": Letter, Jacques Monod to his father and mother, August 31, 1939, private archives, Monod family.
38 "I would like to raise": Ibid.
38 He wanted to serve: Letter, Jacques Monod to Odette Monod, January 15, 1940, private archives, Monod family.
38 So, rather than waiting: Letter, Odette Monod to Lucien and Charlotte Monod, January

31, 1940, private archives, Monod family.
38 If he was accepted: Letter, Jacques Monod to Odette Monod, April 15, 1940, private archives, Monod family.
38 Odette approved of the whole idea: Letter, Odette Monod to Lucien and Charlotte Monod, January 31, 1940, private archives, Monod family.
38 In February, Monod learned: Letter, Jacques Monod to Odette Monod, February 7, 1940, private archives, Monod family.
39 "I demonstrated dizzying panache": Letter, Jacques Monod to Odette Monod, February 29, 1940, private archives, Monod family.
39 "The laboratory has been": Letter, Jacques Monod to Philo Monod, January 9, 1940, private archives, Monod family.
40 "Should one accept life": Todd (1997), 21.
42 "They have all betrayed us": Camus (1963), 139.
42 "Never have left- wing": Todd (1997), 89.
42 "For my works": Ibid., 95.
43 "Why must one love": Ibid., 97.
43 The issue on Camus's day: Todd (1996), 238.
43 "Now that everything": Camus (1963), 176–77.
44 "to arouse, reassemble": Shirer (1969), 553.
44 "The ironfields": May (2000), 338.
45 "When we embarked": The Times, April 5, 1940.

第三章　挪威战事

46 At two a.m. on April 3: Haarr (2009), 66–69, 81–84.
47 The mining took place: Ibid., 90–95.
47 A Polish submarine: Ibid., 97–99, 135–36.
48 "You are wrong": Shirer (1969), 561.
48 "Will the lesson": Le Figaro, April 10, 1940.
48 After the successful troop landings: Haarr (2009), 342–71.
48 "The situation is thus better": Le Figaro, April 10, 1940.
48 "It would be absurd": Shirer (1969), 556.
49 "defensive on land": Ibid.
49 "It is extremely doubtful": Ibid.
49 "Have you been": Liebling (2008), 587.
49 "Don't worry about me": Letter, Jacques Monod to Odette Monod, April 16, 1940, private archives, Monod family.
50 "Except for rotten luck": Letter, Jacques Monod to Odette Monod, April 15, 1940, private archives, Monod family.
50 "Training started seriously": Letter, Jacques Monod to Odette Monod, April 17, 1940, private archives, Monod family.
50 Jacques's letters were unfailingly upbeat: Letters, Jacques Monod to Odette Monod, April 18, 19, 20, and 23, 1940, private archives, Monod family.
50 Jacques was able to confirm: Letter, Jacques Monod to Odette Monod, April 17, 1940, private archives, Monod family.

50 "I hope after the war": Letter, Odette Monod to Lucien and Charlotte Monod, April 24, 1940, private archives, Monod family.
51 "I've been feeling very isolated": Letter, Jacques Monod to Odette Monod, April 17, 1940, private archives, Monod family.
51 "What is happening": Letter, Jacques Monod to Odette Monod, April 25, 1940, private archives, Monod family.
51 "Events are going": Todd (1997), 105.
51 "You can't live here": Ibid., 102.
51 "I see the form": Ibid., 88.
52 "a desperate man": Ibid., 104.
52 "A novel is only philosophy": Ibid., 84.
52 "What is the meaning": Lottman (1979), 217.
52 "tightrope, in passionate": Todd (1997), 108.
52 "at certain moments": Ibid.
53 "it seemed a failure": Ibid.
53 "I am writing to you": Ibid., 110.
53 "I don't care": Ibid., 110–11.
53 "As for the risks": Ibid., 110.
53 "I am writing to you at night": Ibid., 109.
54 One force was landed: Churchill (1948), 605–52.
54 A second force: Ibid.
54 "man for man showed themselves": The Times, London, May 8, 1940.
54 "I confess that I did not": Kersaudy (1991), 189.
55 "We cannot go on": May (2000), 342; Kersaudy (1991), 189–90.
55 "nothing which can contribute": Churchill (1948), 660.
55 "I have had enough": May (2000), 379.
55 "certain to lose": Shirer (1969), 603.
56 "As I cannot make my": May (2000), 379–80.
56 "I can only think": Letter, Jacques Monod to Odette Monod, May 9, 1940, private archives, Monod family.

第四章　希特勒的春天

57 "We have assured all": Murphy et al. (1943), 241.
57 "Columns marching westward": Shirer (1969), 603.
58 "The attack that we had foreseen": Le Matin, May 11, 1940.
58 "The Boches have business": Liebling (2008), 74.
59 "They will see we": Ibid.
59 "The real roughhouse": Ibid., 73.
59 "It's good that it's starting": Ibid.
59 "That's it, Hitler has": Lottman (1992), 2.
59 "Three free countries": Le Figaro, May 11, 1940.
59 "satisfied that they have": Ibid.
60 "If I have not heard": Letter, Jacques Monod to Odette Monod, May 11, 1940, private archives, Monod family.

60 Jacques briefed them: Letter, Odette Monod to Lucien and Charlotte Monod, May 14, 1940, private archives, Monod family.
60 "We have unlimited confidence": Le Figaro, May 11, 1940.
60 "Let us have confidence": Le Matin, May 11, 1940.
61 on May 11: Le Figaro, May 12, 1940.
61 on May 12: Le Figaro, May 13, 1940.
61 "brilliantly prepared and executed": The Times, May 13, 1940.
61 The French military communiqué: Le Figaro, May 13, 1940.
61 Seven panzer divisions: Battistelli and Hook (2011), 20.
62 "Victory or defeat": Shirer (1969), 650.
62 "Our front has been pushed": May (2000), 413.
64 "hurling counterattacks": Le Figaro, May 15, 1940.
64 "France has many trump cards": Todd (1996), 251.
64 "If we are to win": Lottman (1992), 91.
64 "We have been defeated": Churchill (1949), 42.
65 "Where is the strategic reserve": Ibid., 46.
65 Churchill needed to rouse: Ibid., 49–51.
65 "where the enemy": Le Figaro, May 16, 1940.
65 "For the moment": Ibid.
66 "It is in the best interests": Le Figaro, May 17, 1940.
66 Odette had stayed in Paris: Letters, Odette Monod to Lucien and Charlotte Monod, May 15, 1940; and from Jacques Monod to Odette Monod, May 18, 1940, private archives, Monod family.
66 "In any case": Letter, Jacques Monod to Odette Monod, May 18, 1940, private archives, Monod family.
66 "It seems to me": Letter, Jacques Monod to Odette Monod, May 20, 1940, private archives, Monod family.
67 "Do as I do": Letter, Jacques Monod to Odette Monod, May 21, 1940, private archives, Monod family.
67 "At the sight": De Gaulle (1964), 36.
68 "What have we come": Le Figaro, May 20, 1940.
69 "As the days go on": Todd (1997), 112.
69 "in the middle of an almost": Ibid.
69 "This war has not": Ibid.
69 "The homeland is in danger": Le Figaro, May 22, 1940.
69 "I think that I missed my vocation": Letter, Jacques Monod to Odette Monod, May 20, 1940, private archives, Monod family.
69 "My dear angel": Letter, Jacques Monod to Odette Monod, May 21, 1940, private archives, Monod family.
71 "with vigor": Le Figaro, May 31, 1940; Lottman (1992), 156.
71 "We must be very careful": Churchill (1949), 115.
72 "Since I am convinced": Shirer (1969), 767.
72 "The disproportion between": De Gaulle (1964), 53–54.
72 "convince the English": Ibid., 54.
72 "The Battle of France": Shirer (1969), 762.

73 During these desperate days: Jackson (2003a), 179–80.
73 "We are at the end": Shirer (1969), 769.
73 "The necessity of asking": Ibid., 770.
73 "no honorable armistice": Ibid.
73 "The safety of the nation": Lottman (1992), 222.
73 "a day of agony": Shirer (1969), p. 771.
74 "In 24 hours": Shirer (1969), 771.
74 "We are in the sixth day": Le Figaro, June 11, 1940.
75 "Mr. President": "The President of the French Council of Ministers (Reynaud) to President Roosevelt, 10 June 1940," Mount Holyoke College, https://www.mtholyoke.edu/acad/intrel/WorldWar2/reynaud.htm. Source: U.S. Department of State, Publication 1983, Peace and War: United States Foreign Policy, 1931–1941 (Washington, D.C.: U.S. Government Printing Office, 1943), 548–49.
76 "Should the Germans": Barber (1976), 35.
77 "somewhere in the north of France": Saint-Exupéry (1942), 68.
78 After several days of confusion: Account of Monod's evacuation in letters from Jacques Monod to his parents, June 14, 1940, and to Odette Monod, July 11, 1940, private archives, Monod family.
79 "The only things that matter": Letter, Jacques Monod to his parents, June 14, 1940, private archives, Monod family.
79 "to abstain from all hostile acts": Lottman (1992), 315.

第五章 挫败的与分裂的

81 "a river of torment": Jacob (1988), 98.
81 "indestructible framework": Ibid., 73.
81 "a whole nation disintegrate": Ibid., 99.
81 "the country, the Republic": Ibid.
82 "Everything I believed in": Ibid., 98.
82 "foaming at the mouth": Ibid., 99.
82 "governments of bunglers": Ibid.
83 "If an armistice": Shirer (1969), 787.
83 "The duty of the government": Ibid., 799.
83 "For the last three days": Ibid., 805.
84 "At this most fateful moment": Ibid., 825.
85 "would have placed France": Ibid., 830.
85 "You imagine that by capitulating": Champoux (1975), 287–88.
85 "the greatest disappointment": Shirer (1969), 831.
85 "go and ask Marshal Pétain": Ibid., 836.
85 "I'm told he has": Ibid., 840.
85 "There is my government": Ibid., 842.
86 "Frenchmen! On the appeal": Times (London), June 18, 1940.
86 "the traitors, the crooks": Jacob (1988), 101.
87 "We are not going to shrink": Ibid., 101–2.
87 "If you can": Ibid., 103.

88 "concentrating all his power": A. Beevor, "Rallying Call: A Mesmerizing Oratory," The Guardian, April 29, 2007, http://www.guardian.co.uk/the guardian/2007/apr/29/greatspeeches.
88 "The leaders who": De Gaulle (1964), 83–84.
90 Odette and the twins: Letter, Dominique Dreyfus to Patrice Debré, July 9, 1996, copy provided by Olivier Monod.
90 "For all military inquiries": Jacob (1988), 103.
90 "Don't make yourselves": Ibid.
90 "Ever hear of de Gaulle?": Ibid., 105.
91 "It is the bounden duty": Charles de Gaulle, June 19, 1940, "The Flame of French Resistance," Great Speeches of the 20th Century, http://www.guardian.co.uk/theguardian/2007/apr/29/great speeches1.
91 "You will not leave": Champoux (1975), 293.
92 "What is the value": Shirer (1969), 889.
92 "The French government, after": Charles de Gaulle, June 22, 1940, "The Flame of French Resistance," Great Speeches of the 20th Century, http://www.guardian.co.uk/the guardian/2007/apr/29/greatspeeches1.
93 "that such or similar terms": Shirer (1969), 887–88.
93 "The French government and people": The Times, June 24, 1940; Shirer (1969), 888.
93 "M. le Maréchal": The Times, June 27, 1940.
94 "turn over this dark page": The Times, June 26, 1940.
94 "beneath the German jackboot": The Times, June 27, 1940.
95 Joseph Meister, Louis Pasteur's first patient: Diary of Eugene Wollman, June 24, 1940, Fonds Elie Wollman, SAIP. Note: the often-repeated story of Meister's suicide has him shooting himself with a revolver sometime around June 14–16 after refusing to open Pasteur's tomb to the Germans. Neither that means, the date, nor the catalyst are likely correct. The account here is based on a newly available diary (discovered by my colleague Héloïse Dufour) of Eugene Wollman, a Pasteur scientist, who described the atmosphere in Paris in June 1940. His entry for June 24, 1940, reads, in part: "This morning, Meister was found dead. He committed suicide with gas. He was very depressed these last days and as he was in the lodge (his wife and children are away), his meals were being delivered to him." Wollman and his wife, Elisabeth, were murdered by the Nazis in 1943; their son, Elie, served in the Resistance and worked at the Pasteur Institute after the war, making fundamental advances in genetics with François Jacob.

第六章　重整旗鼓

99 In six weeks: Ousby (2000), 111.
99 After a twenty-four-hour journey: Details from letter, Jacques Monod to Odette Monod, July 11, 1940, private archives, Monod family.
100 "Mon amour, I don't have any hope": Letter, Jacques Monod to Odette Monod at Dinard, June 26, 1940, private archives, Monod family.
100 "My Dears, Will this letter": Letter, Jacques Monod to his parents, June 26, 1940, private archives, Monod family.
100 A week later, he was comforted: Letters, Jacques Monod to his parents, July 3 and 6,

1940, private archives, Monod family.
100 On July 7, a telegram arrived: Letter, Odette Monod to Lucien and Charlotte Monod, July 4, 1940, private archives, Monod family; letter, Jacques Monod to Odette Monod, July 7, 1940, private archives, Monod family.
101 "My dear angel": Letter, Jacques Monod to Odette Monod, July 11, 1940, private archives, Monod family.
101 "French armed forces": "Franco- German Armistice: June 25, 1940," from the US Department of State, Publication No. 6312, Documents on Foreign Policy 1918–1945, Series D, IX (Washington, DC: Government Printing Office 1956), 671–76, available at the Avalon Project: Lillian Goldman Law Library, Yale Law School, http://avalon.law.yale.edu/wwii/frgearm.asp.
101 "Hold my little ones": Letter, Jacques Monod to Odette Monod, July 7, 1940, private archives, Monod family.
101 Camus thus had a ringside seat: Todd (1997), 114.
102 While Pétain had earned: Ousby (2000), 79.
102 "a vase on the mantelpiece": Pryce- Jones (1981), 16.
102 "The National Assembly gives": Shirer (1969), 919.
103 "the arteries of a man of forty": Todd (1997), 114.
103 "What we are going to experience": Ibid.
103 "the last French soil": Ibid., 115.
103 "Work, Family, and Homeland": Le Temps, July 12, 1940.
103 "Parliamentary democracy lost": Shirer (1969), 928.
103 "We have only one": Ibid.
104 "Cowardice and senility": Todd (1997), 115.
104 "Pro- German policies": Ibid.
104 "Around the Marshal": Shirer (1969), 932.
105 There was some good news: Summarized from letters of Jacques Monod to Odette Monod, July 1940, private archives, Monod family.
105 Finally, he was officially demobilized on July 29: Letter, Jacques Monod to Odette Monod, July 29, 1940, private archives, Monod family.

第七章　伤风

106 The Majestic Hotel had become: Pryce- Jones (1981), 31, 34.
106 The Monods could not avoid them: Debré (1996), 116.
107 "The French Government will bear": "Franco- German Armistice: June 25, 1940," from the US Department of State, Publication No. 6312, Documents on Foreign Policy 1918–1945, Series D, IX (Washington, DC: Government Printing Office, 1956), 671–76, available at the Avalon Project: Lillian Goldman Law Library, Yale Law School, http://avalon.law.yale.edu/wwii/frgearm.asp.
107 The 400 million francs: Jackson (2003b), 169.
107 Much more stringent rationing: Ousby (2000), 116; Pryce- Jones (1981), 94.
108 On July 12: Jackson (2003b), 150.
108 On July 22: Ibid.
108 Public servants had to swear: Ibid., 151.

108　On August 17: Ousby (2000), 325.
108　Au Pilori: Pryce- Jones (1981), 77.
108　Jews were obliged to register: S. Klarsfled (1996), "A Chronology of Major Events in the War Against the Jews and the Deportations of Jewish Children From France 1940," French Children of the Holocaust: A Memorial, The Holocaust History Project, http://www.holocaust- history.org/klarsfeld/French%20Children/html&graphics/T0009.shtml.
109　"For some time, the Jews": Le Matin, October 2, 1940.
109　These actions were preludes: "Régime de Vichy: textes officiels. 2. Lois antisémites," Encyclopedie, http://www.encyclopedie.bseditions.fr/article.php?pArticleId=160&pChapitreId=24023&pSousChapitreId=24024.
109　The new regulations upended: Olivier Monod, interview, Paris, August 17, 2010.
109　Almost 150,000: "Le Recensement des Juifs," Un Livre du Souvenir, http://www.unlivredusouvenir.fr/recensement.html.
109　Odette's mother and her sister: Françoise Benhamou, phone interview with Héloïse Dufour, October 19, 2010.
109　Jacques even had to register: Handwritten note, MON. Bio 02, item 6, Phillipe Monod dossier, Fonds Monod, SAIP.
109　Algerian Jews were stripped: S. Klarsfled (1996) "A Chronology of Major Events in the War Against the Jews and the Deportations of Jewish Children From France 1940," French Children of the Holocaust: A Memorial, The Holocaust History Project, http://www.holocaust- history.org/klarsfeld/French%20Children/html&graphics/T0014.shtml.
110　The publishers cooperated: Pryce- Jones (1981), 77; Ousby (2000), 177.
110　"All the Jews are being thrown": Todd (1997), 116.
110　"So I am going to choose": Ibid., 116.
110　"I have no joy": Ibid., 117.
110　"I don't plan to publish anything": Ibid.
110　"All of this is particularly unfair": Ibid.
111　Vichy acted swiftly: "Chronologie Détaillée de la Vie du Général de Gaulle, 1890–1970," La Fondation Charles de Gaulle, http://www.charles- de- gaulle .org/pages/l-homme/accueil/chronologies/chronologie- detaillee- de- la- vie- du -general- de- gaulle.php#1940.
111　"ardently that the British": Cornick (2000), 70.
111　"France has never": Shirer (1969), 918.
112　"ex- Frenchman" and the "ex- general traitor": Le Matin, September 24, 1940.
112　"horrifying impudence": Le Matin, September 25, 1940.
112　Moreover, as a reprisal: Ibid.
112　"France follows your resistance": Ibid.
113　"By the will": Le Matin, September 27, 1940, trans. SBC.
113　In late October: Delpla (1997); Shirer (1990), 814–15.
114　"I know that personally": Le Matin, October 27, 1940.
114　He explained that he had invited: A detailed account of this meeting was later published by Paul Schmidt, Hitler's interpreter. Available at http://pages .livresdeguerre.net/pages/sujet.php?id=docddp&su=300&np=951.
114　"Frenchmen, Last Thursday": "Discours de Pétain apres entrevue de Montoire," Encyclopedie, http://www.encyclopedie.bseditions.fr/article.php?pArticleId=160&pCha

pitreId=24028&pSousChapitreId=24032, trans. per Ousby (2000), 86, and SBC.
115 "This policy is mine": Ibid.
115 A key exhibit: Le Matin, November 2, 1940.

第八章　希望时刻

116 The second was de Gaulle's: "Chronologie Détaillée de la Vie du Général de Gaulle, 1890–1970," La Fondation Charles de Gaulle, http://www.charles- de- gaulle.org/ pages/l- homme/accueil/chronologies/chronologie- detaillee- de- la- vie- du- general- de- gaulle .php#1940.
117 The BBC devoted: Luneau (2005), 74; "Maurice Schumann," http://www. ordredelaliberation.fr/fr_compagnon/911.html.
117 Les Français Parlent aux Français: Luneau (2005), 64.
117 "that did not return to base": Le Matin, August 17, 1940.
117 59 British and 120 German planes: Two- day total for August 15–16; Battle of Britain data accessed at http://www.bbc.co.uk/news/uk- 11029903.
117 "The war between Germany and England": Le Matin, August 17, 1940, trans. SBC.
118 "Thus, de Gaulle, traitor": Le Matin, September 26, 1940.
118 "We have not only fortified our hearts": "Premier's Review of the War," The Guardian, http://century.guardian.co.uk/1940- 1949/Story/0,,128255,00.html.
119 "Français! C'est moi, Churchill": "Discours de Churchill: Homage à la France (21 Octobre, 1940)," Jalons, http://www.ina.fr/fresques/jalons/fiche -media/InaEdu00281/ discours- de- churchill- hommage- a- la- france- 21- octobre -1940.html.
119 "Frenchmen! It is me, Churchill": English text in Churchill (1949), 510– 11.
119 "I tell you what you must truly believe": Ibid.
120 "antinational broadcasts" in public places: Luneau (2005), 104.
121 Léon- Maurice Nordmann: Blumenson (1977), 19–20.
121 Nordmann had a lot of very bright friends: Debré (1996), 117.
121 Avocats Socialistes: Military File, 1945, MON. Bio. 02, Fonds Monod, SAIP.
122 Another leaflet was spread: Chemins de Mémoire, http://www.cheminsde memoire.gouv. fr/le- 11- novembre- 1940.
122 "Public organizations and private enterprises": Le Matin, November 10, 1940.
122 "On the graves of your martyrs": "11 Novembre 1940: La Résistance au Grand Jour," Action Républicaine, http://action- republicaine.over- blog.com/ article-13706200.html, trans. SBC.
122 "On November 11": Luneau (2005), 109.
122 Meanwhile, Nordmann, Weil- Curiel: Schoenbrun (1980), 89; Chemins de Mémoire, http://www.cheminsdememoire.gouv.fr/le- 11- novembre- 1940.
123 Students and teachers formed ranks: Chemins de Mémoire, http://www .cheminsdememoire.gouv.fr/le- 11- novembre- 1940.
123 The Germans were surprised: Chemins de Mémoire, http://www .chemins de memoire .gouv.fr/le- 11- novembre- 1940; Luneau (2005), 110–11.
123 "incompatible with the dignity": Le Matin, November 16, 1940.
123 They closed the universities: Ibid.
123 required that every student register: Le Matin, November 13, 1940.

123 dismissed the rector: Chemins de Mémoire, http://www .chemins de memoire.gouv.fr/le-11- novembre- 1940; Luneau (2005), 110–11.
124 a teacher and writer, respectively: Humbert (2008); Blumenson (1977).
124 Monod's neighbors at 30 rue Monsieur- le- Prince: Humbert (2008), 37.
124 Rivet introduced Cassou: Blumenson (1977), 80.
124 It was decided that Humbert: Ibid., 91.
124 "Many of us will be shot": Ibid.
124 Life had already changed: Humbert (2008), 19; Blumenson (1977), 106.
124 The two groups decided to collaborate: Blumenson (1977), 112–13.
124 Humbert was the typist: Letter, Monod to Mme. Thieuleux, June 2, 1970, MON. Bio. 02, Fonds Monod, SAIP; Debré (1996), 118; Humbert (2008), 24–25; Blumenson (1977), 118.
124 "Resist! This is the cry": Blumenson (1977), 117–18.
125 "January first will offer to all French": "Discours de Gaulle," http://www.mediaslibres.com/tribune/?post/2007/12/11/396- discours- de- gaulle -decembre-1940#23decembre1940, trans. SBC.
126 The second issue of Résistance: Blumenson (1977), 132–33.
126 "The hour of hope": Ibid.
126 The call was repeated: Luneau (2005), 118–21.
127 For Nordmann, however: Sources concerning the role, exposure, arrest, and interrogations of the Aubervillier group include http://pcfaubervilliers.fr/spip.php?article512; L. Israël, Robes noires, années sombres, 116–23; J. Blanc, Au commencement de la Résistance, 237–40, 390–91, 400; and the Archives de la Préfecture de Police in Paris, Dossier BA 2443 (formerly the dossier "Dissolution du PC No. 60. Propaganda étrangère"). These references differ in the details and sequence of events and outright contradict certain other published accounts of the Nordmann episode, but as they cite or comprise official records in the Archives de la Préfecture de Police in Paris, they are the most reliable. The author thanks Mme. Isabella Tarisca of the Service de Memoire et des Affaires Culturelles of the Cabinet du Préfet for her assitance in locating and accessing the records concerning the Nordmann episode.
129 "Jacques MONOD, Laboratoire de Zoologie": Dossier BA 2443, Archives de la Préfecture de Police in Paris.
129 "Mr. Monod is involved or": Ibid. The author is indebted to Ms. Liora Israel for information about the records concerning Monod in the Archives.
129 The inspectors then proceeded: Ibid.
129 warrants were issued for Nordmann: The pursuit and arrest of Nordmann from Blumenson (1977), 137–40.
130 Early one morning, Monod: The account of Monod's interrogation relies on that of Debré (1996), 118. As to how the Gestapo obtained his name, the most likely explanation is that they received it when the French police turned over the Nordmann case files in January 1941. Monod stated in 1970 that his name was found among Nordmann's notebooks (letter to Mme. Thieuliex, June 2, 1970, MON. Bio. 02, Fonds Monod, SAIP), and that may also have been the case. The time of that interrogation is not clear, but based upon the Nordmann case being handed over to the Germans in January 1941, and the events involving Nordmann, it is most likely that it was in January 1941.

131 On February 8: Blumenson (1977), 144.
131 On February 10: Ibid., 149–50.
131 On February 11: Ibid., 151.
131 Vildé and Dexia eluded: Ibid., 163, 165, 173.

第九章　等待与工作

132 The United States continued: "Neutrality Act of November 4, 1939," Mount Holyoke College, http://www.mtholyoke.edu/acad/intrel/WorldWar2/ neutrality .htm.
133 "Nécessité absolue Trouver": Notebook 9, 67, November 28, 1940, MON. Lab. 01, November 28, 1940, Fonds Monod SAIP.
133 Monod found that: Monod (1941a).
134 Specifically, instead of one growth phase: Monod (1941b).
134 "What could that mean?": Ullmann (2003), 4.
134 "That could have something": Monod (1965), 188.
134 It appeared as if the bacteria: See L. Loison (2012), "Enzymatic Adaptation: Monod, Lwoff, and the Legacy of General Biology," unpublished manuscript.
135 For example, just by changing the ratio: Monod (1942), 167.
135 "What Monod is doing": Ullmann (2003), 5.
136 The two exchanged brass wedding rings: Todd (1997), 118; Lottman (1979), 229.
136 "There is but one": Camus (1991a), 3.
136 "I see many people die": Ibid., 4.
137 "Man is mortal": Ibid., 18.
137 "a universe suddenly divested": Ibid., 6.
137 "is not worth the trouble": Ibid., 5.
137 "of which man is the sole": Ibid., 117.
138 "The struggle toward the heights": Ibid., 123.
138 "Finished Sisyphus": Camus (1963), 189.
138 "L'Étranger is very successful": Todd (1997), 129.
138 "Very sincerely": Ibid., 130.
139 "L'Étranger is obviously": Ibid., 131.
139 "I read L'Étranger": Ibid., 135.
139 "The link between Sisyphe": Ibid., 133.
139 "What matters is that": Ibid., 134.
139 "The problem of paper": Ibid., 133.
140 Gallimard told Camus: Lottman (1979), 247; Todd (1997), 136–37.
140 "Sisyphus, or Happiness in Hell": Todd (1997), 150.

第十章　恐怖开始

142 Vichy dissolved the PCF: Ousby (2000), 325.
142 On August 19: Le Matin, August 21, 1940.
142 On the morning of August 21, 1941: Pryce-Jones (1981), 118; Ousby (2000), 223; "1941: L'attentat au Métro Barbès," Les Communistes, http://www.les communistes.org/spip.php?article339.

142 Three men were executed: Laub (2010), 116, frontispiece end.
142 "Beginning August 23": Pryce- Jones (1981), 120; Le Matin, August 23, 1940.
143 Another attack followed soon after: Laub (2010), 119.
143 In response to three more: Ibid., 120.
143 On September 16: Pryce- Jones (1981), 120.
143 After the first two attacks: Laub (2010), 119.
143 "a German soldier is worth more": Ibid.
143 Hitler thought that a ratio: Ibid.
143 Von Stülpnagel was deeply concerned: Ibid., 128.
143 On October 20: Ousby (2000), 225; Laub (2010), 136.
144 Forty- eight hostages: Laub (2010), 139.
144 The consequences for attacking: http://www.cheminsdememoire.gouv.fr/page/affichecitoyennete.php?idLang=en&idCitoyen=13
144 "Frenchmen, two shots": Laub (2010), 142.
144 A hand grenade was thrown: Pryce- Jones (1981), 121–22.
144 Altogether, there were sixty- eight: Ousby (2000), 225.
145 "Within the occupied territories": "Night- and- Fog Decree," http://www.yale.edu/lawweb/avalon/imt/nightfog.htm.
145 "the adequate punishment for offences": Ibid.
145 Although he was not a Communist: Letter, J. Monod to Mme. Thieuleux, June 2, 1970, MON. Bio. 02, item 7, Fonds Monod, SAIP. Although Monod never disclosed the name of the organization, based on his descriptions and the timeframe, it was likely Université Libre. See Jackson (2003b), 421–22.
145 In addition, Monod helped: Letter, J. Monod to Mme. Thieuleux, June 2, 1970, MON. Bio. 02, item 7, Fonds Monod, SAIP.
146 On February 23, 1942: Chemins de Mémoire, http://www.cheminsde memoire.gouv.fr/le-11-novembre-1940.
146 The Monod twins: Letter, Charlotte Monod to Winnie Eschweiller, April 1942, courtesy of Olivier Monod.
146 As Easter 1942 approached: Ibid.
147 "the same vivid": Ibid.
147 Through 1941: Laub (2010), 158.
147 "I intend to order only a limited": Ibid., 161.
148 "the position of the MBF": Ibid., 164.
148 On June 1, 1942: Ibid., 168, 196.
149 "1. A DISTINCTIVE SIGN FOR THE JEWS": "Être Juif en France," USC Shoah Foundation, http://dornsife.usc.edu/vhi/french/etoilejaune.
149 "Never would one have thought": Le Matin, June 8, 1942.
149 The number of Jews in all of France: Laub (2010), 220, 213.
150 They could shop for food only: Zuccotti (1993), 91; Le Matin, July 10, 1942; Le Matin, July 18, 1942.
150 and they were to ride only: Zuccotti (1993), 94.
150 Nevertheless, Odette and Jacques decided: Olivier Monod, interview, Paris, September 8, 2011.
150 At four in the morning: Zuccotti (1993), 105.

151 But neither those arrested: Ibid., 110–11.
151 Indeed, just three days: Ibid., 110.
151 There had been roundups before: In early May 1941, more than six thousand immigrant Jewish men had received postcards from the Prefecture of Police asking them to report in person for "an examination" of their "situation." More than half complied and were interned at Pithiviers and Beaune- la- Rolande, where their families were able to visit and to give them packages. Another four thousand foreign Jews were rounded up in Paris in August 1941 and sent to Drancy. Zuccotti (1993), 81–83.
152 Laval and Secretary- General of Police: Laub (2010), 230–31.
152 At the time of the July roundups: Françoise Benhamou, phone interview with Héloïse Dufour, October 19, 2010.
152 After the roundups: Olivier Monod, interview, Paris, September 8, 2011; Odette "Brulle" identity card, private archives, Monod family.

第十一章　鼠疫

154 "All were separated": Camus (1965), 51.
154 "I thought it was all over": Lottman (1979), 257.
155 "The Plague has": Camus (1965), 36.
155 "The first thing": Ibid.
155 la peste brune: See, for example, D. Guérin, La Peste Brune (1935).
155 "I want to express": Camus (1965), 53–54.
155 "1342— The Black Death": Camus (1963), 201.
156 "let us admit": Camus (1991b), 3.
156 "everyone is bored": Camus (1991b), 6.
156 "it will be easily understood": Ibid.
156 "After that I will return": Todd (1997), 152.
156 He asked Pascal Pia: Lottman (1979), 264.
156 "In the space of five days": Crémieux- Brillhac (1975), 11.
157 "The circumstances being such": Le Matin, November 12, 1942.
157 "Caught like rats!": Camus (1965), 38.
157 "In short, the time of the epidemic": Henry (2007), 113, and translated from "Les Exiles Dans La Peste," in Qulliot Theatre Recits etc d'Albert Camus, 1962, 1951.
157 "Make separation the big theme": Camus (1965), 60.
158 As the Soviet campaign: Laub (2010), 248.
158 Some 275,000 French laborers: Ibid., 251.
158 He appointed longtime: Ibid., 249.
158 Only 53,000 workers: Ibid., 255.
158 The number of workers sent: Ibid., 257.
159 And on February 16, 1943: Ibid., 258–59.
159 "Workers and bosses": Crémieux- Brillhac (1975), vol. 3, 83.
159 "One's sacred duty": Ibid., 98.
159 "Frenchmen, do not go there!": Ibid., 105.
159 frenchmen! stand against slavery: Le Franc Tireur, March 16, 1943.
160 Many men did go to Germany: Laub (2010), 260.

160 While more than 600,000 French workers: Ibid., 120–37.
160 The longer Camus stayed: Henry (2007), 109–12.
161 The two men met regularly: Ibid., 111–12; Lottman (1979), 273.
161 At his boardinghouse: Henry (2007), 110.
161 to which Pascal Pia also belonged: Lottman (1979), 269.
161 Fayol and Camus listened to the BBC: Todd (1997), 161.
161 Camus received his first reply: Lottman (1979), 278.
161 "In the chapter on the isolation camps": Camus (1965), 60.
161 "concerned with man and freedom": Lottman (1979), 287.
162 Three thousand copies: Ibid.
162 "They felt the profound sorrow": "Les Exiles dans La Peste," in Camus (1962), 1956; Camus (1991b), 73.

第十二章 战火兄弟连

163 "Plague. All fight": Camus (1965), 82.
163 "With the victory": "La 'Colonne du Tchad,' s'empere de Koufra et du Fezzan," France- Libre, http://www.france- libre.net/2e- db/historique/koufra -fezzan .php, trans. SBC.
164 "Certainly, it is on the youth": De Gaulle, February 25, 1943, speech, http://www.mediaslibres.com/tribune/?post/2010/02/15/Discours -de -Gaulle -Fevrier -1943#25fevrier1943.
165 "I have noticed": Noufflard (unpublished), 84, copy of notice, trans. SBC.
165 One spring evening: Debré (1996), 120.
167 They would not allow non- Communists: Judson (1979), 359.
167 Monod had long held: Debré (1996), 120.
167 But he wanted to get more: Judson (1979), 359.
167 Marchal introduced Monod: Geneviève Noufflard, interview with Benjamin Prud'homme, Paris, January 2010; Debré (1996), 122.
167 "Do not forget": Geneviève Noufflard, interview with Benjamin Prud'homme, Paris, January 2010.
167 "He is in great form": Letter, Odette Monod to Charlotte and Lucien Monod, May 20, 1943, private archives, Monod family.
168 The all- Bach program: Program of May 21, 1943, private archives, Monod family.
168 Monod's new conductorship: Toulmond (2005), 19.
168 Toward the end of September: Ibid.; Debré (1996), 121.
168 In early October: Françoise Benhamou, interview with Héloïse Dufour, October 19, 2010.
169 He spent every Wednesday night: Letter, Odette Monod to Lucien and Charlotte Monod, October 22, 1943, private archives, Monod family.
169 Marcel Prenant had made repeated appeals: Prenant (1980), 196.
169 Philo heard de Gaulle's: Guillain de Bénouville (1949), 168–69.
169 It was not until François Morin: Debré (1996), 117.
169 Philo told Morin: "Claude Bourdet," Ordre de la Liberation, http://www.ordredelaliberation.fr/fr_compagnon/131.html; P. Monod, interview with Serge Ravneal, Conception Jean- Louis Dufour, Realisation Jacques Boliot.

170 Bourdet invited Philo: P. Monod, interview with Serge Ravneal, Conception Jean-Louis Dufour, Realisation Jacques Boliot.
170 Philo subsequently replaced Bourdet: Frenay (1976), 249.
170 Shoop appeared to take: Ibid.
170 "wanted to know": Ibid., 250.
170 De Bénouville, who was in charge: Ibid.; Guillain de Bénouville (1949), 173.
170 The Frenchmen handed over: Dulles et al. (1996), 53.
171 Technically, he would not: Frenay (1976), 253.
171 Philo soon secured: Ibid., 263.
171 De Bénouville set up: Guillain de Bénouville (1949), 175.
171 The MUR provided intelligence reports: Guillain de Bénouville (1949), 184–86.
172 In October 1943: Guillain de Bénouville (1949), 270–71; R. Belot and G. Karpman (2009) 282; Guérin (2010), 288.
172 Jacques Monod was chosen: Letter, J. Monod to Mme. Thieuleux, June 2, 1970, MON. Bio. 02, item 7, Fonds Monod, SAIP; Guillain de Bénouville (1949), 273.
172 "I have something to ask you": Geneviève Noufflard, interview by Benjamin Prud'homme, Paris, January 20, 2010; Judson (1979), 363.
172 De Bénouville had set up a system: For details see Belot and Karpman (2009).
172 After arriving at the train station: Guillain de Bénouville (1949), 271; Guérin (2010), 286.
173 Along with Jacques and de Bénouville: Guillain de Bénouville (1949), 271; Guérin (2010), 288.
173 The delegates brought: Guillain de Bénouville (1949), 271.
173 To attain their potential effectiveness: Ibid., 355–66.
173 Jacques was promised arms: Letter, J. Monod to Mme. Thieuleux, June 2, 1970, MON. Bio. 02, item 7, Fonds Monod, SAIP.
174 After paying a heavy fine: Guillain de Bénouville (1949), 271–72; Belot and Karpman (2009), 282–84.
174 Leynaud told Camus: Lottman (1979), 270–72.
174 Camus joined such notable: Ibid., 280–81.
175 "We shall meet soon again": Camus (1974), 4.
175 "humiliations and silences": Ibid., 6.
175 "I belong to an admirable": Ibid., 8.
176 Bernard was an early: Frenay (1976), 53–54; interview with Serge Ravenel, Conception Jean-Louis Dufour, realisation Jacques Boliot.
176 Camus's first meeting with Bernard: Account of meeting compiled from Hardré (1964); Bernard (1967); Lottman (1979), 300–301; Todd (1997), 178–79.

第十三章　双重生活

177 "When are they landing?": Noufflard (unpublished), 66.
177 Just a month after: "Pierre Arrighi," Ordre de la Liberation, http://www.ordredelaliberation.fr/fr_compagnon/32.html.
177 Marcel Peck, Pia's Combat chief: Frenay (1976), 312.
177 He appointed Joseph Darnand: Time, February 7, 1944.

178 The penalty for being caught: Kupferman (2006), 198.
178 In an interview with Paris- Soir: Germain (2008), 29.
178 A colleague who knew: Judson (1979), 363.
178 Monod shifted his experiments: Letter, Odette Monod to Lucien and Charlotte Monod, December 4, 1943, private archives, Monod family.
178 Always happy to see: Olivier Monod, interview, Paris, August 17, 2010.
178 Monod did decide: Letter, Odette Monod to Lucien and Charlotte Monod, October 22, 1943, private archives, Monod family.
178 "I am living a terribly austere": Letter, Jacques Monod to his parents, December 13, 1943, private archives, Monod family.
178 Geneviève Noufflard tracked him: Noufflard (unpublished), 67. Note: The circumstances of the meeting are not clear: Judson (1979), 363, indicates that it was after a choir rehearsal in January, but a letter from October 1943 indicates that Monod had quit conducting. Noufflard's memoir does not mention choir practice, and in her interview in 2010 she indicates that she "found" Monod and asked him.
179 Monod tried to dissuade her: Judson (1979), 363; Geneviève Noufflard, interview by Benjamin Prud'homme, Paris, January 20, 2010.
179 Noufflard snuck back and forth: Noufflard (unpublished), 9, 47; "René Parodi: Ordre de la Liberation," http://www.ordredelaliberation.fr/fr_ compagnon/750 .html.
179 After returning to Paris: Noufflard (unpublished), 57–61.
179 Among the first American fliers: Bodson (2005), 149.
180 On the morning of January 23: The account of Spence's mission and rescue are from Escape and Evasion Report No. 16, RG 498, Entry UD 134, Box 1 Location: 290/55/20/4, National Archives, College Park, MD; 303rd BG(H) Combat Mission Report No. 11, accessed at www.303rdbg.com/mission reports/011.pdf; "Allied Aviators Passed Through Comet Line via Pyrenees," http://www.cometeline.org/fiche087.html; Noufflard (unpublished).
181 Only two weeks earlier: "The Comet Line," http://www.cometeline.org/ comethist.htm.
181 After a long afternoon: Geneviève Noufflard, interview by Benjamin Prud'homme, Paris, January 20, 2010; "Allied Aviators," http://www .cometeline .org/fiche087.html.
181 Noufflard led Spence: Geneviève Noufflard, interview by Benjamin Prud'homme, Paris, January 20, 2010.
182 Two weeks after arriving: P. Connart et al., "Bidarray, Larresore, Souraïde," http://www.cometeline.org/PassagesNew.html
182 After some snags: "'Franco' Nous a Quitté," http://www.cometeline.org/cometfranco06062008.htm; "Andre de Jongh, Organiser of the Comet Line," The Independent, December 6, 2007, http://www.independent.co.uk/news/obituaries/andre- de- jongh- organiser- of- the- comet- line- 763264.html.
182 The Noufflards would continue: "Conrad Blaylock of the 381st Bomb Group, shot down Febraury 6, 1944," in Noufflard (unpublished), 63–65.
182 but Geneviève was determined: Noufflard (unpublished), 67.
182 She told Monod: Geneviève Noufflard, interview by Benjamin Prud'homme, Paris, January 20, 2010.
183 "Okay, all right": Judson (1979), 363.
183 To conceal whatever she was carrying: Noufflard (unpublished), 68–70.

183 Monod showed Noufflard: Geneviève Noufflard, interview by Benjamin Prud'homme, Paris, January 20, 2010; Judson (1979), 364.
183 That was done by giving some prearranged sign: Noufflard (unpublished), 68.
184 Despite the emphasis on security: The account of Prenant's arrest is from Prenant (1980), 201–11.
185 The interrogation began: The account of Prenant's interrogation and torture is from Prenant (1980), 201–11; quotes are translations by SBC.
187 The FTP promoted Georges Teissier: Toulmond (2005), 19.
187 At the same time Monod: Letter, J. Monod to Mme. Thieuleux, June 2, 1970, MON. Bio. 02, item 7, Fonds Monod, SAIP; Monod FFI record "Etat des Services dans bsF.F.I" dated November 26, 1944, MON. Bio. 02, Fonds Monod, SAIP.
187 Monod was made head: Letter, J. Monod to Mme. Thieuleux, June 2, 1970, MON. Bio. 02, item 7, Fonds Monod, SAIP; Monod FFI record "Etat des Services dans bsF.F.I" dated November 26, 1944, MON. Bio. 02, Fonds Monod, SAIP.
187 These would be passed to Geneviève Noufflard: Geneviève Noufflard, interview by Benjamin Prud'homme, Paris, January 20, 2010.
187 Monod discovered that: Schwartz (1997), 134; Judson (1979), 361.
187 Late in the afternoon of February 14: N. Chevassus- Au- Louis (2004), 187, 193. Croland was sent to Buchenwald and died in April 1945.
188 The creation of the FFI: Letter, J. Monod to Mme. Thieuleux, June 2, 1970, MON. Bio. 02, item 7, Fonds Monod, SAIP.
188 De Bénouville was very impressed: Guillain de Bénouville (1949), 294–95.
189 In fact, Audureau isolated several: Judson (1979), 362–63; Müller- Hill (1996), 11.
189 She and Monod found: Noufflard (unpublished), 75–76.
190 "has delicate health": Todd (1997), 170–72.
190 Waiting outside on the street: Lottman (1979), 307.
190 As he settled: Ibid., 295.
191 Camus accepted, and they began: Ibid., 293, 296.
191 Camus was put in charge: The date of the reading was March 19, 1944. Todd (1997), 175; Lottman (1979), 297–98.
192 In appreciation for their efforts: Brassai (1999), 201.
192 She met Camus: Todd (1997), 183.
192 Though just fourteen: "Maria Casarès," The Independent, December 7, 1996, http://www.independent.co.uk/news/people/obituarymaria- casares- 1313344 .html#; Lottman (1979), 316.
192 After the Germans invaded: Lottman (1979), 316–17.
193 The network had provided: Todd (1997), 178.
193 Jacqueline Bernard was stunned: Bernard (1967).
193 Yvette Bauman was subsequently deported: Guillain de Bénouville (1949), 283–84.
193 It was actually the second time: "André Bollier," Ordre de la Liberation, http://www.ordredelaliberation.fr/fr_compagnon/116.html.
193 He also set up a phony: Lottman (1979), 300.
194 After being tortured: "André Bollier."
194 In late March: Guillain de Bénouville (1949), 278–79.
194 The Germans caught: Ibid., 302.

194　She managed to alert: Ibid., 296.
194　Claude Bourdet, who had become: Bourdet (1975), 323.
194　The Gestapo almost nabbed: Guillain de Bénouville (1949), 299–300.
194　Camus authored his first: The editorial of issue 55, though anonymous, is generally attributed to Camus: Lévi- Valensi in Camus (2006), 1–3.

第十四章　准备

197　"If they attack in the west": Hitler and Domanus (1990), 2,850.
197　In the spring of 1944: Buell, et al (1978), 276.
197　whereas of the roughly 40,000 resistants: Île- de- France figures from Rol- Tanguy et al. (1994), 76.
197　From January to March 1944: Ambrose (1994), 103.
198　Altogether, from June 1943: Rottman and Dennis (2010), 36.
198　In October and November 1943: Harrison (1951), 204.
198　For example, the Paris–Brest: C. Bougeard in Ponty (1996), 292.
198　Instead, the FFI: Harrison (1951), 205.
199　"Here they come!": Noufflard (unpublished), 72.
199　The primary military effects: Harrison (1951), 206.
199　All German units: Burleigh (2011), 284.
200　"At around 11 that night": Combat 57, May 1944; Lévi- Valensi in Camus (2006), 5.
200　"is increasing his efforts": Combat 57, May 1944; Lévi- Valensi in Camus (2006), 6. Eight soldiers were convicted in 1949 of participating in the mass slaughter and condemned to death, but were later pardoned as part of a reconciliation process. See Gildea et al. (2006), 193.
201　Eisenhower and his planners: Dallas (2005), 86.
201　heavy night raids: Gilbert (2004), 79.
201　After bombs fell: Dallas (2005), 86.
201　"Montmartre and the northern suburb": Ibid.
201　Despite all that had transpired: http://www.youtube.com/watch?v= 508EWoNE4fM.
201　"Our country is experiencing": Le Matin, April 29, 1944, trans. SBC.
202　"the threat from the East": Harrison (1951), 464.
202　"Only an all- out effort": Ibid.
203　"throw the enemy back": Ibid., 465.
203　He ordered the flooding: Rommel defense tactics described in Ryan (1959) 15–30; Ambrose (1994), 112–13.
204　"If, in spite of": Gilbert (2004), 79.
204　The original target date: Eisenhower (1982), 416.
204　It offered thirty kilometers: Ambrose (1994), 72–73.
205　In fact, Eisenhower was: Ibid., 82.
205　It became clear: Eisenhower (1982), 454.
205　On May 2: "Pierre Dejussieu- Pontcarral," Ordre de la Liberation, http://www.ordredelaliberation.fr/fr_compagnon/263.html.
205　The chief of the Paris region: "Pierre Pène," Ordre de la Liberation, http:// www.ordredelaliberation.fr/fr_compagnon/758.html; Rol- Tanguy, Liberation de Paris, 62.

205 The arrests necessitated: "Henri Rol- Tanguy," Ordre de la Liberation, http://www.ordredelaliberation.fr/fr_compagnon/947.html.

205 and Monod ("Malivert") was promoted: Monod FFI record from document "Etat des Service dans les F.F.I." dated November 26, 1944, MON. Bio. 02, Fonds Monod, SAIP.

206 After more street meetings: Noufflard (unpublished), 81.

206 If someone came unexpectedly: Ibid., 82.

206 Fewer Parisians walked: Letter, Odette Monod to Lucien and Charlotte Monod, May 19, 1944, private archives, Monod family.

206 The Germans had installed: Guillain de Bénouville (1949), 301.

207 He put his new look: Noufflard (unpublished), 86.

207 The short trip: Letter, Odette Monod to Lucien and Charlotte Monod, May 19, 1944, private archives, Monod family.

207 There were German troops: Letter, Odette Monod to Lucien and Charlotte Monod, April 13, 1944, private archives, Monod family.

207 air- raid alerts were very frequent: Letter, Odette Monod to Lucien and Charlotte Monod, May 19, 1944, private archives, Monod family; Philippe Monod, interview, Paris, December 3, 2011.

207 Odette confessed to Jacques's parents: Letters, Odette Monod to Lucien and Charlotte Monod, April 20, 1944 and May 19, 1944, private archives, Monod family.

207 Plan Vert had identified 571 rail targets: Harrison (1951), 205

207 On May 10, listeners: Crémieux- Brillhac (1975), 5:2.

207 On May 12, commentators: Ibid., 5:3.

207 On May 20, listeners received: Ibid., 5:16.

207 On May 27, they: Ibid., 5:24–25.

208 "Ouvrez l'oeil et le bon": Ibid., 5:32.

208 Noufflard heard the news: Noufflard (unpublished), 90.

208 On Saturday, June 3: "Pierre Lefaucheux," Ordre de la Liberation, http://www.ordredelaliberation.fr/fr_compagnon/574.html.

208 "Isn't it terrible": Noufflard (unpublished), 88–91.

209 the Gestapo had in fact: The genesis of the meeting and the arrests are described by Pierre Bourlier, alias "Guillaume," who attended and was arrested at the meeting. See P. Bourlier, "Ma Resistance," http://chezpeps.free.fr/henri/html/buchenwald_matricule_76888.html.

209 As Monod approached: Olivier Monod, interview, Paris August 17, 2010.

209 "Il est sévère mais juste": Crémieux- Brillhac (1975), 5:41.

210 Each sentence was: It has been widely reported that the invasion signals to the FFI were lines from Paul Verlaine's poem "Chanson d'Automne," the first line of which was "Les sanglots longs des violons d'automne" (The long sobs of the violins of autumn) and the second was "bercent mon couer d'une langueur monotone (fills my heart with a langorous sorrow). See, for example, A. Hall and T. Hall, D Day:Operation Overlord Day by Day, 100. This is not accurate. It was the case that every branch of the Resistance had a distinct message, and the Verlaine lines were directed to the Ventriloquist action group (Brown [1975], 560). In fact, the Germans had learned about this message and were thus tipped off about the timing of the invasion [ibid.]. According to three different sources who were in the Paris region FFI, including Noufflard's memoir that was written

in 1945, they were awaiting the line "Il est sévère mais juste" and the other lines stated in the text. Also see accounts of G. Gilbert, "Rapport de Mon Activité Clandestine," http://aacvr.free.fr/h_rapport_gg.htm, and P. Boulier, "Ma Resistance."

第十五章　诺曼底

211　"The history of warfare": Churchill (1964), 8.
211　While one of the two: Brown (1975), 640–41.
211　Rommel did not think an invasion: Ambrose (1994), 88.
211　On June 3, he had: Ryan (1959), 37; Gilbert (2004), 110–11.
212　The Germans had failed entirely: Harrison (1951), 275.
212　The weather was: Ambrose (1994), 183.
212　The invasion fleet: Ibid., 257.
212　"Under the command": Crémieux- Brillhac (1975), 5:45, trans. SBC.
212　"Now comes the time": Noufflard (unpublished), 93–94.
213　Camus also heard: Todd (1997), 185; Lottman (1979), 318.
213　"The whole country is": "Frankin Roosevelt's Press Conference on D Day," Our Documents: D Day, http://docs.fdrlibrary.marist.edu/odddaypc.html.
213　"So far the Commanders": "D Day," Winston Churchill Leadership, http://www.winston-churchill-leadership.com/speech- d day.html.
214　"The German and Anglo- Saxon": Le Matin, June 7, 1940, trans. SBC.
214　Laval compounded Pétain's warning: Le Matin, June 7, 1940.
215　"The supreme battle": Crémieux- Brillhac (1975), 5:47–48, trans. SBC.
215　Eisenhower had composed: "Message Drafted by General Eisenhower in Case the D Day Invasion Failed," National Archives, http://www.archives.gov/education/lessons/d day- message.
215　at least 4,400 killed and 5,000 wounded: These numbers vary widely among sources. See D Day Museum Online, http://www.ddaymuseum.co.uk/faq.htm#casualities.
215　By the time offloading paused: "Message Drafted by General Eisenhower."
215　By the day after D Day: Harrison (1951), 206.
215　Designed to prevent the movement: Beavan (2006), 144; Asprey (1975), 318.
216　"SUBJECT: SABOTAGE OF RAIL LINES": Document courtesy of Geneviève Noufflard, trans. SBC and H. Dufour.
217　Monod set up an intelligence channel: Noufflard (unpublished), 98–101.
218　Monod used his previous: Noufflard (unpublished), 103–4.
218　For security, the transmitter- room door: Olivier Monod, interview, Paris, August 17, 2010.
218　These compromising papers: Noufflard (unpublished), 95–97.
219　The Germans and the French were arresting: Mitchell (2008), 104–9.
219　"irreparable loss": Camus, Combat, October 27, 1944; Camus (2006), 92.
219　a "dreadful death": Brée (1961), 42–43.
219　Four days later in Lyon: "André Bollier," Ordre de la Liberation, http://www.ordredelaliberation.fr/fr_compagnon/116.html.
219　But before doing so: Ajchenbaum (1994), 87; "André Bollier"; http://www.lajauneetlarouge.com/article/andre- bollier- 38- dit- %E2%80%9C- velin- %E2%80%9D.

220　In early July: Lotttman (1979), 323; Todd (1997), 185. The exact date of the meeting is uncertain, but it preceded July 11 by some short time.

220　She saw Camus with his hands: Todd (1997), 187. The date of the incident is not certain, but it appears to have preceded July 11 because of subsequent actions that Camus is reported to have taken first in response to his close call, and then after Jacqueline Bernard's arrest on July 11; in any case, the incident must have preceded Camus's hasty departure from Paris after Bernard's arrest.

220　Camus and Marcel Gimont: Ajchenbaum (1994), 88.

220　"The time is fast approaching": Camus, Combat 58, July 1944; Camus (2006), 7–9.

221　Earlier that day, she had gone: Lottman (1979), 323.

222　Camus had to leave town: Ibid., 324–25.

222　His battalion reached: http://www.marinettes- et- rochambelles.com/pages/JDM- 1944- 3trimestre.htm.

223　After more than four years: Jacob (1988), 106.

223　"The soil of France": Ibid., 106–7.

223　"People of France": Fondation Leclerc, http://www.fondation- leclerc .com/52/leclerc- et- ses- hommes/colonne- leclerc- 2eme- db/2eme- france -allemagne.htm, trans. SBC.

224　As the DB passed through: Jacob (1988), 108; C C Notin, 1061 Compagnons, 686, trans. SBC.

224　Despite the widespread destruction: Patton and M. Blumenson (1974), 489.

225　Patton's 3rd Army: Blumenson (1993), 195.

225　Leclerc seized the offer: Fondation Leclerc, http://www.fondation- leclerc .com/52/leclerc- et- ses- hommes/colonne- leclerc- 2eme- db/2eme- france -allemagne.htm.

225　"an opportunity that comes": Ripley (2003), 111.

225　On the night of the eighth: Jacob (1988), 110.

226　He then heard the cries: http://www.francaislibres.net/liste/fiche .php?index =54646.

226　He and Jacob had become: Jacob (1988), 109.

226　Jacob looked once more: Ibid., 110–11.

226　Jacob, Benillouz, and several other: http://www.marinettes- et -rocham belles .com/pages/JDM- 1944- 3trimestre.htm.

226　As Jacob drifted: Jacob (1988), 111.

226　When Jacob woke up: Ibid., 166–67.

第十六章　荣耀之日

227　In order to encircle the Germans: Jordan (2011), 377–80.

227　Patton was furious: Patton and Blumenson (1974), 510.

227　Leclerc, too, was getting impatient: Prados (2011), 254.

227　In the meantime: Patton and Blumenson (1974), 510.

228　Leclerc, however, objected: Ibid., 511.

228　On Saturday, August 19: (patriotic militia) Rol- Tanguy and Bourderon (1994), 185–86.

229　"Gather yourselves by household": Ibid., 180–81.

229　A bicyclist going the other way: Noufflard (unpublished), 110–11.

230　Some of the trucks: Bourderon (2004), 394; Ousby (2000), 291.

230　His purpose that day: Ajchenbaum (1994), 90–91.

230 All fifty- six dailies: Ibid., 92.
231 Their authorization to begin: Ibid., 98.
231 In the meantime: Ibid., 93–94.
231 The police and the FFI: Laub (2010), 287.
231 "stamp out without pity": Collins and Lappierre (1965), 36.
231 To von Choltitz's surprise: Ousby (2000), 291.
232 Just before dark: Noufflard (unpublished), 111.
232 "The development of operations": E.M.N. 3o Bureau à Region P1, August 20, 1944. Document courtesy of Geneviève Noufflard, trans. SBC.
233 Monod turned to Noufflard: Noufflard (unpublished), 111.
233 Monod was wrong: Bourderon (2004), 413; Rol- Tanguy and Bourderon (1994), 250.
234 Noufflard bicycled over: Noufflard (unpublished), 114.
234 Before he hung up: Collins and Lappierre (1965), 148; Schoenbrun, (1980), 455.
235 Rol- Tanguy and his subordinates: Bourderon (2004), 413.
235 German vehicles were trapped: Collins and Lappierre (1965), 165.
235 and French sacrifices: Schoenbrun (1980), 456.
235 It was a momentous day: Pétain would later be moved to Sigmaringen in southern Germany. See Rousso (1984), 78.
235 Upon arrival, de Gaulle: Collins and Lappierre (1965), 136–37.
235 De Gaulle was promptly driven: Ibid., 142–43.
235 The next morning, Monod and Noufflard: Noufflard (unpublished), 116–17; Bourderon (2004), 419–25.
237 Monod and Noufflard would each return: Noufflard (unpublished), 119; Monod identity card, courtesy of Olivier Monod, private archives, Monod family.
237 For two days, the Combat staff: Ajchenbaum (1994), 95.
237 Since their July meeting: Combat, August 21, 1944; Camus (2006), 13.
237 Their answer was a France: Ibid.
237 It was a markedly different tone: Ajchenbaum (1994), 99.
239 "Today, August 21": Combat, August 21, 1944; Camus (2006), 11–12.
238 Indeed, the combat in the streets: Bourderon (2004), 414; Collins and Lappierre (1965), 172–73.
238 Tuesday, August 22: Collins and Lappierre (1965), 184.
239 But German tanks rolled: Rol- Tanguy and Bourderon (1994), 271.
239 The defenders' main weapon: Pinault (2000), 260.
239 The mixture combined: Collins and Lappierre (1965), 109.
239 Indeed, Joliot- Curie's lab: Pinault (2000), 260.
239 Rol directed the distribution: Collins and Lappierre (1965), 184–85.
239 To the west in Normandy: Ibid., 165.
239 "Information received today": Prados (2011), 255.
240 The situation was so critical: Collins and Lappierre (1965), 165–66.
240 While Eisenhower pondered: Ibid., 180.
240 The Falaise Gap: Zuehlke (2007), 32.
240 There was no reason to hold Leclerc: La 2e DB Général Leclerc: Combattants et Combats en France (1945), 44–45.
240 The next morning's issue: Combat, August 23, 1944, author copy, translation from

Camus (2006), 15.
241 "Give through Swiss press": Noufflard (unpublished), 118.
242 "You know perfectly well": Ibid., 127.
242 "The Americans are coming": Collins and Lappierre (1965), 53.
242 "The defense of the Paris": Ibid., 200.
243 All of the bridges: Ibid., 208–12.
243 "We are coming": Lottman (1979), 332.
243 Fierce fighting continued: Collins and Lappierre (1965), 234.
243 Monod and Noufflard spent the day bicycling: Noufflard (unpublished), 128.
243 At 9:32, they heard: Collins and Lappierre (1965), 156; 100 Ans de Radio, 24 août, 1944 http://100ansderadio.free.fr/HistoiredelaRadio/1944.html.
243 "Parisians, rejoice": Collins and Lappierre (1965), 256.
243 "Awake! Be done with shame!": 100 Ans de Radio, 24 août, 1944, http://100ansderadio.free.fr/HistoiredelaRadio/1944.html.
244 Monod and Noufflard opened: Noufflard (unpublished), 128.
244 Noufflard and Monod wanted: Ibid., 129.
244 "You are coming with me": The walk to the Ministry of War and the scene within are based on Noufflard (unpublished), 130–33.
246 "AFTER FOUR YEARS": Combat, August 25, 1944, author's collection.
246 "As freedom's bullets": Ibid.; Camus (2006), 17–18.
247 Dawn broke to a perfect: Account of the events at the War Ministry from Noufflard (unpublished), 134–38, and Horace Freeland Judson Papers, interview with Geneviève Noufflard, November 16, 1976.
248 Noufflard went back: Noufflard (unpublished), 137.
248 At last, Monod and Noufflard: Ibid., 138.
248 Then, suddenly, the city lit up: Collins and Lappierre (1965), 323–24, 285; Schoenbrun (1980), 475.

第十七章 国家的谈话

253 "The first thing for a writer": Camus (1965), 37.
253 "All Paris in the Street": Combat, August 27, 1944, author's collection, trans. SBC.
253 "Albert CAMUS, Henri FREDERIC": Ibid. Henri Frederic was a pseudonym for Henri Cauquelin.
253 "a unique opportunity": Combat, September 1, 1944; Camus (2006), 25.
253 "The Paris that is fighting": Combat, August 24, 1944; Camus (2006), 17.
253 It was, Camus would say: Combat, September 30, 1944; Camus (2006), 54.
254 In his signed editorial: Combat, August 31, 1944; Camus (2006), 21–23.
254 Camus hoped to influence: Combat, September 1, 1944; Camus (2006), 25.
255 "seek to inform": Combat, September 8, 1944; Camus (2006), 32.
255 "The truth is not the beneficiary": Ibid.
255 "To ensure that life": Combat, September 8, 1944; Camus (2006), 31–32.
255 "The affairs of this country": Combat, September 4, 1944; Camus (2006), 28.
255 "If our American friends": Combat, September 30, 1944; Camus (2006), 53–54.
256 Days after his fourth: "A Guide to the United States' History of Recognition, Diplomatic,

and Consular Relations, by Country, since 1776: France," U.S. Department of State, Office of the Historian, http://history.state.gov/countries/france.

256 "with a language": Combat, September 8, 1944; Camus (2006), 34.
256 formed the habit: Aron (1983), 208.
256 Combat often sold out: Lottman (1979), 341.
256 After the liberation: Ibid.
257 When one or the other boy: Letter, Odette Monod to Lucien and Charlotte Monod, October 29, 1944, private archives, Monod Family.
257 "We have enjoyed": Combat, September 29, 1944; Camus (2006), 51.
257 "It is essential": Yeide and Stout (2007), 181.
257 By that time: "The Siegfried Line Campaign," U.S. Army Center of Military History. http://www.history.army.mil/books/wwii/Siegfried/Siegfried%20Line/siegfried -ch01. htm#ch1.
258 "To assist . . . in the study": Ordre de Mission, November 13, 1944, signed by Gen. Joinville, MON. Bio. 02, SAIP.
258 He took Toulon and Marseille: Yeide and Stout (2007), 24–26; Davidson (1988), 99–100.
258 "win over this vibrant": Lattre (1952), 179.
259 "most precious auxiliaire": Letter, Jacques Monod to Odette Monod, December 8, 1944, private archives, Monod family.
259 By February, an impressive: Lattre (1952), 173.
259 "My dear Odette": Letter, Jacques Monod to Odette Monod, May 1, 1945, private archives, Monod family, trans. H. Dufour.
259 "History is full": Combat, May 9, 1944; Camus (2006), 195–96.
260 "Many of our comrades": Combat, September 16, 1944; Camus (2006), 39–40.
260 "Those of us who are still waiting": Combat, May 9, 1945; Camus (2006), 195–96.
260 "Given the terrifying": Combat, August 8, 1945; Camus (2006), 237.
261 By the end of the war: Aronson (2004), 46–47.
261 "the French editorialist": Ibid., 79.

第十八章 生命的奥秘

262 Camus and Combat celebrated: Combat, April 17, 1945; Camus (2006), 194–95.
262 "Combat is waiting for you": Ajchenbaum (1994), 207–8.
262 Marcel Prenant, Monod's former FTP chief: Prenant (1980), 245–71.
262 While he had hoped: Letter, Jacques Monod to Odette Monod, May 1, 1944, private archives, Monod family.
262 his papers would not be signed: Letter, Jacques Monod to Odette Monod, July 2, 1944, MON. Bio. 02, Fonds Monod, SAIP.
262 "drew a curtain": Judson (1979), 368.
263 That fall, Lwoff invited Monod: Ullmann (2003), 5.
263 In the November 1943 issue: Luria and Delbrück (1943), 491–511; Monod (1965), 190.
263 The paper confirmed: See chapter 13.
263 "They have no genes": Huxley (1963), 131–32.
264 Indeed, so little was known: Mayr (1997), 1–21.

264 "How can the events": Schrödinger (1992), 3.
264 "The obvious inability: Ibid., 4.
264 Schrödinger speculated: Ibid., 61.
265 "strict and severe- looking": Ullmann (2003), 37.
265 "At any rate": Ibid.
267 "We are living in nihilism": Lottman (1979), 374.
267 "Revolt gives life its value": Camus (1991a), 55.
267 "feelings and images multiply": Camus (1963), 210.
267 "From now on": Camus (1991b), 67.
267 "the true embodiment": Ibid., 134.
268 "the flail of God": Ibid., 95.
268 "Calamity has come on you": Ibid., 94.
268 In the evenings, he would socialize: Lottman (1979), 369; Aronson (2004), 50.
268 "Man is nothing else": J.- P. Sartre, "Existentialism Is a Humanism," http://www.marxists.org/reference/archive/sartre/works/exist/sartre.htm.
268 "places the entire responsibility": Ibid.
269 It was a perk for prominent: Lottman (1979), 376.
269 "The Boldest Writer in France ": New York Times, April 7, 1946.
269 "After two wars have shattered": Ibid.
270 He told his audience: Camus (1946–1947), 19–33.
270 Camus explained that: Ibid., 20.
270 In order to illustrate: Ibid., 21.
271 "the death or torture": Ibid., 22.
271 Among the many contributors: Ibid., 22–24.
271 "the civilization of death": Ibid., 27.
271 "The great lesson": Ibid., 27–28.
271 "It took the war": Ibid., 30.
271 From this painful experience: Ibid., 28–29.
272 "man and woman": Ibid., 31.
272 "Those who met": Lottman (1979), 381.
272 That included nineteen- year- old: Ibid., 388.
272 "I, for one, am practically certain": Combat, November 30, 1946; Camus (2006), 274.
273 "whose first article would": Combat, November 29, 1946; Camus (2006), 273.
273 "civilization based on dialogue": Combat, November 29, 1946; Camus (2006), 273.
273 "Across five continents": Combat, November 30, 1946; Camus (2006), 275– 76.
273 A few weeks after his series: Lottman (1979), 407.
273 "There's something lacking": Camus (1991b), 254–55.
273 "resolved to compile this chronicle": Ibid., 308.
274 "Nonetheless, he knew that the tale": Ibid.
274 The novel would be a bestseller: Lottman (1979), 427, 431.

第十九章　资产阶级遗传学

275 "there is always something": Ullmann, (2003), 39.
275 Monod and Audureau's report: Monod and Audureau (1946).

276 During the war: Avery et al. (1944).
276 In early 1946, they reported: McCarty and Avery (1946).
276 "Twelve hours above the water": Letter, Jacques Monod to Odette Monod, June 25, 1946, private archives, Monod family.
277 "the difficulty in being current: Letter, Jacques Monod to Odette Monod, July 2, 1946, private archives, Monod family.
277 "of understanding how cells": Monod (1947), 224.
277 "may help in understanding": Ibid.
278 "Its significance appeared so profound": Judson (1979), 370.
278 In addition to scientific ideas: Ullmann, (2003), 56.
278 "absolute contempt and hatred": Judson (1979), 368.
278 By the end of 1945: Ibid.
278 "Heredity Is Not Commanded": Les Lettres Françaises, August 26, 1948, MON Pol. 1.6, Fonds Monod, SAIP, trans. SBC.
279 "mysterious and unforeseeable fashion": Ibid.
279 "Human intervention makes": Ibid.
280 "As in our world": Ibid.
280 Indeed, two days later in Le Monde: Le Monde, August 28, 1948, MON. Pol. 1.7, Fonds Monod, SAIP.
281 "A shadow has fallen": "Winston Churchill's Iron Curtain Speech," The History Guide: Lectures on Twentieth Century Europe, http://www.historyguide .org/europe/churchill.html.
282 In March 1947: "Truman Doctrine (1947)," Our Documents, http://our documents.gov/doc.php?flash=true&doc=81.
282 "Our policy is directed": "Marshall Plan Speech," George C. Marshall Foundation, http://www.marshallfoundation.org/library/MarshallPlanSpeechfrom RecordedAddress_000.html.
282 The Communist Information Bureau: Tiersky (1974), 162–63.
282 At the meeting: Boterbloem (2004), 312.
282 There was pressure: Medvedev (2006), 196.
283 Under Zhdanov: Boterbloem (2004), 253–57, 305.
283 The sealing off: Ibid., 293.
283 In the realm of science: Medvedev (2006), 196–97.
283 Well before the war: Carroll (2006), 219–25. See also Z. Medvedev (1969), The Rise and Fall of T.D. Lysenko, and V. Sooyfer (1994), Lysenko and the Tragedy of Soviet Science.
283 When Lysenko came under criticism: Medvedev (2006), 190–95.
283 "The Michurin position": Ibid., 202.
284 "is a return to the Middle Ages": Molenaar (1981), 67–100.
284 Camus and most of its editorial leadership: Ajchenbaum (1994), 295.
284 Its stated aim: Tirard (1997), 98.
284 "The recent Moscow debates": Ibid.
284 "According to Professor Marcel Prenant": Combat, September 14, 1948, MON. Pol. 1, Fonds Monod, SAIP.
285 "The really new point": Ibid.

285 "The important thing": Combat, September 15, 1948, MON. Pol. 01, Fonds Monod, SAIP.
285 "hardly be suspected": Ibid.
285 "Lysenko's claim": Davies (1947), 344.
285 "To every scientist": Ibid., 343.
286 "The system by which he": Fyfe (1947), 348.
286 "These judgments": Combat, September 15, 1948, MON. Pol. 01, Fonds Monod, SAIP.
287 "What emerges most clearly": Ibid.
287 The PCF continued: Europe (1948), 31–68.
287 Poet Louis Aragon: Ibid., 3–30.
288 The "debate" raged on: Unidentified newspaper clippings, MON. Pol. 1.6, Fonds Monod, SAIP.
288 "a purely theological affair": Judson (1979), 372.
288 pivotal because it started: Ibid.
288 For a time, he spent one Thursday: Cohn (1978), 2.
288 Cofounded by Camus: Lottman (1979), 459–62; G. Walusinski, "Manifeste des Groupes de liaison internationale," A Contretemps: Bulletin de Critique Bibliographique, 22–24, www.acontretemps.org/spip.php?article238.
288 He brought the scientist: The exact timing of Camus and Monod's first meeting is not known, but is most likely between September 1948 and June 1949. Because of a newly discovered letter from Camus to Monod, it is certain they met prior to December 1949. Monod's recollection was that they met after he had published in Combat in September 1948 (H. F. Judson, "Transcript of Interview with Jacques Monod, December 1975," Judson Collection, American Philosophical Society, Philadelphia). Also, Lottman reports that Camus went to South America in June 1949 and was sick for a time thereafter, so a meeting prior to June, when the Lysenko affair was still fresh, would be most consistent. It is not correct that they met when Camus was at Combat, nor that Camus was editor when Monod published his article (Debré [1996], 200); Camus had been gone from Combat for over a year at the time of publication.
289 "We are a group of men": Walusinski, 22–24.

第二十章　同一条道路

290 The two former resistants: Debré (1996), 200. La Closerie des Lilas was one of Monod's favorite brasseries: Melvin Cohn, e mail to author, January 5, 2010.
290 A Communist activist: Scammell (2009), 162.
290 From 1936 to 1938: Aronson (2004), 70.
290 The book was a sensation: Scammell (2009), 286.
290 Koestler visited Paris: Ibid., 292.
291 "It must be said": Camus (1965), 145.
291 Camus had met Louis Aragon: Todd (1997), 165.
291 and Camus's critic Emmanuel d'Astier: See chapter 12.
291 In 1948, d'Astier: "Emmanuel d'Astier de la Vigerie," Ordre de la Libération. http://www.ordredelaliberation.fr/fr_compagnon/36.html.
292 He asked Camus: Lottman (1979), 436–37, 447–48.

292 "The camps were part": Camus Actuelles I. Ecrit Politique, second response to Emmanuel d'Astier de la Vigerie.
292 "The majority among": Ibid.
292 "My role is not to transform": Ibid.
293 Upon encountering Merleau- Ponty: Lottman (1979), 405.
293 More than two years later: Todd (1997), 248.
293 "Whatever the nature": Aronson (2004), 110–11.
293 But with the benefit: Todd (1997), 249.
293 For Monod, who admired: H. F. Judson, "Transcript of Interview with Jacques Monod, December 1975," Judson Collection, American Philosophical Society, Philadelphia.
293 The other guests who enjoyed: Melvin Cohn, e mail to author, January 5, 2010. The date of the dinner is not known.
294 "My dear Monod": Letter, A. Camus to J. Monod, private archives, December 21, 1949. Monod family.
295 Oleksandr Bogomoletz was a Ukrainian scientist: Lawrence and Weisz (1998), 266.
295 Stalin named Bogomoletz: Time, January 17, 1944.
295 The June 1949 issue: Lawrence and Weisz (1998), 268.
296 A Jacques Monod: Jacques Monod's copy of Actuelles I, private archives, Monod family, inscription courtesy of Olivier Monod.

第二十一章　新的开始

297 Jacob had been named: "Présentation de l'Ordre de la Libération," Ordre de la Libération, http://www.ordredelaliberation.fr/fr_doc/1_1_presentation .html.
298 At one meeting: Jacob (1988), 212.
298 Jacob thought it was incredible: Ibid., 209.
298 He was astonished: Ibid., 32.
298 He then went to the director: Ibid., 210–11.
298 He went to see Monod: Ibid., 211–12; Judson (1979), 385.
299 Lwoff pondered Jacob: Judson (1979), 385.
299 "We have just found": Jacob (1988), 213.
299 The attic was cramped: Ibid., 214–33.
300 "like a cross between": Ibid., 227.
300 "Call me what you like": Ibid., 229.
301 "You should go": Ibid., 244.
302 He gave himself five years: Ibid., 244–51.
302 "chatting across the death mask": Cohn, as quoted in Ullmann (2003), 102.
303 Cohn and Monod developed: Monod, Cohen- Bazire, and Cohn (1951).
303 Monod's team found: Cohn, as quoted in Ullmann (2003), 96–97.
304 "had been answered with experimental": Ibid., 97.
304 The phenomenon was renamed: Cohn et al. (1953), 1096.
305 Among many measures: "1950s: International Security Act of 1950," Documents of American History II, http://tucnak.fsv.cuni.cz/~calda/Documents/ 1950s/ Inter_ Security_50.html.
305 "In view especially": Letter, J. Monod to American Consul R. Clyde Larkin, June 4,

1951, MON. Pol. 06, Fonds Monod, SAIP.
306 Monod's letter was subsequently published: Monod (1952).

第二十二章　师出有名

307 One evening, the two met: J. Daniel, Le Nouvel Observateur, January 30, 1987, 22. The date of the dinner is not known, but Daniel's reference to Monod's visa problems and the date of Monod's letter to the American consul allow the inference that the date was May–June 1951.
308 "What is a rebel": "Remarque sur la Révolte," in Camus (1945), 9–23.
308 "transcends the individual": Ibid.
308 "the solidarity of man": Camus (1956), 18.
309 "All modern revolutions": Ibid., 177.
309 "The greatest revolution": Ibid., 240.
309 "the dictatorship of": Ibid., 232.
309 "contrives the acceptance": Ibid., 233.
309 "the concentration camp system": Ibid., 238.
309 "dialogue and personal relations": Ibid., 239–40.
309 "the ration coupon": Ibid., 240.
310 "The answer is easy": Ibid.
310 "There remains of Marx's": Ibid., 222–23.
310 "Prophecy functions on": Ibid., 189.
310 "postpones to a point": Ibid., 303.
310 "real generosity to the future": Ibid., 304.
310 Well after his Combat article: J. Monod, "Les Positions Scientifiques," unpublished manuscript, MON. Pol. 01, item 2, Fonds Monod, SAIP. This manuscript, in examining the role of chance in nature, undoubtedly planted seeds for what was to emerge two decades later in Monod's Chance and Necessity.
311 "In ridding our science": Ibid.
311 "not only that all": Ibid.
311 And indeed, following: Graham (1964).
311 Monod attributed the denial: Ibid., 30.
311 "To make Marxism scientific ": Camus (1956), 221–22.
312 "has also had to rewrite": Ibid., 236–37.
312 "Rebellion indefatigably confronts evil": Ibid., 303.
313 rebellion "in moderation": Ibid., 301.
313 "When revolution in the name": Ibid., 305.
313 "complicity so intense": J. Daniel, Le Nouvel Observateur, January 30, 1987.
313 The two rebels: Note language of letter from Camus to Monod in November 1957. See prologue, page 2.
313 "à Jacques Monod cette réponse": J. Monod, personal copy of A. Camus L'Homme révolté, private archives, Monod family, inscription courtesy of Olivier Monod [underscore in original].

第二十三章　选择立场

- 314 "Let's shake hands": Todd (1997), 305.
- 314 In Le Figaro Littéraire: Lottman (1979), 496.
- 314 Le Monde agreed: Ibid.
- 314 "More than the coming": Ibid., 497.
- 315 The book sold: Todd (1997), 305.
- 315 Jeanson, like Sartre: Lottman (1979), 500–501; Todd (1997), 307; Aronson (2004), 135–36.
- 315 A short time later: Lottman (1979), 501.
- 315 Jeanson mockingly questioned: Translation in Sartre and Camus (2004), 79–80.
- 316 "incoherent"— a "pseudophilosophical": Translation in ibid., 101.
- 316 "the privileges of": Translation in ibid., 202.
- 316 Sartre's secretary let Camus know: Todd (1997), 307.
- 316 "Dear Editor, I will": A. Camus, "A Letter to the Editor of Les Temps Modernes," in Sartre and Camus (2004), 107.
- 317 "A loyal and wise critic": Ibid., 116.
- 317 "In it I have found": Ibid., 118.
- 317 "I am beginning": Ibid., 126.
- 317 "the revolutionary living": Sartre (1969), 10.
- 317 "the USSR wants peace": Ibid., 13.
- 318 "My Dear Camus": J.- P. Sartre, "Reply to Albert Camus," in Sartre and Camus (2004), 131–32.
- 318 "The mixture of dreary": Ibid., 132.
- 318 "You do us the honor": Ibid., 133.
- 319 "Perhaps the Republic": Ibid., 137.
- 319 "Suppose you were wrong": Ibid., 139.
- 319 "You have been for us": Ibid., 147–48.
- 319 In 1944, Camus had been: Ibid., 155.
- 319 "I have said what you meant": Ibid., 158.
- 319 The newspaper headlines heralded: Todd (1997), 312.
- 319 "The Sartre- Camus Break": Lottman (1979), 506.
- 319 "Sartre, the man": Camus (2008), 50.
- 320 "I am anguished by Paris": Todd (1997), 311.
- 320 "At this point, the least sentence": Ibid., 313.
- 320 "Immediately after the attack": Ibid., 314.
- 320 "Leftist intellectuals": Ibid.
- 320 "The core of the problem": Lottman (1979), 512.
- 321 "Nuptials at Tipasa": All passages quoted here are from Albert Camus, "Return to Tipasa," in Camus (1991a). The essay was completed and published initially in 1953 in the first issue of the Algerian review Terrasses, edited by Jean Sénac (H. Nacer- Khodja, A. Camus, and J. Sénac, Albert Camus, Jean Sénac, ou Le Fils rebelle 50), then published again in a compilation of Camus's essays entitled L'Été, published in 1954 (this quote 196).
- 321 "And under the glorious": "Return to Tipasa," in Camus (1991a), 200–201.

322 "one by one the imperceptible": Ibid., 201.
322 "Je redecouvrais à Tipaza": Ibid., 202.
322 "bucked up and calmed": Todd (1997), 314.
322 "I have returned to Europe": "Return to Tipasa," in Camus (1991a), 202–3.
322 "à Jacques Monod": J. Monod, personal copy of A. Camus L'Été, private archives, Monod family, inscription courtesy of Olivier Monod.

第二十四章　阁楼

324 "There is an element": Camus (1965), 37.
324 Arriving before most: Jacob (1988), 241–42.
324 The observation dated back decades: Holmes (2006), 123–24.
325 He first studied thirty strains: Jacob (1988), 234–35.
326 "The French don't live like this": S. Benzer, interview by Heidi Aspaturian, Pasadena, California, September 1990–February 1991, Oral History Project, California Institute of Technology Archives, http://resolver.caltech.edu/CaltechOH:OH_Benzer_S, 32–33.
326 "Did you ever try tétine de vache": Benzer, interview, 42.
327 His parents, Eugène and Elisabeth: "Elie Wollman (1917–2008) Notice biographique," Institut Pasteur, http://www.pasteur.fr/infosci/archives/wol0 .html.
327 His godfather and namesake: "Ilya Mechnikov— Biography," Nobel Prize, http://www.nobelprize.org/nobel_prizes/medicine/laureates/1908/mechnikov .html; Jacob (1988), 243.
327 Eugène and Elisabeth Wollman were in fact: A. Lwoff, in Comité à la mémoire des savants français (1959), 133–45; Jacques Tréfouël, statement of March 28, 1945, testimony for La Cour de Justice, Fonds Tréfouël, SAIP.
327 After the war: A. Ullmann, e mail to author, April 13, 2012.
327 "as much as had being part": Jacob (1988), 274.
327 "a revenge on the war": Ibid., 271–72.
328 "No sir, I am not": Benzer, Interiew, 40.
329 Convinced by Oswald Avery's original evidence: Watson (1969), 73–74.
329 The results indicated: Jacob (1988), 264; Judson (1979), 131–32.
330 What was the nature: Jacob (1988), 253, 254.
330 All of the top phage scientists: Ibid., 263–65.
330 The truth was: Watson (1969), 89–90.
330 Watson prudently borrowed: Ibid., 90.
331 "membership card to the club": Jacob (1988), 263.
332 After struggling for many months: Watson (1969), 123–26.
332 Although Watson did not: James D. Watson, phone interview, March 27, 2012.
333 It was not until six weeks later: Jacob (1988), 269.
333 "All this could not be false": Ibid., 271.
333 "one of the oldest problems": Ibid.
334 Before returning to France: Ibid., 279.

第二十五章 匈牙利之血

337 "Rise Magyar!": S. Petöfi, "Talpra Magyar," in E. Tappan, ed., The World's Story: A History of the World in Story, Song, and Art (Boston: Houghton Mifflin, 1914), Vol. 6: Russia, Austria- Hungary, The Balkan States, and Turkey, 408–10; "Alexander Petofi: The National Song of Hungary, 1848," Internet Modern History Sourcebook, http://www.fordham.edu/Halsall/mod/1848hungary- natsong .asp.
337 "not a tactical move": Khrushchev (1956), 38.
338 "certainty of the victory of communism": Ibid., 40.
338 "the ending of the arms race": Ibid., 33.
338 "to strengthen in every way": Ibid., 13.
338 Khrushchev again took: "Speech to 20th Congress of the C.P.S.U.," Nikita Khruschchev Reference Archive, http://www.marxists.org/archive/ khrushchev/ 1956/02/24.htm.
338 Recounting the purges: Ibid.
338 "Our Party, armed": Ibid.
340 "looked like a Hitlerjugend": Agnes Ullmann, interview, Paris, August 19, 2010.
340 "The teaching was": Ibid.
340 "It was absolutely unbelievable": Ibid.
340 "You know, you told me once": Ibid.
340 "It was a fabulous discovery": Ullmann (2003), 199.
341 Adám's trial: Lendvai (1998), 67.
341 "It was absolutely awful": Agnes Ullmann, interview, Paris, August 19, 2010.
341 Between 1949 and 1953, an estimated 150,000: Pryce- Jones (1969), 43.
342 "Intellectuals must be esteemed": Stillman (1958), 13.
343 "In sleepless nights": Lendvai (1998), 81.
344 "anti- Party plot": Pryce- Jones (1969), 57.
344 "The hundreds of thousands": Lendvai (1998), 123.
346 "Poland Shows Us the Way": Sebestyen (2006), 110.
347 "those who seek to instill": Ibid., 117.
348 "Fascist and reactionary elements": Pryce- Jones (1969), 71.
349 "without difficulty in a few hours": Sebestyen (2006), 125.
349 "The soviet soldiers are risking their lives": Ibid., 127.
349 80 freedom fighters were killed: Ibid., 136–37.
349 "The army, the state security forces": Ibid., 138.
350 "there were people who did not get up": Agnes Ullmann, interview, Paris, August 19, 2010.
351 "Every street was smashed": Pryce- Jones (1969), 81.
352 "In consultation with the entire people": UN General Assembly, Report of the Special Committee on the Problem of Hungary, Official Records: Eleventh Session, Supplement No. 18 (A/3592), 83; "Sixteen Political, Economic, and Ideological Points, Budapest, October 22, 1956," Modern History Sourcebook, http://www.fordham.edu/halsall/mod/1956hungary- 16points.asp.
353 "The Hungarian Government is initiating": Pryce- Jones (1969), 86.
353 "the tremendous force": Sebestyen (2006), 208.
353 "beginning a new chapter": Ibid.

353 "It is nothing short of a miracle": Judt (2005), 322.
353 "heroic and earth- shaking insurrection": Lottman (1979), 589.
353 "glimmering fires of joy": Le Figaro, October 31, 1956.
354 "violations and mistakes": Sebestyen (2006), 199.

第二十六章　镇压和反抗

355 "If ten or so Hungarian writers": Sebestyen (2006), 81.
355 "We should re- examine our assessment": Mark Kramer, "The 'Malin Notes' on the Crisis in Hungary and Poland, 1956." Cold War International History Project Bulletin (1957), 394.
355 "We'll do it then": Sebestyen (2006), 219.
357 "This is Imre Nagy speaking": Pryce- Jones (1969), 105.
358 "This is the Hungarian Writers Association": Ibid.
358 "SOS SOS SOS": Time, November 12, 1956.
359 "If ever there was a time": Ibid.
359 "interference with the internal affairs": Ibid.
359 "desist forthwith from all attack": "Resolution 1004 (ES- II) adopted by the United Nations General Assembly on the Situation in Hungary (4 November 1956)," in General Assembly Official Records, 6, accessed at European Navigator, http://www.ena.lu/resolution_ 1004_ es_ ii_ adopted_ united_nations_ general_ assembly_ november_1956- 2- 1260.
360 "The Russians have given their answer": The Times, London, November 5, 1956.
360 In their statement: L'Humanité, November 5, 1956.
360 "Liberate Budapest": Bernard (1991), 73, trans. SBC.
361 thirty were wounded: Ibid., trans. SBC.
361 "fascist arsonists and vandals": Ibid., 70, trans. SBC.
361 "You are the only communists": Ibid., 71, trans. SBC.
362 "POETS, WRITERS, SCHOLARS": Le Sueur (2001), 278.
362 "Our Hungarian brothers": Camus, Quilliot, and Faucon (1965), 1778, trans. SBC.
362 "the genocide of which Hungary": Ibid., trans. SBC.
363 "to demonstrate to the world": Ibid., 1780, trans SBC.
363 "our Soviet friends": Sartre (1974), 323; Aronson (2004), 200.
363 "the Party has manifested": Macridis (1958), 630.
363 "I condemn absolutely": Sartre (1957), 16.
363 "the intervention was a crime": Ibid., 6.
363 "was made possible": Ibid., 7.
363 "Regretfully but completely": Aronson (2004), 201–2.
364 "gravest fault was probably Khrushchev's report": Sartre in L'Express, November 9, 1956. Translation based on Sartre (1957), 14, and Birchall (2004), 163.
364 "to reveal the truth to the masses": Sartre (1957), 15.
364 On November 28: Le Monde, November 29, 1956. Note: Many secondary sources in print incorrectly report the date of this event as November 23. However, primary sources reveal the event occurred on November 28.
364 "The only thing that I can publicly": Camus, Quilliot, and Faucon (1965), 1780–82,

trans. SBC.
365 More than 2,500 Hungarians: Sebastyen (2006), 277.
366 "Hungarian mothers": Juhász (1999), 28.
366 Ullmann was in the third row: Agnes Ullmann, interview, Paris, August 19, 2010.
366 Obersovszky and Gáli were charged: "Hungarian Writers' Resistance to the Government," January 22, 1957, from the Evaluation and Research Section: Background Report, Hungarian Research, Open Society Archives, http://www.osaarchivum.org/files/holdings/300/8/3/text/29- 4- 179.shtml.
366 On December 11: Lomax (1982), 85.
366 Workers continued to rebel at factories: Ibid., 86.
367 In the spring of 1957: "Hungary–People Who Should Be Freed," March 28, 1963, PTO, Open Society Archives, http://www.osaarchivum.org/files/holdings/300/8/3/text_da/32- 3- 168.shtml.
367 Other friends also were arrested: Agnes Ullmann, interview, Paris, August 19, 2010.
367 Russian soldiers in armored personnel carriers: The Times, London, March 16, 1957.
368 The men arrested Erdös anyway: Agnes Ullmann, e mail to author, December 14, 2010.
368 Sartre wrote a 120- page exposition: Les Temps Modernes, 129–31 (November–December 1956–January 1957): 577–97.
368 "None of the evils that totalitarianism": Camus in Demain, February 21–27, 1957, translated in Camus (1974), 171.
368 "Communism appears to us": Aronson (2004), 202.
369 "Foreign tanks, police": Camus (1974), 158.
369 "all men of the left": Birchall (2004), 165.
369 "There is no possible evolution": Camus (1974), 161.
369 "the USSR is not imperialist": Birchall (2004), 165.
369 "The defects of the West": Ibid., 163.
370 "Our faith is that throughout the world": Franc- Tireur, April 18, 1957; Camus (1974), 164.

第二十七章　理性的声音

371 "in order not to add to its unhappiness": Todd (1996), 339.
371 "Algeria is the cause of my suffering": Camus (1974), 126.
371 "the no man's land between two armies": Ibid., 128.
372 "civilian truce" . . . "for the duration": Ibid., 134.
372 "duty, to come": Ibid., 131–32.
372 "My only qualifications": Ibid., 132.
372 "two Algerian populations": Ibid., 135.
372 "condemned to die together": Ibid., 136.
372 "on a single spot of the globe": Ibid., 142.
373 "such stupid and brutal initiatives": Lottman (1979), 582.
373 Camus suggested that if de Maisonseul deserved to be arrested: Todd (1996), 348.
373 "I owe you": Camus (2008), 217–18.
374 "not only useless": Camus (1974), 178.
374 "one of the last countries": Camus (1974), 177.

375 "let us recognize it": Ibid., 197–98.
375 "This is an emotion": Ibid., 198.
375 "is in the good it does": Ibid., 178.
375 "upholders cannot reasonably defend it": Ibid., 179.
376 "no less repulsive than the crime": Ibid., 176. Note: This very passage (in a different translation) was explicitly cited in Justice William Brennan's dissenting opinion in the 1976 landmark United States Supreme Court case Gregg v. Georgia, which upheld the use of the death penalty in certain circumstances.
376 "astronomical proportions": Ibid., 227.
376 "bloodthirsty laws": Ibid., 227–28.
376 "Without the death penalty": Ibid., 228–29.
376 "we must call a spectacular halt": Ibid., 229.
376 "in the unified Europe": Ibid., 230, 234. Note: Membership in the EU today does indeed require abolition of the death penalty. See "EU Policy on Death Penalty," European Union External Action, http://eeas.europa.eu/human_rights/adp/index_en.htm.
377 By the end of January: Matthews (2007), 536.
377 "intellectuals, students, and ne'er-do-wells": Time, April 22, 1957.
377 Tóth shared her political concerns: Agnes Ullmann, e mail to author, December 15, 2010.
378 Fearing that the clerk would inform: Eörsi (2006), 99–142.
378 They would be charged with publishing: Time, April 22, 1957.
378 "I thought I had to do everything": Ibid.
378 "I want to be a free man": Ibid.
378 On June 20: Eörsi (2006), 117; "Biographies of Condemned Writers," OSA Archivum, http://193.6.218.36/files/holdings/300/8/3/text_da/30-1-4.shtml.
379 The consul immediately agreed: Agnes Ullmann, e mail to author, December 27, 2010.
379 On July 4: Time, July 8, 1957; "Biographies of Condemned Writers," OSA Archivum, http://www.osaarchivum.org/files/holdings/300/8/3/text/30-2-257.shtml. Note: Gáli was released in 1960–61, and Obersovszky was released in 1963.
379 Another twenty or so writers: "The Hungarian Writers After the Revolution," July 26, 1957, from RFE News and Information Service, Evaluation and Research Section: Background Report. Hungarian Research, Open Society Archives, http://www.osaarchivum.org/files/holdings/300/8/3/text/30-2-257.shtml.
380 "Seldom in any country": New York Times, February 17, 1957.
380 "The balance between creation": Todd (1996), 687, trans. SBC.
380 He'd had the plan: Camus interview with Dominique Aury, New York Times, February 24, 1957.
380 "waiting for inspiration's wing": Todd (1997), 366.
380 "Goethe teaches courage": Emerson (1996), 166.
380 "I am resigned to failing": Letter from Camus to Grenier, September 12, 1957, in Camus and Grenier (2003) 178–79.
381 "As a French-Algerian": Le Sueur (2001), 106; Camus to President Coty, September 26, 1957. Coty was president per Todd (1996), 684.
382 "his important literary production": New York Times, October 18, 1957.
382 "a genuine moral pathos": Ibid.

382 "strange feeling of overwhelming": Camus (2008), 197.
382 The successful nomination: E mail from M. Holmstrom, archivist at Swedish Academy, to author, October 11, 2011. Sylvère Monod and Jacques Monod were descendants of the same great- great- grandfather Jean Monod (1765–1836).
382 "I thought that the Nobel Prize": Camus (2008), 197; Lottman (1979), 602.
382 "Your reply honors both of us": Lottman (1979), 603.
383 Rebatet was spared: Camus (2006), xv–xvi.
383 "This prize which falls most often": Todd (1997), 373.
383 "My dear Camus": Letter, J. Monod to A. Camus, Nobel 1957, October 18, 1957, copyright Catherine and Jean Camus, Fond Albert Camus, Bibliothèque Méjanes, Aix- en- Provence, rights reserved.
383 "Remember that shit thou art": Todd (1997), 373.
383 Camus was deeply touched: See Camus reply to Monod, prologue, page 2.
383 "This young man": Le Monde, October 19, 1957.
384 "Frightened by what happens to me": Camus (2008), 197.
384 A week later, he exercised some of the prestige: The Times, London, October 31, 1957.
384 "a man almost young" . . . "with what feelings" . . . "two tasks that constitute the greatness": Camus Nobel Banquet speech, December 10, 1957, available at Nobelprize. org, http://nobelprize.org/nobel_prizes/literature/ laureates/1957/camus- speech- e.html.
385 "For more than twenty years": Ibid.
385 "resound by means of his art": Ibid.
385 "The nobility of our craft": Ibid.
385 "as an homage": Ibid.
385 "of the revered master": Camus (1974), 251.
385 "among the police forces": Ibid., 251b.
386 "Let us rejoice": Ibid., 270–71.

第二十八章　生命的逻辑

388 This notion led Jacob and Wollman: Jacob (1988), 276.
388 One gene was detectable: Ibid., 279.
388 Monod referred to the method: Ibid., 280.
389 That achievement: F. Sanger, "The Chemistry of Insulin," Nobel Lecture, December 11, 1958, http://www.nobelprize.org/nobel_prizes/chemistry/ laureates/1958/sanger- lecture.pdf.
389 In mid- September, Jacob and other biologists: "The Replication of Macromolecules," Symposia of the Society for Experimental Biology 12, Company of Biologists, Society for Experimental Biology (New York: Academic Press, 1958).
390 "On Protein Synthesis": Crick (1958), 138–63.
390 "in biology proteins are": Ibid., 138.
390 "the main function": Ibid., 138–39.
390 "The direct evidence": Ibid., 152.
390 "assumes that the specificity": Ibid.
391 "passed into protein": Ibid., 153.
392 "it is remarkable": Ibid., 160–61.

392 "In comparison to the confusion": F. Jacob, "47–Francis Crick," Web of Stories, http://www.webofstories.com/play/14627.
392 "My God, they are": Agnes Ullmann, interview, Paris, August 20, 2010.
392 "The British were awful" . . . "They said that maybe": Ibid.
393 He presented Ullmann's work: Straub (1958), 176–84.
393 The shortcomings of Ullmann's: Crick (1958), 146.
393 "There was nothing new": Ullmann, e mail to author, December 8, 2010.
396 Monod had constructed: Judson (1979), 406.
396 Pardee had to devise: Pardee (2002), 585–86.
396 Pardee did not speak French: Ibid., 586.
396 Pardee tried the experiment: Ullmann (2003), 136.
397 Prior to arriving in Paris: Kay (2000), 213.
397 "Sign there": Jacob (1988), 293.
397 Szilárd was given an office: Kay (2000), 213.
398 "repulsive" at first: Monod (1972), 281.
398 Monod painted a new picture: Letter, Monod to Pardee, February 28, 1957, MON. Cor. 03, Fonds Monod, SAIP; translation Judson (1979), 410–11.
398 Pardee, Jacob, and Monod wrote a paper: A. Pardee, F. Jacob, and J. Monod (1958).
399 Getting from Budapest to Paris: Agnes Ullmann, interview, Paris, August 20, 2010.
399 "They won't let you leave": Ibid.
400 When the Hungarian military attaché: Agnes Ullmann, e mail to author, January 11, 2011.
400 Ullmann had not tried to write: Agnes Ullmann, interview, Paris, August 20, 2010.
400 She then heard a man: Perrin, as quoted in Ullmann (2003), 165.
400 Ullmann introduced herself: Ullmann (2003), 200.
400 "What are you doing in Paris": Ibid.; Agnes Ullmann, interview, Paris, August 20, 2010.
400 "If you would allow me": Ullmann (2003), 200.
400 "What would you like to do?": Ibid.
400 "If Monsieur Gros": Ibid.
401 "I want to leave Hungary": Ibid.
401 He encouraged Ullmann to discuss her situation: Ibid.; Agnes Ullmann, interview, Paris, August 20, 2010.
401 "What will happen to you" ... "My poor child": Agnes Ullmann, interview, Paris, August 20, 2010; Agnes Ullmann, e mail to author, January 11, 2011.
402 "I didn't sleep": Agnes Ullmann, interview, Paris, August 20, 2010.

第二十九章 建立联系

404 The note appeared: A. Pardee, F. Jacob, and J. Monod (1958).
404 Other members of the group: Wall (2001).
404 Jacob, however, did not get caught up: Jacob (1988), 295, 309.
405 By late July, Monod was sailing: Debré (1996), 217.
405 "with no taste for work": Jacob (1988), 297.
405 "invaded by a sudden excitement": Ibid., 297–98.
405 "In both cases": Ibid., 298.

406 "With the phage": Ibid., 297–98.
406 "had climbed a mountain": Ibid.
406 "You've had enough?": Ibid., 298.
406 "I think I've just thought up": Ibid., 298.
407 silly, even "childish": Ibid., 300.
407 To Jacob, the analogy seemed so strong: Jacob, in Ullmann (2003), 121.
407 "as if it closed a single lock": Jacob (1988), 301.
408 "like a switch": Ibid.
408 "Actually, there is no direct evidence": Jacob, as quoted in Ullmann (2003), 122.
409 "How stupid I had been": Ibid., 125.
409 The repartee was more than scientific: Jacob (1988), 307–8.
410 "may lead to a generalizable picture": A. Pardee, F. Jacob, and J. Monod (1959), 177.
410 As a child during the Nazi occupation: The Gábor Sztehlo Foundation for the Help of Children and Adolescents, http://www.sztehlo- gabor- alapitvany .hu/bemutatke.htm.
411 "Last year prices are": Kövesi to Monod, April 18, 1959, MON. Ser. 04, Fonds Monod, SAIP.
411 "We have been busy here": Monod to Kövesi, April 21, 1959, MON. Ser. 04, Fonds Monod, SAIP.
412 Kövesi would have $4,700: Monod to Kövesi, April 28, 1959, MON. Ser. 04, Fonds Monod, SAIP.
412 "I have entire confidence": Ibid.
412 "My interview with the captain": Kövesi to Monod, May 20, 1959, MON. Ser. 04, Fonds Monod, SAIP.
413 "TOM TO COME TO ESZTERGOM": Kövesi to Monod and Ullmann, June 3, 1959, MON. Ser. 04, Fonds Monod, SAIP.
414 They underscored how mutations: Jacob and Monod (1959), 1282–84.
414 "Ah, Jacob. Pleased to see you again": Jacob (1988), 308–9.

第三十章　可能性与现实

417 The former resistant loved the idea: Agnes Ullmann, interview, Paris, August 20, 2010.
417 In Monod's "Code Agnes": Note in J. Monod's handwriting, MON. Ser. 04, Fonds Monod, SAIP.
417 "This is like a game of cards": Letter, Ullmann and Kövesi to Monod, September 3, 1959, MON. Ser. 04, Fonds Monod, SAIP, trans. SBC.
418 She made one request of Monod: Ibid.
419 There was no reaction from the audience: Account of meeting based on Jacob (1988), 310–11.
419 "at the same time I sent you a chromatogram": Letter, Ullmann to Monod, September 17, 1959, MON. Ser. 04, Fonds Monod, SAIP.
419 Kövesi had sent Monod a summary: Letter, Kövesi to Monod, September 14, 1959, MON. Ser. 04, Fonds Monod, SAIP.
420 "I am not able to do any more waiting": Letter, Kövesi to Monod, October 3, 1959, MON. Ser. 04, Fonds Monod, SAIP.
420 "Thank you so kindly": Letter, Monod to Ullmann, September 28, 1959, MON. Ser. 04,

Fonds Monod, SAIP, trans. SBC.
421 "I am very confident": Letter, Monod to Kövesi, October 6, 1959, MON. Ser. 04, Fonds Monod, SAIP.
421 "Thank you for your good faith": Letter, Kövesi to Monod, October 9, 1959, MON. Ser. 04, Fonds Monod, SAIP.
421 "If you believe that this trip": Message in letter from Monod to Kövesi, October 16, 1959, MON. Ser. 04, Fonds Monod, SAIP.
422 "I adore Mozart": Letter, Brunerie to Ullmann, October 19, 1959, MON. Ser. 04, Fonds Monod, SAIP, trans. SBC.
422 "They are still working in the same field": Letter, Monod to Kövesi, October 16, 1959, and October 23, 1959, MON. Ser. 04, Fonds Monod, SAIP.
423 "I've met somebody": Letter, Kövesi to Monod, October 22, 1959, MON. Ser. 04, Fonds Monod, SAIP.
423 "This new plan": Letter, Monod to Kövesi, October 26, 1959, MON. Ser. 04, Fonds Monod, SAIP.
424 "IT IS ABOUT A CAR": Letter, Kövesi to Monod, October 29, 1959, MON. Ser. 04, Fonds Monod, SAIP.
424 Kövesi explained to Monod: Ibid.
424 One of the financial supporters: Letter, Csapo to Monod, November 6, 1959, MON. Ser. 04, Fonds Monod, SAIP.
425 "the main difficulty": Letter, Monod to Csapo, October 26, 1959, MON. Ser. 04, Fonds Monod, SAIP.
425 "I refuse to believe": Ibid.
425 "I must therefore ask you": Letter, Csapo to Monod, October 28, 1959, MON. Ser. 04, Fonds Monod, SAIP.
425 "Dear Dr. Csapo": Letter, Monod to Csapo, November 2, 1959, MON. Ser. 04, Fonds Monod, SAIP.
426 Kövesi wrote to Monod: Letter, Kövesi to Monod, November 6, 1959, MON. Ser. 04, Fonds Monod, SAIP.
426 "I am fantastically busy": Letter, Monod to Kövesi, November 10, 1959, MON. Ser. 04, Fonds Monod, SAIP.
428 the writing of the paper that would introduce the new concept: F. Jacob, D. Perrin, C. Sanchez, and J. Monod (1960).
428 "the process of science": Jacob (1988), 288.

第三十一章　未完成

429 "fundamental misunderstanding": Letter, Csapo to Monod, November 6, 1959, item 53, MON. Ser. 04, Fonds Monod, SAIP.
430 "If the previous attempt has failed": Letter, Monod to Csapo, November 19, 1959, item 56–58, MON. Ser. 04, Fonds Monod, SAIP.
430 Monod suggested that Csapo request an extension: Letter, Csapo to Monod, November 24, 1959, item 59, MON. Ser. 04, Fonds Monod, SAIP; Letter, Monod to Csapo, December 8, 1959, item 60, MON. Ser. 04, Fonds Monod, SAIP; Letter, Monod to Csapo, December 8, 1959, item 61, MON. Ser. 04, Fonds Monod, SAIP.

430 "Must I point out": Letter, Monod to Csapo, December 29, 1959, item 64, MON. Ser. 04, Fonds Monod, SAIP.
431 He wrote appeals: Lottman (1979), 625.
431 Camus wrote to ask: Ibid., 637–38.
431 "To keep quiet": New York Times, April 22, 1958.
431 He also wrote the preface: Seeker and Warburg, The Truth About the Nagy Affair: Facts, Documents, Comments (New York: F. A. Praeger, 1959).
432 "qui nous persecutent encore": J. Monod, personal copy of A. Camus, Les Possédés, inscription courtesy of Olivier Monod.
432 "Enough of you must": Camus (2008), 203–4.
432 "My job is to make": Ibid., 205.
432 It was purchased: E mail from Olivier Monod (Jacques Monod's son) to author, August 30, 2012. Olivier Monod of Lourmarin and Jacques Monod were descendants of the same great- great- grandfather, Jean Monod (1765–1836).
433 He had conceived of the title: Ibid., 86.
433 "a 'direct' novel": Letter from Camus to Grenier, August 24, 1955, Camus and Grenier (2003), 168.
433 "fresco of the contemporary world": Todd (1997), 405.
433 "He wrote War and Peace": Camus (1965), 230.
433 As early as February 1957: Camus interview with Dominique Aury, New York Times, February 24, 1957.
433 "It's also the novel of my maturity": Lottman (1979), 615.
433 Camus's plan was: Camus (2008), 172.
434 "I am finding a little peace": Letter from Camus to Grenier, May 8, 1959, in Camus and Grenier (2003), 191.
434 "Frère Albert, O.D.": Lottman (1979), 644.
434 "Nietzsche is here": Letter from Camus to Grenier, May 8, 1959, in Camus and Grenier (2003), 191.
434 "The Wisdom of Lourmarin": Grenier (1936).
434 "I put my footsteps in yours": Lottman (1979), 636.
434 "The greatest works": Camus (2008), 244.
434 "I think it's all over": Ibid., 646.
435 "ailing, tense, stubborn": Camus (1995), 27.
435 "four women at the same time": Ibid., 296.
435 "I have never worked with such dense material": Letter from Camus to Mi, November 22, 1959, in Todd (1997), 407.
435 "the best in the world": Letter from Camus to his mother, December 21, 1959, in Todd (1997), 411.
436 "To you who will never": Camus (1995), 3.
436 "I must finish the first draft": Todd (1997), 407.
436 "By the time you read this": Ibid., 411.
436 "Alright, this is a last letter": Ibid., 411–12.
436 "This is my last letter, my tender one": Letter from Camus to Catherine Sellers, in Todd (1997), 412.
436 The next day they all lunched: The account of the car trip back to Paris is from Lottman

(1979), 660–64.
437 "You shouldn't have bought it": Lottman (1979), 660.
438 inside his black leather briefcase: Brée (1961), vii; Lottman (1979), 664– 65.
438 "For over twenty years": Lottman (1979), 669.
438 The director of the Théâtre de France: O'Brien, New York Times, January 10, 1960.
438 "Absurde": Time, January 18, 1960.
438 "A Conscience Against Chaos" and "The Best of Us": Combat, January 5, 1960.
438 "a creed which calls on men": New York Times, January 5, 1960.
438 "is one of the greatest losses": Ibid.
439 "We shall recognize": J.- P. Sartre, France- Observateur, January 7, 1960, published in Brée (1962), 173–75.
439 "an irreparable catastrophe": G. Brée, New York Times, January 24, 1960.
439 "We are not just weeping": New York Times, January 10, 1960.
439 "Je suis triste pour toi": Letter, Kövesi to Monod, January 9, 1960, item 66, MON. Ser. 04, Fonds Monod, SAIP.
439 "The death of Camus": Letter, Monod to Kövesi, January 14, 1960, item 67, MON. Ser. 04, Fonds Monod, SAIP.

第三十二章　信使

440 "Dear Jacques, There are good hopes": Letter, Kövesi to Monod, February 15, 1960, MON. Ser. 04, Fonds Monod, SAIP.
440 "What would happen if the lion": Brunerie (2008), 73, and Ullmann e mail to author, March 7, 2011.
441 "A. and T. . . . now have experimental proof": Letter, Monod to Kövesi, March 1, 1960, MON. Ser. 04, Fonds Monod SAIP.
441 "Would you let me know": Letter, Monod to Kövesi, March 7, 1960, MON. Ser. 04, Fonds Monod, SAIP.
442 The results meant that: Riley et al. (1960).
443 To Jacob, it felt more like: Jacob (1988), 311.
443 "That's when the penny dropped": Judson (1979), 431.
443 Several minutes passed: Jacob (1988), 312.
443 In their frenzied reaction: Volkin and Astrachan (1956).
444 "once again, a creature": Jacob (1988), 313.
445 "A possible model": Judson (1979), 434.
445 "You know exactly": Ibid., 435.
445 "I believe that your visit": Letter, Ullmann to Monod, April 19, 1960, MON. Ser. 04, Fonds Monod, SAIP.
446 "I talked to one of my new friends": Letter, Kövesi to Monod, April 29, 1960, MON. Ser. 04, Fonds Monod, SAIP.
446 "so that we can discuss": Letter, Monod to Ullmann, May 5, 1960, MON. Ser. 04, Fonds Monod, SAIP.
446 In order to understand: Telegram, Monod to Kövesi, May 11, 1960; trip details in letter from Monod to Csapo, June 3, 1960, MON. Ser. 04, Fonds Monod, SAIP.
447 The collaboration entailed: Riley et al. (1960).

447 "Oh, let's go and have a walk": Agnes Ullmann, interview, Paris, August 20, 2010.
447 Monod and Erdös had never met: Tamás Erdös, interview by phone, January 14, 2011.
448 At the time, Hungary's borders: Letter, Monod to Csapo, June 3, 1960, MON. Ser. 04, Fonds Monod, SAIP.
448 "Oh, I should like to have a look": Agnes Ullmann, interview, Paris, August 20, 2010.
448 Along the shores of the Danube: Agnes Ullmann, e mail to author, March 18, 2011.
449 In his lecture: Agnes Ullmann, interview, Paris, August 20, 2010.
449 "Our extractions, in particular": Letter, Monod to Ullmann, June 3, 1960, MON. Ser. 04, Fonds Monod, SAIP.
449 "I hardly need to tell you": Letter, Monod to Kövesi, June 3, 1960, MON. Ser. 04, Fonds Monod, SAIP.
450 "Also, may I mention": Ibid.
450 In early June, Helm made a preliminary trip: Agnes Ullmann, e mail to author, March 24, 2011.
451 Helm and his wife: Tamás Erdös, phone interview, January 14, 2011.
451 "I will not get in there": Agnes Ullmann, interview, Paris, August 20, 2010.
452 "Don't move": Brunerie (2008), 83.
452 Helm closed the box: Agnes Ullmann, e mail to author, March 24, 2011.
452 At the border, two customs officers: The journey across the border is reconstructed from Agnes Ullmann, interview, Paris, August 20, 2010; Tamás Erdös, phone interview, January 14, 2011; and Brunerie (2008), 78 and 82.
454 "You have organized something": Brunerie (2008), 79.

第三十三章　合成

455 "I don't believe it": Jacob (1988), 314; Judson (1979), 436.
456 It also did not help: Jacob (1988), 315.
456 "It's the magnesium!": Ibid., 317; and S. Brenner, "100— Using Magnesium to Compete with Caesium: Radioactive Coca- Cola," Web of Stories, http://www.webofstories.com/play/13313?o=MS.
456 He and Jacob hurried back: S. Brenner, "100— Using Magnesium to Compete with Caesium: Radioactive Coca- Cola," Web of Stories, http://www.webofstories.com/play/13313?o=MS.
456 They were rushing: Ibid.; Judson (1979), 439.
457 At the end of the run: S. Brenner, "101— Using Magnesium to Compete with Caesium: The Experiment," Web of Stories, http://www.webofstories.com/play/13314?o=MS.
457 Nervously but skillfully: Jacob (1988), 317; Judson (1979), 440; S. Brenner, "101— Using Magnesium to Compete with Caesium: The Experiment," Web of Stories, http://www.webofstories.com/play/13314?o=MS.
457 His task of obtaining French visas: Brunerie to Monod, June 27, 1960, MON. Ser. 04, Fonds Monod, SAIP.
458 "croissant of liberty": Brunerie (2008), 82.
458 a succession of papers had appeared: At the same time Jacob and Brenner were conducting their experiments in Pasadena, Francois Gros was working in Jim Watson's laboratory at Harvard also in pursuit of the RNA intermediate. The two groups

eventually decided to publish their papers simultaneously in May 1961. See Brenner, Jacob, and Meselson (1961); Gros et al. (1961); and Kay (2000), 229.
459 The challenge of writing in English: Jacob (1988), 318.
460 The next morning, Monod asked Madeleine: Story and quotes of exchange concerning 1960 Nobel Prize is from Brunerie (2008), 62–63, 84–85.
461 "messenger RNA": Jacob and Monod (1961), 350.
461 "to understand why": Ibid., 354.
462 "anything found to be true": Monod and Jacob (1961), 393.

第三十四章　穿实验服的加缪

467 "for their discoveries": Brunerie (2008), 204.
467 "The beautiful and hard adventure": Paris- Presse, October 16, 1965, trans. SBC.
467 It showed pictures: France- Soir, October 15, 1965.
468 Of the three, no one: Le Nouvel Observateur, October 20–26, 1965; MON. Bio. 08, item 2, Fonds Monod, SAIP. Note that sources regarding the date of the interview are in conflict; Jacob (1988) indicates the interview was the evening of October 14; Debré (1996) reports that the interview took place on October 20.
468 "Camus's existentialism, in the widest sense": J. Monod, Lire, November 1975, 243, trans. SBC.
468 "the proper response": New York Times, January 6, 1960.
469 "Communists condemn": Duchen (1994), 181.
469 an estimated 400,000 to 800,000 procedures: Time, July 21, 1961.
470 "Because of scientific and technical": Letter, Monod, Jacob, and Lwoff to Dr. Lagroua Weill- Hallé, November 18, 1965, MON. Pol. 02, Fonds Monod, SAIP, trans. SBC.
470 "Many of our fellow citizens": J. Monod in "La Contraception. Problèmes biologiques et psychologiques" by J. Dalsace and R. Palmer (1966), MON. Pol. 02, Fonds Monod, SAIP, trans. SBC.
471 "The Country of the rights of man": J. Monod, speech to Le Comité Parisien Martin Luther King, Palais des Sports, Paris, March 28, 1966, MON. Mss. 02, Fonds Monod, SAIP, trans. SBC; H. Dufour; L'Express April 4–10, 1966, 78–79.
473 "Let us listen to the lesson": J. Monod, speech at Cirque d'Hiver, April 9, 1968, in homage to Dr. Martin Luther King, MON. Mss. 02, Fonds Monod, SAIP, trans. SBC.
474 More than 20,000 protestors: "La Contestation: La Terrible Semaine Qu'a Vécue le Quartier Latin," Ina.fr, http://www.ina.fr/economie- et- societe/education- et- enseignement/video/AFE86001191/la- contestation- la- terrible- semaine- qu- a- vecue- le- quartier- latin.fr.html.
475 In his inaugural interview: Le Nouvel Observateur, October 20–26, 1965, 2, MON. Bio. 08, item 2, Fonds Monod, SAIP.
475 "These so- called representatives": Le Nouvel Observateur, May 15–21, 1968, 31, trans. SBC.
476 Monod telephoned Alfred Kastler: Kastler, "Les 07 et 08 mai," Come4News, http://www.come4news.com/mai-68-suite-29-9995.
476 General de Gaulle: Telegram to de Gaulle, Fonds Monod, SAIP, trans. SBC.
476 The rector could not: Le Nouvel Observateur, May 15–21, 1968, 31.

476 Ullmann told Monod: Ullmann interview, Paris, August 20, 2010.
477 "Mr. Minister": Le Nouvel Observateur, May 15–21, 1968, 31.
477 "Are you in agreement": Kastler, "Les 07 et 08 mai," Come4News, http://www.come4news.com/mai-68-suite-29-9995.
477 "In the present circumstances": France Soir, May 12–13, 1968.
478 Early Saturday morning: G. Kopelowicz, bhikku, http://www.bhikku.net/ lugworm/com-bhikku- ments.php?429.
478 Four hours of battle: Le Monde, May 12–13, 1968.
478 "The undersigned professors declare": Le Nouvel Observateur, May 15–21, 1968, 31.
479 In the provinces: "Résumé Chronologieque Des Principaux Faits Touchant a L'Ordre Public Survenus Au Cours Des Mois de Mai- Juin 1968," http://polices .mobiles.free.fr/documents/mai 68.htm.
479 "prodigious and exceeded the imagination": Le Nouvel Observateur, May 15–21, 1968, 30.
479 The student crisis: Time, May 24, 1968.
480 "Otherwise we will tumble": Time, May 31, 1968.
480 "There comes a moment": Le Monde, June 14, 1968; MON. Bio. 09, Fonds Monod, SAIP.
481 Monod and a few colleagues: Le Monde, May 15, 1968.
481 Sweeping reforms: "La loi d'orientation de l'enseignement supérieur," November 12, 1968, http://guilde.jeunes- chercheurs.org/Textes/Txtfond/L68 -978.html.
481 "They are crazy!": Ullmann interview, Paris, August 20, 2010.

第三十五章 偶然性与必然性：西西弗回归

482 "Whenever objectivity": Monod (1953), 319–20.
482 "There's always the tendency": J. Monod, interview with Gerald Leach in Paris, January 3, 1967, broadcast on the BBC February 1, 1967, transcript MON. Bio. 09, Fonds Monod, SAIP, 11.
483 "The most unnecessary science": Ibid., 7.
483 "If we still thought": Ibid., 12.
483 "Science has molded": Ibid.
484 "The mind's deepest desire": Camus (1991a), 17.
484 "The urge, the anguish": Monod (1969), 19.
484 "At that subtle moment": Camus (1991a), 123.
485 "philosophical, religious, and political": Monod (1971), xi.
486 "remained as if suspended": Ibid.
486 "Thirty years ago": Ibid.
486 "The 'secret of life'": Ibid., xii.
486 "everything existing in the universe": Credited to Democritus, although scholars have not been able to locate such a phrase in any particular work by the ancient Greek philosopher.
486 "Drawn out of the realm": Monod (1971), 118.
487 "man was the product": Monod (1968), 27, trans. SBC.
487 "And, in any case": Monod (1969), 24.

487 "this fundamental scientific result": Monod (1968), 27, trans. SBC.
487 "Should he despair": Ibid., 28, trans. SBC.
487 "We must despair": Camus (1991a), 18.
488 "Each conquest of Science is a victory of the absurd": Monod (1968), 27.
488 "In virtually all the mythic": Monod (1969), 22.
488 "between Man and the Universe": Ibid.
488 "the scientific approach": Ibid., 24.
488 "It remained for modern Biology": Ibid., 23.
488 "none of the gracious": Ibid., 24.
489 "Society by definition": Le Nouvel Observateur, October 20, 1965, 2, trans. SBC.
489 "Modern societies had accepted": Monod (1971), 170.
489 "our societies are still": Ibid., 171.
490 "a nauseating mixture": Monod (1969), 24.
490 "They all lie": Ibid., 25.
490 "Man must wake": Monod (1971), 172–73. Alternative translation of parts of the original French by SBC.
490 "A world that can": Camus (1991a), 6.
490 "heart open to": Camus (1946), 32.
490 "this universe without": Camus (1991a), 123.
491 "that he alone creates": Monod (1969), 25.
491 "Of all the schools": Camus (1991a), 115.
491 "the absurd joy": Ibid., 93.
491 "authentic creation is a gift": Camus (1991a), 212.
491 "And what other ultimate values": Monod (1969), 26.
491 "A society that would": Ibid., 27.
491 "A utopia. Perhaps": Monod (1971), 180.
492 Le Hasard et La Necessité appeared: This date has been reported differently elsewhere, but no reviews appear before this date; the date cited here is from Le Figaro, November 3, 1970, 10, in MON. Bio. 12, Fonds Monod, SAIP.
492 Almost 200,000 copies: Atlantic Monthly, November 1970, 126, MON. Bio. 12, Fonds Monod, SAIP.
492 Foreign translations quickly followed: Monod Notes en bas de la page, MON. Bio. 12, Fonds Monod, SAIP.
492 The book garnered scores of reviews: The Economist, May 13, 1972; Atlantic Monthly, November 1971, 125–30; H. Kenner, LIFE, November 5, 1971, Newsweek, April 26, 1971, all MON. Bio. 12, Fonds Monod, SAIP.
492 Monod received two reviews in the New York Times: C. Lehmann-Haupt, New York Times, October 15, 1971; G. Steiner, New York Times, November 21, 1971, MON. Bio. 12, Fonds Monod, SAIP.
492 also published two interviews: J. C. Hess, New York Times, March 13, 1971; New York Times, November 8, 1971, MON. Bio. 12, Fonds Monod, SAIP.
492 "I read Jacques Monod": Le Figaro, November 3, 1970; MON. Bio. 12, Fonds Monod, SAIP.
493 "Even the most cautious": The Economist, May 13, 1972, MON. Bio. 12, Fonds Monod, SAIP.

493 "One could ask oneself": Interview with Emile Noël, "Notre Temps," November 25, 1970, MON. Bio. 09, item 1, Fonds Monod, SAIP, transcript 50, trans. SBC.
493 "Myself, I do believe": Ibid.
494 he became the eighth general director: "Direction Institut Pasteur 1887–1940," Institut Pasteur, http://www.pasteur.fr/infosci/archives/dr1 .html.
494 "Where does genius come from": "Louis Pasteur: A Great Benefactor of Humanity," Vigyan Prasar Science Portal, http://www.vigyanprasar.gov.in/ scientists/PLouis.htm.
494 Monod hurled himself: Stanier (1977), 1–12.
495 He told Agnes Ullmann: Ullmann (2003), 204.
495 "Sir, I am a thirteen year- old boy": Letter, Bruno to Monod, January 7, 1976, MON. Cor. 02, Fonds Monod, SAIP.
495 "My Dear Bruno, Thank you very much: Letter, Reply, J. Monod to Bruno, February 13, 1976, MON. Cor. 02, Fonds Monod, SAIP.
496 He enjoyed drinking: Kosi´nski (1986), 81–89.
496 "See you Monday": Ullmann (2003), 204.
497 Philo heard his brother say: Brunerie (2008), 264; Ullmann, e mail to author, June 15, 2011; Olivier Monod, interview, Paris August 17, 2010.
497 After his funeral: Brunerie, M. "Once Upon a Time," in Ullmann (2003), 52.

原书参考文献

Ajchenbaum, Y. M. (1994) *A la Vie, à la Mort: L'histoire du Journal Combat, 1941–1974*. Paris: Monde Éditions.
Ambrose, S. (1994) *D-Day, June 6, 1944: The Climactic Battle of World War II*. New York: Simon & Schuster.
Aron, R. (1983) *Mémoires*. Paris: Julliard.
Aronson, R. (2004) *Camus & Sartre: The Story of a Friendship and the Quarrel That Ended It*. Chicago: University of Chicago Press.
Asprey, R. B. (1975) *War in the Shadows: The Guerrilla in History*. Garden City, NY: Doubleday.
Avery, O., et al. (1944) "Studies on the Chemical Nature of the Substance Inducing Transformation of Pneumococcal Types." *Journal of Experimental Medicine* 79.2: 137–58.
Barber, N. (1976) *The Week France Fell*. London: Macmillan.
Battistelli, P. P., and A. Hook. (2011) *Heinz Guderian: Leadership, Strategy, Conflict*. Oxford; Long Island City, NY: Osprey.
Beavan, C. (2006) *Operation Jedburgh: D Day and America's First Shadow War*. New York: Viking.
Belot, R., and G. Karpman. (2009) *L'Affaire Suisse: La Résistance, a- t- elle trahi de* Gaulle (1943–1944). Paris: Armand Colin.
Bernard, J. (1967) "The Background of *The Plague*: Albert Camus' Experience in the French Resistance." Kentucky Romance Quarterly 14.2: 165–73.
Birchall, I. (2004) *Sartre against Stalinism*. New York: Berghahn Books.
Blaisdell, R. (2011) Great Speeches of the Twentieth Century. Mineola, NY: Dover.
Blatt, J. (2000) *The French Defeat of 1940*: Reassessments. Oxford: Berghahn.
Blumenson, M. (1977) *The Vildé Affair: Beginnings of the French Resistance*. Boston: Houghton Mifflin.
———. (1993) *The Battle of the Generals: The Untold Story of the Falaise Pocket: The Campaign That Should Have Won World War II*. New York: Morrow.
Bodson, H. (2005) *Downed Allied Airmen and Evasion of Capture: The Role of Local Resistance Networks in World War II*. Jefferson, NC: McFarland.
Boterbloem, K. (2004) *The Life and Times of Andrei Zhdanov, 1896–1948*. Montréal; Ithaca: McGill- Queen's University Press.
Bourderon, R. (2004) *Rol- Tanguy*. Paris: Tallandier.

Bourdet, C. (1975) *L'aventure Incertaine: De La Résistance à la Restauration*. Paris: Stock.
Brassaï. (1999) *Conversations with Picasso*. Trans. Jane Marie Todd. Chicago: University of Chicago Press.
Brée, G. (1961) *Camus*. New Brunswick: Rutgers University Press.
———. (1962) *Camus: A Collection of Critical Essays*. Edited by Germaine Brée. Prentice Hall.
Brown, A. C. (1975) *Bodyguard of Lies*. Guilford, CT: The Lyons Press.
Brunerie, M. (2008) *Cinquante- huit ans a l'institut Pasteur, vingt- deux ans pres de Jacques Monod*. www.pasteur.fr/infosci/archives/mado_bio.pdf.
Buell, T., et al. (1978) *The Second World War: Europe and the Mediterranean*. West Point, NY: Department of History, US Military Academy.
Burleigh, M. (2011) *Moral Combat: A History of World War II*. New York: Harper.
Camus, A. (1945) *L'Existence*. Paris: Gallimard.
———. (1946) *The Stranger*. Translated by Stuart Gilbert. New York: A. A. Knopf.
———. (1946–1947) "The Human Crisis." Translated by Lionel Abel. *Twice a Year*, Fall–Winter 1946–1947.
———. (1956) *The Rebel: An Essay on Man in Revolt*. Translated by Anthony Bower. New York: Knopf.
———. (1962) *Théâtre, Récits, Nouvelles*. Préface par Jean Grenier. Textes établis et annotés par Roger Quilliot. Paris: Gallimard.
———. (1963) *Notebooks, 1935–1942*. Translated by Philip Thody. New York: Knopf.
———. (1965) *Notebooks, 1942–1951*. Translated by Justin O'Brien. New York: Knopf.
———. (1974) *Resistance, Rebellion, and Death*. Translated by Justin O'Brien. First Vintage Books Edition. New York: Random House.
———. (1991a) *The Myth of Sisyphus and Other Essays*. Translated by Justin O'Brien, *Le Mythe de Sisyphe*, 1942. First Vintage International Edition, 1991. New York: Random House.
———. (1991b) *The Plague*. Translated by Stuart Gilbert. First Vintage International Edition. New York: Vintage Books, Random House.
———. (1995) *The First Man*. Translated by David Hapgood. New York: Alfred A. Knopf.
———. (2006) *Camus at Combat: Writing 1944–1947*. Edited by Jacqueline Lévi- Valensi, translated by Arthur Goldhammer. Princeton, NJ: Princeton University Press.
———. (2008) *Notebooks, 1951–1959*. Translated by Ryan Bloom. Chicago: Ivan R. Dee.
Camus, A., R. Quilliot, and L. Faucon. (1965) *Essais*. Paris: Gallimard.
Camus, A., and J. Grenier. (2003) *Correspondence, 1932–1960*. Translated by Jan F. Rigaud. Lincoln, NE: University of Nebraska Press.
Camus, A., and R. Char. (2007) *Correspondance, 1946–1959*. Paris: Gallimard.
Caracciolo, P., and A. Camus. (1957) "Letters: M. Camus and Algeria." Edited by Stephen Spender and Irving Kristol. *Encounter* 8.6: 68.
Carroll, S. B. (2006) *The Making of the Fittest: DNA and the Ultimate Forensic Record of Evolution*. New York: W. W. Norton & Co.
Champoux, R. J. (1975) "The Massilia Affair." *Journal of Contemporary History*, 10.2: 283–300.
Chevassus- Au- Louis, N. (2004) *Savants Sous L'Occupation*. Paris: Seuil.
Churchill, W. (1948) *The Second World War: The Gathering Storm*. Cambridge, MA: Houghton Mifflin.

———. (1949) *The Second World War: Their Finest Hour*. Cambridge, MA: Houghton Mifflin.

———. (1964) *The Second World War: Tide of Victory*. London: Cassell.

Cohn, M. (1978) "In Memoriam." *The Operon* 7: 1–9.

Cohn, M., et al. (1953) "Terminology of Enzyme Formation." *Nature*,172: 1096.

Collins, L., and D. Lappierre. (1965) *Is Paris Burning*? New York: Simon & Schuster.

Comité à la mémoire des savants français. (1959) *À la mémoire de quinze savants français lauréats de l'Institut assassinés par les allemands, 1940–1945*. Paris: Comité à la mémoire des savants français.

Cornick, M. (2000) *France at War in the Twentieth Century: Propaganda, Myth, and Metaphor*. Edited by Valerie Holman and Deborah Kelly. New York: Berghahn Books.

Cox, T. (1997) *Hungary 1956— Forty Years On*. London; Portland, OR: Frank Cass.

Crémieux- Brillhac, J. L. (1975) *Ici Londres, 1940–1944: Les Voix De La Liberté*. Paris: Documentation Française.

Crick, F. (1958) "On Protein Synthesis." *Symposia of the Society for Experimental Biology* 12: 138–63.

Dainton, F. (1989) "François Jacob— In Search of Meaning." *New Scientist*, January 21, 326.

Dallas, G. (2005) *1945: The War That Never Ended*. New Haven: Yale University Press.

Dantzer, R., and K. Kelley. (2009) *Elie Wollman 1917–2008: A Biographical Memoir*. Washington, DC: National Academy of Sciences. Available online at books.nap .edu/html/biomems/ewollman.pdf (accessed January 25, 2013).

Davidson, P. B. (1988) *Vietnam at War: The History, 1946–1975*. Novato, CA: Presidio Press.

Davies, R. G. (1947) "Genetics in the U.S.S.R." *Modern Quarterly* 2: 336–46.

Debré, P. (1996) *Jacques Monod*. Paris: Flammarion.

De Gaulle, C. (1964) *The Complete War Memoirs of Charles de Gaulle*. Translated by Jonathan Griffin and Richard Howard. New York: Simon & Schuster.

Delpla, François. (1997) "Montoire: Du Nouveau?" *Guerres Mondiales et Conflits Contemporains* 186: 81–94.

Duchen, C. (1994) *Women's Rights and Women's Lives in France, 1944–1968*. London, New York: Routledge.

Dulles, A., et al. (1996) *From Hitler's Doorstep: The Wartime Intelligence Reports of Allen Dulles*. University Park, PA: Pennsylvania State University Press.

Eisenhower, J. S. D. (1982) *Allies, Pearl Harbor to D-Day*. Garden City, NY: Doubleday.

Emerson, R. W. (1996) *Representative Men: Seven Lectures*. Harvard University Press.

Eörsi, L. (2006) *The Hungarian Revolution of 1956: Myths and Realities*. Translated by Mario D. Fenyo. New York: Columbia University Press.

Europe. (1948a) "De la Libre Discussion des Idées, par Aragon." *Europe. Numéro Spécial*. 26 Année No. 33–34: 3–30.

———. (1948b) "T. D. Lysenko: Rapport à l'Académie d'Agronomie de l'U.R.S.S. sur l'État de la Science Biologique." *Europe. Numéro Spécial*. 26 Année No. 33–34: 31–68.

Feliciano, H. (1997) *The Lost Museum: The Nazi Conspiracy to Steal the World's Greatest Works of Art*. New York: Basic Books.

Frenay, H. (1976) *The Night Will End*. New York: McGraw- Hill.

Fyfe, J. L. (1947) "The Soviet Genetics Controversy." *Modern Quarterly* 2: 347– 56.

Germain, M. (2008) *Glières: Mars 1944: "Un Grande et Simple Histoire."* Montmélian: La

Fontaine de Siloé.
Gilbert, M. (2004) *D-Day*. Hoboken, NJ: J. Wiley & Sons.
Gildea, R., et al. (2006), *Surviving Hitler and Mussolini: Daily Life in Occupied Europe*. Oxford; New York: Berg.
Goebbels, J. (1939) "The New Year 1939/1940," from "Jahreswechsel 1939/1940. Sylvesteransprache an das deutsche Volk." *Die Zeit Ohne Beispiel*. Munich: Zentralverlag der NSDAP, 1941: 229–39. Available online at the German Propaganda Archive, http://www.calvin.edu/academic/cas/gpa/goeb21.htm (accessed January 2, 2010).
Graham, L. R. (1964) "A Soviet Marxist View of Structural Chemistry: The Theory of Resonance Controversy." *ISIS* 55: 20–31.
Granville, J. (2003) "Reactions to the Events of 1956: New Findings from the Budapest and Warsaw Archives." *Journal of Contemporary History* 38.2: 261–90.
Grenier, J. (1936) "Sagesse de Lourmarin." *Cahiers du Sud*, May 1936, 183: 390–97.
Guérin, A. (2010) *Chronique de la Résistance*. Paris: Omnibus.
Guillain de Bénouville, P. (1949) *Unknown Warriors, a Personal Account of the French Resistance*." Translated by Lawrence G. Blochman. New York: Simon & Schuster.
Haarr, G. H. (2009) *The German Invasion of Norway: April 1940*. Great Britain: Seaforth Publishing.
Hardré, J. (1964) "Camus Dans La Résistance." *The French Review* 37.6: 646–50.
Harrison, G. (1951) *Cross-Channel Attack*. Washington, DC: Office of the Chief of Military History, Department of the Army.
Henry, P. (2007) *We Only Know Men: The Rescue of Jews in France During the Holocaust*. Washington, DC: Catholic University of America Press.
Hitler, A. (1939) *Mein Kampf: An Unexpurgated Digest*. Translated by B. D. Shaw. New York: Political Digest Press.
Hitler, A., and M. Domanus. (1990) *Hitler, Speeches and Proclamations: 1932–1945*. Volume 4. Translated by Mary Fran Gilbert. Wauconda, IL: Bolchazy-Carducci.
Holmes, F. L. (2006) *Reconceiving the Gene: Seymour Benzer's Adventures in Phage Genetics*. Edited by W. C. Summers. New Haven and London: Yale University Press.
Humbert, A. (2008) *Résistance: A Woman's Journal of Struggle and Defiance in Occupied France*. Translated by Barbara Mellor. New York: Bloomsbury.
Huxley, J. (1963) *Evolution: The Modern Synthesis*. London: George Allen & Unwin.
Jackson, J. (2003a) *The Fall of France: The Nazi Invasion of 1940*. Oxford: Oxford University Press.
———. (2003b) *France: The Dark Years, 1940–1944*. Oxford; New York: Oxford University Press.
Jacob, F. (1976) *The Logic of Life: A History of Heredity*. Translated by Betty E. Spillmann. New York: Random House.
———. (1988) *The Statue Within: An Autobiography/François Jacob*. Translated by Franklin Philip. New York: Basic Books.
———. (1998) *Of Flies, Mice, and Men*. Cambridge: Harvard University Press.
Jacob, F., D. Perrin, C. Sanchez, and J. Monod. (1960) "L'Opéron: Groupe de Gènes à expression coordonnée par un opérateur." *Comptes Rendus Hebdomadaires des Séances de l'Académie des Sciences*. 250: 1727–29.
Jacob, F., and J. Monod. (1959) "Genes of Structure and Genes of Regulation in the

Biosynthesis of Proteins." *Comptes Rendus Hebdomadaires des Séances de l'Académie des Sciences.* 249: 1282–84.

———. (1961) "Genetic Regulatory Mechanisms in the Synthesis of Proteins." *Journal of Molecular Biology* 3: 318–56.

Jordan, J. W. (2011) *Brothers, Rivals, Victors: Eisenhower, Patton, Bradley, and the Partnership That Drove the Allied Conquest in Europe.* New York: NAL Caliber/New American Library.

Judson, H. F. (1979) *The Eighth Day of Creation: The Makers of the Revolution in Biology.* First Touchstone Edition, 1980. New York: Simon & Schuster.

Judt, T. (2005) *Postwar: A History of Europe Since 1945.* New York: Penguin Press.

Juhász, B. (1999) "Women in the Hungarian Revolution of 1956. The Women's Demonstration of December 4th." In *Construction. Reconstruction. Wieder. Aufbau.* Edited by Andrea Pető and Béla Rásky. Budapest: Central European University, the Program on Gender and Culture; New York: Open Society Institute, Network Women's Program.

Kay, L. (2000) *Who Wrote the Book of Life? A History of the Genetic Code.* Palo Alto, CA: Stanford University Press.

Kersaudy, F. (1991) *Norway 1940.* New York: St. Martin's Press.

Kershaw, I. (2001) *Hitler, 1936–45: Nemesis.* New York: W. W. Norton.

Khrushchev, N. S. (1956) *Report of the Central Committee of the Communist Party of the Soviet Union to the 20th Party Congress.* Moscow: Foreign Languages Publishing House.

Kosi'nski, J. (1986) "Death in Cannes." *Esquire*, March, 81–89.

Kupferman, F. (2006), *Le Procès de Vichy: Pucheu, Pétain, Laval, 1944–1945.* Bruxelles: Complexe.

Lattre, J. (1952) *The History of the French First Army.* Translated by Malcolm Barnes. London: Allen & Unwin.

La 2e DB Général Leclerc: Combattants et Combats en France. (1945) Paris: Arts et Métiers Graphiques.

Laub, T. (2010) *After the Fall: German Policy in Occupied France 1940–1944.* Oxford: Oxford University Press.

Lawrence, C., and G. Weisz. (1998) *Greater Than the Parts: Holism in Biomedicine 1920–1950.* Oxford: Oxford University Press.

Lazareff, P. (1942) *Deadline: The Behind-the-Scenes Story of the Last Decade in France.* Translated by David Partridge. New York: Random House.

Le Sueur, J. (2001) *Uncivil War: Intellectuals and Identity Politics During the Decolonization of Algeria.* Philadelphia: University of Pennsylvania Press.

Lendvai, P. (1998) *Blacklisted: A Journalist's Life in Central Europe.* London; New York: I. B. Tauris.

Liebling, A. J. (2008) *World War II Writings.* New York: Library of America.

Lomax, B. (1982) "Twenty-Five Years After 1956: The Heritage of the Hungarian Revolution." *Socialist Register* 19: 79–104.

Lottman, H. R. (1979) *Albert Camus: A Biography.* Garden City, NY: Doubleday.

———. (1992) *The Fall of Paris: June 1940.* New York: HarperCollins.

Luneau, A. (2005) *Radio Londres: Les Voix de la Liberté (1940–1944).* Paris: Perrin.

Luria, S. E., and M. Delbrück. (1943) "Mutations of Bacteria from Virus Sensitivity to Virus Resistance. *Genetics* 28: 491–511.

Macridis, R. (1958) "The Immobility of the French Communist Party." *Journal of Politics* 20.4: 613–34.

Matthews, J. (2007) *Explosion: The Hungarian Revolution of 1956*. New York: Hippocrene Books.

May, E. R. (2000) *Strange Victory: Hitler's Conquest of France*. New York: Hill and Wang.

Mayr, E. (1997) *This Is Biology: The Science of the Living World*. Cambridge, MA: Belknap Press of Harvard University Press.

McCarty, M., and O. T. Avery. (1946) "Studies on the Chemical Nature of the Substance Inducing Transformation of Pneumococcal Types." *Journal of Experimental Medicine* 83(2): 89–96.

McCullough, D. (1999) *The Art of Biography II. Paris Review* 151, Fall.

McIntire, S., and W. E. Burns. (2008) *Speeches in World History*. New York: Facts on File.

Medvedev, J. (1971) *Grandeur et Chute de Lyssenko*. Traduit de [l'édition anglaise] par Pierre Martory. Préface de Jacques Monod. Paris: Gallimard.

Medvedev, Z. A., and R. A. Medvedev. (2006) *The Unknown Stalin*. London: Tauris.

Mitchell, A. (2008) *Nazi Paris: The History of an Occupation, 1940–1944*. New York: Berghahn Books.

Molenaar, L. (1981) "The Lysenko Affair (1927–1981)." *Komma,* December, 67–100.

Monod, J. (1941a) "Croissance des populations bactèriennes en function de la concentration de l'aliment hydrocarboné." *Comptes Rendus Hebdomadaires des Séances de l'Académie des Sciences. Série D, Sciences Naturelles*. Paris, France: Gauthier- Villars, 771–74.

———. (1941b) "Sur un Phénomène Nouveau de Croissance Complexe Dans Les Cultures Bactériennes." *Comptes Rendus Hebdomadaires des Séances de l'Académie des Sciences. Série D, Sciences Naturelles*. Paris, France: Gauthier- Villars, 934–36.

———. (1942) "Recherches Sur La Croissance Des Cultures Bactériennes, par Jacques Monod." *Actualités Scientifiques et Industrielles; 911. Microbiologie, 1*. Paris: Hermann & Cie.

———. (1947) "The Phenomenon of Enzymatic Adaptation and Its Bearings on Problems of Genetics and Cellular Differentiation." Seventh Symposium of the Society for the Study of Development and Growth. Held at the Univeristy of Connecticut, Storrs, CT, August 26–29, 1947. *Growth* 11 (4): 223–89.

———. (1952) "Passports and Visas." *Science*, 116: 178–79.

———. (1953) "Letter to the Editor." *Bulletin of the Atomic Scientists* 9.8: 319–20.

———. (1965) "From Enzymatic Adaptation to Allosteric Transitions." *Nobel Lecture, December 11, 1965*. In *Nobel Lectures, Physiology or Medicine 1963–1970* (1972). Amsterdam: Elsevier. Available at http://www .nobelprize.org/nobel_prizes/medicine/laureates/1965/monod- lecture.html

———. (1968) *Lecon Inaugurale Faite Le Vendredi, 3 Novembre 1967*. Nogent- le- Rotrou: Daupeley- Gouverneur.

———. (1969) "On Values in the Age of Science." In T*he Place of Value in a World of Facts: Proceedings of the Fourteenth Nobel Symposium Stockholm, September 15–20, 1969*. Edited by Arne Tiselius and Sam Nilsson, 19–27. New York: Wiley Interscience Division.

———. (1971) *Chance and Necessity*. Vintage Books Edition, October 1972. New York: Alfred A. Knopf.

———. (1972) "The Man Who Didn't Find Time to Write His Autobiography." *New Scientist*

56.818: 280–81.

Monod, J., and A. Audureau. (1946) "Mutation et Adaptation Enzymatique Chez Escherichia Coli- Mutabile." *Annales de l'Institut Pasteur* 72: 868–77.

Monod, J., G. Cohen- Bazire, and M. Cohn. (1951) "Sur La Biosynthese de la Galactosidase (Lactase) Chez Escherichia Coli. La Specificite de l'Induction." *Biochimica et Biophysica Acta* 7: 585–99.

Monod, J., and F. Jacob (1961) "General Conclusions: Teleonomic Mechanisms in Cellular Metabolism, Growth, and Differentiation." *Cold Spring Harbor Symposium of Quantitative Biology* 26: 389–401.

Müller- Hill, B. (1996) *The Lac Operon: A Short History of a Genetic Paradigm*. Berlin; New York: Walter Gruyter.

Murphy, R., et al. (1943) *National Socialism; Basic Principles, Their Application by the Nazi Party's Foreign Organization, and the Use of Germans Abroad for Nazi Aims*. Washington, DC: US Government Printing Office.

Nicholas, L. (1994) *The Rape of Europa: The Fate of Europe's Treasures in the Third Reich and the Second World War*. New York: Knopf.

Notin, J. C. (2000) *1061 Compagnons: Histoire des Compagnons de la Libération*. Paris: Perrin.

Noufflard, G. (unpublished) *Second World War Years*. Unpublished memoir, used by permission.

Orme, J. (1998) "Dismounting the Tiger: Lessons from Four Liberalizations." *Political Science Quarterly* 103.2: 245–65.

Ousby, I. (2000) *Occupation: The Ordeal of France, 1940–1944*. New York: Cooper Square Press.

Pardee, A. (2002) "PaJaMas in Paris." *TRENDS in Genetics* 18.11: 585–87.

Pardee, A., F. Jacob, and J. Monod. (1958) "The Role of the Inducible Alleles and the Constitutive Alleles in the Synthesis of Beta- Galactosidase in Zygotes of Escherichia Coli." *Comptes Rendus Hebdomadaires des Séances de l'Académie des Sciences* 246 (21): 3125–58.

———. (1959) "The Genetic Control and Cytoplasmic Expression of 'Inducibility' in the Synthesis of ß- galactosidase by *E. Coli.*" *Journal of Molecular Biology* 1: 165–78.

Patton, G. S., and M. Blumenson. (1974) *The Patton Papers*. Boston: Houghton Mifflin.

Pinault, M. (2000) *Frédéric Joliot- Curie*. Paris: O. Jacob.

Ponty, J., et al. (1996). *La Résistance et les Français: Lutte Armée et Maquis: Colloque International de Besançon 15–17 Juin*. Paris: Les Belles Lettres.

Prados, J. (2011) *Normandy Crucible: The Decisive Battle That Shaped World War II in Europe*. New York: NAL Caliber.

Prenant, M. (1980). *Toute Une Vie a Gauche*. Paris: Editions Encre.

Pryce- Jones, D. (1969) *The Hungarian Revolution*. London: Benn.

———. (1981) *Paris in the Third Reich: A History of the German Occupation, 1940–1944*. New York: Holt, Rinehart, and Winston.

Riley, M., et al. (1960) "On the Expression of a Structural Gene." *Journal of Molecular Biology* 2: 216–25.

Ripley, T. (2003) *Patton Unleashed: Patton's Third Army and the Breakout from Normandy, August–September*, 1944. St. Paul, MN: MBI.

Rol-Tanguy, H., and R. Bourderon. (1994) *Libération de Paris: Les Cent Documents*. Paris: Hachette.
Rottman, G., and P. Dennis. (2010). *World War II Allied Sabotage Devices and Booby Traps*. Botley, Oxford: Osprey Publishing.
Rousso, H. (1984) *Pétain et la Fin de la Collaboration: Sigmarigen, 1944–1945*. Bruxelles: Editions Complexe.
Ryan, C. (1959) *The Longest Day: June 6, 1944*. New York: Simon & Schuster.
Saint-Exupéry, A. (1942) *Flight to Arras.* New York: Reynal & Hitchcock.
Sartre, J. (1957) "After Budapest." *Evergreen Review* 1.1: 5–23.
———. (1969) *The Communists and Peace: With an Answer to Claude Lefort*. Translated by Irene Celphane. London: Hamish Hamilton.
———. (1974) *Select Writings of Jean-Paul Sartre*, Volume 1: A Bibliographical Life. Edited by Michael Contat and Michel Rybalka. Translated by Richard C. McCleary. Evanston, IL: Northwestern University Press.
Sartre, J., and A. Camus (2004) *Sartre and Camus: A Historic Confrontation*. Edited and translated by David Sprintzen and Adrian van den Hoven. Amherst, NY: Humanity Books.
Scammell, M. (2009) *Koestler: The Literary and Political Odyssey of a Twentieth-Century Skeptic.* New York: Random House.
Schoenbrun, D. (1980) *Soldiers of the Night: The Story of the French Resistance*. New York: Dutton.
Schrödinger, E. (1992) *What Is Life? With Mind and Matter and Autobiographical Sketches*. Cambridge: Press Syndicate of the University of Cambridge.
Schwartz, L. (1997) *Un mathèmaticien aux prises avec le siècle*. Paris: O. Jacob.
Sebestyen, V. (2006) *Twelve Days: Revolution 1956: How the Hungarians Tried to Topple Their Soviet Masters*. London: Weidenfeld & Nicolson.
Shamir, H. (1976) "The Drôle de Guerre and French Public Opinion." *Journal of Contemporary History* 11: 129–43.
Shirer, W. L. (1969) *The Collapse of the Third Republic; an Inquiry into the Fall of France in 1940*. New York: Simon & Schuster.
———. (1990) *The Rise and Fall of the Third Reich: A History of Nazi Germany.* New York: Simon & Schuster.
Stanier, R. Y. (1977) "Obituary: Jaques Monod, 1910–1976." *Journal of General Microbiology* 101: 1–12.
Stillman, E. (1958) "The Beginning of the 'Thaw,' 1953–1955." *Annals of the American Academy of Political and Social Science*, 317, The Satellites in Eastern Europe: 12–21.
Straub, F. B. (1958) "Formation of Amylase in the Pancreas." *Symposia of the Society for Experimental Biology* 12: 176–84.
Tiersky, R. (1974) *French Communism, 1920–1972*. New York: Columbia University Press.
Tirard, S. (1997) "Les Biologistes Francais et L'Affaire Lyssenko, a L'automne 1948." *Historiens & Géographes* 358: 95–105.
Todd, O. (1996) *Albert Camus: Une Vie*. Paris: Gallimard.
———. (1997) *Albert Camus: A Life*. New York: Alfred A. Knopf.
Toulmond, A. (2005) "Un Biologiste Engagé Dans Son Siècle: Georges Teissier (1900–1972)." Available at http://www.sb-roscoff.fr/histoire-et-patrimoine-sbr/1176-un-biologiste-engage-dans-son-siecle-georges-teissier-1900-1972.html.

Ullmann, A. (2003) *Origins of Molecular Biology: A Tribute to Jacques Monod*. Revised edition. Washington, DC: ASM Press.

Volkin, E., and L. Astrachan. (1956) "Phosphorus Incorporation in Escherichia coli Ribonucleic Acid after Infection with Bacteriophage T2." *Virology* 2: 149–61.

Wall, I. (2001) *France, the United States, and the Algerian War*. Berkeley: University of California Press.

Watson, J. D. (1969) *The Double Helix: A Personal Account of the Discovery of the Structure of DNA*. New York: Mentor.

Yeide, H., and M. Stout. (2007) *First to the Rhine: the 6th Army Group in World War II*. St. Paul, MN: MBI.

Zinner, P. (1959) "Revolution in Hungary: Reflections on the Vicissitudes of a Totalitarian System." *Journal of Politics* 21.1: 3–36.

Zuccotti, S. (1993) *The Holocaust, the French, and the Jews*. New York: Basic Books.

Zuehlke, M. (2007) *Terrible Victory: First Canadian Army and the Scheldt Estuary Campaign, September 13–November 6, 1944*. Vancouver: Douglas & McIntyre.

原书索引

Abortion, 469
Abraham, Marcel, 124
Acceptor site, 413-414
Acceptor-site mutations, 409
Action (newspaper), 292
Actuelles: *Chroniques* 1944-1948 (*Chronicles*) (Camus), 295-296
Adám, György, 340-341, 352, 367, 399
Adenine, 332
Albrecht, Berty, 194
Algeria, 371-377
Alger Républicain (Camus daily), 39, 41, 42
Államvédelmi Hatóság (AVH), 339, 341, 347-348, 350-351, 353
Allies, *see also* France, Great Britain, specific Operations, United States
 German plans fall to, 32-33
 invasion by, 211-216, 223-225
 victories of, 156-157, 163
Allostery, 503
"Amalgamation," 258
Amery, Leo, 54-55
Amino acids, 499
Andropov, Yuri, 355
Anti-Semitism, 108, 126
Aragon, Louis, 174, 287-288, 291, 298, 379
Arc de Triomphe, 16, 17
Ardennes region, 61-63
Armistice, 99
Armistice Day, 121
Aron, Raymond, 253
Arrighi, Pierre, 173, 177

Astrachan, Lazarus, 443-444
Astronomy, 483
Atomic bombs, 260
Audureau, Alice, 188, 189, 263, 275, 500
Auschwitz, 151, 152
Austria, 21
Aveline, Claude, 124, 131
Avery, Oswald, 275, 329, 498
AVH (Államvédelmi Hatóság), 339, 341, 347-348, 350-351, 353
Ayle, Robert, 181, 182

Bacteria, sugars and, 133-134
Bacteriophage, 263, 324
Bacteriophage *lambda*, 333, 410
La Baignoire, 186
Bailey, Philip James, vii
Baker, Josephine, 18
Bákosi, Mátyás, 339, 341-344
Bali, Sándor, 431
Barbie, Klaus, 167
Bardach, Pasteur scientist, 295
Base pairs, 332
Bauman, Yvette, 193
BBC, 116, 207, 212
Beaussart, Msgr. Roger, 68
Beckett, Samuel, 18
BEF (British Expeditionary Force), 70
Belafonte, Harry, 472
Bem, Józef, 346
Benillouz, Lt. Lucien, 226
Benzer, Seymour, 326, 328, 418
Bernard, Colonel, 176

Bernard, Jacqueline, 176, 193, 221-223, 262, 383
Bernard, Jean-Guy, 176, 193, 262
Billotte, Gen. Gaston, 62
Birth control, 469-470
Black Death, 155
Blackouts, 17
Blake, Patricia, 272
Bloch, Lise, 297, see also Jacob, Lise
Bloch-Michel, Jean, 288, 307, 313, 374, 439
"The Blood of the Hungarians" (Camus), 12
Blum, Léon, 23, 25
Bogomoletz, Oleksandr, 295
Bohr, Niels, 418
Bollier, André, 176, 193-194
Bolshevism, 201-202
Bonaparte, Laetitia, 245
Bourdet, Claude, 7, 170, 194, 262, 284, 314
Bousquet, René, 152
Bradley, Gen. Omar, 213, 225, 227
Braque, Georges, 192
Brée, Germaine, 439
Brenner, Sydney, 443-445, 455-458, 501
British Expeditionary Force (BEF), 70
Bruhl, Étienne, 105, 259, 262
Bruhl, Grandmother, see Zadoc-Kahn, Berthe Buna
Bruhl, Lise, 89, 90, 105, 152, 168, 334
Bruhl, Madeleine, 89, 105
Bruhl, Odette, 37, see also Monod, Odette
Bruhl, Suzanne, 89, 105
Brulle, Odette (alias of Odette Monod), 152-153
Brunerie, Madeleine, 104, 400-401, 417, 422, 446, 453, 458-460
  acknowledged, 506-507
  Monod and, 400-401, 417, 453, 459-460
Budapest, 345-368
Budapest Radio, 348-351

Café de Flore, 191
Caliban magazine, 292
Caligula (Camus), 138, 261, 402, 434

Camus, Albert
  after liberation, 260-261
  in Algeria, 136-140, 321-323, 372-373
  beyond nihilism, 266-274, 309
  death of, 437
  death penalty and, 374-375
  divorce from Simone Hie, 136
  early writing, 6-8, 52-53
  early years, 29-43
  at German invasion, 3-6
  Lysenko and, 284-288
  Maria Casarès and, 192-193, 220, 221, 256
  marriage to Francine Faure, 136
  Marxism and, 314-315
  Monod and, 11-13, 289, 290-291, 293-296, 307, 310-311, 313, 323, 338, 370, 383, 439, 468, 471, 483-484, 487, 490-491
  Nobel Prize for Literature, 1-2
  plague and, 155-156
  pneumothorax therapy, 40
  quotes, vii, 15, 163, 227, 253, 324, 465, 467
  rebellion and, 312-313
  Sartre and, 190-192, 255, 293, 316-320, 364, 369, 439
  in Tipasa, 321-323
  tuberculosis and, 4, 154-155, 157
  United Nations and, 361-363
  work toward France's victory, 175-176, 194-196, 230-231
Camus, Catherine (mother), 39, 435-436
Camus, Catherine and Jean (twins), 266
Camus, Francine, 157, 161, 256, 432, 435, 436
Camus, Lucien (father), 39, 375, 435
Capitalism, 10
Carré, M., 200
Carter, Benny, 18
Casarès, Maria, 192, 213, 220, 221, 256, 294, 295, 435, 436
Casares y Quiroga, Santiago, 192, 294-295
Cassou, Jean, 124, 131
Cauquelin, Henry, 230
Cells, 8
Central Dogma, 391-392
Chagall, Marc, 18

Chamberlain, Neville, 22-23, 44-45, 59
Chance and Necessity (*Le Hasard et La Necessité*) (Monod), 3, 12, 468, 483, 484, 486, 492, 493
Chase, Martha, 329
Chevalier, Maurice, 18, 20, 26
Chouraqui, André, 161
Chromosomes, 264, 498
Chronicles (*Actuelles: Chroniques 1944-1948*) (Camus), 295-296
Churchill, Winston, 44, 59, 64-65, 71, 82, 88, 93, 112, 115, 119, 132, 204, 213-214, 281
CIA, 170
Clémenceau, Georges, 122
CNE (Comité National des Écrivains) (National Writers' Committee), 174
Cohen, Francis, 165-166, 167
Cohn, Melvin (Mel), 293, 302-303, 398, 459
"Coitus interruptus" experiment, 388
Cold Spring Harbor Laboratory, 276
Cold War, 10
  genetics and, 281-284
  thaw in, 337
Collaboration, 115
Comba, Albert, 127, 128
Combat, 230, 237-238, 240, 250, 253, 254, 255, 262
Comet Line, 181, 194
Cominform (Communist Information Bureau), 282
Comité National des Écrivains (CNE) (National Writers' Committee), 174
Communism, 10
Communist Information Bureau (Cominform), 282
Communist Party, 10
Conseil National de la Résistance (National Council of the Resistance), 166
Contraception, 469-471
Coty, René, 381
Creston, René, 123, 131
Crick, Francis, 9, 265, 331-333, 390-394, 418, 429, 443-444, 457, 462, 498

"Critique of the New Press" (Camus), 254
Croland, Raymond, 187, 262
Cromwell, Oliver, 55
Csapo, Arpad, 424-426, 429-430
Curie, Pierre and Marie, 19, 467
Cytosine, 332
Czapski, Józef, 320
Czechoslovakia, 21-25

Daladier, Édouard, 22-25, 34-35, 43-44, 67
Dalí, Salvador, 18
Daniel, Jean, 313, 468
Danish government, 47
Darkness at Noon (Koestler), 290, 402
Darlan, Adm. Jean, 48, 104
Darnand, Joseph, 177-178, 194
Darwin, Charles, 263, 485
D'Astier de la Vigerie, Emmanuel, 173, 291-292
DB, *see* Deuxième Division Blindée
D-Day, 204, 205, 215
Death penalty, Camus and, 374-375
De Beauvoir, Simone, 190-191, 268, 315
De Bénouville, Pierre, 170-171, 172-173, 188, 194
De Boisbossel, Simone, 180-181
De Camaret, Alain, 194
De Gaulle, Charles, 31, 33-34, 67, 72, 76, 82, 84, 87-89, 92-94, 99, 111-113, 118, 125, 126, 132, 163-164, 198, 214, 215, 222, 235, 239-240, 248, 255, 257, 297, 404, 414-415, 431, 475, 477, 479-481
Degliame, Marcel, 173-174
De Jongh, Andrée, 181
Dejussieu, Gen. Pierre, 173-174, 187, 205
De la Bourdonnaye, Countess Elisabeth (Dexia), 130, 131
De Lattre de Tassigny, Gen. Jean, 73, 258-259
Delbrück, Max, 263, 326, 331, 444, 455
De Maisonseul, Jean, 373
Democracy, 10
Democritus, 3
Demons, see The Possessed
Denache, M., 200

Deoxyribonucleic acid, see DNA entries
Déry, Tibor, 379
De Saligny, Monsieur, 217-218
Le Désir attrapé pas la queue (*Desire Caught by the Tail*) (Picasso), 192
Deuxième Division Blindée (DB), 222, 224-225, 243
Deuxième Bureau (G2), 187
Devers, Sidney, 180-182
The Devils, see The Possessed
Dexia, *see* De la Bourdonnaye, Countess Elisabeth
Diauxy, 135, 500
Diderot, Denis, 1, 3, 455
Directive Number 51 (Hitler), 202-203
DISZ (Dolgozó Ifjúság Szövetsége), 343
Djian, Irène, 110
DNA (deoxyribonucleic acid), 276, 329, 486, 498-499
DNA technology, recombinant, 10
Dolgozó Ifjúság Szövetsége (DISZ), 343
Dominant mutation, 395
D'Ormesson, Wladimir, 60
Dos Passos, John, 18
Double-growth curve, 133, 135, 188, 500
Double helix, 331-333, 333, 462
Drancy, 151
Dreyfus, Roger, 86, 90, 222
Ducailar, Yvonne, 43, 52
Duclaux, Émile, 134
Dufourcq, Norbert, 167, 178
Dulles, Allen, 170
Dullin, Charles, 213
Dumas, Charles, 284
Dunkirk, 70-71, 111
Duval, Jean and Colette, 124

E. coli colonies, 263
E. coli growing on lactose, 275
E. coli ML, 189
Eben-Emael, Fort, 31-32, 60-61
Eichmann, Adolf, 152
Einstein, Albert, 19, 404
Eisenhower, Gen. Dwight D., 6, 201, 205, 212, 215, 235, 239-240, 359

Ekvall, Eva, 399-400
Emerson, Ralph Waldo, 290, 380
Emile-Paul, Albert and Robert, 124
L'Envers et L'Endroit (*The Wrong Side and the Right Side*) (Camus), 41
Enzyme adaptation, 134, 135, 275, 277, 302, 304, 462, 500
Enzyme induction, 304
  parallels between prophage induction and, 407
Enzymes, 499
Eörsi, István, 366
Ephrussi, Boris, 36, 37
Erdös, Tamás, 346, 352, 356, 368, 389, 399, 403, 410, 411-413, 416-420, 422, 424-425, 429, 440, 445-453, 457-458, 496
  acknowledged, 507
Erotic induction, 387-388
Espoir (Hope) (Camus), 266-267
L'État de siège (*The State of Siege*) (Camus), 294
L'Été (*Summer*) (Camus), 323
L'Étranger, see The Stranger
Europe, *see also* France, Germany, Great Britain
  Victory in, 259-260
Evolution, 486
"Exiles in the Plague" (*Les Exilés dans La Peste*) (Camus), 161-162
Existentialism, 268-269

Fabien, Colonel (Pierre Georges), 142
Fabry, Jean, 60
Falaise Gap, 228, 240
Le Fantôme de Staline (*The Ghost of Stalin*) (Sartre), 368-369
Faure, Francine, 43, 136
FFI (Forces Français de l'Intérior) (French Forces of the Interior), 5, 6, 187-188, 239
Final Solution, 152
Finland, Soviet Union invading, 44
The First Man (Camus), 433, 435-436, 438
Fitzgerald, F. Scott, 18
FLN (Front de Libération Nationale) (National Liberation Front), 372

Forces Français de l'Intérieur (FFI) (French Forces of the Interior), 5, 6, 187-188, 239
Fort Eben-Emael, 31-32, 60-61
Fournier, Alain, 123
France, see also Allies; De Gaulle, Charles; Paris; Petain, Gen. Philippe; specific Operations
   armistice and, 99-101
   declaring war against Germany, 17, 29
   divided, 94
   early war years, 28-35, 55-56, 58-59, 67-72, 87-89, 91-95
   executions in, 143-144, 147-148, 199-201
   exiles in, 160-162
   Jews in, 149-153
   North Africa and, 83-84, 91-92
   union between Great Britain and, 84
   Vichy government, 101-105, 108-115, 158-160
   before World War II, 20-27
Franco, Francisco, 113
Franc-Tireurs et Partisans (FTP), 5, 165, 167, 171-172
Franklin, Benjamin, 18
Frederic, Henri, 253
Freemasons, 108
Free Radio Kossuth, 353-354, 357-358
Frenay, Henri, 170, 194
French Communist Party (Parti Communiste Français) (PCF), 141-142, 278
French Equatorial Africa, 222
French Forces of the Interior (Forces Français de l'Intérieur) (FFI), 5, 6, 187-188, 239
French Fourth Republic, 404
French Movement for Family Planning (Le Mouvement Français pour le Planning Familial) (MFPF), 469, 471
Friends of Alain Fournier, 123-124
Front de Libération Nationale (FLN) (National Liberation Front), 372
FTP (Franc-Tireurs et Partisans), 5, 165, 167, 171-172

G2 (Deuxième Bureau), 187

G3 (Troisième Bureau), 187, 205
Galactosidase, 427
   induction of, 409
Galactosidase enzyme, 303
Gáli, József, 366, 377, 378, 379
Gallimard, Anne, 436, 437
Gallimard, Gaston, 139, 266
Gallimard, Janine, 436, 437
Gallimard, Janine and Pierre, 222
Gallimard, Michel, 436, 437
Gallindo, Christiane, 52
Gamelin, Gen. Maurice, 45, 55-56, 57-58, 59, 64-65, 70
Gandhi, Mohandas, 473
Gaveau, Albert, 130
Geheime Feldpolizei (German secret police), 130
Genes, 8-10, 264, 275, 277, 498
   regulatory, 414, 501
   structural, 414, 501
Genetic approach, 394
"Genetic Regulatory Mechanisms in the Synthesis of Proteins" (Monod and Jacob), 460-462
Genetics, 263
Genetics, Cold War and, 281-284
Genocide, 149
Georges, Gen. Alphonse, 62
Georges, Pierre (aka Colonel Fabien), 142
Germain, Louis, 40
German secret police (Geheime Feldpolizei), 130
Germans surrounded Paris, 74-80
Germany, see also Hitler, Adolf; specific Operations
   Directive Number 51, 202-203
   early war years, 46-49, 53-54, 56, 57-58, 61-65, 70-73
   invasion by, 5-6
   later war years, 227-228
   plans fall to Allies, 32-33
   sabotage against, 197-199
   war declared on, 17, 29
   before World War II, 28-29
Gerö, Ernö, 344, 346-347, 349, 351

The Ghost of Stalin (*Le Fantôme de Staline*) (Sartre), 368-369
Gilbert, Walter, 9, 503
Gimont, Marcel, 220, 230, 253
God, 266
Goebbels, Joseph, 28-29, 49
"Goethe, or the Writer" (Emerson), 380
Gold Beach, 212
Gort, Lord, 70
Gouvernement provisoire de la République français (GPRF), 231, 255, 256
GPRF (Gouvernement provisoire de la République français), 231, 255, 256
Grappelli, Stéphane, 18
Great Britain, see also Allies; Chamberlain, Neville; Churchill, Winston; specific Operations
  declaring war on Germany, 17, 29
  early war years, 44-45, 54-55
  union between France and, 84
  Vichy government and, 116-120
  before World War II, 21-26
Great Course, 298
Grenier, Jean, 380, 383, 434, 439
Gros, François, 400-401
Groupes de Liaison Internationale, 288
Guanine, 332
Guérin, M. Camille, 301
Gustav VI, King of Sweden, 384

Haakon IV, King of Norway, 53-54
Haislip, Gen. Wade, 225, 227
Happy Motherhood (Maternité Heureuse), 469
Le Hasard et La Necessité (*Chance and Necessity*) (Monod), 3, 12, 468, 483, 484, 486, 492, 493
Hawkins, Coleman, 18
Háy, Gyula, 357, 379
Hebrew Immigrant Aid Society (HIAS), 424, 425
Helm, 446, 448-453
Hemingway, Ernest, 18
"Hereditary Variation in Microorganisms" symposium, 276
Heredity, 264
Héring, Gen. Pierre, 79
Herriot, Édouard, 87, 104
Hershey, Alfred, 329
HIAS (Hebrew Immigrant Aid Society), 424, 425
Hie, Simone, 41, 136
Hiller, Capt. George, 190
Himmler, Heinrich, 141, 147
Hitler, Adolf, 4, 20-25, 28, 34, 37, 46-49, 53-56, 57, 82-83, 113-115, 116, 118, 119, 141-145, 157, 158, 197, 202-203, 225, 242, 270, 271, 291, 364
Hitlerjugend ("Hitler Youth"), 199
Hoenmanns, Erich, 32
Holocaust, 7
L'Homme et Le Temps (*Man and Time*) (Monod), 495, 497
L'Homme Révolté (*The Rebel*) (Camus), 11, 295, 307-313, 314-316, 374, 385, 434
Hope (*Espoir*) (Camus), 266-267
Huis Clos (*No Exit*) (Sartre), 191
Human Crisis, 270
Humbert, Agnès, 124, 131
Hungarian revolution, 12
Hungary, 339-344
Huxley, Julian, 263
Huxley, Thomas Henry, 263

Ibsen, Henrik, 46
If Barricades May Sometimes Be Necessary, They Cannot Be Permanent ("Si les barricades peuvent être parfois nécessaires, elles ne peuvent être permanentes") (Monod), 480
$i+$ genes, 395
$i-$ mutation, 395-397
Inducers, 304
Induction
  of galactosidase, 409
  of the prophage, 324
Insurrection, 240
Internal Security Act, 328
International Lenin Prize, 291
Internment camps, 161

Invasion, Allied, 211-216, 223-225

Jacob, François, 2-4, 6, 8, 9, 81-82, 86-87, 90, 222-226, 297-302, 324-331, 333-334, 387-389, 393-398, 404-410, 414, 418-419, 427-428, 429-430, 443-445, 455-463, 467, 480-481, 499-503
   Monod and, 298-299, 300-301, 388-389, 394-398, 406-410, 414, 418-419, 427-428, 429-430, 455, 457, 462, 467, 480-481, 499-503
Jacob, Henri (son), 327
Jacob, Henri (uncle), 87
Jacob, Laurent and Odile (twins), 327
Jacob, Lise (wife), 388, 405, 406
Jacob, Simon (father), 81-82
Jeanson, Francis, 315-320
Jefferson, Thomas, 18
Jewish Statute (Statut des Juifs), 109
Jews, 108, 149-152
Jodl, Gen. Alfred, 33, 203
Joinville, General, 247
Joliot-Curie, Frédéric, 18-19, 239, 467
Joliot-Curie, Irène, 467
Joyce, James, 18
Jubineau, Albert, 121, 131
Juno Beach, 212
Les Justes (*The Just Assassins*) (Camus play), 295, 434

Kádár, János, 351-352, 356, 365, 367-368
Kafka, Franz, 139
Kahn, Zadoc, 109
Káldor, Vera, 366
Karström, Henning, 134
Kastler, Alfred, 476, 477
Khrushchev, Nikita, 337-338, 343, 353, 355
King, Coretta Scott, 472
King, Dr. Martin Luther, Jr., 471-474
Kipling, Rudyard, 382
Koenig, Gen. Marie-Pierre, 187, 198
Koestler, Arthur, 290-291, 374
Konev, Marshal Ivan, 355, 356
Kosi´nski, Jerzy, 496
Kostitzine, Vladimir and Joulia, 184, 186

Kövesi, Andre, 410-413, 416-426, 439, 440-441, 445-450
   Monod and, 411-413, 419-426, 440-441, 445-450

Lactose, 303
   E. coli growing on, 275
Lactose metabolism, 500
Lactose molecules, 303
Lactose operon, 500
Lamarck, Jean-Baptiste, 303
Lambda, 501
Lambda repressor, 503
Laval, Pierre, 77, 91, 102, 103, 104, 111, 158, 214
Lebrun, Albert, 85, 91-92
Leclerc, Col. Philippe, 163, 223, 225, 228, 240, 247, 253, 257
Lederberg, Joshua, 276
Lefaucheux, Pierre, 208
Lémery, Henri, 26
Lenin Academy of Agricultural Sciences, 279
Leopold, King of Belgium, 71
Lescure, Jean, 161
Letters to a German Friend (Camus), 261
Lévy, Marianne, 161
Lévy, Pierre, 161
Lewitsky, Anatole, 123, 124, 131
Leynaud, René, 174
Liberation of Paris, 248-249, 253, 259
Liebling, A. J., 59
Lincoln, Abraham, 81
Lloyd George, David, 55
Lodge, Henry Cabot, 359
Longfellow, Henry Wadsworth, 97, 335
Louvre, 20
Luria, Salvador, 263, 328
Luria-Delbrück paper, 263, 265
Lwoff, André, 2-5, 8, 9, 134, 135, 178, 189, 263, 276, 297, 298-301, 324- 328, 326, 333, 387, 405, 421, 447, 459, 462, 467-469, 476
Lwoff, Marguerite, 468
Lysenko, Trofim Denisovich, 10-11, 278-

281, 283-288, 311, 482
Lysogenic strains, 324
Lysogeny, 501

MacGregor, Charlotte Todd (Mother), 36, 146-147
Maginot Line, 24, 29-32, 63
Magnesium, ribosomes and, 456-457
Le Malentendu (The Misunderstanding) (Camus), 192, 221, 261
Malivert (Monod alias), 188, 205, 216- 217, 232-233, 236
Malleret, Gen. Alfred, 205
Malraux, André, 2, 139, 190, 252, 291, 314, 382, 438
Man and Time (L'Homme et Le Temps) (Monod), 495, 497
Mandel, Georges, 83, 85
Mangin, Louis-Eugène, 173
Maquis, 178, 257, 258
Marchal, André, 167, 293
Maurois, André, 162
"La Marseillaise," 243
Marshall, Secretary of State George, 282
Marshall Plan, 282, 364
Martin du Gard, Roger, 383
Marxism, 312, 314
Marxist theory, 310
Maternité Heureuse (Happy Motherhood), 469
Mathé, Albert (Camus alias), 193, 195
Mauriac, François, 174, 383, 384, 438, 476
MBF (Militärbefehlshaber), 142
"McGregor," 488
Medawar, Peter B., 416
Mein Kampf (Hitler), 28
Meister, Joseph, 19, 95
Mendel, Gregor, 279
Mendeleev, Dmitri, 340
Mendelism, 285-286
"Mendelist-Morganist" genetics, 279- 280
Merck Fellowship, 329
Merleau-Ponty, Maurice, 293
Meselson, Matthew, 444-445
Messenger RNA, 9, 461, 501

Metchnikoff, Elie, 327
MFPF (Le Mouvement Français pour le Planning Familial) (French Movement for Family Planning), 469, 471
Mi (Camus's lover), 435, 436
Michurin, Ivan, 279-280
"Michurinist-Lysenkoist" view, 279-280
Mikoyan, Anastas, 344
Militärbefehlshaber (MBF), 142
Miller, Henry, 177
The Misunderstanding (Le Malentendu) (Camus), 192, 221, 261
Mitterand, François, 360
Modern Times, see Les Temps Modernes
Molecular biology, 487
Molecules, 8
Mollet, Guy, 373
Molotov cocktails, 239
Monod, Charlotte, see MacGregor, Charlotte Todd
Monod, Dr. Olivier, 432
Monod, Jacques
  after liberation, 256
  anti-Nazi work of, 121-125, 128-131, 145-147, 164-169, 178, 189, 205-209, 216-219, 237-238, 240-241, 246-247
  Brunerie and, 400-401, 417, 453, 459-460
  Camus and, 11-13, 289, 290-291, 293-296, 307, 310-311, 313, 323, 338, 370, 383, 439, 468, 471, 483-484, 487, 490-491
  collaboration and, 106-107
  contraception and, 470-471
  death of, 495-497
  early biology research, 8-11
  early years, 36-39
  experiments of, 132-135, 188-189, 263, 265, 275-278, 302-304, 387, 461-462
  at German invasion, 5
  Jacob and, 298-299, 300-301, 388-389, 394-398, 406-410, 414, 418-419, 427-428, 429-430, 455, 457, 462, 467, 480-481, 499-503
  Kövesi and, 411-413, 419-426, 440-441, 445-450

letter to US consul, 305-306
Lysenko and, 2-78-281, 284-289, 482
military duty, 49-51, 59-60, 66-67, 89-90, 99-101, 262
Nobel Prize in Physiology or Medicine, 2
scientific approach and, 487-490
Ullmann and, 401-403, 453-454
university reform and, 474-479
Monod, Lucien (father), 36
Monod, Odette (wife), 13, 49-51, 59-60, 66, 69-70, 78-79, 89-90, 99-101, 104-105, 109, 167-168, 177, 207, 209, 218, 256-257, 259, 276, 277, 293-294, 401, 402, 403-404, 494, 497
Monod, Philippe (Philo; brother), 36, 105, 401, 402, 457-458, 496-497
Monod, Philippe and Olivier (twin children), 146, 496
acknowledged, 506
Monod, Sylvère (distant cousin), 382
Monod-Jacob General Model of Gene Regulation, 502
Montand, Yves, 472
Montgomery, Gen. Bernard, 163
Môquet, Guy, 144
Morgan, Thomas Hunt, 36, 264, 279, 498
Morin, François, 169, 170
Moscow Conference, 281
Les Mouches (The Flies) (Sartre), 190
Moulin, Jean, 166-167
Mouvement Contre le Racisme, l'Antisémitisme, et Pour La Pais (Movement Against Racism and Anti-Semitism, and for Peace), 472
Le Mouvement Musical des Jeunes (The Young People's Musical Movement), 167
Les Mouvements Unis de la Résistance (MUR) (United Movements of the Resistance), 171-172, 176
Movement Against Racism and Anti-Semitism, and for Peace (Mouvement Contre le Racisme, l'Antisémitisme, et Pour La Pais), 472
Müller-Hill, Benno, 503
MUR (Les Mouvements Unis de la Résistance) (United Movements of the Resistance), 171-172, 176
Musée de l'Homme (Museum of Mankind), 123
Mussolini, Benito, 23, 74, 113
Mutability, 264
Mutations, 263
acceptor-site, 409
operator, 427
recessive or dominant, 395
The Myth of Sisyphus (*Le Mythe de Sisyphe*), vii, 4, 7, 12, 15, 110, 136, 138-140, 261, 266, 267, 308, 434, 483-485, 487, 493

Nagy, Imre, 342-343, 349-357
National Assembly, 102, 104
National Committee of Public Safety, 124
National Council of the Resistance (Conseil National de la Résistance), 166
National Liberation Front (Front de Libération Nationale) (FLN), 372
National Writers' Committee (Comité National des Écrivains) (CNE), 174
La Nausée (*Nausea*) (*Sartre*), 52
"The Nazis' Aim Is Slavery" (radio address by Daladier), 34-35
New York Herald Tribune, 269
New York Times, 269-270, 380, 433, 438, 468, 492
Nietzsche, Friedrich, 17, 482
Night-and-Fog Decree (Hitler), 144-145, 147
Nihilism, 266, 309
Nobel Peace Prize, 472
Nobel Prize in Chemistry, 9
Nobel Prize in Literature, 274, 382
Nobel Prize in Physiology or Medicine, 2, 467
Noces (*Nuptials*) (Camus), 41
Nordling, Raoul, 231, 235
Nordmann, Léon-Maurice, 121, 122, 123, 127, 128, 129, 130, 131, 145-146
Normandy, 204-205, 216
North Africa, 83-84, 91-92, 163

Norway, 46-48
"Note on Revolt" ("La Remarque sur la Révolte") (Camus short essay), 308
Nothomb, Jean-François, 182
Nouffland, Geneviève, 12, 172, 178-184, 189, 199, 206, 209, 212, 216-218, 228, 229, 232-234, 236, 237, 241-248
acknowledged, 506
Nouffland, Henriette, 179, 181
Nouvelle Revue Française (NRF), 139
"Nuptials at Tipasa" (Camus short story), 321

Oberg, Carl, 148-149, 165
Obersovszky, Gyula, 365-366, 377, 378-379
Obligatory Labor Service (Service du Travail Obligatoire) (STO), 159-160, 165
Occupation, 7
Oddon, Yvonne, 123, 124, 131
Oevres de Secours d'Enfants (OSE), 161
Office of Strategic Services (OSS), 170
Olivier, Albert, 220, 253
Omaha Beach, 212, 213
"On Values in the Age of Science" (Monod), 484
Operation Barbarossa (Germany invades Soviet Union), 141
Operation Dragoon (Allies against Germany in France), 258
Operation Menace (Great Britain against France), 112
Operation Overlord (Allies against Germany), 204
Operations, *see also* Allies, Germany, Great Britain, France, Soviet Union
Operation Torch (Allies in North Africa), 156
Operation Weserübung (German plan), 46
Operation Whirlwind (Soviet Union against Hungary), 356
Operation Wilfred (Great Britain plan), 45
Operator mutations, 427
Operators, 414, 501

Operons, 428, 501
lactose, 500
ORA (L'Organisation de Résistance de l'Armée), 187
Orwell, George, 2
OSE (Oevres de Secours d'Enfants), 161
OSS (Office of Strategic Services), 170

PaJaMa experiment, 398, 404
Pardee, Arthur, 395-400, 405, 441, 447, 501
Paris, 17-20, 77-80, 125-126, 177-178, 228-230, 232-237, 242-245, 247-249, 249, 463, *see also* Camus, Albert; France; Monod, Jacques
Germans surrounded, 74-80
liberation of, 248-249, 253, 259
rationing in, 107
"Paris sera toujours Paris" (sung by Maurice Chevalier), 20, 26-27
Paris-Soir (newspaper), 43
Paris Water and Sewers Administration, 236-237
Parodi, Alexandre, 231, 234, 238, 253
Parodi, René, 172, 234
Parti Communiste Français (PCF) (French Communist Party), 141-142, 278
Pasternak, Boris, 434
Pasteur, Louis, 19, 95, 301, 494
Pasteur Institute, 19, 263, 265, 298
Patton, Lt. Gen. George S., 205, 227, 228
Paulhan, Jean, 161, 162
PCF (Parti Communiste Français) (French Communist Party), 141-142, 278
Peace Prize, Nobel, 472
Pearl Harbor, 148
Peck, Marcel, 174, 177
Peloquin, M., 200
Pène, Pierre, 205
Pérez, Charles, 168
Permease, 427
La Peste, see The Plague
Pétain, Gen. Philippe, 30-32, 68, 72, 73, 82, 85-86, 91-92, 93, 102-104, 106, 112-116, 144, 201, 214
Petöfi, Sándor, 337, 343

Petöfi Circle, 343-344
Peyrefitte, Alain, 475, 477, 478
Phage, see Bacteriophage entries
Philosophical suicide, 137
Phosphorus, radioactive, 442
Pia, Pascal, 136, 137, 138, 174, 175-176, 230, 253
Piaf, Edith, 18
Picasso, Pablo, 2, 18, 191-192, 379
Pied-Noirs, 371, 433
The Plague (*La Peste*) (Camus), 155, 157, 190-191, 269, 272, 273-274, 308, 315, 383, 434
Plaques (pinholes left by phages), 330
Poland, 24-26, 33
Pompidou, Georges, 475, 478
Ponge, Francis, 174
Porter, Cole, 18
The Possessed (*Les Possédés*) (Dostoyevsky), 431-432
Pound, Ezra, 18
Pourquoi-Pas? (ship), 36, 37
Prenant, Marcel, 168, 169, 184-187, 193, 262, 284-286
Prophage, 299, 325, 329-330, 405
Prophage induction, 324
  parallels between enzyme induction and, 407
Prophecy, 310
Proteins, 389, 499
Prouvost, Jean, 77, 89, 101
Ptashne, Mark, 503

Quintette du Hot Club de France, 18
Quiroga, see Casares y Quiroga, Santiago

Rácz, Sándor, 431
Radioactive phosphorus, 442
Radio Free Europe, 359
Rajk, László, 344
Ranguy, Henri, 205
Rationing in Paris, 107
Rebatet, Lucien, 382-383
The Rebel (*L'Homme Révolté*) (Camus), 11, 295, 307-313, 314-316, 374, 385, 434

Rebellions, 309, 312
Rebels, 308
Recessive mutation, 395
Recombinant DNA technology, 10
Reflections on the guillotine ("Réflexions sur la guillotine") (Camus), 374
"Réflexions sur la guillotine" (Reflections on the guillotine) (Camus), 374
Réfractaires, 160-161
Regulatory genes, 414, 501
Reinberger, Helmuth, 32
Reinhardt, Django, 18
"La Remarque sur la Révolte" ("Note on Revolt") (Camus short essay), 308
Repressor, 501
  lambda, 503
Repressor idea, 398
Repressor protein, 503
Réseau Vélites, 178
Résistance (newspaper), 124, 125, 126, 127
Resistance, 215, 220-221, 271
"Return to Tipasa" (Camus short story), 322-323
Revolutions, 309
Reynaud, Paul, 44-45, 48-49, 55-56, 57-58, 59, 64-65, 67, 68, 73, 74- 76, 82-85, 360
Ribonuclease, 393
Ribonucleic acid, *see* RNA
Ribosomes, magnesium and, 456-457
Riley, Monica, 442, 447, 501
Rivet, Paul, 124
RNA (ribonucleic acid), 391
  messenger, 9, 461, 501
  template, 391
  "X," 458, 461
Rockefeller Foundation, 277, 306
Rol-Tanguy, Henri (Rol), 209, 228-229, 233, 234, 235-237, 239, 241
Rommel, Erwin, 203-204, 211
Roneograph, 127
Roosevelt, President Franklin Delano, 19, 74-76, 84, 126, 204, 213, 222
Rosenberg, Paul, 18
Rothschild, Baron Edmond de, 331
Roundups, 150-152

Royal Air Force, 116
Ruhr, 24, 45
Runstedt, Gen. Gerd von, 211
Russell, Bertrand, 379
Russia, see Soviet Union

Sabotage, 197-199, 215-218
Saint-Exupéry, Antoine de, 77
Sartre, Jean-Paul, 2, 8, 162, 190-192, 255, 268, 293, 315, 316-320, 363- 364, 368-369, 439
   Camus and, 190-192, 255, 293, 316- 320, 364, 369, 439
   "Sartre Versus Camus," 319
Sauckel, Fritz, 158
Schaeffer, Pierre, 242, 243
Schrödinger, Erwin, 8-9, 264-265
Schumann, Maurice, 117, 122, 125
Schutzstaffel (SS), 147
Scientific approach, 488
SD (Sicherheitsdienst), 147
Sellers, Catherine, 435, 436
Seminar, research, 300
Sequence Hypothesis, 390-392
Service du Travail Obligatoire (STO) (Obligatory Labor Service), 159- 160, 165
Services de Renseignements Suisse (SR), 172
SHAEF (Supreme Headquarters of the Allied Expeditionary Force), 207
Shakespeare, William, 110, 116
Shoop, Max, 170
Sibert, Gen. William, 240
Sicherheitsdienst (SD), 147
Siegfried Line, 48
Signoret, Simone, 472
Simmonet, Alice, 131
Sisyphus, 7-8, 137, 138
Slavery, 157-159
Socialism, 10
Socialist Party, 121
Socialist realism, 282-283
SOE (Special Operations Executive), 190
Le Soir Républicain (Camus newspaper), 42
Sorbonne, 474, 476, 478, 479
   Monod's research at the, 37
Soviet Union, see also Lysenko, Trofim Denisovich; specific Operations; Stalin, Joseph
   German losses in, 158
   Hitler invades, 141-142
   invading Finland, 44
"Spaghetti" approach, 388
Special Operations Executive (SOE), 190
Spence, John, 179-182
Spinoza, Baruch, 262
SR (Services de Renseignements Suisse), 172
SS (Schutzstaffel), 147
Stalin, Joseph, 204, 211, 282-284, 286, 291, 337, 364
Stalingrad, 159
The State of Siege (L'État de siège) (Camus), 294
Station Biologique at Roscoff, 134
Statut des Juifs (Jewish Statute), 109
Stein, Gertrude, 18
Stendhal, 132
STO (Service du Travail Obligatoire) (Obligatory Labor Service), 159-160, 165
Stock, Frank, 179
The Stranger (L'Étranger) (Camus), 4, 51-53, 77, 136, 138, 140, 155, 261, 269, 434, 435, 437, 490
Straub, F. Bruno, 392-393
Structural genes, 414, 501
Students' Union (Union Nationale des Étudiants de France) (UNEF), 474
Sudetenland, 21, 57
Sugars, 9
   bacteria and, 133-134
Suicide, 137
Sullivan & Cromwell law firm, 169, 170
Summer (L'Été) (Camus), 323
The Sun Also Rises (Hemingway), 12
Supreme Headquarters of the Allied Expeditionary Force (SHAEF), 207

Swedish Academy, 2
Sword Beach, 212
Szilárd, Leó, 397-399
Sztehlo, Gábor, 410

"Talpra Magyar" (Petőfi), 337
Tardos, Tibor, 379
Tatum, Edward, 276
Tavernier, René, 174
Teissier, Françoise, 152
Teissier, Georges, 152, 168, 187
Teissier, Lise, 177
Template RNA, 391
Les Temps Modernes (Sartre literary journal), 268, 293, 315-320
Theis, Edouard, 161
Thorez, Maurice, 360, 469
Thucydides, 440
Thymine, 332
Tinel, Dr. Jules, 181, 182
Tinel, Jacques, 181, 182
Tipasa, 321-322
Tito, Josip, 341
Tolstoy, Leo, 433
Tóth, Ilona, 377-379
Tréfouël, Jacques, 298
Trocmé, André, 161
Troisième Bureau (G3), 187, 205
Truman, Harry, 282

Ullman, Agnes, 12-13, 339-341, 346, 347-348, 350, 352, 356, 365-368, 377-379, 389, 392-393, 397-403, 410, 413, 416-422, 424-425, 429, 440, 445-453, 457-458, 476-477, 481, 495, 496
    acknowledged, 506
UNEF (Union Nationale des Étudiants de France) (Students' Union), 474
Union for the Defense of the Republic (Union pour la Défense de la République), 481
Union Nationale des Étudiants de France (UNEF) (Students' Union), 474
Union pour la Défense de la République (Union for the Defense of the Republic), 481
United Movements of the Resistance (Les Mouvements Unis de la Résistance) (MUR), 171-172, 176
United Nations, Camus and, 361-363
United States, 148, see also Allies; Eisenhower, Gen. Dwight D.; Roosevelt, President Franklin Delano
Utah Beach, 212, 223
Utopia, 491

Valéry, Paul, 162
Van Dyke, Henry, 251
Vavilov, Nikolai, 283
V-E Day, 260
Vélodrome d'hiver (Vel d'hiv), 151, 206
Vernalization process, 283
Vichy government, 102, 108
    France and, 101-105, 108-115, 158-160
    Great Britain and, 116-120
    Victory in Europe, 259-260
Vildé, Boris, 123, 124, 129, 131, 146
Viruses, 9
Volkin, Elliot, 443-444
Von Choltitz, Gen. Dietrich, 231-232, 234-235, 248, 463
Von Stülpnagel, Carl-Heinrich, 148, 231
Von Stülpnagel, Gen. Otto, 142-143, 144, 147, 148
Vuillet, Madeleine, 265, 275

War and Peace (Tolstoy), 433
Watson, James D., 9, 265, 328-333, 418, 419, 462, 498
Weil-Curiel, André, 121, 122, 123, 129
Weill-Hallé, Dr. Marie-Andrée Lagroua, 469
Weygand, Gen. Maxime, 24, 70, 72, 79, 83, 84, 91, 104
What Is Life? (Schrödinger), 8-9, 264, 297, 485
Whitehead, Alfred North, 387
Wilde, Oscar, 275, 314
Wollman, Elie, 326-327, 387-388, 408-409
Wollman, Eugène and Elisabeth, 327

World War II, see France, Germany, Great Britain, Soviet Union, United States

"X" intermediate, 419, 429
  materializing, 444
X-ray crystallography, 332
"X" RNA, 458, 461

Y-Day, 205

Yellow star, 150
Young Communists organization, 122
The Young People's Musical Movement (Le Mouvement Musical des Jeunes), 167

Zadoc-Kahn, Berthe Buna, 89, 90, 109
z+ genes, 395-397
Zhdanov, Andrei, 282
z mutation, 395

图书在版编目（CIP）数据

勇敢的天才 /（美）卡罗尔著；孙璐译 . -- 北京：
中央编译出版社，2015.1
书名原文：Brave genius:a scientist, a philosopher,and their daring adventures from the French resistance to the Nobel Prize
ISBN 978-7-5117-2364-2

Ⅰ. ①勇… Ⅱ. ①卡… ②孙… Ⅲ. ①加缪，A.
（1913～1960）—传记②莫诺，J.（1910～1976）—传记
Ⅳ. ① B565.59 ② K835.656.15

中国版本图书馆 CIP 数据核字（2014）第 233929 号

Copyright © 2013 by Sean B. Carroll
All rights reserved.
Simplified Chinese edition © 2014 Beijing Beans Book Co.,Ltd.
This translation published by arrangement with Crown Publishers,
an imprint of the Crown Publishing Group, a division of Random House LLC

勇敢的天才

出 版 人：	刘明清
出版统筹：	贾宇琰
责任编辑：	廖晓莹
特约编辑：	陈 进
出版发行：	中央编译出版社
地　　址：	北京西城区车公庄大街乙 5 号鸿儒大厦 B 座（100044）
电　　话：	（010）52612345（总编室）（010）52612363（编辑室）
	（010）52612316（发行部）（010）52612317（网络销售）
	（010）52612346（馆配部）（010）66509618（读者服务部）
传　　真：	（010）66515838
经　　销：	全国新华书店
印　　刷：	北京金瀑印刷有限责任公司
开　　本：	710 毫米 ×1000 毫米　1/16
字　　数：	430 千字
印　　张：	30.25
版　　次：	2015 年 1 月第 1 版第 1 次印刷
定　　价：	49.80 元
网　　址：	www.cctphome.com　邮　箱：cctp@cctphome.com
新浪微博：	@ 中央编译出版社　微　信：中央编译出版社（ID:cctphome）
淘宝店铺：	中央编译出版社直销店（http://shop108367160.taobao.com）

本社常年法律顾问：北京市吴栾赵阎律师事务所律师　闫军　梁勤
凡有印装质量问题，本社负责调换。电话：010-66509618